昭通扶贫

昭通市脱贫攻坚大决战实录

组织保障卷

政协昭通市委员会 组编

中国文史出版社
CHINA CULTURAL AND HISTORICAL PRESS

图书在版编目（CIP）数据

昭通市脱贫攻坚大决战实录 . 组织保障卷 / 政协昭通市委员会组编 . -- 北京：中国文史出版社，2021.12

ISBN 978-7-5205-3176-4

Ⅰ . ①昭… Ⅱ . ①政… Ⅲ . ①扶贫—工作概况—昭通 Ⅳ . ① F127.743

中国版本图书馆 CIP 数据核字 (2021) 第 187197 号

责任编辑：窦忠如　秦千里　方云虎

特约编辑：窦广利　张幼平　邓文华

出版发行：中国文史出版社

社　　址：北京市海淀区西八里庄路 69 号院　邮编：100142

电　　话：010－81136606　81136602　81136603（发行部）

传　　真：010－81136655

印　　装：廊坊市海涛印刷有限公司

经　　销：全国新华书店

开　　本：787 毫米 × 1092 毫米　1/16

印　　张：26.5

字　　数：365 千字

版　　次：2021 年 12 月北京第 1 版

印　　次：2021 年 12 月第 1 次印刷

定　　价：1980.00 元（全 19 册）

《昭通市脱贫攻坚大决战实录》丛书

编　委　会

《组织保障卷》

总 序

成联远

贫困是人类社会的顽疾，消除贫困是人类梦寐以求的理想，人类发展史就是与贫困不懈斗争的历史。

中国共产党从成立之日起，始终高度重视解决贫困问题，持续向贫困宣战。党的十八大以来，以习近平同志为核心的党中央，把脱贫攻坚摆在治国理政的突出位置，团结带领全党全国各族人民打响了人类历史上规模最大、力度最强、惠及人口最多的脱贫攻坚战。经过8年持续奋斗，如期完成了新时代脱贫攻坚目标任务，现行标准下近1亿农村贫困人口全部脱贫，贫困县全部摘帽，消除了绝对贫困和区域性整体贫困，脱贫地区处处呈现山乡巨变、山河锦绣的时代画卷！这是中国共产党团结带领全国各族人民艰苦奋斗所创造的又一个彪炳史册的人间奇迹，生动展示了中华民族摆脱贫困、走向复兴的强大力量。

昭通地处云、贵、川三省接合部的乌蒙山区腹地，是集革命老区、地震灾区、散居民族地区、生态敏感脆弱地区为一体的深度贫困地区，是全国贫困人口最多、贫困程度最深、脱贫任务最重、攻坚压力最大的地级市。全市11个县（市、区）中有国家级贫困县10个，1379个村（社区）中有贫困村1235个，629万人口中有贫困人口185.07万人，正可谓全国脱贫看云南、云南脱贫看昭通。

历史的洪流浩浩荡荡，精彩的答卷壮阔恢宏。近年来，特别是习近平总书记于2015年视察昭通以来，市委、市政府始终铭记习近平总书记的殷殷嘱托，感恩党中央的亲切关怀，始终把脱贫攻坚作为最大的政治任务，全面落实精准扶贫、精准脱贫方略，团结带领全市各族干部群众，攻坚克难、感恩奋进，发扬钉钉子精神，敢于啃硬骨头，奋力夺取了脱贫攻坚大决战全面胜利。全市现行标准下185.07万农村贫困人口、1235个贫困村、10个贫困县全部退出贫困序列，贫困群众人均收入由2015年的2703元增加到9899元，昭通千百年来的绝对贫困问题历史性地画上句号，全面建成小康社会取得历史性成就。昭通的奋力崛起、华丽转身，是云南乃至全国扶贫开发事业的一个缩影。

荆棘载途，玉汝于成。一切向前走，都不能忘记走过的路。在脱贫攻坚工作中，数万名扶贫干部倾力奉献、苦干实干，将最美的年华无私奉献给了脱贫事业，涌现出许多感人肺腑、可歌可泣的先进事迹。"感动南网"的彝良县牛街镇水田村第一书记吴长碧，用柔弱肩膀扛起扶贫重任；把病情报告单"藏"起来去扶贫的女干部金碧琼，一直坚守在扶贫第一线；特别是即将结婚却没有等到婚礼那一刻的"90后"扶贫干部王秋婷、积劳成疾牺牲在扶贫一线的驻村工作队队长李永春等25名扶贫干部，更是用生命诠释了共产党人的初心使命；还有216对"父子兵"、1284对"夫妻档"，572名干部"轻伤不下火线"，他们用身影、心血和汗水，交出了让党和人民满意的答卷。为全面记录新时代昭通艰苦卓绝、波澜壮阔的脱贫攻坚历史进程，客观反映乌蒙大地发生的翻天覆地历史性巨变，真实记录各级干部群众在脱贫攻坚中的感人故事，经市委同意，我们组织相关县市区、部门、专家对2015年至2020年我市开展脱贫攻坚的重大事件、典型故事进行搜集整理，编写《昭通市脱贫攻坚大决战实录》，旨在通过回望昭通脱贫攻坚的壮阔历程，探索总结蕴含其中的宝贵经验和深刻启示，赓续传承伟大的脱贫攻坚精神，从历史回望中照见未来，以更坚定的信心、更昂扬的斗志，继续走好新时代的长征路，奋力谱写昭通高质量跨越发展新篇章。

以昭通脱贫攻坚的壮阔历程资鉴后世。回望昭通脱贫攻坚的壮阔历程，市委、市政府团结带领全市各族人民披荆斩棘、栉风沐雨，攻克了一个又一个贫中之贫、坚中之坚，脱贫攻坚取得了重大历史性成就。昭通脱贫攻坚任务之艰前所未有，全市基础条件薄弱、致贫原因复杂、发展滞后明显，贫困面积大、贫困人口多、贫困程度深，贫困发生率高达34.8%，“大山大水大峡谷、天寒地冻不出种、人多地少矛盾多”是昭通最大的市情。昭通脱贫攻坚规模之大前所未有，全市11个县市区中有国家级贫困县10个，其中深度贫困县7个；1235个贫困村中，有深度贫困村691个；农村贫困人口高达185.07万人，占全省贫困人口的1/5以上，平均每天脱贫人数达到1000人以上。昭通脱贫攻坚成效之巨前所未有，全市累计投资1658亿元，规划的12条高速公路全部落地建设，打通了11个“出滇入川进黔”大通道，通车里程达750公里；累计新建或改造农村住房55.89万户；215.4万人饮水安全得到巩固提升，自来水普及率达94%；累计硬化农村公路1.86万公里，建成公路安全生命防护工程1.05万公里；因地制宜规划建设集中安置区23个，35.47万名搬迁群众全部搬入新居；全市生产总值5年连跨5个百亿级台阶，年均增长8%，达1289亿元。脱贫地区经济社会发展大踏步赶上来，整体面貌发生历史性巨变，极大增强了人民群众的获得感、幸福感、安全感。我们通过收集广大奋战在一线同志的真实故事，以“当事人”的亲身经历，将昭通脱贫攻坚艰苦卓绝、成效卓著的壮阔历程系统完整地记载下来，形成档案性的历史资料，以资后人，以鉴后世。

探索总结昭通打赢脱贫攻坚大决战的深层逻辑。习近平总书记强调：“办好中国的事情，关键在党。”有了党的坚强领导，脱贫攻坚就有了坐镇中军帐的“帅”，亿万人民就有了众志成城的“主心骨”。面对夺取脱贫攻坚大决战全面胜利的历史重任，市委、市政府始终坚持把党的领导贯穿各项工作全过程，坚持以脱贫攻坚统领经济社会发展全局、以党的建设统领推动各项工作落实“双统领”，强化铁的纪律和硬的作风“双保障”，努力实现党的建设和脱贫攻坚“双推进”。始终坚持以人民为中心的发展思想，提出“坚持以人民为中心、以群众工作为主线，抓住精准、统筹、务实三个关键，实现思想、工作和情感三个认同”的“133”工作思路，让人民群众真正成为脱贫攻坚这棵参天大树的主干。始终坚持精准扶贫、精准脱贫方略，围绕“扶持谁”“怎么扶”“怎么退”“退出后怎么办”四个重点，着力扣好精准识别、精准施策、精准退出、巩固提升“四粒扣子”，构建了一整套行之有效的政策体系、工作体系、制度体系，用发展的办法消除贫困根源。始终深入贯彻落实“五级书记抓扶贫”“党政同责促攻坚”的要求，坚持“一把手”负总责，切实强化市县抓落实机制，着力构建各级领导干部责任上肩、挂甲上任的组织体系。始终坚持集中精锐力量投向脱贫攻坚主战场，累计选派4592名驻村工作队队员、823名驻村督导员、6.37万名各级帮扶干部充实到扶贫一线，鲜红的党旗始终在脱贫攻坚主战场上高高飘扬。这些宝贵经验、深刻启示，我们通过编撰实录的形式如实记录，推动脱贫攻坚的认识和实践实现一个新的飞跃，为以后的改革发展提供重要的历史借鉴和方法指导。

赓续传承新时代脱贫攻坚昭通精神。伟大事业孕育伟大精神，伟大精神引领伟大事业。脱贫攻坚伟大斗争，锻造形成了“上下同心、尽锐出战、精准务实、开拓创新、攻坚克难、不负人民”的脱贫攻坚精神，这是中国精神、中国价值、中国力量的充分彰显。回望昭通脱贫攻坚大决战的壮阔历程，市委、市政府团结带领全市各族人民风雨同舟、携手与共、砥砺奋斗，努力闯出了一条以脱贫攻坚统领经济社会发展全局，倒逼产业形态、基础设施、城乡建设、生态文明等各个领域创新突破的“昭通路径”，奋力跑出了争先进位、赶超跨越的“昭通速度”，锻造锤炼了为民务实、实干求真的“昭通作风”，树立展示了“文明友善、开放包容”的“昭通形象”，淬炼形成了敢打善拼、坚韧求成、再硬的骨头也要嚼碎的脱贫攻坚“昭通精神”，这是一笔昭通当代脱贫攻坚人留给后世的宝贵精神财富。我们着力做好时代的忠实记录者，发挥文史资料“存史、资政、团结、育人”功能，赓续传承、大力弘扬新时代脱贫攻坚昭通精神，激励全市600多万名各族儿女在新征程上再鼓干劲、再聚合力、再立新功。

引领我们不断从胜利走向新的更大胜利。春江浩荡暂徘徊，又踏层峰望眼开。脱贫摘帽不是终点，而是新生活、新奋斗的起点。我们如期完成新时代脱贫攻坚目标任务，为实现两个百年奋斗目标以坚定信心、强劲动力，必将激励我们不断从胜利走向新的更大胜利。站在新的历史交汇点上，推动滇东北开发提速和崛起的奋斗史诗正在书写，我们必须从决战决胜脱贫攻坚的实践中汲取智慧和力量，进一步增强“四个意识”、坚定“四个自信”、做到“两个维护”，不断提升政治判断力、政治领悟力、政治执行力，在以习近平同志为核心的党中央的坚强领导下，永远保持慎终如始、戒骄戒躁的清醒头脑，永远保持不畏艰险、锐意进取的奋斗韧劲，永远保持永不懈怠、一往无前的精神状态，真抓实干、埋头苦干，脚踏实地、久久为功，在推动昭通高质量跨越发展的新征程上奋勇前进！

（作者时任中共昭通市政协党组书记、政协昭通市委员会主席）

目　录

第一编　本卷概述

第二编　党建引领

第三编　一线督战

第四编　铁纪护航

第一编　本卷概述

本卷概述

习近平总书记指出，“抓好党建促脱贫攻坚，是贫困地区脱贫致富的重要经验”。5 年来，昭通市始终坚持把脱贫攻坚当成头等大事和第一民生工程，坚持以脱贫攻坚统领经济社会发展全局、以党的建设统领推动各项工作落实“双统领”，强化铁的纪律和硬的作风“双保障”，实现党的建设和脱贫攻坚“双推进”，全力在脱贫攻坚一线强组织、选干部、育人才，着力推进党建引领产业扶贫、就业扶贫和易地扶贫搬迁“三个组织化”，切实把党建优势转化为扶贫优势，把组织活力转化为攻坚动力，经过 4592 名驻村队员、1.2 万个基层党组织、10.7 万名干部、18 万名党员、158 万贫困户 1800 多个日日夜夜的攻坚冲刺，以平均每天脱贫近 1000 人的进度，奋力夺取了脱贫攻坚大决战决定性胜利。截至 2020 年末，全市建档立卡贫困人口 185.07 万人、1235 个贫困村、10 个贫困县区全部脱贫出列，昭通与全国全省同步进入全面建成小康社会。

擂响“脱贫战鼓”，凝聚思想促攻坚。思想是行动的先导，认识是行动的动力。5 年来，昭通始终把凝聚思想共识作为打赢脱贫攻坚的第一仗，把习近平总书记扶贫论述作为脱贫攻坚的指路明灯和战胜困难的锐利武器，全市 479 个党委、1276 个党总支、10334 个党支部全面落实“第一议题”学习制度，深入学习贯彻落实习近平新时代中国特色社会主义思想，认真贯彻落实党中央重大决策部署、重大战略举措、贯彻落实习近平总书记考察云南重要讲话和对云南工作的重要指示批示精神及党的十九大、十九届二中、三中、四中、五中全会精神，把思想和行动统一到党中央决策部署上来，扎实抓好“三严三实”专题教育、“两学一做”学习教育、“不忘初心、牢记使命”主题教育，以“苦不苦，想想红军长征二万五；难不难，想想当年红军来到扎西有多难”来激励各级干部坚定理想信念，全市18万名党员灵魂得到了洗涤升华，形成了心往一处想、劲往一处使的脱贫攻坚局面。依托市委党校、扎西干部学院等各级党校，综合运用研讨式、案例式、体验式、观摩式培训方式方法，有针对性地开展各类教育培训，确保广大干部有过硬的本领素质在脱贫攻坚中担当作为。5年来，全市共建立乡镇党校146个，新时代文明实践点（站）2586个，开展“万名党员进党校”、驻村队员扶贫攻坚、领导干部能力提升培训等3463期，共培训党员干部36.2万人次，实现了党员干部的全覆盖轮训。严格落实五级书记抓扶贫的政治责任，坚持把抓党建促脱贫攻坚列入干部专项考核，研究制定《昭通市县区党政领导班子和领导干部综合考核评价实施办法（试行）》等4个考核办法，强化市级领导、脱贫摘帽督导员、挂钩帮扶单位、驻村扶贫工作队、结对帮扶干部“5个层级”干部责任，建立领导干部和部门联系帮扶县、乡、村、户制度，从市到村，层层签订脱贫攻坚军令状，构建了“五级书记抓扶贫、党政同责促攻坚”的格局。

筑牢“战斗堡垒”，夯实组织强攻坚。农村富不富，关键看支部；支部强不强，全靠“领头羊”。全市始终坚持把加强基层党建作为打赢脱贫攻坚战的第一保障，把每一个党支部都建设成为攻坚的战斗堡垒。全面开展党支部规范化建设达标创建，严格落实“双整百千”四级联创，进一步健全基本组织、建强基本队伍、开展基本活动、落实基本制度、强化基本保障，全市11个县（市、区）、146个乡镇（街道）、1078个村级党组织、7537个村民小组党支部全部达标。每年按照不低于7%的比例，开展软弱涣散基层党组织排查整顿，对带头人不胜任不适应、班子不团结搞内耗、发展思路不清无作为等问题，制订工作方案，抓好整改落实。近 3 年来，294 个基层软弱涣散党组织经过整顿，重新焕发生机。深化农村“领头雁”培养计划，实施“三个一百”工程，从市、县、乡机关干部中选派 100 名优秀干部到情况复杂、问题较多、工作滞后的村担任村级党组织书记，招聘 100 名本乡本土的党员大学生和优秀返乡人才充实村干部队伍并兼任村级党组织副书记，从村干部中通过考试录用 100 名进入乡镇事业站所并兼任村级职务。严格落实村级党组织书记任职资格联审和县级备案管理制度，制定出台了《昭通市村（社区）干部进入退出管理暂行办法》，严把入口、畅通出口、规范管理，全力推动村干部能上能下、优进劣出，不断纯洁基层干部队伍。自 2018 年扫黑除恶专项斗争开展以来，全市共排查清除受过刑事处罚、存在“村霸”和涉黑涉恶等问题的村干部 389 名；调整撤换村级党组织书记 451 名，从县乡机关和部门选派 166 名干部担任村级党组织书记；排查出村（社区）优秀人才 5168 名，已回引到村任职 616 名，基层干部整体素质明显提升，攻坚能力显著增强。

锻造“乌蒙铁军”，尽锐出战敢攻坚。坚持把脱贫攻坚作为培养锻炼干部主阵地和考察识别干部大擂台，让优秀干部沉到一线啃“硬骨头”，把铁军队伍压到一线打“攻坚战”。全市择优选派了 624 名处级和科级领导干部担任脱贫摘帽督导员；选派 1239 支驻村扶贫工作队、4592 名驻村扶贫工作队队员驻村开展扶贫，除教师、医生两个群体外，35.7% 的干部职工都当过驻村扶贫工作队队员；10.7 万名干部职工结对帮扶贫困户，其中有 216 对“父子兵”、1284 对“夫妻档”，还有 572 名干部“轻伤不下火线”，他们用身影、心血和汗水，交出让党和人民满意的答卷，涌现出了一个个感人至深的事迹。研究制定《进一步加大关心关爱力度促进脱贫攻坚等基层一线干部担当作为的意见》，深入实施“685”工程（在脱贫攻坚期内，市委、县市区委、市直部门党委党组每年提拔使用的干部中有脱贫攻坚等基层一线工作经历的分别不低于 60%、80%、50%）。严格执行“五个一律”刚性要求，对未能如期完成脱贫出列摘帽任务的挂联领导、帮扶干部、驻村工作队队员和脱贫摘帽督导员一律不得提拔重用、一律不得晋升职级、一律不得晋升职称、一律取消评先评优资格，村级正职干部一律辞退或劝退。2016 年以来，全市先后提拔 21 名贫困乡镇党政正职并继续兼任现职，因“四种情形”调“下”4 名贫困县（市、区）党政正职、30 名贫困乡镇党政正职，召回 7 名驻村扶贫工作队队员。特别是 2018 年以来，市委不断加大脱贫攻坚一线干部选拔任用力度，累计提拔脱贫攻坚一线实绩突出干部 1129 名，占提拔干部总数的 65.22%，组织调下因推动脱贫攻坚工作不力干部 60 名，鲜明树立了重基层、重实绩、重担当，能者上、庸者下的选人用人导向。每年设立 2000 万元的高层次人才发展专项经费，紧扣脱贫攻坚产业布局及重点领域引进人才。5 年来，共认定昭通市院士专家工作站 43 个、云南省基层专家科研工作站 20 个，大部分涉及交通扶贫、产业扶贫、教育扶贫、卫生扶贫领域；通过实施“凤凰计划”“鲲鹏计划”，累计引进高层次人才 52 人、培养 82 人；实施省级专家服务团助力昭通脱贫攻坚项目 13 个，对接协调 80 余名省级专家深入 13 个深度贫困乡镇开展技术指导、培训服务和医疗救助，争取昆明市、玉溪市帮扶人才 63 人支持靖安、卯家湾易地扶贫搬迁安置区建设。

创新“作战方法”，精准施策保攻坚。毛泽东同志说过：“我们不但要提出任务，而且要解决完成任务的方法问题。我们的任务是过河，但是没有桥或没有船就不能过。不解决桥或船的问题，过河就是一句空话。”我们把解决“桥和船”的问题列入脱贫攻坚第一要务，结合昭通实际，紧扣“两不愁、三保障”目标，提出抓好易地扶贫搬迁、产业培育、劳动力转移就业、基础设施改善“四篇文章”，全力推动各项扶贫措施落实到村、到户、到人。围绕“扶持谁”“怎么扶”“怎么退”“退出后怎么办”四个重点，提出开展扣好精准识别、精准施策、精准退出、巩固提升“四粒扣子”，打出组合拳，全面推进精准扶贫、精准脱贫各项措施落地见效。创新开展“乌蒙扶贫先锋行动”，通过在脱贫攻坚中开展争当乌蒙扶贫模范、乌蒙扶贫堡垒、乌蒙扶贫先锋和乌蒙脱贫能手等活动，为全市坚决打赢脱贫攻坚硬仗提供坚强组织保障。深入实施集体经济“破壳”“消薄”“强村”三年行动计划，着力抓好196个中央和省级财政扶持壮大村级集体经济项目实施，全市有集体经济收益的村从2017年年初的538个增加到1193个。实施党建引领提升产业扶贫、就业扶贫、易地扶贫搬迁“三个组织化”程度，全市成立易地扶贫搬迁安置区党工委8个、基层党组织218个，新成立社区38个，配备社区干部537名、楼栋长827名，建设35个党群服务中心，组建44个便民服务工作组，建成了67个组织活动场所，高度组织化搬迁了8.45万户36.24万人；依托昆明、广东、浙江等地的141个流动党员党组织，建立211个外出就业服务站，开展“党组织＋贫困户＋党组织”点对点接送服务，实现了家门、车门、厂门“三门相连”，确保每个有劳动力的贫困家庭至少1名以上人员务工；按照“龙头企业跟着市场走、农民专业合作社跟着龙头企业走、贫困户跟着农民专业合作社走”组织化模式，成立合作社7013个，实现了1379个村（社区）“党支部＋合作社”全覆盖，引领“6个百亿元”高原特色产业高度集约化发展，带动建档立卡户40.02万户174.8万人增收。全面推行基层党建“网格化”管理，建成网格27014个，实现人在格中走，事在网中办；开展“红黄绿”动态管理，做好易地扶贫搬迁“后半篇文章”，合力奏响易地扶贫搬迁“安居”“乐业”“幸福”三步曲。

走实“群众路线”，众志成城齐攻坚。贫困群众既是脱贫攻坚的对象，更是脱贫致富的主体。聚焦“人的改变”，坚持“富脑袋”与“富口袋”并重，加强扶贫同扶志扶智相结合，深入开展“三讲三评”和“感党恩、听党话、跟党走”活动，鼓励和引导群众抛弃“等靠要”思想，坚决扭转“穷自在”的不良习气，充分激发广大群众自强不息、感恩奋进的内生动力。彝良县两河镇白米村野路沟村民小组长、60多岁的老党员刘云贵，无妻无儿女，生活也不是那么宽裕，村组评议后，拟将其列为贫困户，而他却向村“两委”递交了申请书，主动不当贫困户。如果说一个人不当贫困户在昭通已屡见不鲜的话，那么一个村子128人拒绝当贫困户只能说明，不等不靠已深入人心。2019 年 4 月，在昭阳区靖安乡五星苗寨召开的一次建档立卡贫困户评议会上，70 多岁的王国光老人对照“两不愁、三保障”标准后说：“我们顿顿都有肉、有米饭吃，穿也穿不完，还有这么好的房子住，这叫啥穷？我不当贫困户！”其他村民也纷纷说：“娃娃进了这么好的学校，也看得起病，把贫困户让给其他村的村民。”大家你一言我一语，128 户村民竟没有一户愿当建档立卡贫困户。在脱贫攻坚的生动实践中，中共昭通市委、市政府抢抓东西部扶贫协作机遇，与东莞、中山建立“1+1”“1+N”等帮扶模式，深入开展“万企帮万村”“携手奔小康”等行动，两市 47 个镇街结对帮扶昭通 10 个县区，387 个企业结对帮扶昭通 296 个贫困村，45 所学校、21 家医院结对帮扶昭通 41 所学校、17 家医院。国家行政学院、五矿集团、中国建材集团、东华大学、保利集团 5 家单位定点帮扶昭通，累计派出挂职干部 108 名；省级 50 家单位和多家企业定点帮扶昭通；恒大、万科、新沪商、兴业证券、太平保险、银泰集团、亿利资源集团等知名企业和诸多小微企业、个体工商户助力昭通脱贫攻坚。

铁纪保障，精准监督护攻坚。脱贫攻坚工作推进到哪里，监督检查就跟进到哪里；项目和资金安排到哪里，监督检查就跟进到哪里。为了坚决打赢脱贫攻坚这场硬仗，昭通市各级纪检监察部门坚守职责定位，聚焦难点重点，将监督重点下沉脱贫攻坚一线，督促各级职能部门和扶贫干部履职尽责，以坚强有力的监督全力护航脱贫攻坚。“交叉式”“点穴式”抽查。为了让监督“长牙”“带电”，抽查采取“五不两直”，即“不发文件、不打招呼、不设路线、不听汇报、不要陪同，直奔基层、直插农户”。坚持以问题为导向，重点围绕职能部门在政策落实、项目实施、资金使用情况及定点帮扶、东西部扶贫协作任务落实等方面问题开展“交叉式”“点穴式”监督检查。加大对关键领域、关键环节、关键人员腐败和作风问题的监督和处置力度。2018 年以来，重点抽查共发现问题 402 个，其中立行立改 310 个，限期整改 86 个，核查 6 个。通过相关问题的整改和核实，进一步促进脱贫攻坚高质量发展。“推磨式”“体验式”，明察暗访全覆盖监督。2019 年，由市纪委市监委牵头组建4个明察暗访组，对全市未脱贫的7个县开展常态化明察暗访。2020年，又组建2个暗访督战组对全市未脱贫出列的104个村、贫困人口超过1000人的8个县区和25个易地搬迁安置点持续开展常态化暗访督战，并采取立行立改、限期整改、核查处置等方式及时处理发现问题。明察暗访共发现问题1219个。通过明察暗访，与基层干部群众一起干、一起战，一起想办法解决实际问题，将暗访的重心落在“户”上，不断促进基层补短板、强弱项，提高脱贫攻坚质量成效。“面对面”“点对点”，蹲点监督促进问题解决。2019年，脱贫攻坚进入最后冲刺阶段，昭通市还有15.99万人未脱贫，脱贫攻坚大决战进入“上甘岭”。市纪委市监委及时抽调业务骨干，全力配合省纪委省监委抓好昭通未申请摘帽的镇雄县、剩余贫困人口超过5000人的昭阳区、巧家县、彝良县、永善县和10个市直部门开展蹲点监督工作，独立开展对其他5个县的蹲点监督。各蹲点监督组坚持边督边改，边改边建，及时消化问题，推动工作落实。共发现人均纯收入、住房安全、义务教育、基本医疗、饮水安全、交通电力等各类问题704个，全部现场移交处置564个或者移交县级纪检监察机关督促解决。通过蹲点监督，确保最后冲刺阶段不拖后腿、不掉链子。

精准问责，专项治理严攻坚。动员千遍，不如问责一次。没有精准有效的问责，就没有积极主动的履职担当。5年来，昭通市纪检监察坚持对扶贫领域问题线索优先处置、优先办理、限时办结。积极探索直查直办、交叉办案、专案办理、片区协作等办案模式，做到精准处置、精准问责。5年来，共查处扶贫领域腐败和作风问题835件，处理1776人，党纪政务处分868人，移送司法机关56人，问责及其他方式处理908人。坚持以“红白榜”为引领，促进各县区平衡发展。紧盯省纪委“红白榜”中问题线索数、成案率、直查直办率、科级干部占比、通报曝光率、查处形式主义官僚主义占比等重要指标要素，对在全市贫困县中扶贫领域监督执纪问责指标靠后的县（区），及时约谈提醒、预警提示，提高了扶贫领域监督执纪问责质效。坚持开展案件质量评查，提升案件办理质量。坚持每年开展一次扶贫领域腐败和作风问题的案件质量评查，及时发现问题，提出整改意见。通过案件质量排查，有效杜绝问责泛化、问责不精准不到位等问题，以案件质量评查推动问题整改和案件质量提升，进一步提高处置问题线索能力和水平。强化通报曝光，坚持以案示警。加大通报曝光覆盖面，增强以案释纪、以案示警效果，使广大党员干部知敬畏、存戒律、守底线。对扶贫领域优亲厚友、虚报冒领、贪污挪用、截留私分以及形式主义官僚主义等问题，坚持发现一起、查处一起，公开通报一起，持续释放越往后对腐败和作风问题盯得越紧、执纪越严的强烈信号。5 年来，全市纪检监察机关共公开通报曝光扶贫领域典型违纪违法问题 207 批次 518 个典型问题 892 人。

（昭通市纪委市监委、昭通市委组织部供稿）

第二编　党建引领

亮出组织担当　攻克贫困堡垒

顾文峰

“挪穷窝，断穷根，世世代代感党恩。”正如威信县庙沟镇扎实沟村易迁安置点白地红字的标语一般，搬入新居的群众正“扎实”地向着幸福生活迈进。自挂钩帮扶威信县扎实沟村、马河村以来，《市委组织部挂钩帮扶工作方案》逐条落实，5年前居住难、饮水难、行路难、就医难、产业难、教育难等问题不复存在，敞亮的村委会办公楼、宽阔的活动场所、自动化生猪养殖场、百亩猕猴桃基地让人眼前一亮。世代居住在村的原村委干部王家传在扎实沟党支部微信群对外出创业多年的村民胡长林说：“长林，今非昔比了，昔你我辈有心无力的脱贫工作，今在党的政策和市委的关怀、帮扶工作队的操劳下，实现脱贫，指日可待了。”

咬定青山不放松　尽锐出战破楼兰

2015年9月，市委组织部派出的驻村扶贫工作队队员到达威信县，正式拉开了对扎实沟村、马河村进行帮扶的序幕，市委组织部主要领导带领班子成员多次深入村组，和驻村工作队、村“两委”同志一起，通过召开村民代表座谈会、实地开展入户调查等措施，认真梳理村里的基本情况、短板弱项，研究改进帮扶工作措施……

为切实提高贫困人口精准识别度，市委组织部抽调 16 名干部组成 2 个工作队，随同当地干部对扎实沟村 13 个村民小组、马河村 15 个村民小组开展“拉网式”“地毯式”排查，从 2015 年 9 月开始，经过反复 3 轮全覆盖走访，彻底摸清贫困底数，锁定扎实沟村建档立卡贫困户 197 户 822 人、马河村建档立卡贫困户 236 户 926 人作为攻坚对象，扣好了脱贫攻坚“精准识别”的“第一粒扣子”。

“组织部门必须把脱贫攻坚作为重大政治责任和政治任务抓紧抓好，要举全部之力、下非常之功，把脱贫工作当作我们的家事来抓，当作自己的事来抓，家家要有对策，户户要有办法。”解决好扶持谁的问题后，部机关先后召开“挂包帮”“转走访”推进会、挂钩帮扶现场办公会等会议，进一步明确扶贫工作思路，完善精准扶贫实施方案，确保出实招办实事，动真情扶真贫。

始终以党建为引领，以群众为中心，以产业发展为载体，以挂钩帮扶为抓手，以脱贫出列为目标，驻村工作队签订“政治生命承诺书”，机关干部签下“履职尽责承诺书”，挂钩帮扶目标任务具体到每一年度、每一个人，倒排工期、挂图作战，形成了责任到人、任务上肩、上下贯通的责任体系。

鼓声阵阵、使命在肩，47 名干部职工挂钩联系扎实沟村 155 户贫困户，8 名干部职工挂钩联系马河村 31 户贫困户，投身一场必须打赢的世纪决战。第一书记何伟“丢下”刚出生 9 天的女儿和床榻上经历剖宫产的妻子毅然回到脱贫攻坚一线；驻村队员刘鑫进村入户狗不叫、鸡不跳；帮扶干部谢青得知包保贫困户家中意外失火烧毁沙发后，急忙把自己家里价值数千元的真皮沙发托运到贫困户家中……一幅干群携手、战天斗地的画卷，在庙沟镇青山绿水间徐徐展开。

筑牢战斗堡垒　淬炼攻坚先锋

脱贫攻坚是一项系统工程，必须要有坚强的战斗堡垒和攻坚的冲锋队员。为此，市委组织部把扎实沟和马河村级党组织及党员队伍建设摆在突出位置，筑牢啃“硬骨头”的战斗堡垒，淬炼打“歼灭战”的攻坚战士，为打赢脱贫攻坚战提供强有力的组织保证。

建设一个好班子，带出一支好队伍。2016年马河村因为集体贪腐问题，所有村干部受到处分，有的还受到刑事处罚，新的村“两委”成员群众不信任，脱贫攻坚工作推不动、推不走。为此，我们市委组织部主动担当，下派3名干部，再从县委组织部派出2名干部组成驻村工作队，提出“脱贫攻坚先攻心”方法，从群众最不满意的低保名额分配着手，迅速调整低保名单，同时组织村干部开展全覆盖走访，群众有什么困难就解决什么困难，工作迅速打开了局面。

汲取精神力量，强化使命担当。2017年11月4日，党的十九大代表、市委书记杨亚林到扎实沟村为“新时代讲习所”揭牌，并与基层党员干部群众座谈交流，面对面宣讲党的十九大精神。武装了科学理论，全村党员脑海里的一个个问号逐渐被拉直，深受鼓舞、热血沸腾，从此，“新时代讲习所”成为宣传习近平总书记新时代中国特色社会主义思想的平台，成为党支部组织群众、发动群众、宣传贯彻落实党的各项惠民政策的阵地。

从日常规范抓起，从基本制度严起。按照部务会要求，驻村工作队紧扣驻村扶贫工作实际，从佩戴党员徽章、按时缴纳党费等小事抓起，严格落实“三会一课”、党员积分制管理、党费日、党员“政治生日”“主题党日”等制度，进一步夯实党建基础，引导全村党员干部集中精力，高质量、高标准落实精准扶贫各项工作任务。

围绕“抓规范促党建、抓党建促脱贫”的总体思路，马河驻村工作队探索创新党员先锋队“走、干、讲、学、做、想”工作模式，确保脱贫攻坚工作顺利推进。扎实沟驻村工作队重点支持党员发展产业，充分发挥党员中心户的作用，把党在农村的政治优势和专业合作社的经济优势有机结合起来，贫困群众紧跟党组织，依靠发展早日脱贫的意识进一步增强。2018年马河村被评为“省级规范化建设示范党支部”，2019年扎实沟村被评为“省级规范化建设示范党支部”。

村级党组织的凝聚力、战斗力提升起来，党员的先锋模范作用发挥出来，每一户贫困户后面都站着一个坚定的共产党员，像吸铁石一样把群众组织、凝聚起来，实现了“说话有人听、办事有人跟”，确保脱贫攻坚责任落实、政策落实、工作落实，促进了基层党建工作和脱贫攻坚工作良性互动、共同发展。

破土拼基建　山沟焕新颜

巍巍乌蒙山，高耸入云端。峰连着峰、沟连着沟，大山深处的马河村刘家坳片区自然条件差，境内山高坡陡、路途崎岖，一直以来村民靠山吃山、靠水吃水，交通运输靠人背马驼，通村公路成了当地百姓最迫切需要解决的问题，也是制约当地经济社会发展的最大障碍。

“喝了马河水就是马河人。”市委组织部全体干部职工是这么说的，也是这么做的。2016年年初，为解决刘家坳片区实际困难，市委组织部部务会研究决定“要致富，先修路”，主要领导迅速到省直相关部门大力争取协调，启动刘家坳片区村组公路立项招标建设，这条通村公路起点为马河村沟底村民小组，终点为马河村刘家村民小组，全长7.5公里，设计路基宽5米，硬化路面宽3.5米，总投资600万元。为推进工程进度，市委组织部派驻该村的3名扶贫工作队队员，多次到最偏远的刘家村民小组召开群众会，就修公路占地问题统一意见，对21户涉及8亩土地的协调事宜进行磋商。

为促进硬化路面高质量施工，部机关干部职工分作两组分别到马河村刘家坳片区帮助当地群众铺筑混凝土……6个月后，一条崭新的公路贯通，解决了刘家坳片区沟底、芭蕉、新班、刘家4个村民小组298户1252人的历史出行难问题，建成刘家坳片区的脱贫路、致富路、发展路。

刘家坳片通村公路只是两村基建的缩影，之后的几年，在我们入户走访的路上到处都是大兴民生工程的场景。在扎实沟村，部机关协调建设安置规模为54户的谢家寨易地搬迁集中安置点建设高质量完成。部门协调投资规模为500万元的“四位一体”农村综合改革示范试点项目全部完工；投资2100万元的河堤硬化全面完工，部门协调有关单位全面硬化全村9.6公里户间道路；投资56万元建成居家养老中心1个，投资100万元建成村级活动场所1个，投资40万元建成村民小组活动场所3个，投资70余万元为最偏远的化稿村民小组建设公路4.5公里。在马河村硬化村组公路25.82公里、联户路6.25公里，协调1800万元建成新马河小学，投资105万元建成村民小组活动场所7个，投资60万元完成马河村活动场所的改造，投资31万元建成村级卫生室1个。

随着脱贫攻坚工作稳步推进，扎实沟、马河村基础设施迎来了翻天覆地的变化，坚实平坦的乡村公路出没于乌蒙山麓，景致优美的村居楼房错落在青山绿水，平整宽阔的活动广场、丰富多样的健身设施，人居环境显著提升，人民群众安居乐业。

下足“绣花”功夫　实现产业突围

“漫山遍野老玉米，一年收入一千几”这是我们看到的脱贫攻坚前扎实沟和马河村大多数贫困户的真实写照。强化产业支撑，补齐脱贫短板，坚决按时高质量打赢脱贫攻坚战，是2015年以来朱家伟、陈真永、李红芬

3位领导调研指导最多、安排部署最多的事情。挂钩帮扶过程中，市委组织部积极邀请市农业局、市供销社相关领导和专家到当地为产业发展问诊把脉、建言献策，结合扎实沟村植物种群丰富、野生猕猴桃遍布全山、闲置土地较多的有利条件，将猕猴桃确定为支撑群众增收致富的主导产业之一，先后组织了200余人参加猕猴桃种植培训。

2015年，扎实沟村引进宜宾市桐韵农业发展有限公司采取“公司+基地+农户”的建设模式在扎实沟草房、沙子两个村民小组建设101亩猕猴桃科技示范园，共惠及58户农户（其中建档立卡贫困户11户）。示范园2016年实现全部上架，达到30%挂果率；2017年达到80%挂果率，通过猕猴桃科技示范园成功经验的引领，2018年，扎实沟村后续发展猕猴桃530亩，共覆盖建档立卡贫困户76户。猕猴桃“从冷到热”，老玉米“从热到冷”，村民王家银把自家猕猴桃取名为“恩宏”牌，“恩”字在前，感恩共产党的好政策。

除了猕猴桃，扎实沟村还建起了年出栏4000的头生猪代养场，2019年11月投入运行，2020年7月卖出第一批1850头生猪，除覆盖40余户建档立卡户增收外，扎实沟村集体最后还获得净利润35万元左右。

马河村采取“党支部+合作社+贫困群众”的模式，盘活土地资源，引资建设百万羽土鸡孵化基地，实现首次分红5万元。村集体经济入股威信县前锦林下养鸡专业合作社，截至2017年收益1.5万元。大力发展土豆、辣椒、猕猴桃、中草药种植，引领带动107户贫困群众发展产业，走出一条村级集体经济发展壮大和群众增收致富的“双赢”之路。

稳定就业一人，脱贫致富一家。市委组织部还积极组织65名群众参加养鸡技能培训班，组织7人到威信县长安镇开展挖掘机驾驶员培训，组织18人参加庙沟镇中式烹调师培训班，组织开展养猪、养牛技能培训158人次……

近年来，各项因村制宜的产业发展，既稳定脱贫，又保障不返贫，既带动脱贫户增加收入，又促进区域经济发展，让扎实沟、马河群众拓宽了脱贫致富奔小康的门路。

组织起来就有力量 组织起来就是优势

脱贫攻坚工作的难与易，关键看群众是否有主动性。市委组织部始终把“以人民为中心”的思想贯穿挂钩帮扶工作各方面、各环节，千方百计、千辛万苦组织动员群众主动参与易地搬迁、农村危房改造、人居环境整治等各项工作。

在市委组织部的倾情帮扶下，挂钩帮扶村产生了综合效应。一方面绝大部分贫困户家庭情况大有改观，精神面貌也发生了翻天覆地的变化；另一方面个别贫困户产生了“靠着墙根晒太阳，等着别人送小康”的思想。为此，驻村工作队和帮扶干部聚焦突出问题、逐一制定措施，通过反复教育引导、思想疏导和身体力行的示范带动，有力提升了贫困户自强不息与誓摘穷帽的勇气、意志和信心。

以“踏破群众门槛、走进群众心坎”的决心和劲头，经常深入群众家中同吃同住同劳动，话家常、讲政策，最大限度争取群众理解支持。庙沟镇谢家村民小组的金勇，是我挂钩联系的贫困户，在入户走访了解到他的实际困难后，我反复给他做思想工作，动员他的子女走出家中干事业谋发展，并帮助协调解决了他家公益岗位一个。马河村贫困户张仲武放不下故土情节，一定要在原址修建房屋，我们的工作队队员每一个星期走访一次，“五进仲武门”，与他交心谈心、分析利弊，最终他同意了易地搬迁……

“乡亲们，就在前天，隔壁马河村630户村民走进‘爱心超市’，免费选走蒸锅、炒锅等厨房用品，洗衣液、玩具等生活用品，这是为什么呢？因为这些东西都是马河村村民用他们的爱心积分兑换的奖品！”威信县庙沟镇扎实沟村草房村民小组开展的“三讲三评”活动正热火朝天地进行着，部机关通过“三讲三评”，抓好感恩教育，让群众知道幸福生活从哪里来，学会比较过去和现在的生活差别，实现思想、工作、情感上“三个认同”，主动参与脱贫攻坚工作。

脱贫攻坚冲刺阶段，每一户贫困户都在努力，每一户贫困户都在拼搏。“党和国家政策那么好，市委组织部又那么关心我们，帮我们把路修通了、沟修好了、路灯安装上了，我们很知足了！要脱贫致富、要过上好日子还是要靠自己的‘十个好伙计’（双手），不能什么都伸手向政府要，能自己做的事情就不要给党和政府添麻烦。”面对帮扶干部，沙子村民小组贫困户马明申激动地表达了自己的心声。

全部脱贫一个不落　全面小康一个不少

担当是组织部门最坚实的底色，实干是组工干部最朴质的行动，坚持“133”工作思路，全力以赴、攻坚克难，坚决夺取挂钩帮扶村脱贫攻坚战全面胜利，这是组织部门增强“四个意识”、坚定“四个自信”、做到“两个维护”的生动实践。

5 年来，市委组织部累计直接或协调投入扎实沟、马河资金 6800 余万元，实施各类项目 34 个，涵盖基础设施、公共服务、教育卫生、产业发展、人居环境等多个领域，累计下派驻村扶贫工作队 5 批次 22 人。

5 年来，扎实沟村累计脱贫 197 户 822 人，贫困发生率由 21.5%降至 0%；硬化村组公路 16 公里，硬化户间道路 9.6 公里；实施河堤治理 5.6 公里；新建居家养老中心 1 个，村委会办公楼 1 栋，村级活动场所 4 个，改扩建村卫生室 1 个；建成生猪养殖场 1 个，生猪代养厂 1 个，肉牛养殖场 1 个；发展猕猴桃种植 660 亩，方竹 5000 亩。

5 年来，马河村累计脱贫 236 户 926 人，贫困发生率由 14.72% 降至 0%；硬化村组公路 15 公里，硬化户间道路 5.6 公里；新建小学 1 所，新建生猪代养场 1 个，改建村委会办公楼 1 栋，改建居家养老中心 1 个，新建村级活动场所 7 个，打造省级示范性村庄 1 个；指导建成 3 个养猪合作社，2

个养鸡合作社；发展皂角440亩，毛叶山桐子1070亩，方竹800亩，猕猴桃73亩，脆桃400亩。

扎实沟村、马河村达到现行脱贫出列标准后，市委组织部又加挂到威信县扎西镇墨黑村，并选派脱贫摘帽督导员、驻村工作队队员派驻彝良县洛泽河镇虎丘村、岭东村，继续为全市脱贫攻坚贡献组织部门力量。2019年2月，扎实沟村、马河村以零问题、零举证的成绩顺利通过脱贫攻坚第三方评估验收，2019年墨黑村顺利实现整村脱贫出列，2020年8月扎实沟村、马河村、墨黑村顺利通过国家脱贫攻坚普查工作。脱贫只是第一步，好日子还在后头，市委组织部坚持"脱贫不撒手、还当亲戚走"，以"攻坚之勇"和"绣花之功"在挂钩帮扶村脱贫攻坚成效巩固、特色产业发展和人居环境提升等各条战线上继续前行……

"红军主力长征北上，川滇黔边游击战场，孤军奋斗牵制强敌，壮烈牺牲万代敬仰。"不忘初心、牢记使命主题教育期间，市委组织部全体干部职工在威信县"扎西红军烈士陵园"重温入党誓词、缅怀革命先烈，那天再次读到张爱萍将军的这首题词，我不禁感慨万千，这片土地植根红色基因、承载光荣历史，如今革命老区群众不屈于命运、不甘于贫困，战天斗地"摘穷帽"的奋斗史诗，一定不负先烈忠骨，也一定最能告慰先烈，而在脱贫攻坚"浴火重生"之后，昭通的明天一定会更加璀璨，也一定会更加辉煌！

（作者时任中共昭通市委组织部常务副部长）

乌蒙山里筑堡垒　小康路上党旗红

牟　汉

昭通位于云南省东北部，地处乌蒙山腹地，是著名的革命老区和深度贫困地区，辖 11 个县区，总人口 547 万。全国脱贫看云南，云南脱贫看昭通。截至 2014 年底，全市贫困人口高达 184.37 万人，全省每 4 个贫困人口中就有 1 人在昭通。作为身处全国贫困人口最多的地级市和云南省脱贫攻坚主战场的党员干部，作为分管抓党建促脱贫攻坚工作的领导干部，作为一名组工干部，我深感责任重大、使命光荣。近年来，我深入学习贯彻习近平总书记关于精准扶贫、精准脱贫的重要讲话、指示批示和重要论述，坚持“双统领”“双保障”“双推进”的工作要求和“133”工作思路，在陈真永、朱家伟、李红芬历任组织部长的带领下，认真履职尽责，着力推动实施“乌蒙扶贫先锋行动”，充分发挥基层党组织的战斗堡垒作用和党员的先锋模范作用，为全市如期实现脱贫攻坚目标和同步建成小康社会提供了坚强组织保障。

给钱给物，不如建个好支部

“手中无把米，唤鸡也不来。”我始终坚持深入基层抓基层、深入支部抓支部的鲜明导向，认真思考、研究和谋划部署党支部建设工作，以深入推进党支部规范化建设达标创建为抓手，着力抓班子带队伍、抓两头带中间、抓基层打基础，努力做到每个贫困村都矗立着一座坚强的战斗堡垒、每一户贫困群众背后都站着一名坚定的共产党员，着力推动党的组织无处不在、作用无处不发挥。

抓班子带队伍。班子强不强，关键看头羊。我认为选优配齐农村基层党组织带头人队伍是增强基层党组织战斗力的关键之举，所以我坚决落实省委组织部和市委的安排部署，带领分管科室干部全力推动实施农村“领头雁”培养工程，发挥乡镇青年人才党支部作用，为农村培养储备青年党员 2567 名，每年让 200 余名村（社区）干部免费上大学，不断提升学历水平和能力素质。全力推动实施村干部净化工程，全市共排查清除受过刑事处罚、存在“村霸”和涉黑涉恶等问题的村干部 389 名，调整撤换村级党组织书记 451 名，从县乡机关和部门选派 166 名干部担任村级党组织书记。全面推动实施农村优秀人才回引计划，共排查出农村优秀人才 5168 名，有回村意愿的 2539 名，已回引到村任职 616 名，基层干部整体素质明显提升，攻坚能力显著增强。全力推动实施从市、县、乡机关干部中选派 100 名优秀干部到情况复杂、问题较多、工作滞后的村担任村级党组织书记，招聘 100 名本乡本土的党员大学生和优秀返乡人才充实村干部队伍并兼任村级党组织副书记，从村干部中通过考试录用 100 名进入乡镇事业站所并兼任村级职务的“三个一百”工程，为农村打造一支永不走的“工作队”。

打赢脱贫攻坚战，关键在党、在人、在干部。在坚决打赢脱贫攻坚战的关键时期，市委安排把优秀干部选派到扶贫一线去啃“硬骨头”、把铁军队伍压到一线打“攻坚战”，但是昭通贫困面大、选派人员多、选派工作压力大。2015 年以来，我带领分管科室干部，做通相关部门思想工作，动员大家全力支持脱贫攻坚工作，择优选派了 624 名处（科）级领导干部担任脱贫摘帽督导员；选派了 1239 支驻村扶贫工作队、4592 名驻村扶贫工作队队员驻村开展扶贫，除教师、医生两个群体外，全市 5 万名干部职工中，35.7% 的干部职工都当过驻村工作队队员。

抓两头带中间。基层党组织是贯彻落实党中央决策部署的“最后一公里”，是带领群众脱贫致富的坚强战斗堡垒，不能出现“断头路”。近年来，我按照市委“抓两头带中间”的工作要求，下大力气抓党支部规范建设达标创建工作，不断扩大先进支部增量、提升中间支部水平、整顿后进支部，坚决把脱贫攻坚的战斗堡垒建强。2017 年以来，全市 11 个县（市、区）、146 个乡镇（街道）、1078 个村级党组织、7537 个村民小组党支部进行达标创建。创建了省级“规范化建设示范党支部”57 个、市级“规范化建设示范党支部”105 个，为全市立标杆、作示范。采取压实整顿责任、“三个全覆盖”调研等措施，对 624 个贫困村、146 个软弱涣散村级党组织、221 个集体经济“空壳”村，逐一督促指导，有效推动了整顿提升。2017 年以来，共排查整顿提升村级软弱涣散基层党组织 491 个。

抓基层打基础。“上面千条线，下面一根针”，基层是各项政策落实的“最后一公里”，村组干部是穿针引线的人，村组干部队伍能不能稳得住，事关脱贫攻坚战成败。我坚持钱往基层投、人往基层走、政策往基层倾斜，积极汇报争取市委领导和市政府领导的支持，大幅度提升村组干部工作补贴和村级经费，每个村每年给予工作经费最高达 8 万元，村（社区）干部每月岗位补贴最高达 3500 元，正常离任村（社区）干部每月生活补助大幅度提高到 460 元至 1000 元。建立“基本报酬 + 绩效补贴 + 村级集体经济创收奖励”结构性岗位补贴，村级正职干部岗位补贴最低达每月 3000 元，为乡镇干部、驻村扶贫工作队队员、脱贫摘帽督导员、村“两委”班子成员全覆盖购买意外伤害保险；采取“财政预算一点、领导干部协调一点、部门整合一点、社会各界支持一点”等“四个一点”的办法，筹措资金 6.32 亿元新建村民小组活动场所 2586 个。在我任组织二科科长的时候，就针对村干部正常离任待遇问题进行了专门研究，研究报审下发《关于妥善解决正常离任村干部生活补助的意见》，较好地解决离任村干部这一群体的问题。此外，我还带领分管科室干部研究制定出台《关于发展壮大村级集体经济增强基层组织活力逐步提高村组干部待遇的办法（试行）》，建立集体经济创收奖励村组干部办法，拿出集体收益的20%—60%奖励村组干部，提振士气、激发动能。

组织起来，提高组织化程度

“组织化”是把群众组织起来抱团发展、共同应对和抵御市场风险的有效方式，也是基层党组织教育引导和组织动员群众、领导基层治理的有效手段。近年来，按照省委组织部和市委关于党建引领易地扶贫搬迁组织化、产业扶贫组织化、就业扶贫组织化“三个组织化”的部署要求，我始终把“三个组织化”工作作为抓党建促脱贫攻坚的重中之重，千方百计推、扎扎实实干，不断提高党组织领导和引领的组织化程度，以高度的组织化啃下易地扶贫搬迁、产业扶贫和就业扶贫三块“硬骨头”。

抓实易地扶贫搬迁组织化，让贫困群众既“挪穷窝”更“断穷根”。“一方水土养不活一方人”是昭通最大的贫情。鉴于此，围绕实现8.45万户36.24万人搬得出、稳得住、能致富、能融入的目标任务，我带领分管科室干部，立足基层党建实际，着力构建党建引领、党政齐抓、组织兜底、社会参与、干群连心的高度组织化格局，推动易地扶贫搬迁扎实有序开展。在安置点建设中，为抢时间、保进度、保质量、保安全，我牵头落实成立安置区建设临时党工委和管委会的具体工作，在临时党工委和管委会的领导和推动下，仅半年时间就完成安置区建设，交出昭通答卷、跑出昭通速度、展现昭通作风。在搬迁安置工作中，我督促建立健全党组织，推动组建义务搬迁、党员先锋志愿服务队伍，有效保证群众平稳安全搬迁。截至今年5月上旬，全市易地扶贫搬迁已搬迁入住34.17万人。通过大规模的易地扶贫搬迁，把不具备发展条件的贫困山区、生态脆弱地区群众搬出大山，真正让人搬到人能待的地方、让树长到树该长的地方。在搬迁安置后，为做好易地扶贫搬迁“后半篇文章”，我牵头起草《关于强化党建引领做好易地扶贫搬迁“后半篇文章”的实施方案》，把城市基层党建理念贯穿易地扶贫搬迁安置区管理服务全过程，探索提出了靖安安置区“五张网”和卯家湾“五个家”的基层治理模式，推动实施最严密、最精细的网格化管理，推行“红黄绿”动态管理模式，充分发挥党组织的牵头引领和党员干部的包保兜底作用，有效地保障了易搬群众搬得出、稳得住、能致富、能融入。

抓实产业扶贫组织化，让贫困群众从“单打独斗”到“抱团发展”。产业是就业之基、增收之本，是脱贫攻坚工作中最关键、最管用的扶贫措施。市委确定发展苹果、竹子、马铃薯、特色养殖、天麻、花椒“六个百亿元”高原特色产业，党员党组织在发展产业工作中，应该怎么发挥作用呢？我认为关键就是要坚持党的领导，着力提高产业扶贫组织化程度。按照市委安排，我牵头起草《关于鼓励和推动“党支部＋合作社”发展的实施意见》，积极推动良种良法、高度组织化和集约化模式、党支部＋合作社“三个全覆盖”，在农民专业合作组织、农业产业协会、产业链等新建党组织 326 个。同时，在引进陕西海升、广东粤旺集团、江西正邦集团等大型龙头企业的基础上，全面推动构建龙头企业绑专业合作社、专业合作社绑贫困户的“双绑”机制，建立“企业＋基地＋基层党组织主导的专业合作社＋农户”的利益共同体，引导企业、合作社等新型农业经营主体与有产业发展条件的贫困户依法签订利益共享、风险共担的合作协议建立利益联结关系，打通产业到村到户的精准扶贫路径。目前全市有 2138 个新型经营主体带动建档立卡贫困户 40.02 万户 174.8 万人，占全市建档立卡贫困户的 94.8%。

抓实就业扶贫组织化，让贫困群众从“人力资源”变成“人才资本”。昭通 529 万农村人口中有劳动力 305 万人，长年外出务工的就达 237 万人，而技能型劳动力仅有 13.46 万人，占 4.4%，且多数务工人员处于自发、无序外出状态，稳定就业难、维护权益难、工资水平低。劳动力转移就业成为贫困群众增加收入最直接、最有效的方式之一，也是市委、市政府打赢脱贫攻坚战的重要举措和重点抓好的“四篇文章”之一。务工收入在昭通贫困群众人均可支配收入中占 77.28%，广大贫困家庭面临“不返岗就返贫、不就业就难脱贫”的风险。就昭通而言，我认为稳岗就业是昭通脱贫攻坚的头等大事。按照市委的安排，我带领分管科室干部努力推动建设以 1343 个行政村（社区）为基本单元的基层党建网格化管理平台，督促各级党组织动员 2.36 万名县乡村干部、4588 名驻村扶贫工作队队员、624 名脱贫攻坚督导专员、1948 名就业信息员下沉到村、上门到户、精准到人，摸清劳动力就业情况和意愿，建立全市“就业需求数据库”。推动建立了 97 个在外流动党员党组织，并依托流动党员党组织，建立 211 个外出就业服务站，打通岗位信息和组织输出渠道。推动基层党组织开展定制化服务，全面启动专车、专列、包机的“点对点、一站式”输出模式，与用工方携手，发放免车费、免体检费、免防护费、补生活费“三免一补”大礼包，选派包保干部和医护人员全程跟车做好贴心服务，实现家门、车门、厂门“三门”紧密衔接，并发出了“打工的事情交给你，家中的事交给我”的号召。

感恩奋进，凝聚脱贫攻坚合力

习近平总书记强调，“贫困群众既是脱贫攻坚的对象，更是脱贫致富的主体”。在工作和调研中，我越发认识到只有充分发挥基层党组织政治优势、组织优势和群众优势，把群众动员组织起来，才能激发贫困群众内生动力。为此，我在全市基层党建工作推进会和全市乡镇党政正职培训班上提出，要坚持思想引领、志智双扶、感恩教育，全力汇聚脱贫攻坚合力。

坚持思想引领，把“争当贫困户”变为“不戴穷帽子”。在攻坚大决战中，我严格落实市委工作要求，带头深入挂钩帮扶村，讲政策、说道理，引导群众说真话、谈实情。见证了我们广大党员干部始终把“两不愁、三保障”作为是否为贫困户的根本标尺，严把标准程序，对符合条件的坚决纳入，对瞒报争当贫困户的严厉打击。见证了2.36万名干部深入全市146个乡镇（街道）1251个村（社区）25856个村（居）民小组，对全市129.73万户529.03万农村人口进行全面摸底调查，精准锁定脱贫对象27.5万户113.37万人，从精准识别入手扣准“第一粒扣子”，为系统建立农村大数据管理平台奠定坚实基础。

坚持志智双扶，把“要我脱贫”变为“我要脱贫”。我严格落实市委提出的关于“聚焦‘人的改变’，坚持‘富脑袋’与‘富脑袋’并重，加强扶贫同扶志扶智相结合”的工作要求，带领分管科室干部全面调度推动“三讲三评”和“感党恩、听党话、跟党走”活动，引导群众抛弃“等靠要”思想，坚决扭转“穷自在”的不良习气，充分激发广大群众自强不息、感恩奋进的内生动力。扎实推动党建带群建重点任务，推动群团组织发挥作用，组织开展“好媳妇”“好儿女”“好公婆”评选活动，自强守信、团结助人、勤劳友善等“最美家庭”表彰活动以及好家训、好家规、好家风宣传活动，培育新时代文明新风、良好家风、淳朴民风；督促推动基层党组织围绕公共卫生、邻里互助、勤俭节约等，建立完善村规民约、居民公约，教育引导群众革除陈规陋习、养成良好习惯、树立文明新风。

坚持感恩教育，把“坐等脱贫”变为“勤劳奋进”。群众满不满意、高不高兴是检验脱贫成效的根本标尺。“让老百姓幸福就是党的事业。”我始终牢记习近平总书记“以人民为中心”的重要论述，走深走实群众路线，推动机关沉下去、基层动起来。我带头开展产业扶贫典型宣传和感恩行动教育，通过督促各级党组织大力宣传脱贫光荣、表彰奖励、讲身边脱贫故事等方式，深入开展“践初心、摘穷帽，奔小康、感党恩”教育，引导群众抛弃“等靠要”思想，自强自立、感恩奋进、脱贫致富。督促各级党组织大力开展“自强、诚信、感恩”教育，引导贫困群众尤其贫困党员“致富技能学在前、落后习惯改在前、子女教育走在前、脱贫措施干在前”。督促各级挂钩帮扶干部与群众同吃同住，把党和政府的政策措施宣传下去，把党员群众的意见建议收集上来，面对面听取群众意见，零距离与群众交流，让党的初心、党的主张、党的恩情走进群众心田脑海，并转化为群众对党的高度认同，切实提高群众对脱贫攻坚的幸福感、满意度。

（作者时任中共昭通市委组织部副部长、市委非公有制经济组织和社会组织工委书记）

健全激励机制　促进干部担当

陇俊伟

习近平总书记强调，“党员干部是脱贫攻坚的主力军，决定着脱贫攻坚成效”。昭通作为全国贫困人口最多的地级市，是云南省脱贫攻坚的主战场，11 个县（市、区）中就有国家级贫困县 10 个，其中深度贫困县 7 个，截至 2014 年末全市建档立卡贫困人口 185.07 万人，要实现 2020 年如期脱贫，平均每天要脱贫 1000 人以上……

面对艰巨繁重的历史重任，如何打赢这场史无前例的脱贫攻坚大决战？昭通市委始终坚持以习近平新时代中国特色社会主义思想为指引，把脱贫攻坚作为最大的政治任务、最大的民生工程和最大的发展机遇，探索实践“133”工作思路，提出坚持以脱贫攻坚统领经济社会发展谋篇布局、以党的建设统领工作落实“双统领”，强化铁的纪律和硬的作风“双保障”，实现党的建设与脱贫攻坚“双推进”的工作要求，作出统筹推进易地搬迁、产业培育、劳动力转移就业、基础设施建设“四篇文章”的决策部署。

政治路线确定之后，干部就是决定的因素。昭通市委组织部始终坚持围绕中心、服务大局，认真贯彻落实中央和省委、市委关于抓党建促脱贫攻坚的系列决策部署，着眼为脱贫攻坚提供坚强的干部保障，健全完善激励机制，引领推动全市广大党员干部身沉一线、奋勇担当，敢打善拼、坚韧求成，用辛苦指数换取群众的幸福指数、用干部“脱皮”换取群众的脱贫。

强化教育培训，练就担当作为“硬功夫”

2019 年 8 月 22 日，彝良县浩鑫饮品有限公司矿泉水厂建成投产。这是驻村扶贫工作队依托小干溪村优质矿泉水资源，以“党支部 + 公司 + 贫困户”模式，村集体公司与民营企业合作兴办的水厂，预计可实现年产值 420 万元、利税 50 万元，解决当地 100 名贫困群众就业。像这样通过在脱贫攻坚一线提素质、强本领的驻村扶贫工作队，已成为带领贫困群众脱贫致富的“尖兵猛将”。

干部不仅要有担当的宽肩膀，还得有担当的真本领。围绕解决脱贫攻坚一线干部信心不足、思路不宽、办法不多等问题，市委组织部坚持把教育培训作为促进脱贫攻坚一线干部“想干愿干积极干，能干会干善于干”的重要抓手，制定出台《关于聚焦打好精准脱贫攻坚战加强干部教育培训的实施方案》，统筹全市教育培训资源向脱贫攻坚一线倾斜，采取集中培训、视频培训、个人自学、研讨交流、送教下乡等形式，以学习贯彻习近平总书记扶贫开发重要战略思想为重点，教育引导广大干部坚定理想信念，树立必胜信心，增强决战决胜的思想自觉和行动自觉。同时，紧扣脱贫攻坚实战需要，坚持“干什么、学什么，缺什么、补什么”原则，综合运用研讨式、案例式、体验式、观摩式等培训方法，明确市、县、乡每年分层分类组织脱贫攻坚一线干部开展培训的范围、次数和内容，持续加大教育培训力度，不断提升带领贫困群众脱贫致富的能力水平。

2019 年 6 月 20 日至 21 日、7 月 3 日至 4 日，先后分 2 批组织全市 146 个乡镇（街道）党政正职赴 2018 年脱贫摘帽县——绥江县，以抓党建促脱贫攻坚为主题开展脱贫攻坚政策业务专题培训，市委主要领导出席并作动员讲话，绥江县围绕脱贫攻坚介绍有关情况、分享经验做法，组织参训人员开展实地观摩、分组研讨，取得明显成效。一名参加培训的乡镇党委书记说：“对标已脱贫出列村的各项工作，我们确实还存在不少差距和短板，培训完回去后，我们一定对标对表找差距、补短板，扎实抓好清单化管理、责任化落实，努力向组织和人民交出一份脱贫攻坚合格答卷。”

鲜明用人导向，树起担当作为“风向标”

提拔使用是对干部最直接、最有效的激励。脱贫攻坚战打响以来，广大基层干部长期坚守在脱贫攻坚第一线，工作很辛苦。为充分体现组织的关怀，加强政治激励，市委始终坚持事业为上，牢固树立在脱贫攻坚一线选人用人的鲜明导向，先后研究出台《关于在脱贫攻坚一线大力培养选拔干部的意见》《关于进一步加大关心关爱力度促进基层一线干部担当作为的意见》等政策措施，提出实施脱贫攻坚一线选人用人“685 工程”，即在脱贫攻坚期内，市委、县（市、区）委、市直部门党委（党组）每年提拔使用的干部中有脱贫攻坚等基层一线工作经历的分别不低于 60%、80%、50%，探索推行预留空位、就地提拔机制，对在脱贫攻坚中表现优秀、实绩突出的乡镇党政正职，在不离开乡镇党政正职岗位前提下就地提拔，享受上一级领导职务待遇，切实以用人导向引领干事导向。

导向树立了，机制也建起来了，精准考察识别脱贫攻坚一线干部，成为摆在组织部门面前亟须解决的课题。为此，我们探索制定了《昭通市干部日常考核办法（试行）》，采取“一季一评价、半年一测评、一年一考核”的方式，按干管权限构建“一级对一级评价、一级对一级负责”的日常考核评价体系，先后组织开展县（市、区）领导班子和干部队伍建设专题调研、乡镇党委书记抓脱贫攻坚专题调研、乡镇党政正职全覆盖谈心谈话，深入了解脱贫攻坚一线干部的担当精神、履职表现、作风形象和工作成效，综合各类调研、考核考察、征求意见等方面情况，开展分析到班子、研判到干部的综合分析研判，为选准用好脱贫攻坚一线干部提供依据和参考。近两年来，市委提拔使用的 135 名处级干部中，有脱贫攻坚等基层一线工作经历的 88 名，占 65.2%；11 县（市、区）委提拔使用的 1035 名科级干部中，有脱贫攻坚等基层一线工作经历的 847 人，占 81.8%；市直部门党委（党组）提拔使用的 178 名科级干部中，有脱贫攻坚等基层一线工作经历的 93 人，占 52.2%。

坚持尽锐出战，锻造担当作为“生力军”

2020 年注定是极不平凡的一年，脱贫攻坚进入收官决战的关键阶段，加之新冠肺炎疫情影响，广大基层一线干部、驻村扶贫工作队队员、脱贫攻坚督导员、督战队员闻令而动、逆行出征，统筹打好脱贫攻坚和疫情防控“两大战役”。2 月 29 日，按照《昭通市脱贫攻坚挂牌督战工作方案》的部署要求，202 名新选派的督战小分队成员火速赶赴所督导村报到开展工作，当时大部分督战队员从春节收假返回 2019 年所督导村抓脱贫攻坚和疫情防控已连续作战近一个月。尽管大家已是疲惫不堪，个别督战队员甚至还在巧家、永善等县的边远贫困村，赶回昭通再赴镇雄县的督战村几乎要耽搁两天时间。但广大督战队员积极响应市委号召，主动克服困难，在规定时间前全部赶到所督战村参加誓师大会，立即投入新的战场。

越是接近目标，越是任务艰巨，越要发挥党的政治优势、组织优势和中国特色社会主义制度集中力量办大事的优势，把全市优秀干部统筹起来，沉到一线啃“硬骨头”、打“攻坚战”。我们着眼充实脱贫攻坚一线力量，市级层面以厅级领导、驻村督导员、挂钩帮扶单位、驻村扶贫工作队和结对帮扶干部“5 个层级力量”下沉一线，引领带动县乡村各级干部尽锐出战，用机关沉下去带动基层动起来、实起来，用干部扎下去促进群众动起来、干起来。先后累计选派 82 名干部到脱贫攻坚一线挂职锻炼，下派驻村扶贫工作队队员 4352 名，其中驻村第一书记兼工作队队长 1197 名、第一书记 42

名，选派1031名处科级干部担任脱贫攻坚驻村督导员、督战队员，直插一线盯到村、抵到户，成为推动脱贫攻坚的“冲锋队”“生力军”。

健全关爱机制，织密担当作为“保障网”

登山不以艰险止，必臻峻岭勇向前。在艰苦卓绝的脱贫攻坚大决战中，广大一线干部不畏艰难险阻跋山涉水、走村入户，用心血汗水甚至是生命践行初心使命，先后涌现出王秋婷、王文贵、杨祖辉等用生命诠释忠诚、书写担当、铸就丰碑的优秀干部。让干部安心、家人放心，才能更好担当作为、履职奉献。市委组织部在落实好现有关心关爱干部政策措施的基础上，健全完善了政治上激励、工作上支持、待遇上保障、心理上关怀的全方位激励保障机制。在待遇保障上，认真落实乡镇岗位补贴，竭力保障驻村扶贫工作队队员、脱贫摘帽督导员及督战队员的工作经费、生活补贴和通信补贴，切实提高扶贫干部在年度考核中的评“优”比例，同等条件下优先推荐脱贫攻坚一线干部作为各类评先奖优人选。在心理关怀上，按干部管理权限建立分级分类谈心谈话制度，每年至少组织开展1次健康体检制度，坚持因工受伤必访、生病住院必访、家庭特殊困难必访“三必访”制度，市委组织部先后与乡镇（街道）党政正职实现谈心谈话全覆盖，累计对108名脱贫攻坚一线因公受伤、患病干部进行走访慰问。在解除后顾之忧上，按干管权限为乡镇干部、驻村扶贫工作队队员、驻村督导员、督战队员、村（社区）“两委”班子成员购买保额不低于30万元的意外伤害保险，对在脱贫攻坚中因公牺牲或病故干部遗属按规定享受相关抚恤待遇，对遭受事故伤害或患职业病、重大疾病的积极予以救助，不断增强干部的荣誉感、归属感与获得感，让奋战在脱贫攻坚一线的干部心里始终温暖如春、激情似火。

（作者时任中共昭通市委组织部副部长）

躬身践行党管人才　担当助力脱贫攻坚

张　琴

“国以才立，政以才治，业以才兴。”人才是衡量一个国家综合国力的重要指标，也是一个地区经济社会发展的智力支撑。昭通市作为全省乃至全国的脱贫攻坚主战场，经济社会发展还处于较低水平，人才发展还相对比较滞后。因此，要想在脱贫攻坚中积极发挥人才优势，就必须在政策配套、选育管用和服务保障上下苦功夫、真功夫，才能在决战决胜脱贫攻坚中不断贡献人才智力。我自 2019 年 12 月调入昭通市委组织部分管人才工作以来，作为一名组织工作的“老兵”和人才工作的“新兵”，面对决战决胜全国之最的脱贫攻坚重任，如何抓实人才工作、发挥人才优势助推脱贫攻坚便成了我做好本职工作、主动担当作为的“引擎动力”。

抓学习，叠加政策利好“惠才”

“刘斌，你把《昭通市引进高层次人才计划》《昭通市优秀杰出人才创新创业支持计划》《昭通市优秀大学毕业生储备和培养计划》这几个文件找给我学习学习。”作为一名人才工作“新兵”，我对很多人才工作的支持政策“知其然而不知其所以然”。履新之初，我便将学习习近平总书记关于人才工作的重要论述、批示，以及各级人才帮扶政策作为自己的每日“必修课”，坚持向文件、向同事、向人才学习，在最短时间内夯实自己的人才工作政策理论功底。

2020年新年伊始，在逐渐熟悉掌握一系列人才工作政策的基础上，我带领人才科的同事们一起克服新冠肺炎疫情影响，积极主动作为，提前谋划人才助力脱贫攻坚、乡村振兴以及社会治理等中心工作，提前印发了年度人才工作要点和十项重点任务，对全市今年人才工作重点任务进行了分解，对时间节点、责任单位、组织保障等进行了明确，尤其是在年度工作要点和相关制度中明确“推行下级党委就人才工作向上级党委报告述职制度”，将人才创新发展列入干部教育培训主体班次、“万名党员进党校”示范班的重要课程。在定期召开人才工作季度分析研判会议和人才工作调研的基础上，聚焦“人才工作认识不清、人才工作者能力不足、人才工作业务水平不高”等突出问题，于9月22日牵头举办了为期3天的人才工作创新能力提升实训班，实行各县（市、区）骨干人才工作者能力提升轮训计划，通过现场看、专题讲、擂台赛、研讨思、跟班学等形式，并邀请省委组织部人才工作处陈治处长，以“如何做好新时代基层人才工作”为主题做专题讲座，为全市人才工作者集中“充电蓄能”。实训中，我们还组织开展了全市范围内第一次人才工作擂台赛——2020年人才工作擂台赛，通过现场讲解、相互比赛、评委评分等形式，进一步检验各县（市、区）人才工作分管领导或人才股室负责人对人才工作的重视、关心和熟悉程度，让不研究、不关心人才工作的部分成员单位、县（市、区）从思想意识上破除“人才工作说起来重要，做起来次要，忙起来不要”的落后观念，从工作业务上破除“不会做”“等靠要”，把思想和行动进一步凝聚到工作任务上来，凝聚到各级人才工作领导小组的统一领导上来。

为进一步坚持党管人才，我与大家一起深入学习研究，以持续深化人才体制机制改革为契机，提前拟定并报请市人才工作领导小组审议通过，出台了《昭通市人才工作领导小组工作规则》《昭通市人才工作领导小组办公室运行机制》《昭通市人才队伍建设中长期规划纲要（2020—2030）编制工作方案》《鼓励引导人才向艰苦地区和基层一线流动的贯彻落实措施》《加强规范专家工作室建设管理机制》《“名家、名师、名医”年度遴选培养方案》等工作机制，通过制度形式将工作任务、流程及规范予以确定，为2020年人才工作重点项目实施、强化人才工作服务脱贫攻坚中心大局能力提供了坚强的政策支撑。同时，在工作中继续用好用活《关于深化人才发展体制机制改革推动各类人才到脱贫攻坚一线创新创业的意见》《引进高层次人才实施办法》《院士专家工作站建设管理实施办法》《“十三五”综合交通重点项目柔性引进紧缺人才实施方案》《鼓励农林科技人员创新创业的实施意见》《农林科技专家团队挂联到县指导服务产业扶贫工作方案》《边远民族贫困地区基层人才特别考录实施细则》等本土人才支持性政策文件，给予脱贫攻坚重点特殊领域人才发展特殊支持，积极推动人才向基层和艰苦边远地区流动，为积极发挥人才优势、推动人才向脱贫攻坚一线流动提供强有力的保障。

抓落实，用好项目平台“聚才”

9月的永丰苹果基地，枝繁叶茂，果实累累。望着枝头上被秋日阳光晒红了脸的苹果，昭通超越农业有限公司总经理李炳伟看在眼里、乐在心里。作为昭通“凤凰计划”企业经营管理人才入选者，李炳伟以海升集团果蔬现代化种植技术和企业经营管理体系为支撑，带领昭通超越农业有限公司利用成熟矮化密植技术，尝试苹果新品种的筛选、育苗和推广，开创出昭通苹果产业发展新天地。

一个行动胜过一打纲领。好的支持政策有了，最重要的便是结合实际抓好落实。今年以来，我带领人才科以及市人才工作领导小组相关成员单位的人才工作者们，按照“引进一批、培养一批、储备一批”的思路，根据《昭通市“凤凰计划”实施方案》和《昭通市“鲲鹏计划”实施方案》有关要求，聚焦产业扶贫、交通扶贫、卫生扶贫、教育扶贫等方面的人才和技术需求，组织开展2020年新一轮市级人才项目申报、评审和认定工作。评审严格按照“自下而上、个人申报、逐级推荐、专家评审”的方式进行，评审工作采取第三方评审的方式进行，严格执行标准要求，切实规范评审流程，坚持公平公正、择优选拔，按照“实事求是、优中选优，宁缺毋滥、不搞平衡”的要求，经自主申报、初审确定、专家评审、市人才办和市院士专家工作站管理委员会审议，并提请市人才工作领导小组研究确定和市委审定，最终于2020年8月认定“凤凰计划”人选12名、“鲲鹏计划”人选30名、市级院士专家工作站9个，再次为人才助力脱贫攻坚注入了新鲜血液。

作为全国贫困人口最多的地级市和云南省脱贫攻坚主战场，近年来，昭通市聚焦脱贫攻坚和“6个百亿元”高原特色产业发展等重点领域，突出政策引领作用，做足产业聚才文章，坚持引培并举，不断完善人才扶持引聚政策，把人才智力作为产业发展的重要支撑，相继出台实施了“引进高层次人才计划”，即“凤凰计划”，优秀杰出人才创新创业支持计划，即“鲲鹏计划”。通过经费支持、项目资助和绿色服务通道等优惠政策，采取技术指导、兼职兼薪、团队合作和成果转化等方式，引领一大批专家人才和团队扎根基层、贡献才智，助推高原特色产业发展，书写了决战决胜脱贫攻坚的新时代人才“新篇章”。自2017年启动第一批“凤凰计划”和“鲲鹏计划”申报认定工作以来，累计引进院士、博士生导师、研究员等高层次人才52人，培养高层次领军人才24人、中青年拔尖人才14人、基层突出贡献人才44人。52个“凤凰计划”人选中，涉及六大高原特色产业有17个，占32.6%；82个“鲲鹏计划”中有29个，占35.4%，有效补齐了脱贫攻坚产业发展领域，尤其是高原特色产业领域人才引进难、培养难等“短板”。同时，积极利用东西部人才扶贫协作、中央博士服务团、人社部专家基层服务团等平台，加强与高端人才、智库联系对接，发挥“以才引才、以才聚才”的链式效应，吸引市外优秀人才、市外优秀昭通籍人才等优势资源到昭开展咨询服务活动，切实搭建相关企业及单位与专家人才交流合作平台，为昭通大山包文投旅游开发、高速公路建设、苹果产业发展和易地扶贫搬迁安置等重大项目及高原特色产业精准把脉，成功引进廖春元、胡小松、蔡金明等国家高层次人才带团队、带成果、带项目到昭合作发展，实现AR人工智能技术研发、HPP超高压保鲜技术和石墨烯等一批新材料、新科技项目落地昭通。

抓示范，创新工作载体“育才”

“昭通市立足‘交通先行’战略实施，以交通领域人才队伍建设为载体，围绕实现‘滇川黔渝区域综合交通枢纽’目标，采取在全国范围内公开招聘，在大型公路、铁路建设企业挖掘，在全省公路建设系统范围内借用等方式，引进了一批在高速公路施工、监理及建设管理中具有丰富实践经验的工程专业技术人才，为进一步提升交通运输社会公共服务能力，推动全市交通事业又好又快发展提供了坚实的人才保障……”在今年9月省委组织部人才工作调研中，人才工作处处长陈治在昭通高速都香高速公司项目指挥部调研时，对昭通以全市重点领域建设项目为载体，大力推进人才队伍建设的做法给予了充分肯定。

人才工作要有突破口，人才优势发挥要有立足点，就一定要围绕中心大局工作找准结合点和切入点。为进一步破解人才工作载体“创新难”难题，我在2020年7月带领人才科并会同相关部门，坚持问题导向，立足人才队伍建设、科技成果转化和企业发展等问题，深入昭阳、鲁甸、彝良、大关、绥江及市农科院等县区、单位，开展基层人才工作调研，通过实地走访、座谈交流等方式，并下发《人才工作调研指导意见建议》7 份，对基层人才工作存在问题进行“现场交办”，为下步工作开展积极“出谋划策”。在深入基层调研、掌握“第一手资料”的基础上，聚焦“人才工作创新研究滞后、人才环境服务优化不足和人才政策项目落地乏力”等问题，指导 11 个县（市、区）以及相关市直部门聚焦综合交通、主导产业等领域，初步创建 34 个人才工作创新发展示范点，以示范带整体，以创建促发展，进一步找准人才工作落脚点、着力点、闪光点，规范人才项目实施流程，提升本土人才培育力度，巩固人才助力产业发展、助推脱贫攻坚的成效，推动实现“做有标杆、看有示范”，进一步破解人才发展“看无实绩、说无经验、做无榜样”等问题。

同时，积极推荐参评 2020 年省级人才项目，联动各专项部门分领域推进宣传发动、材料审核，部分省级高层次人才培养计划专项申报人数有大幅度增加，赵孔发、李启彭等 8 名人才入选云南省高层次人才培养支持计划，其中产业技术领军人才、教学名师、青年人才 3 个专项实现“零突破”。完成基层人才对口培养、专家服务团、西部之光访问学者等项目相关工作，“国贴”“省贴”“省突”等入选人数有新突破。持续跟进省级相关政策措施落地。指导黄牛养殖、热区水果、天麻产业、医疗帮扶等省级专家团项目以加强联系、搭建平台等方式推进长期长效合作帮扶；指导昭阳、水富等产业园区落实“园区人才支持行动”要求，分类梳理需求，健全政策措施。选派 28 名基层教育、医疗和农技人才参加云南省基层人才对口培养。指导镇雄县人民医院和赤水源中学与省级专家人才团队建立为期 1 年的帮扶协议。

抓引领，强化联系服务“留才”

“谢谢昭通各位同志们的一路相伴，细心的照顾，一路的讲解。在本次交流研修的活动中，经各位领导的介绍与实地参观，我们更加直观地了解了昭通近几年的发展与变化，让我们再次感受到了中国共产党的伟大及温暖，看到了昭通人民的坚强与实干，同时也看到了昭通的明天与希望！改观了我们对昭通的旧认知，让我们每个人爱上昭通，愿意为之而付出所学之长，昭通将是我们的第二故乡！”为期3天的昆明、玉溪选派到昭通易迁安置点帮扶人才研修交流活动结束时，来自昆明市第二人民医院的帮扶医生段永洪这样深情地说道。专家人才的赞许肯定，是对我作为一名人才工作者的暖心褒奖，更是鞭策鼓励，我乐此不疲。

有效发挥人才优势助力脱贫攻坚，不仅要靠政策支持的“真金白银”，更要靠联系服务的“拴心留人”。在昭阳、鲁甸和市农科院、市高投公司等县区、单位和企业开展工作调研的同时，我充分利用现场交流、座谈走访等形式，对部分基层人才进行走访慰问，了解人才生活工作近况，交换人才工作建议意见，增进友谊联系，以上率下畅通联系服务专家通道，积极搭建线上线下互动交流平台。并严格落实昆明、玉溪选派支援人才支持政策，牵头为2020年来昭帮扶的61名人才购买人身意外伤害保险，于9月18日至20日，通过帮扶义诊、现场观摩和座谈交流等形式，集中组织开展研修、交流、疗养及慰问等活动。切实抓好人才工作宣传报道，充分利用广播、电视、报刊、网络等新闻媒体宣传各级各类人才干事创业好典型、好经验，指导各县（市、区）和市委联系专家工作联络服务站做好人才“微视频”工作，用身边人、身边事、身边先进典型感化身边人才、教育引导人才。牵头组织“人才助力产业发展”“人才助力易地搬迁安置”等主题宣传稿件撰写，多渠道、多层次宣传人才先进事迹。人才助力脱贫攻坚、专家心理辅导热线和人才助推高原特色产业发展等做法被新华网、《中国组织人事报》《中国人才》《云南日报》等媒体刊载，靖安易迁安置区人才代表参加2020年《云南人才风景线》节目录制。

近年来，我们以深入开展“弘扬爱国奋斗精神，建功立业新时代”活动为契机，通过举办高层次人才市情研修班、创新创业研讨交流会等形式，组织来自全市各行各业优秀的专家代表，开展交流研讨、案例教学和现场观摩活动，推动各类人才为昭通经济社会高质量发展发挥聪明才智，建言献策。深入落实党委联系专家工作，抓实建好农业、教育、卫生、工信、综合等5个市委联系专家工作联络服务站，通过走访、慰问、谈话、信函、电话、微信及座谈等形式联系服务专家，并注重在人才项目申报初审、工作季度研判等重要工作中，以召开座谈会、电话了解等多种方式听取专家人才意见建议。积极做好专家人才服务工作，按照“一人一策”原则，通过向上级部门汇报，积极与人社、教体等部门以及行业企业对接协调，克服机构改革人事冻结、中心城市学区调整等困难，妥善解决好引进人才随迁配偶跨省调入、行业企业接收安置随迁配偶和子女转学入学等问题。

“伟大的时代呼唤人才，昭通的发展渴求人才。”在全市人才工作会上，市委书记杨亚林曾经对人才工作寄予了这样的厚望。通过多年的努力，在“人才兴昭”战略的推动下，昭通这片充满激情的创新创业热土，正面向市内外，用海纳百川的胸怀引才聚才、用求贤若渴的心态重才惠才、用筑巢引凤的实招留才育才，人才集聚效应正在不断凸显，人才助力作用正在不断增强。多士成大业，群贤济弘绩。面对推动高质量发展、巩固脱贫攻坚成效、奋力促进滇东北崛起和助推乡村振兴战略实施的接续征程，还需要我们进一步凝聚思想共识，把人才工作作为打基础、利当前、惠长远的工作，加强顶层设计，明确实施路径，把全市中心大局的工作重点作为人才工作的着力点，要以更多协调配合的工作机制、更多健全管用的支持政策、更多发挥作用的平台载体、更多拴心留人的联系服务，紧密围绕全市经济社会发展“主旋律”和“大方向”去思考人才工作、抓实人才工作、创新人才工作，才能进一步发挥和凸显人才工作和人才才智优势。“雄关漫道真如铁，而今迈步从头越”，我将和我的同事们一道，和全市各级人才工作者和广大人才一道，为昭通人才工作取得新的成绩而不懈努力。

（作者时任中共昭通市委组织部副部长、市人才工作领导小组办公室副主任）

把党的力量挺在脱贫攻坚最前沿

耿礼俊

作为土生土长的昭通人，在昭通工作已近二十载。在来昭阳区工作前，我对这块土地就很熟悉，昭阳区这个大山深处的贫困地区，是全省 27 个深度贫困县（区）和 73 个国家重点扶持县（区）之一，是名副其实的脱贫攻坚主战场，是脱贫工作的难中之难、坚中之坚，打好打赢脱贫攻坚战成为全区、全市乃至全省重中之重。从 2015 年来，为响应党中央、习近平总书记精准扶贫的号召，昭阳区各级党组织深入学习贯彻习近平总书记关于扶贫开发的重要论述和视察云南、昭通的重要讲话，深入贯彻落实党中央、国务院关于脱贫攻坚的重大决策部署，树牢“围绕扶贫抓党建，抓好党建促扶贫，检验党建看脱贫”的理念，聚焦脱贫攻坚总目标，闻令而动，精准施策，千方百计谋发展、促脱贫，创造一个个扶贫奇迹，在中国脱贫、减贫、消贫伟大事业历程中留下了我们昭阳的浓重一笔。

强化理论武装，形成合力攻坚思想共识

2019 年 5 月中旬，党中央决定从 2019 年 6 月开始，在全党自上而下分两批开展“不忘初心、牢记使命”主题教育。9 月初，昭阳区委成立了领导

小组，并由我担任工作机构负责人。对于“不忘初心、牢记使命”主题教育，我的理解是，在夯实“两学一做”的基础上，进一步学习贯彻习近平新时代中国特色社会主义思想，用马克思主义中国化最新理论成果武装头脑、指导实践，把“守初心”“担使命”作为共产党员的终身课题。用“守初心”锤炼党员干部忠诚干净担当的政治品格，用“担使命”激发敢于担当、勇于作为的干事精气神，为昭阳区决战决胜脱贫攻坚提供坚实保障。9月下旬开始，全区开展了为期4个月的“不忘初心、牢记使命”主题教育，覆盖全区1501个党组织。我们先后组织区四套班子进行了3期理论中心组学习、3期读书班集中学习，全区87家参学单位理论中心组学习363次、读书班466次、学习党的十九届四中全会精神71次、感恩教育205场、成果交流会46场、主要领导讲党课112场、轮训支部书记675人次，累计解决群众操心事、烦心事447件。今年，根据新形势下党员干部政治学习需要，我带领部机关几位同志研究制定了《关于修改相关学习制度落实“第一议题”的通知》，把学习习近平新时代中国特色社会主义思想和习近平总书记重要论述、重要指示批示精神等内容，作为党委（党组）会议、理论学习中心组学习、支部大会、支委会、党小组会及其他党内重要会议的“第一议题”。作为党员、干部教育培训的“第一内容”，督促各级党组织落实第一议题学习制度，修订完善相关会议制度和学习制度。通过这些有效举措，进一步抓牢了全区各级党组织对习近平新时代中国特色社会主义思想的学习贯彻。

建立健全责任体系，集结力量下沉一线全力攻坚

2018年以来，中央、省委、市委持续对扶贫工作提出新要求，作出新部署。我仔细研究相关文件，并作了认真调研和思考，特别是干部挂包和驻村扶贫两块工作，我把省委、市委的文件作了纵向对比，并结合昭阳区

实际情况，与相关同志研究出台了《关于健全完善脱贫攻坚区级主令乡镇部门主攻村级主战三级作战指挥体系的决定》《关于坚决打赢脱贫摘帽歼灭战的决定》《昭阳区进一步下沉力量压实责任确保打赢脱贫攻坚大决战的工作方案》《中共昭阳区委关于开展脱贫攻坚集中入户的通知》等系列文件，将乡镇（街道）作为脱贫攻坚主战场，区级成立了由区级领导挂帅的20个乡镇（街道）和23个行业部门战区指挥所；以村（社区）为作战单元，成立了由乡镇（街道）派驻领导挂帅的153个村（社区）作战室，全面压实攻坚责任，逐步建立了横向到边、纵向到底的高效组织体系、责任体系、工作体系。我们安排了全区7273名帮扶责任人走访48815户建档立卡贫困户，按户均500元标准发放26368户建档立卡走访资金1318.4万元，深入开展“自强诚信感恩”活动，全面与贫困群众同吃同住同劳动，带领贫困户打扫卫生，贫困户生活环境质量明显改善，良好的个人卫生习惯逐步养成，干群关系日益密切，基本实现了全区脱贫攻坚工作“思想认同、工作认同、情感认同”。同时，我们向全区145个贫困村派驻了145支驻村工作队484名驻村工作队队员，实现了所有贫困村派驻全覆盖，全面整改了“四类情形”人员，按“五个不选派”要求共调整、轮换驻村队员219人，实现了“尽锐出战”。我们还充分运用市区两级各类培训资源，组织全体驻村队员参加了市区各级培训20余次，组织乡村干部、驻村队员、督导员等共3400余人开展了扶贫政策业务知识测试。目前，我们正按照“摘帽不摘帮扶、摘帽不摘责任、摘帽不摘监管、摘帽不摘政策”的要求持续推进驻村工作。

突出“选育管用”，锻造敢打敢拼的扶贫干部队伍

2018年2月12日，中央召开打好精准脱贫攻坚战座谈会，习近平总书记发表了重要讲话，习近平总书记强调，“打好脱贫攻坚战关键在人。要突

出抓好各级扶贫干部学习培训。对基层干部，重点是提高实际能力，培育懂扶贫、会帮扶、作风硬的扶贫干部队伍”。这既是对脱贫攻坚工作作出的重要指示，也是对我们组织部门提出的具体要求。我对总书记这句话的理解是：要紧盯人这一“关键”因素，坚持在脱贫攻坚一线锻造过硬队伍，坚持提升干部队伍综合素质，进一步推动优秀干部、人才资源向一线聚集，投身脱贫攻坚主战场。

2018 年，根据省委、市委、区委关于村（社区）干部任职资格联审和村级党组织书记县级备案管理部署要求，我们及时研究下发了《关于建立村（社区）干部任职资格联审和村（社区）党组织书记区级备案管理制度的通知》，2019 年第一次联审会议召开后，我要求每一期的会议纪要第一时间送我一份，让我能掌握实时情况。截至 2020 年 8 月，已召开了 18 次会议，分批次对全区在职的 5384 名村（社区）干部进行联审，累计审查清理了 87 名不符合条件的村组干部并及时补齐配强。我们坚持树牢重实干、重实绩的鲜明导向，结合 2016 年和 2017 年区乡村换届、2018 年纪检监察体制改革、2019 年党政机关机构改革，联合区人大、政协多次深入开展领导班子调研工作，调整充实脱贫攻坚、城市建设、产业发展等急难险重一线班子力量，选优配强 11 个贫困乡镇和脱贫攻坚工作领导小组成员单位领导班子。同时，2019 年，我们还实施了农村优秀人才回引计划，在 20 个乡镇街道全覆盖建立“青年人才党支部”，为每个贫困村至少培养 2 至 3 名后备干部，并紧扣昭阳产业发展和乡村实际需求，以苹果、马铃薯产业为重点建立 5 个专家工作站，引进了 40 余名省内外高层次专家定期进站开展科研攻关、技术指导、人员培训等工作，引领带动 4537 名农村技能型人才在脱贫攻坚一线运用技能带动产业发展。2020 年，我们再次组织开展了村（社区）干部全覆盖调研和分析研判，将全面推行村（社区）党组织书记和村（居）民委员会主任“一肩挑”，为实现村级党组织带头人队伍整体优化提升，打通脱贫攻坚“最后一公里”持续“加码”。

锻造坚强基层战斗堡垒，助力乡村蓬勃发展

到昭阳区工作后，我对习近平总书记视察昭通工作时提出的“以更加明确的目标、更加有力的举措、更加有效的行动抓好脱贫攻坚，确保扶到点上、根上，让贫困群众真正得到实惠”中的“三个更加”作了认真思考，准备从强化基层党组织战斗堡垒作用推动发展壮大村级集体经济和实现村组活动场所全覆盖建设两方面着手落实。

首先，夯实党的基础是关键。经过反复论证和修改，2018 年，我们下发了《昭阳区党支部规范化建设达标创建工作“一单清”》等系列指导性文件，分 3 年在全区开展党支部规范化建设达标创建。文件下发后，为了监督和指导创建工作，我与几位部领导集中在 8 月、9 月、10 月分批次全部下到各乡镇、村（社区）进行实地调研，指导各基层党组织开展达标创建工作，同时严格按照“四个一”措施，抓实“六个刚性”要求，对标对表 12 种软弱涣散情形，对村（社区）基层党组织进行重点整顿。近 4 个月的一线督导指导，全区 20 个乡镇（街道）、184 个村（社区）实现全覆盖指导。从 2018 年到 2019 年，昭阳区累计达标 1317 个党组织，其中有 9 个党支部被评为市级示范点，1 个被评为省级示范点，进一步推动各级党组织实现普遍晋位升级、重新焕发生机，2020 年我们将实现各领域党支部全部达标。

在建强基层战斗堡垒的同时，发展壮大村集体经济和村组活动场所建设也正在同步推进。早在 2017 年，昭阳区通过争取财政资金 7541.5021 万元加上群众自筹资金 2000 余万元，较好地完成了 303 个小组活动场所和 23 个村级活动场所的建设任务。为了进一步巩固发展成效，2019 年 6 月，我向区委专题汇报了关于发展壮大村级集体经济下步工作打算：一是建立发展壮大集体经济发展的长效机制，结合村集体经济实际，规范集体经济运营体系；二是增强政策及资金扶持力度；三是充分调动村（社区）干部发展壮大村集体经济的积极性和主动性。汇报得到区委的认可，并审议通过

了相关文稿。

我们还牵头成立了由农业、林草、发改、财政、工科等25个成员单位组成的昭阳区发展壮大村级集体经济工作领导小组并建立了联席会议制度，研究制定了《昭阳区村级集体经济资金管理办法（试行）》等一系列制度性文件，按照“一村一策”思路，在全区全面推广“村集体 + 龙头企业 + 基地 + 专业合作社 + 贫困户”的发展壮大集体经济模式。两年来共投入资金5758万元完成157个村级集体经济项目建设，全面消除了贫困村中的“空壳村”，实现全区145个贫困村村级集体经济收益均达到2万元以上，集体经济收益达757万元，全省、全市发展壮大村级集体经济现场会相继在昭阳召开，村级集体经济为实现“户脱贫、村出列、区摘帽”打下了坚实的经济基础。

提升三个组织化程度，促党建与扶贫同频共振

在产业发展组织化方面，我们严格按照市委决策部署，聚焦“三个全覆盖”，着力优化党组织设置，加大在龙头企业、专业合作社、产业协会等建立党组织的力度，实现组织建在产业链、党员聚在产业链、群众富在产业链。几年来，昭阳区共成立村集体经济公司153个，党组织创办领办合作社123个，全区共有农民专业合作社1043个、联合社11个，入社成员达19.9万人。成功打造了永丰海升苹果基地、苏家院苹果庄园、靖安西魁“洋芋帝国”、吉之汇蔬菜大棚基地等产业基地，帮助解决了周边大部分劳动力就业，实打实为贫困群众带去实惠。

在劳动力转移就业组织化方面，昭阳区约有45.5万农村劳动力，其中贫困劳动力约12.1万人，易迁劳动力1.7万人，大面上来说，全区劳动力转移就业工作有优势，也有短板。优势在于，昭阳区普遍有外出打工的“传

统”，加上近几年就业扶贫政策力度越来越大，昭通本土产（企）业不断崛起和用工量不断增加，为各类劳动力提供了不少的就业机会；而短板则是，剩余在家的农村劳动力多为贫困、易迁人群，没技术、没知识、没意愿成为限制，特别是2020年年初受新冠肺炎疫情影响，更是成为有序复产复工、保持经济平稳发展的难点、重点。2020年年初，区委、区政府多次召开会议，研究部署了昭阳区脱贫攻坚、稳定经济社会发展等工作，我具体负责开展劳动力转移就业工作。为了做好这块工作，我用了一周的时间，跑了几个乡镇，着重调研了劳动力转移就业情况。经过分析研判，我们“对症施策”，以建档立卡贫困户和易地扶贫搬迁劳动力转移就业为重点，着重发挥基层党组织在宣传发动、技能培训、劳务输出等链条中的作用，推动就业意愿、就业技能与就业岗位精准对接，提高转移就业有序性、稳定性和实效性。2020年一季度，我们通过协调交通运输部门派出专列9批次、专车60批次155辆、专机1批次，有组织成建制组织返工劳动力一站式输出到浙江、江苏、广东、福建、安徽等地7485人，实现“家门—车门—厂门”的无缝对接，有组织、有计划地完成集中转移就业任务。

在易地扶贫搬迁组织化方面，我们建成了全国最大的跨县区易地扶贫搬迁安置区——靖安新区，承接了昭阳、镇雄、彝良、盐津、大关、永善6个县区9256户40549人，在区内红路安置点共建设住房80栋，安置了昭阳区13个乡镇5305户22756人。为了写好易地扶贫搬迁“后半篇文章”，我们先后建立11个社区临时工作站、11个社区党（总）支部、274个楼栋小组和41个小组党支部，从全区各相关部门抽调294名人员、新招聘40名志愿者共334人组成靖安安置区和红路馨居、幸福馨居、虹桥馨居安置点群众服务管理中心（临时党委），在11个易地搬迁安置社区成立了党（总）支部和临时工作站、41个小组党支部，确保有人办事。

2020年3月以来，疫情形势好转后，我们及时启动了入户走访工作，各级干部职工继续下沉，抓紧补齐脱贫短板，为迎接各级各类大考做最后冲刺。2020年5月7日，云南省扶贫开发领导小组办公室发出公告，昭阳区顺利通过脱贫攻坚成效考核第三方验收，正式宣布退出贫困县序列。至此，历经 5 年的脱贫攻坚战，已到收官时期。

回首望去，5 年的昭阳脱贫历程，是昭阳区各级领导干部职工夜以继日、一锤接着一锤硬生生干出来的辉煌战果，是 94 万昭阳儿女贯彻习近平新时代中国特色社会主义思想的奋进历程，是广大扶贫干部落实习近平总书记扶贫工作重要论述的践行历程。而我，有幸见证了昭阳城乡万象更新的华丽蜕变。现在，昭阳这座摆脱千年贫困、人民勤劳致富、民族团结发展，引领省际区域发展的滇、川、黔省际中心城市正在崛起。

鞍马犹未歇，战鼓又催征。站在新的历史起点上，我们将进一步提高政治站位，强化担当作为，切实提高组织部门服务保障能力水平，全力推动抓党建促决战决胜脱贫攻坚的任务落实，为下一步决胜脱贫攻坚冲刺、巩固脱贫成效、实施乡村振兴提供坚强组织保障。

（作者时任中共昭阳区委常委、区委组织部部长）

凝心聚力抓党建　合力攻坚促脱贫

陈永生

抓党建促脱贫攻坚是打赢脱贫攻坚战的关键之举，更是组织部门肩负的重大政治责任。作为一名基层组织部部长，我始终把抓党建促脱贫攻坚作为第一要务，紧扣“抓党建、聚人心、促攻坚”这个主题，用硬措施落实硬任务，用新办法解决新问题，有力推动基层党建与脱贫攻坚的深度融合、协同发力。

基层组织全面夯实，筑牢脱贫“主心骨”

我于 2019 年 4 月 28 日到巧家县任职，现在我仍清楚地记得，在当天县委华昆书记主持召开的县处级领导碰头会上，华昆书记宣布了组织上关于我的任职决定，并希望我尽快熟悉组织工作情况，全力做好抓党建促脱贫攻坚工作。彼时的巧家正处于脱贫攻坚啃“硬骨头”的关键期，也是白鹤滩水电站移民搬迁安置协议签订的起步期，两大攻坚任务交织推进，我深知肩上担子的分量和责任的重大。

为尽快熟悉情况，在一线寻求推动工作的思路、办法和措施，5 月我调研了全县9个乡镇及22个村（社区）。通过深入的调研走访、座谈交流，我对巧家的脱贫攻坚工作有了更清楚的认识，也更加深刻地认识到，建强基层党组织才是抓好党建促脱贫攻坚的根本所在。

“以前的麦坪村组织生活不规范、党员管理不严格，一年只召开1—2次党员大会，40多名党员身份意识淡化，党组织的战斗力薄弱，攻坚克难的能力不足，党员说话没人听，做事没人跟，各项工作推进缓慢”，在组织部挂钩的药山镇麦坪村，党总支书记朱元开对我说。

为从根本上解决一些党组织政治功能和组织功能弱化、党员身份意识淡化的问题，我们坚持“围绕脱贫抓党建、抓好党建促脱贫”的总体思路，采取县处级党员领导干部挂点联系支部的方式，扎实推进党支部规范化建设达标创建，大力整顿贫困村软弱涣散党组织。2015年以来，累计完成达标创建党组织1258个，整顿村（社区）软弱涣散党组织109个，解决了基层党组织战斗力不强的难题。投入资金1.54亿元，建成村民小组活动场所518个、村级组织活动场所104个，公共服务和活动场所全部达到出列标准，解决了基层党组织没有活动阵地的问题。建立健全了产业项目与村级集体经济利益联结机制，179个贫困村（社区）集体经济收入均已达到3万元以上，解决基层党组织没钱办事的难题……我们通过扎扎实实把基层支部建设好，原原本本把党的脱贫攻坚政策落实好，走出了一条抓好基层党组织建设助推扶贫的新路子。

但要攻克贫困的堡垒，不仅要有坚强的基层组织，还需要选优配强基层队伍。我们通过深入实施农村“领头雁”培养工程，通过“本村选、外村调、上级派”等方式，着力建设一支思想政治素质好、道德品行好、带富能力强、协调能力强的村（社区）党组织书记队伍。2019年来，全县共调整更换村（社区）党组织书记28人，开展4轮村组干部集中联审，清理并补齐村组干部62名，打造了一支以村党组织书记为主、能力素质过硬的村组干部队伍。投入资金1174.36万元用于村组干部脱贫攻坚专项奖励，认真落实基本养老保险、正常离任村（社区）干部生活补助、体检和购买商业保险等政策，创新制定 5 星 15 档“星级村（社区）”考核评选办法，推动完善村干部“基本报酬 + 绩效补贴 + 村级集体经济创收奖励”的“三位一体”结构性岗位补贴长效机制，全面激发了村组干部的干事创业热情。

党员干部全面下沉，搭好脱贫“连心桥”

脱贫攻坚任务能否完成，关键在人，关键在干部队伍作风。在脱贫攻坚中，我们最宝贵的经验，在于淬炼了一支本领过硬、作风过硬，敢打善拼、坚韧求成的党员干部队伍，用广大党员干部的辛苦指数，换来了人民群众的幸福指数。

为充分发挥领导干部在脱贫攻坚中的示范、引领、带动作用，我们建立完善县处级领导联系镇村、乡镇党委领导联系村组的精准扶贫工作机制，在 16 名县处级领导担任乡镇党委第一书记，43 名县处级领导各挂钩 1 个村（社区）的基础上，县四家班子主要领导、专职副书记加挂 1 个重点乡镇，所有县处级领导再加挂 1 个难点村，乡镇领导班子成员也分别担任村（社区）指挥长，全县上下形成了“不抓扶贫是渎职、抓不好扶贫是失职”的思想导向和“人人肩上有责、个个手中有事”的攻坚格局。

为进一步激发贫困户的积极性和主动性，变“要我脱贫”为“我要脱贫”，变“等着给钱给物”为“主动谋求致富”，我们探索形成了“想尽千方百计、走进千家万户、道尽千言万语、历尽千辛万苦、不惧千难万阻”的“五千”工作法，通过县直机关单位结对贫困村，县直机关干部结对贫困户，深入开展“自强诚信感恩”教育与“三讲三评”，坚持能创业的“扶起来”、能力弱的“带起来”、无能力的“保起来”，有效改变了少数贫困群众的“等靠要”思想，解决了内生动力不足的难题。

为确保全县 179 个贫困（村）社区的驻村工作队队员始终尽锐出战，

我们坚持因村选人组队、精准选派了570名熟悉基层、工作经验丰富、帮扶点子多、能吃苦奉献的驻村扶贫工作队队员，2019年对作用发挥不好的155名驻村队员及时进行了调整，并积极改善驻村工作队队员办公、生活条件，严格落实工作经费、健康体检、意外伤害保险等政策，确保他们能全身心地投入驻村帮扶工作中去。

选好想干事、敢干事，会干事、能干事的领导干部，才能带领群众脱贫致富。我们坚持把“好钢用在刀刃上”，制定出台《巧家县脱贫攻坚一线培养选拔干部实施意见》，把干部在攻坚战场的综合表现作为选拔任用和调整优化的重要依据。2015年来，在脱贫攻坚一线提拔使用干部394人次，占提拔使用干部的87.7%，其中有162人次到乡镇担任领导干部，进一步夯实了脱贫攻坚一线力量，确保干部这一“决定因素”在脱贫工作中强健有力。

专家人才全面发力，画好脱贫“同心圆”

发展产业是实现脱贫的根本之策。近年来，我们坚持以人才为引领，充分结合县情实际，发挥资源优势，通过专家引领、外引内培、企业护航等举措，形成了“两个千、一个万、两个十万”的多元化产业发展格局。

在林下食用菌产业发展中，我们牢牢把握住全县拥有林地318.57万亩，林下菌产业发展空间大、潜力大的优势，先后邀请中科院昆明植物研究所、昆明食用菌研究所、西南林业大学、云南农业大学等科研机构专家对本地气候、土壤、水源等进行实地考察，并在县林业和草原局挂牌成立巧家县林下经济产业发展徐永艳专家团队工作站和西南林业大学研究生实践基地，解决了食用菌仿野生培育技术问题。

2018年12月，省委常委、省委组织部部长李小三同志到我县调研，实地查看了马树国有林场林下仿野生食用菌种植情况，对我县引进人才发展林下产业的做法表示肯定和支持，并协调省发改委下拨 300 万元专项资金用于项目开展，昭通市委组织部调研组也多次到巧家实地调研，帮助解决项目建设中面临的困难和问题。在各级领导和专家团队的精心指导下，我们在县国有林场成功培育出大球盖菇、羊肚菌、平菇、杏鲍菇 4 个品种，实现林下食用菌销售 1350 吨、收入 1080 万元，挂联卡户 730 户，促进年户均增收 450 元。

林下菌产业的发展是巧家县人才助推脱贫攻坚的一个缩影。依托热区资源优势和小碗红糖的非遗品牌优势，我们引进云南省农科院蚕桑蜜蜂研究所黄平专家团队与省农科院甘蔗研究所张跃彬专家团队，通过整合资源、制定出台技术标准和规程规范，助力全县蚕桑、小碗红糖产业蓬勃发展。除此之外，我们还按照“因地制宜、发挥优势、合理布局、规模发展”的原则，采取“党支部 + 合作社 + 龙头企业 + 贫困户”的产业扶贫运作模式，引进世界 500 强企业广东温氏集团，集中打造年出栏 10.5 万头生猪高效规模养殖小区 2 个、特色乌金猪养殖场 2 个，引进了久泰等龙头企业，与云南省农业科学院园艺作物研究所建立合作关系，推动全县草莓种植面积达 1 万余亩，年可产鲜果 2 万吨以上，产值近 3 亿元。

我们用“引进一名人才、领办一个基地、催生一个产业、带动一方发展”生动实践，再次证明了人才是兴国之本、富民之基、发展之源。为了更好地搭建人才引培平台，我们全方位强化党对人才工作的领导，建立县委领导服务联系专家制度，先后引进 80 名专家人才长期提供产业规划和智力帮扶，推动专家人才联系服务基层工作常态化、制度化和规范化。发掘本地建筑施工、手工艺制作等方面的“土专家”1371 名，积极引导优秀人才向基层一线流动，有力解决了产业发展中人才不足、创新能力不够的问题，为脱贫攻坚提供了强大的智力支撑。

如今，在全县各级党组织凝心聚力、广大党员干部合力攻坚的努力下，我们顺利通过省级第三方评估检查和国家第三方抽查，实现了历史性的脱贫摘帽，移民搬迁用一个月左右时间，完成 99.73% 的移民搬迁安置协议签订，创造了水电移民搬迁安置史上的历史奇迹，砥砺奋进的巧家正比历史上任何时刻都无比地接近全面建成小康社会。

（作者时任中共巧家县委常委、组织部长）

发挥组织优势　决胜镇雄脱贫

杨　凯

镇雄县位于云南省东北、云贵川三省接合部，集革命老区、高寒山区、贫困地区于一体，属全国革命老区县和深度贫困县。全县面积 3696 平方公里，辖 30 个乡镇（街道）263 个村（社区）5482 个村（居）民小组，总人口达 170 万人，其中，有 1903 个党组织 37447 名党员。2020 年年初，全县 235 个贫困村仍有 101 个未出列、55.8 万贫困人口还有 12.23 万人未脱贫，是全市唯一未摘帽的县。

我自 2019 年 7 月履职镇雄县委常委、组织部部长以来，认真贯彻落实中央及省、市、县委的各项决策部署，在县委的坚强领导下，立足组织部门自身职能职责，坚持组织路线服务政治路线，始终紧扣决战决胜脱贫攻坚这一重大政治任务，充分发挥党建引领作用，切实增强全县党组织政治功能和组织力，激发党员干部攻坚战斗力，不断提高“三个组织化”程度，为决战决胜脱贫攻坚提供坚强组织保障。

一、主要做法及成效

紧扣如期高质量打好打赢脱贫攻坚战要求，有力有效落实党建各项重点任务，不断筑牢战斗堡垒，凝聚攻坚合力，注重组织引领，切实把党的政治优势、组织优势转化为推进脱贫攻坚的强大力量。

（一）激发组织活力，筑牢决战脱贫攻坚的战斗堡垒。一是夯实基层组织基础。牵头制定并推动落实在脱贫攻坚中强化村（社区）建设的30条措施，优化整合村级阵地功能和规范服务行为，深入推行村级事务综合“开放式”服务，实行“一站式”办理，不断提高群众的满意度。在2019年完成770个党支部达标创建的基础上，采取业务培训、现场指导、云峰先锋App跟踪督促等方式，抓实今年424个党支部的达标创建工作，进一步夯实脱贫攻坚末梢基础。针对确定的7个软弱涣散党组织实际，严格落实“四个一”整顿措施，实行挂牌督促、亮牌整顿、销号管理，扎实推进软弱涣散党组织整顿提升工作。二是配强村组干部队伍。充分发挥30个乡镇（街道）青年人才党支部作用，成功吸纳51名青年人才加入党组织，将56名青年人才培养为村干部。按照“一村一盒、一人一档”的标准建立村（社区）干部档案，严格落实村（社区）党组织书记、副书记县级审批和全员备案管理制度，常态化落实村干部任职资格县乡两级联审机制。扎实开展“领头雁”工程、“双培养”工作和农村优秀人才回引计划，强化村级班子建设，2019年以来累计撤换不胜任的村级党组织书记81名，选派28名乡镇干部担任村党组织负责人，充实了脱贫攻坚力量。三是发展壮大村集体经济。明确各挂联乡镇（街道）责任人，健全“抓书记”“书记抓”的责任机制，充分发挥村组干部作用，使其成为集体经济发展的主力军和引路人，形成统抓、共管的工作合力。加强项目可行性论证，注重风险防控，按照“村级申报项目—乡镇党委审核—县级评审确定”流程，切实做好“选、育、管、激”相结合，通过龙头企业带动、强村独建、村社互建、村干部参与融资等方式，累计投入资金12735万元，全县235个贫困村集体经济实现全覆盖。四是建立攻坚激励机制。推行抓党建促脱贫“支部联到村、干部包到户”工作机制，组织96家县直部门党组织结对全县168个贫困村，坚持做到组织联建、活动联办、资源联享、服务联创；10341名干部包保所有贫困户，履行好“六包”责任，及时补齐脱贫短板，确保如期实现脱贫。在持续投入100万元为所有村（社区）干部购买意外伤害险的基础上，加大绩效奖励力度，继续坚持安排1000万元对村干部开展绩效奖励，牵头制定《镇雄县决战决胜脱贫攻坚保障方案》，县委政府又单独预算4000万元对全县263个村（社区）进行绩效奖励，每村最高可奖励15万元，全部用于提高村干部待遇。

（二）坚持尽锐出战，凝聚决战脱贫攻坚的最强合力。一是强化对驻村帮扶干部的选派管理。在中央、省、市、县下派797名驻村工作队队员的基础上，选派41人到村帮助脱贫攻坚工作，在驻村第一书记（工作队队长）中，优选30名管理能力强、能力素质优的党员同志分别担任所属乡镇（街道）党委副书记、工作队队长。牵头制定并出台了加强驻村工作管理的“13条”措施，明确乡镇属地管理和部门跟进管理的责任，严格落实吃住在村、离村报备制度，加大关心关爱力度，落实好体检、保险、食宿生活等保障措施，确保工作在村、安心驻村、融入在村，并督促工作队定期开展“三讲三评”活动，落实好驻村帮扶各项工作任务。二是用好用活帮扶人才资源。充分发挥中央、省、市下派272名驻村工作队队员和省委下派50名帮助脱贫攻坚工作队队员、市委下派202名作战小分队队员的作用，结合帮扶队员所在部门优势和自身特长，让其帮在关键处、扶在长效上，让每名队员尽展其才、发挥所长，并通过传、帮、带，把其他地方的先进理念和经验留下来，为镇雄打造一支永远不走的工作队。认真落实《镇雄县“名家、名师、名医”评选培养实施办法》，2019年以来，共培养“名家、名师、名医”62名，1人入选省委“万人计划”人才项目，同时，加强对本土人才的培养，实施能力培训和素质提升工程，支持引导人才在脱贫攻坚一线建功立业。三是注重关心关爱脱贫一线干部。严格落实《关于进一步激励广大干部新时代新担当新作为的意见》，从选拔任用、评先评优、人文关怀等方面进一步加大对脱贫攻坚一线干部的关心关爱力度。认真落实谈心谈话制度，每年分别与贫困乡镇领导班子成员、第一书记（驻村工作队队长）至少开展 1 次谈心谈话，了解掌握思想动态，主动为他们解疑释惑、加油鼓劲，及时帮助他们解决困难问题。2019 年以来，与脱贫攻坚一线干部进行谈心谈话 2100 人次，对在脱贫攻坚中敢闯敢干、不图私利的 8 名干部启用容错机制免于处分，走访慰问 22 名脱贫攻坚一线因公受伤、患病干部及因公受伤家属。四是树立鲜明的选人用人导向。坚持在重大工作、重大考验、急难险重任务中检验识别干部，认真落实县委在脱贫攻坚一线考察识别、培养锻炼、选拔任用干部的鲜明导向，把脱贫攻坚的“主战场”变成检验干部能力和实绩的“大考场”，优先选拔、识别、重用奋战在脱贫攻坚一线，在战“贫”大考中扛责任、经考验、勇担当和作风扎实、成绩突出、群众公认的干部。2019 年以来，对脱贫攻坚一线干部开展 2 轮全覆盖分析研判，在脱贫攻坚一线提拔重用干部占提拔人数的 81%。认真贯彻落实干部“能上能下”的要求，坚决把在脱贫攻坚中作风漂浮、热衷搞花拳绣腿，消极懈怠、萎靡不振，不愿负责、不敢碰硬的干部调整下去。2019 年以来，对 6 名在脱贫攻坚中履职不力的乡镇党政正职进行了惩罚性调整。

（三）注重组织引领，提升决战脱贫攻坚的质量成色。一是强化攻坚，提升就业扶贫组织化。坚持党员干部带头，推动建立县处级领导、乡镇领导、村干部和挂钩帮扶干部劳务输出捆绑机制，紧盯“卡户、易迁户、零就业家庭”3 大群体，按照“应输尽输、应转尽转”的要求，建立了“劳动力基础数据库”和“用工需求数据库”，把“供给账”摸准核实，把“需求账”算准盘实。采取党员领、能人带、政府转等方式，开展“点对点、一站式”输出，不断提高输出的质量和层次。在昆明和浙江永康、广东东莞、安徽芜湖等地建立了 5 个劳务输出工作站，强化对在外务工人员的管理。充分发挥 39 个外出务工党组织和驻外劳务输出工作站的“前哨”作用，引导用工企业围绕工龄工资、岗位贡献等方面建立激励性稳岗机制，从生活饮食、子女就学等方面帮助农民工解决好实际问题。通过党组织带动，发挥“党员先锋队”“能人帮扶队”“群众互助队”作用，开展“一对一”“一对多”帮扶帮看，通过与务工人员电话沟通，随时进行走访，解决生活困难等方式，切实解决务工人员“后顾之忧”。二是强化突破，提升产业扶贫组织化。结合全县确立的“1+3+N”的产业发展布局，采取“党组织 + 合作社 + 群众”“党组织 + 基地 + 群众”“党组织 + 能人 + 群众”等组织模式，带动发展“一县一业”竹产业，马铃薯、蔬菜、生猪支柱产业，云笋、云栗、云蜜、白茶等品牌产业。充分发挥党组织的引领作用，全县成功引进、培育农业龙头企业 57 家（省级 1 家、市级 13 家、县级 43 家）、组建各类专合组织 1047 个（党支部 + 合作社 149 个），实现新型经营主体对 235 个贫困村全覆盖，通过资金入股、土地流转、入企入社务工等形式，所有卡户都参与了 1 项以上产业项目。三是强化巩固，提升易地搬迁组织化。在县级层面成立临时党工委，涉及搬迁对象的乡镇及安置点成立临时党支部，临时党支部下设综合服务和志愿服务临时党小组，统筹做好搬迁前、搬迁中的组织和跟踪服务。第一时间在 9 个搬迁安置点社区成立党组织，以楼栋为单元设立联栋或独栋党小组，设立片区长和楼栋长，分楼栋建立微信群，构建“街道—社区—片区—楼栋”的网格化管理体系，规范居规民约，引导和教育搬迁群众除陈规、祛陋习，逐步适应城镇生活，解决好融入和稳定的问题。组建便民服务窗口，提供就业、就学、民政、户籍等服务，通过线下“红网格”与线上“微网格”模式，对搬迁群众实行精细化、精准化、全程化服务管理。按照“一人一策、内引外输”的工作思路，通过党组织带动，开展挖机驾驶、焊工、种植技能培训，建立扶贫车间，采取“对外输出”与“就近就业”两种形式，扎实做好易迁群众能发展“下半篇文章”。

通过全县上下共同努力，目前所有未出列贫困村及整个县均达到出列和摘帽标准，为如期高质量脱贫奠定了坚实基础。

二、工作的体会和启示

目前，抓党建促脱贫攻坚之所以取得明显成效，是上级党委组织部门科学谋划和精心指导的结果，是县委高度重视并大力推动的结果，是全县各级党组织特别是党员、干部带头奋战的结果。通过抓党建促脱贫攻坚，我也得出了一些深刻的体会和启示。

（一）发挥基层组织“主心骨”作用是决胜脱贫攻坚的基础。始终围绕打造“有为基层组织”目标，不断提升党组织政治功能和组织力，有效形成了“党委（党总支）—党支部—党小组—党员—村民”相互连接的“一体化”组织体系，将党组织服务功能、管理触角向脱贫攻坚一线延伸。坚持从在外返乡人员、产业带头人、退役军人等群体和乡镇（街道）青年人才党支部的党员中选拔村级班子成员，持续推进软弱涣散党组织整顿、村级活动阵地提升、基层基础保障等工作，不断厚植组织基础。推行落实全体党员“承诺践诺”、农村党员“设岗定责”、流动党员“反哺回馈”活动，引导党员立足岗位干事创业、发挥作用。

（二）发挥领导干部“主推手”作用是决胜脱贫攻坚的前提。始终带头深入学习贯彻习近平总书记关于脱贫攻坚系列的重要讲话和指示精神，把脱贫攻坚工作扛在肩上、抓在手上，把准方向、明确目标、推动落实。做到带头研究部署、带头调研指导、带头破解难题、带头推动落实，把脱贫攻坚压力传递到村组末梢，推动形成人人参与冲锋、人人主动冲锋、人人全力冲锋的攻坚态势。认真履行职责，既抓统筹谋划，又抓工作推进；既抓产业发展，又抓市场培育；既抓劳务输出，又抓服务保障，深入帮扶、挂联的村组，实地督战、带头冲锋，把政策措施精准落实到村、到户、到人，把脱贫攻坚中的好事办成、实事办好。

（三）发挥干部队伍“主力军”作用是决胜脱贫攻坚的关键。坚持尽锐出战，将想干事、能干事、干成事的干部选派到攻坚一线，落实包保责任制，把工作岗位往前移、工作重心往前倾，建好脱贫攻坚一线的“机关单位”，抵组到户查找“一收入四保障”方面存在的不足，以过硬措施推进问题整改，做到问题动态清零、短板及时补齐。充分发挥上级党委下派帮扶队员作用，抢抓东西部扶贫协作机遇，深化教育扶贫、医疗扶贫组团式帮扶，把更多优秀人才集聚到农村发挥作用，破解在脱贫攻坚中对接协调、产业发展、业务层次等方面遇到的难题。

（四）发挥广大群众“主体性”作用是决胜脱贫攻坚的根本。充分发挥基层党组织和党员在宣传群众、组织群众、凝聚群众和服务群众方面的作用，采取火塘会、院坝会、农民夜校、“三讲三评”等形式，大力开展“自强诚信感恩”和“践初心、摘穷帽、奔小康、感党恩”教育，开展积分兑换活动，改变群众“等靠要”思想，激发群众参与脱贫攻坚的热情，让“比着干、争着干、抢着干”成为常态。将“三会一课”“支部主题党日”与群众工作融合在一起，定期召开群众会，宣讲脱贫政策、宣传正面典型，讲清建档立卡贫困户明白卡、政策明白卡“两张卡”，算清基础账、变化账、幸福账“三本账”，不断增强群众的获得感、幸福感和认可度。

（作者时任中共镇雄县委常委、组织部长）

将军故里党旗红　英雄儿女战贫魔

陈皓霁

彝良县地处滇、川、黔三省八县接合部的乌蒙腹地，是军事家罗炳辉、时代英雄徐洪刚的故乡。国土面积 2804 平方公里，辖 15 个乡镇、132 个行政村、15 个社区、3056 个村（居）民小组；有基层党组织 1199 个、党员 15524 人。全县总人口 62.79 万，截至 2019 年，累计退出 137 个村社区、脱贫 54421 户 246771 人，有未脱贫人口 2227 户 8297 人、未脱贫村 2 个，全县综合贫困发生率为 1.58%。这些脱贫成效的取得，与市委市政府、县委县政府的坚强领导有关，与我们彝良县党员干部和各级驻村队员的奋力拼搏有关，凝聚着 60 余万彝良各族儿女的辛勤和汗水。

面对贫困，我与其他党员干部一道，迎难而上、积极作为，挺身而出，认真贯彻落实中央和省、市关于扶贫开发的重大部署安排，落实党建扶贫“双统领”“双推进”“双保障”要求，积极找准党建扶贫结合点，加强领导、强化措施，充分发挥基层党组织的战斗堡垒作用和党员先锋模范作用，为决战决胜脱贫攻坚提供坚强的组织保障。

筑牢基层党建堡垒，构建脱贫作战体系

党旗飘扬的地方，就有幸福和希望。为切实加强组织领导，县委成立了县扶贫开发领导组，并实行县级党政主要领导“双组长”制，下设24个专项工作组，从2016年起，由包括我在内的县委常委、党员副县长、县人大和政协主要领导分别担任15个乡镇脱贫攻坚“第一书记”，具体指导抓党建促脱贫攻坚工作。切实将党建考核结果与干部选拔任用、评先评优等紧密挂钩。实行县直单位挂联村级党组织、党员领导“包片蹲点”督导基层党建的“双联系”制度，制定并下发县、乡、村三级党组织书记抓基层党建工作、责任和问题清单，明确挂钩领导、基层党组织书记和党务干部具体责任，切实构建起主体明确、职责清晰、上下衔接、环环相扣的党建扶贫工作责任体系。

基础不牢，地动山摇。在不断巩固村（社区）活动场所建设的同时，自2015年起，安排专项资金启动村民小组活动场所建设，2017年投入资金3600余万元建设371个村民小组活动场所，目前全县共有616个村民小组活动场所投入使用，保证了全县所有农村党支部和村民小组“两个全覆盖”。2018年再投入彩票公益金360万元建设7个村级综合活动场所。按照党支部规范化达标创建“五个基本”要求，对全县党支部规范化建设进行了达标创建；在全面调查分析、摸清情况、找准问题的基础上，全县基层党组织严格进行分类定级，并逐一制定整顿方案，2015年以来共排查整顿软弱涣散基层党组织439个，有效提升了基层党组织的规范化建设水平和政治引领能力。

一个支部就是一个坚强的堡垒。为发挥基层党组织作用，我们以村（社区）为单位，建立了139个脱贫攻坚作战指挥部，以每个村民小组为作战单元，将全县划分为3056个脱贫攻坚作战单元，以户问题清零销号为工作主线，强化内部力量统筹，对标户5条标准，分块设置专项工作小组，由

村指挥长统一指挥调度，专项小组组长牵头落实，重点工作采取大分工小合作，共突击同推进，确保人人肩上有任务、各项工作有落实。

在鲜红党旗的指引下，全县基层党组织和广大党员成为脱贫攻坚的主心骨和“领头雁”。从火热的建设工地，到蓬勃的产业基地，从服务群众的危房改建现场，到田间地头的农业增产，到处都有基层党组织的旗帜高高飘扬，到处都活跃着广大党员无私奉献的身影。提升组织化水平，增强脱贫造血功能。

强化党建引领，是构建脱贫攻坚的动力和源泉。我们为了把党建的力量挺在脱贫攻坚最前沿，积极探索全县产业发展组织化、易地搬迁组织化以及劳动力转移组织化，创新党建引领助推产业发展、易地搬迁、劳动力转移深度融合，通过探索实践“公司 + 党支部+合作社+困难群众”的产业发展模式，贯彻落实“12345”易地扶贫搬迁思路，即县委统一组织领导，临时党工委和乡镇党委两级统筹，包保干部、志愿者、社区工作队三方力量跟踪服务，做好看房验房、物资采买、旧产处置、行李收纳 4 个搬前准备，组建维稳、交通、医疗、劳务、车辆保障五支队伍提供过程保障以及劳动力“出家门、上车门、进厂门”三门一线的工作要求和“点对点、一站式”的集中转移输送方式；由村党组织唱主角，依托党组织在产业帮扶、易地搬迁和劳动力转移等为民服务方面的优势，大幅度提升基层党组织和党员在发展壮大村级集体经济、帮助群众易迁、引导劳动力转移 3 个方面的政治功能、引领功能、服务功能，使党组织成为村级集体经济、易地搬迁以及劳动力转移的“主堡垒”、党员成为村级集体经济、易地搬迁以及劳动力转移的“主力军”。

脱贫攻坚战打响以来，全县累计争取和投入发展壮大村级集体经济资金 2610 万元，实施集体经济项目 144 个，通过组建工程施工队、资产出租、参股入股和依托发展天麻、花椒、辣椒、魔芋、养猪、养牛、养鸡等种养殖主导产业，全县 139 个贫困村（社区）全部实现集体经济收益。全县 42 个集中安置点成立了 3 个党委、4 个党总支、38 个党支部、27 个党小组，派驻党建指导员 9 名，实现基层党组织全覆盖。按照“12345”易地扶贫搬迁思路，有力有序完成县内发界安置区 5630 户 25725 人、靖安新区 910 户 4475 人、卯家湾安置区 481 户 2297 人。严格贯彻落实“三门一线”工作要求，全县 145435 名建档立卡贫困劳动力，实现了岗位推送和政策宣传全覆盖，已就业 120568 人，就业率 82.90%；有组织转移输出 88102 人，其中，通过保姆化实施“点对点、一站式”集中转移输出 22269 人。

强化干部队伍建设，增强能动作用发挥

打好脱贫攻坚战，落点在基层，关键在党员、关键在干部。

我们坚持把从基层一线选拔干部作为干部选拔任用的主要渠道，注重在脱贫攻坚一线、重点工程、急难险重等复杂工作中识别选拔干部。脱贫攻坚战役打响以来，共选拔 20 名优秀“三类”人员进入乡镇领导班子；先后从脱贫攻坚一线提拔干部 249 名，占提拔总人数的 65.57%，其中，2020 年提拔占比 86%。

通过选派优秀干部挂任乡镇党政班子副职、担任驻村工作队队长等方式，不断强化干部实践锻炼，有效提升干部实际工作能力。先后选派 59 名干部到乡镇、选派 43 名干部到信访部门挂职锻炼。选派 187 名科级干部到村担任扶贫工作队队长（员），让干部在脱贫攻坚一线和重难点工作中增长见识、砥砺才干，增强处理复杂问题和群众工作能力，在驻村脱贫工作中，一批党员干部展现了作为共产党人应有的优秀品质，先后有 20 名驻村工作队队员受到表彰。他们的事迹可歌可泣，成年累月真扶贫，坚持帮助贫困群众办实事，有贷款垫资帮助群众发展产业的驻村第一书吴长碧、有常年奔忙在田间地角的海子镇新营村驻村第一书记冯莉、有乡亲们联名写信要求他留下来帮助群众脱贫的荞山镇安乐场村第一书记张明乾……他们的事

迹受到中央、省市媒体关注，并分别接受了采访报道。

脱贫攻坚期间，我们持续加强干部教育培训工作力度，大幅度提高干部队伍综合素质。先后通过“县校合作”模式开展县外干部教育培训 18 期，培训干部 1780 人，开展县内干部教育培训 24 期，培训干部 5360 人，实现干部教育培训全覆盖。

我们坚持发挥人才引擎作用，有力有效助推脱贫攻坚，共柔性引进高层次人才 10 名，团队 3 个，省市人才项目 9 个、县委联系专家 28 名、省基层人才对口培养 23 名、培养“三名”人才 70 名，纳入人才信息库建设各类人才 28720 人；其中天麻、竹笋、花椒、特色养殖等产业的农村实用人才 15563 名。脱贫攻坚以来，涌现出被称为“天麻王”的市委联系专家杨洪述、种植大户彭家念、张长久等一批带动群众脱贫致富的“土专家”“田秀才”。

严格奖惩约束，凝聚攻坚合力

我们以抓实“两学一做”学习教育和深入开展“转作风、提效能、促发展”专项整治活动为载体，坚持把精准脱贫作为党员干部转变作风的硬要求、考核管理的硬杠杆，将脱贫攻坚工作纳入基层党组织以及党员干部年终考核内容。

从县委、县政府主要领导开始，对各级领导干部职工实行最严格的考核，所有的工作都以户脱贫、村出列的实效作为评判的标准和依据。挂乡镇第一书记和包村县级领导、县直挂联单位和乡镇领导干部职工、村（社区）“两委”干部，全部对所挂乡镇、所包村（社区）、所帮户及其分管行业扶贫领域的脱贫攻坚工作一包到底，实行连带考核。凡违抗政令、贻误战机、影响摘帽大局的，严格按照签订的脱贫摘帽“政治生命承诺书”或

“履职尽责承诺书”兑现承诺，一律用职务、职称说话。同时，强化考核结果运用，根据考核结果进行奖惩。

县级摘帽如期通过评估认定以来，对机关单位和乡镇领导干部职工，县级补发了 2018 年 11 月以后的绩效工资。出台《关于建立激励约束机制压实脱贫攻坚责任的通知》，县财政筹集 1900 余万元资金，对完成脱贫摘帽目标任务的村（社区）组干部，按照不同岗位进行了绩效奖励。脱贫攻坚期内，新提拔干部 80% 从脱贫一线选拔。凡因作风不实、弄虚作假、敷衍塞责，影响全县脱贫攻坚绩效考评或摘帽出列的，结合个人“政治生命承诺书”和“履职尽责承诺书”一律倒查责任，涉及党员、公职人员情节严重的，直至开除党籍、公职；涉嫌违法犯罪的，移送司法机关依法处理。脱贫攻坚期间，全县纪检监察机关共处置扶贫领域问题线索 283 件，给予党政纪处分 130 人，对 23 起扶贫领域典型案件进行点名道姓通报曝光，严守纪律规矩，督促各级党组织和党员在脱贫攻坚大局中履职尽责。

唱起欢歌迎盛世，迈开大步奔小康。我们坚信，决战过后，必是坦途，彝良人民众志成城，决战决胜脱贫攻坚，顺利实现整县脱贫摘帽的精神将鼓舞着一代代彝良儿女！彝良的明天一定会更加美好！

（作者时任中共彝良县委常委、组织部长、统战部长）

传承红色基因　决战脱贫攻坚

罗忠平

“万山磅礴必有主峰，龙衮九章但挈一领”，在决战决胜脱贫攻坚、实现脱贫摘帽的关键时刻，面对全县贫困人口多、贫困程度深，脱贫难度大、脱贫时间紧等一系列问题，作为组织部门，我们更加需要正确发挥好党建引领这一制胜绝招，充分发挥党的政治优势和组织优势，把脱贫攻坚工作的难点当作我们工作的重点，着眼抓党建促脱贫攻坚，切实把党建优势转化为扶贫优势，将组织活力转化为攻坚动力。

解决思想这个“总开关”

首先是解决干部思想问题。建立完善处级领导包保制度，实行县处级领导全覆盖包村负责。全面建立“挂包帮、转走访”工作机制，统筹省、市、县挂包力量，实现驻村帮扶、结对帮扶全覆盖。层层签订“政治生命承诺书”和“履职尽责承诺书”，实行县级挂钩帮扶单位帮扶成效与政治生命挂钩，建立起压力全覆盖、任务全分解、责任全落实的脱贫责任机制。

其次是群众思想问题。通过开展“三讲三评”“三同五促”暖民心活动，组织县、乡、村干部和驻村扶贫队员，以村民小组为单位，通过召开党员会、群众院坝会等教育引导群众自强、诚信、感党恩。组织挂包单位干部职工与贫困户“同吃、同劳动、同学习”，促进困难问题解决、促进内生动力增强、促进改善人居环境、促进扶贫政策知晓、促进满意度的提升。

王德勤是麟凤镇五谷村坳上村民小组人，2017 年纳入建档立卡贫困户，家中人口 2 人。当帮扶干部进入他家时，看到家里一片狼藉、惨不忍睹、又脏又乱，煤灰堆得跟炉子一样高，满地的垃圾，简直让人无法入座。在村民的眼中，他就是一个好吃懒做、地地道道的“懒鬼”。年纪轻轻，好脚好手，虽然文化水平低，但由于懒惰、缺乏自力更生意识，家中老婆跟别人跑了，一人带着一个小孩，整天无所事事，对现实生活很失望。帮扶干部了解后，及时给予思想的开导和教育帮助，劝导他什么都要靠自己，不能依赖别人，经过耐心细致、多次说服教育后，思想工作做通了，观念改变了，现在自己主动外出打零工挣钱，帮人搞建筑，日子一天天好了起来。

抓好队伍建设这个“总抓手”

把加强乡镇领导班子建设作为打赢脱贫攻坚战的根本保证。坚持围绕脱贫攻坚考察干部、选用干部，把有思路、敢担当、善作为、能够引领推动脱贫攻坚的干部充实到乡镇领导班子，不断优化乡镇领导班子结构，提高专业化能力，增强整体功能，着力建设带领群众脱贫攻坚的“一线指挥部”。2016 年以来，从脱贫攻坚一线选拔优秀干部 135 人次。

注重发挥驻村工作队作用。严格选派标准和条件，坚持按需因村精准选派村党组织第一书记和驻村扶贫工作队队员，严禁把干不成事的“闲人”派下去，严禁单位、村里“两头挂”，确保“选得准、下得去、融得进、干得好”。要求第一书记和驻村扶贫工作队要制定年度帮扶目标任务，遍访本村所有建档立卡贫困户，认真做好建档立卡贫困户的脱贫出列工作，并带头联系包保贫困户。2019 年 7 月以来，罗坭村驻村扶贫工作队队员在入户走访中，发现该村道路两旁没有路灯，村民夜间出行极为不便。工作队看到眼里、记在心里，协调资金 6 万余元，为村民安装了路灯 77 盏、总长 4.5 公里，解决了近 200 户 1000 多人夜间出行难题。罗坭村驻村扶贫工作队队长、第一书记潘猛说："作为驻村干部，我们就是要认真倾听群众心声，了解村民所需所盼，积极为群众牵线搭桥、排忧解难，及时有效地帮助解决群众反映的困难和诉求，让更多的村民感受到党的温暖，享受到更多的惠民工程。"

配强"领头雁"队伍。严格村"两委"及村务监督委员会成员监督考核，突出干事创业导向，强化脱贫、发展、党建"三项考核"，推行不称职村干部调整退出机制，整合 445 万元用于村（社区）干部脱贫攻坚专项绩效补贴，对所辖村（社区）班子特别是党组织书记进行集中摸底，逐人分析研究、分类排队，对不善为、不作为、乱作为的，及时进行培训提高、诫勉谈话和组织调整。全面启动村（社区）党组织书记分析研判工作，对履职不到位、精神状态不佳的 24 名村（社区）党组织书记进行诫勉谈话，对不胜任工作岗位 15 名村（社区）党组织书记进行调整更换。

抓实基础建设"主根基"

发展壮大村级集体经济。2016 年年底，我县有集体经济"空壳村"65 个，村级党组织"无钱办事"，村级党组织服务能力弱，凝聚力、战斗力不强。为彻底解决这一问题，大家心往一处想、劲往一处使，把发展村级集体经济作为基层组织强基固本的核心要素和打赢脱贫攻坚战的重要举措，通过全面摸底排查、组建实施载体、制定发展思路、落实项目发展、加强跟踪指导 5 个措施，不断发展壮大村级集体经济。几年来，累计投入产业扶持发展资金 5.05 亿元，覆盖建档立卡贫困户 53107 户。同时，采取财政专项资金入股和自主发展等模式，发展壮大村集体经济，整合“四位一体”资金和财政专项扶贫资金共 5643 万元，扶持 81 个村（社区）成立集体资产经营管理有限责任公司发展壮大村级集体经济，通过党组织引领，增强发展后劲。全县 80 个贫困村均实现村级集体经济年收益 2 万元以上，其中达 20 万元以上的村 6 个。按照“1+N”产业发展布局，种植方竹 11.2 万亩、猕猴桃 6816 亩、魔芋 8805 亩，发展高标准蔬菜示范基地 2000 亩。通过盘活易迁“三块地”，启动 5 万亩标准化方竹产业基地建设。建成投用第一期年出栏 9.6 万头规模化标准化生猪养殖场 24 个、孔雀孵化基地 1 个、第一期年存栏 1.5 万羽孔雀养殖基地 3 个，生猪、孔雀已陆续进栏。建成年出栏 6 万头仔猪繁育场，第二期 56 个年出栏 4000 头生猪养殖场和 18 万头仔猪繁育场即将启动建设。年产 6000 吨产值 2.1 亿元的魔芋深加工项目即将建成投产，启动打造“滇东北金色优食谷”，分步实施年屠宰 50 万头生猪、30 万吨饲料加工基地、100 万羽蛋鸡养殖基地、特色高端食品加工平台、物流及冷链体系等项目建设。

坚持把劳动力转移就业作为促进群众增收的主攻方向。我们牢牢把握东西部扶贫协作的有利契机，把劳动力输出作为群众最有效、最直接的增收方式，变“输血式”扶贫为“造血式”发展。按照因人定岗的原则，由各级党组织组织挂包干部走村入户开展“送岗位”活动，做好思想动员和政策宣传，打消有意愿外出务工人员的疑虑。在昆明、东莞、义乌等劳务输出较为密集的地方建立流动党员管理工作委员会和农民工服务站，派驻工作队负责做好流动党员及外出务工群众的思想引导、服务管理工作，使他们从工作上、生活上、情感上迅速融入东莞，基本实现有劳动力建档立卡家庭户均稳定就业 1 人的目标。实施外出务工激励政策，全力提升劳动力转移输出组织化程度。今年来，共开展培训 90 期，培训建档立卡贫困劳动力 5130 人，实现就业 32278 人（公益岗位 2119 人），除全兜底户外的建档立卡户实现每户 1 人以上就业，让贫困户能依靠自己的双手“稳得住”。

注重发挥实效，强化活动场所“建管用”。自2017年以来，我们把村组活动场所建设作为一项硬任务、硬指标，纳入全县基层党建的重点工作，充分整合财政资金、党费、社会资源和脱贫攻坚、美丽宜居乡村、民族团结示范村、综合文化服务中心等项目资金4532余万元，完成263个村民小组活动场所建设任务。通过定期组织召开“三会一课”、主题党日等党内活动，使党内生活常态化规范化，各级党组织抓实村民小组活动场所的“建管用”，将村民小组活动场所打造成“三讲三评”活动开展的主阵地，建成各级党组织开展厨师、电工、挖掘机、汽修等致富技能培训的课堂，使基层党组织的阵地作用得到切实发挥，有效增强了贫困群众自身造血功能，夯实了党在农村的执政基础，让群众实实在在感知组织的存在。

创基层治理新模式，充实基层治理“智囊团”。如何落实习近平总书记“摘帽不摘责任、摘帽不摘政策、摘帽不摘帮扶、摘帽不摘监管”的要求，建设一支队伍让驻村扶贫工作队的作用得到传承和发挥，基层组织建设力量不被削弱，继续保持强大的动能确保脱贫攻坚与乡村振兴有效衔接，我们必须破题破局。2019年以来，我们探索在全县87个村（社区）先后组建村（居）民发展议事委员会719个，推选委员4609人，其中，党员2459名，着力打造一支永不撤走的工作队，为全县持续巩固提升脱贫成效奠定了坚实的基层基础，确保把党组织的服务管理触角延伸到基层治理的各个“神经末梢”，构建人人有责、人人尽责、人人享有的社会治理共同体，不断提升基层治理体系和治理能力现代化水平。自组建村（居）民发展议事委员会以来，719个议事会共开展议事2400余次，研究解决发展问题854件，调解矛盾纠纷462起，有效破解了基层力量不充足、问题处置不及时、群众参与不积极等关乎治理成效的问题，基层治理水平、群众满意度显著提升。

（作者时任中共威信县委常委、组织部长）

凝聚组织力量　决胜脱贫攻坚

杨百文

盐津县，因曾拥有盐井产盐并设渡口度汛而得名。有秦开“五尺道”“唐袁滋摩崖”“僰人悬棺”“古城堡”等遗迹，悠久的历史、壮美的风光，无不令人心驰神往。地处乌蒙山核心地带，国土面积2091.5平方公里，辖6镇4乡97个村（社区），总人口39.8万人，由于山高坡陡及特殊地质原因，自然灾害频发，全县贫困面大、贫困程度深，是集民族、山区、贫困“三位一体”的国家重点扶持贫困县，2014年以来，滚动识别建档立卡贫困人口24324户110370人，贫困村（社区）86个，其中深度贫困村36个，贫困发生率达34.5%，这里是乌蒙山特困连片地区脱贫攻坚的主战场。

2016年，脱贫攻坚战全面打响，盐津县委和全县各级党组织牢固树立大抓基层的鲜明导向，以党建统领脱贫攻坚，以攻坚检验党建成果，凝聚组织力量攻克脱贫攻坚深度壁垒，为坚决打赢脱贫摘帽攻坚战提供了坚强的组织保证。

选干部——建强队伍克难攻坚。古有愚公移山，今有干部带领群众拔穷根。脱贫攻坚以来，盐津县始终坚持打赢脱贫这场硬碰硬的攻坚战关键在党、关键在人这一理念，发挥组织优势建立起了一支政治过硬、战斗力较强的攻坚队伍。建强“排头兵”，书记领航带脱贫。“疾风知劲草，板荡识忠诚。”自脱贫攻坚工作开展以来，盐津县委先后选派了40余名年轻干部到乡镇挂任乡镇长助理，选派86名优秀年轻副科级领导及极具发展潜力的年轻干部到村担任指挥长，从机关事业单位选派16名优秀干部到村任职，起了树立“突出基层一线、注重扶贫实绩”的选人用人导向，在脱贫攻坚一线发现、培养、选用干部，83名乡镇公务员、3名村级指挥长、25名乡镇长助理、2名到重点岗位挂职锻炼的干部被提拔到副科级领导岗位上，3名挂职乡镇党委政法副书记提拔为乡镇长、县直部门主要负责人，27名在乡镇任职的副科级领导干部提拔为正科级，53名新提拔的县直机关干部到乡镇任职。打造“主力军”，驻村帮扶助脱贫。盐津县坚持把“百日攻坚大会战”与“不忘初心、牢记使命”主题教育相结合，探索实践“三个一”工作法，坚持以村组作为全县各项工作的主要作战单元，树牢在村一级培养锤炼干部的用人导向，在处级领导驻乡挂牌作战的基础上，优化驻村工作力量，调整优化258名驻村精干力量下沉村组、一线作战，全县2834名干部，闻令而动、住村抵户，同时间赛跑、与问题较量，用身影去指挥、用脚步去丈量，与群众同吃同住同劳动，以“朝受命、夕饮冰”的事业心和“昼无为、夜难寐”的责任感，精准摸清了家底、找准了问题、找对了路径、推动了工作。实施“凤还巢”，社会参与促脱贫。大力实施“凤还巢”工程，积极争取盐津籍在外工作的领导、各类专家和优秀技能人才回盐津开展考察调研、科技咨询、扶贫开发和投资兴业，为盐津经济社会发展出谋划策，涌现出了一批以马伟、袁彬等为代表的返乡创业人士，带动了一大批产业的迅猛发展，全县共引导185名在外成功人士返乡创业，创办企业、合作社120多家，回引投资8000余万元；结对帮扶贫困村41个，贫困村民小组155个、贫困户2201户，带动本地就业6966人、外出务工813人，推动扶贫工作从“输血”向“造血”转变。

强组织——固本强基筑牢堡垒。脱贫攻坚以来，盐津县始终坚持筑牢党组织这一堡垒，为打赢脱贫攻坚战提供了可靠的保障，也点燃了村民们过好日子的希望。抓堡垒建设筑牢脱贫基础。过去的盐井镇椒子村，党组织作用发挥得不好，村委会至易迁安置点路陡坡急，无安全防护措施，经常发生摩托车打滑侧翻，群众反映强烈，村级无力解决。2019 年，椒子村被盐津县列入软弱涣散整顿对象，该问题被列入问题清单，由县交通局具体负责，投入资金 36.5 万元，增设防护栏、加宽道路，以实际行动为群众解难题。如今的小村庄不但道路建好了，颜值也不断提升，因为交通便利，贫困户增收途径逐渐变宽，收入来源更加多元化。抓集体经济带领群众增收。“农村富不富，关键看支部。”针对盐津县村集体无钱办事的问题，盐津县把发展壮大村级集体经济作为“一把手”工程，坚持将党支部建在产业链上，以支部引领产业结构调整，强化横向联合、纵向联建“党建 +”思路，采取“支部 + 合作社 + 企业 + 农户”等多元模式，通过“一改三化五统一”举措，探索出了一条行之有效的集体经济发展道路，在实践中走出了一条以“三变”促“四有”增“四效”的发展新路径，初步构建了激发脱贫攻坚和乡村振兴的内生动力机制。2019 年，全县 94 个村（社区）集体经济共计创收 539.51 万元，村均创收 5.71 万元。抓创新驱动强化攻坚动力。在脱贫攻坚中，盐津县创新将物质脱贫与精神脱贫双推进，落实“自强诚信感恩”长效机制，乡村干部、驻村工作队、帮扶干部发挥“领头羊”的作用，深入基层，深入群众，常到贫困户家里坐一坐，常同困难群众聊一聊，真正把贫困户当作亲戚走，教育引导贫困群众不因贫困而气馁，不因贫困而退缩，不因贫困而自卑，用行动诠释“人穷志不穷”的真正内涵。家住兴隆乡凤凰村的卡户王某某之前是一个远近闻名的酒鬼，成天到晚只知道喝酒，老婆是聋哑残疾人，3 个子女大冬天还只有单衣薄被，周围的邻居对他是既恨又怜，帮扶干部徐同志结对帮扶后，全面走访了解王某某的情况，知道一般的帮扶政策就算是给足了，也不能治他的嗜酒病，唯有帮其代管社保卡，同时对周围的邻居和小卖部打好招呼，不能卖酒给他。自此之后，徐同志每隔一段时间就把生活物资带着去看他。一次，由于路面湿滑，不幸摔伤，鲜血直流，还一瘸一拐地把他家的粮油米面送到王某某手里，王某某终于被感化，不再自暴自弃，对邻居的态度也转变了，主动帮助邻居修房建屋，打零工自力更生。

壮筋骨——党员引领找准方向。脱贫攻坚以来，盐津县紧扣“抓党建促脱贫”这条主线，通过抓实村级干部队伍思想建设、选优配强村“两委”班子、建强基层组织堡垒，为高质量、高标准打赢脱贫攻坚收官战提供坚强组织保障。思想建党，锻造忠诚“拥护人”。实施领航工程，开展抓党建促脱贫攻坚专题学习6次，主题宣讲5次，党课开讲啦2590场次，引领广大党员干部增强“四个意识”，坚定“四个自信”，做到“两个维护”。组织领导干部上讲堂2860次，“万名党员进党校”培训普通党员17期2730人，深入学习贯彻习近平新时代中国特色社会主义思想和党的十九大精神。基层党员队伍高度重视党性教育，在经常性活动中锤炼党性，增长本领，推动广大党员在学习工作中发挥先锋模范作用，做脱贫攻坚的政策带头落实者。组织搭台，选优配强“领头雁”。组织成立10个乡镇青年人才党支部，开展农村青年干部能力提升计划，储备224名村级后备力量，让好钢用在刀刃上，精准选育后备军。分析研判97个村（社区）党组织书记，为强化村组干部待遇保障，激发村组干部干事创业激情，先后下发了《关于印发〈改革完善盐津县村（社区）干部参加社会保险补助方案〉的通知》（盐组通〔2018〕20号）、《关于印发〈盐津县村（社区）工作人员事故伤害补助办法〉的通知》（盐组通〔2019〕60号）等通知，在全县财力极度困难和紧张的情况下，“勒紧裤腰带”过日子，切实解决村干部后顾之忧。基层党员队伍培育培养出了一批带头提高学习、推动发展、服务群众的明白人，有效破解了农村干部队伍后继乏人的问题，夯实了党在农村的执政基础。提质创新，铸就新风“引领者”。创新“党建＋行动”，推行“党建＋互联网”“党建＋村规民约”“党建＋红色文化”行动，97个党建村规民约引领文明，20个党建扶贫双推进教育基地成功打造，基层党员示范引领作用不断发挥。基层党员队伍着力强化贫困地区的党建优势，不忘初心，砥砺奋进，建设起“魅力盐津”的党建长廊，推进组织强、群众富、文化兴、民族美，乘风脱贫攻坚好政策，起航发展新征程。

光影有限，托付山长水远。脱贫攻坚以来，盐津县认真实施“党建扶贫双推进”工程，基层党组织凝聚力、战斗力、向心力明显增强，党员服务群众能力和水平不断提高，凝聚组织力量攻克了脱贫攻坚这一深度壁垒。“没有比脚更长的路，没有比人更高的山。”在乌蒙山脚下，盐津干部一路跋山涉水，盐津共产党员一心为民服务，携手贫困群众一道力拔穷根，2020 年 5 月 17 日，盐津正式退出贫困县序列，展望未来，盐津第一个百年奋斗目标的光明前景正徐徐呈现、无限美好，党建引领步步深耕，盐津全面小康的承诺必将如期兑现。

（作者时任中共盐津县委常委、组织部长）

党建引领“筇竹之乡”决胜脱贫攻坚

吴钊名

2016 年 5 月，按照组织的安排，我到大关任县委常委、组织部部长。这 4 年多来，在县委陈刚书记的带领下，我们始终把脱贫攻坚作为最大的政治任务，按照市委“133”工作思路和“双统领”“双保障”“双推进”要求，坚持“抓好党建带脱贫、抓实脱贫促党建”工作思路，以问题为导向，聚焦“两不愁、三保障”，充分发挥党组织战斗堡垒作用和党员干部先锋模范作用，在关河大地 1721 平方公里国土面积上，不断深化党建引领，决战决胜脱贫攻坚，书写承接乡村振兴华美篇章。

强化组织体系建设，筑牢脱贫攻坚战斗堡垒

抓基层打基础，重在抓党支部建设。强化组织体系建设，就是抓党支部建设增强组织力的重要体现。通过开展党支部达标创建、加强党员队伍管理、持续整治软弱涣散党组织、建设村民小组活动场所和发展壮大村级集体经济等工作，就是筑牢基层基础，解决农村党组织“无钱办事、无场所议事”的重要举措。

2017年年底，围绕省、市统一安排部署，结合农村基层党建“双整百千”四级联创要求，我们把抓好党支部规范化达标创建作为组织体系建设的基本内容、作为管党治党的基本任务、作为检验基层党建工作成效的基本标准，聚焦“五个基本”，按照达标、示范、品牌“三个层级”，采取培训提高一批、指导提升一批、实战训练一批“三个一批”，做到档案盒规范、档案目录规范、上墙制度规范“三个规范”，健全领导联系制度、责任落实制度、达标销号制度、督促检查制度、总结报告制度“五项制度”，开展党支部规范化建设达标创建。2019年年底，我们有880个党支部规范化建设达标创建，达标率97.7%。

2014年自《中国共产党发展党员工作细则（试行）》以来，我们严格落实发展党员备案制，坚持成熟一个，发展一个，截至2019年年底，发展党员956名。2017年，我们加强乡镇党校建设力度，开展好“万名党员进党校”工作，抓好党员教育管理。建立乡镇党委与在昆流动党员工委联动机制，加强流动党员管理服务工作。推行党员“政治生日”，实现“党员过生日、全体受教育”的目的，得到省委组织部综合调研督查组的认可。我们在全县4971户农村党员家庭中开展挂牌亮户，凡有1名以上正式党员的家庭，统一悬挂“共产党员户”牌，公开党员身份、联系方式等信息。开展“五争当、五带头”主题实践活动，促使农村党员争当脱贫先锋、致富能手，充分调动和发挥党员户的先锋模范作用。

为了客观、公正、全面了解掌握村（社区）干部状况和村级党组织现状，从2017年起，我们制订工作方案，每年组建专题调研组，用1周时间全覆盖走访测评，公正评定出村（社区）软弱涣散党组织，由县处级党员领导干部包保整顿。对本乡镇没有党组织书记人选的，我们就思考选派新提拔到乡镇任职的党员领导干部担任村（社区）党组织书记进行整顿。在示范开展软弱涣散党组织基础上，我们按照党支部自评、党员群众评议、上级组织评定、公示定级结果的程序，按照一定比例同步开展软弱涣散基层党组织整顿提升。

2017年，我们按照省、市统一要求，在克服资金短缺、交通不便、气候恶劣等困难下，通过整合资源、多方筹资的办法，启动村民小组活动场所建设。2018年，我们投资3050余万元共建成村民小组活动场所301个，其中新建238个，改建63个，顺利通过省、市验收并投入使用，实现基层阵地建设全覆盖。完善“活动场所+党支部+乡村治理+合作社”建管用机制，管好用活村民小组活动场所。

2016年以前，大关84个村（社区）村级集体经济均为“空壳村”。为破解这一难题，我通过多次调研，并主动向县委汇报，争取领导的关心与支持。2016年，25个村（社区）集体经济收益实现“零”突破，1个收益达3万元以上。2017年，集体经济项目覆盖增加到28个，收益3万元以上增加到5个。2018年，在县财政极其困难的情况下，我们按照30万元标准安排每个贫困村项目启动资金，实现贫困村集体经济项目全覆盖，全面消除集体经济收益“空壳村”。2019年年底，我们共投入村级集体经济公司资金9208.04万元，形成固定资产3624.52万元，收益551.28万元。82个贫困村（社区）收益3万—5万元39个，5万—10万元24个，10万元以上19个，最高收益吉利镇关河社区以资产型收益为主达76.33万元。通过务工带贫、入股带贫、统一收购带贫、租赁带贫、减免或带动带贫等方式，带动全县33492户92108人收益4022.3万元，平均每户收入1200元。

增强政治自觉，汇聚党员干部精气神

脱贫攻坚一线是培养锻炼干部的主战场。我们始终把脱贫攻坚作为增强党员干部政治自觉和担当作为的“试金石”，重点做好脱贫攻坚一线干部的教育、培养、选拔、管理、使用工作。

我们始终坚持缺什么补什么的原则，分类别抓好干部培训。近年来，我们举办了党章和扶贫系统业务知识教育培训、村（社区）干部暨大学生村官专题培训、农业实用技术暨农村致富带头人专题培训、农村劳动力职业技能暨创业培训等班次，共培训干部 9500 人次。2013 年以来，我们选派了 10 期 400 余名科级以上干部到中央党校（国家行政学院）培训，同时我们还先后邀请了 55 名专家教授开展送教下基层活动，为科级干部、大学生村干部、后备干部等进行专题讲座，系统培训达 900 余人次，开拓了干部视野。

2018 年，我们成立县乡两级村（社区）干部任职资格联审领导小组，目的是从严从实落实《村（社区）干部任职资格联审和县级备案管理制度》，坚决把受过刑事处罚、涉黑涉恶、村霸“三类人员”清除村干部队伍，着力夯实基层基础。通过开展“治庸、治懒、治散、治拖”专项整治，清理 9 名受过刑事处罚的村（社区）干部，净化了队伍。

2013 年以来，我们先后 4 次调整村组干部岗位补贴，建立健全村干部“基本报酬 + 绩效补贴 + 村级集体经济创收奖励”结构性岗位补贴长效机制，逐步提高待遇，让村组干部干事创业“有奔头”。特别是在 2017 年，我们财政收入仅有 1.19 亿元的情况下，拿出 1000 万元资金增加村（社区）干部补贴，为在脱贫攻坚期间稳定村（社区）干部起到积极作用。2013 年至 2019 年年底，村（社区）干部正职每月固定补贴从 760 元增加到 1800 元，“一肩挑”从 780 元增加到 2160 元，绩效补贴平均每人每年 5000 元增加到 10200 元；副职每月固定补贴从 700 元增加到 1500 元，绩效补贴平均每人每年 4200 元增加到 9600 元；委员每月固定补贴从 246 元增加到 700 元，绩效补贴平均每人每年 1860 元增加到 6000 元；村以下党支部书记、村（居）民小组长（“一肩挑”）每月从 80 元（100 元）增加到 400 元（600 元）。

我们始终坚持把脱贫攻坚一线作为培养、锻炼、选拔干部的主阵地，把基层工作经历作为选拔干部的重要依据。我们开展优秀科级干部到一线培养、后备干部到一线锻炼、村干部在一线储备的“三个一线”行动，凡是县直部门新录用公务员至少到村工作半年，凡是部门推荐的后备干部至少到村工作1年。我们鼓励科级党员领导干部、科级退休老党员到村任党组织书记，鼓励致富带头人、退伍军人、返乡大中专毕业生到村任职。2016年来，我们从乡镇干部中提拔干部69名，驻村队员中提拔干部35名，在干部群众中得到一致认可，进一步树立了一线培养选拔任用干部的鲜明导向。

近年来，我们按照每季度开展1次日常考核，每年开展1次推优，全面了解群众对干部工作的认可度、满意度。强化制度、联动、谈话、审计、档案、举报“六个”监督，对举报信访案件，做到件件有落实，事事有回复。2017年以来，党政纪处分干部34名，问责干部55名，免职干部1名，调整不适宜担任现职的乡镇主要领导4名。

2018年，我们出台《关于进一步强化脱贫攻坚一线领导力量的制度》，县委常委、人大、政协主要领导挂任第一书记，其他处级干部每人挂包1个深度贫困村。2015年来，派驻第一书记325人次、工作队队员1764人次。选派62名优秀后备干部到村任职。2018年，从第一书记中择优任命乡镇工作队队长、挂职副书记9人。

2017年2月，我们在县农业农村局植保站建立云南省专家基层科研工作站“吕建平工作站”，这是我县人才工作第一次引进省级专家到县建立工作站，以柑橘病虫害农药减量控制技术集成与推广为主要研究内容。2019年11月，我们又在县农业农村局畜牧兽医中心成功申报了云南省专家基层科研工作站“苏华维工作站”，重点开展肉牛的品质提升研究。2019年8月，依托西南林业大学董文渊教授在县林业和草原局成立筇竹研究院，研究指导全县筇竹产业发展。2018年以来，在教育系统先后建立了李春雨、刘毛古、邹杰峰、伍洁儿专家工作站，在卫生系统先后建立了刘新建、简绍峰、李绪松、曹强、赵相军、郑炜宏等10个东西部对口支援扶贫协作专家工作站，助推教育、医疗扶贫。2020年6月，11名省级“云岭银发”专家到我县建立工作站，重点从农业产业发展、教育医疗等方面，形成“专家—工作站—培育团队”的人才培养机制，助力脱贫攻坚，承接乡村振兴。

深化党建引领，激发群众内生动力

我们始终把“抓党建促脱贫、抓思想强引领”作为打赢脱贫攻坚战的关键。

围绕把村民小组活动场所打造成“宣传贯彻党的方针政策的新平台、党支部发挥作用的新阵地、干部密切联系群众的新桥梁、学习新知识新技术的新学校”功能定位。2018 年，我们依托村组活动阵地，开展驻村工作队队员讲帮扶措施、评帮扶成效；村组干部讲履职情况、评工作成效；建档立卡贫困户讲脱贫情况、评内生动力的脱贫攻坚“三讲三评”活动，同步开展好党组织的“主题党日”活动与“感党恩、听党话、跟党走”宣传教育等。通过宣讲活动，把党和政府的脱贫政策措施宣传下去，把党员群众对脱贫工作的意见或建议收集上来。

2018 年，我们制定出台《大关县加快农民专业合作社建设助推高原特色产业发展实施方案》，实施合作社参与脱贫攻坚行动、实施合作社规范行动、实施“三个全覆盖”行动、实施资源整合和支持合作社发展行动、实施农民合作社提升素质行动等“五项”行动，建立责任机制、汇报机制、会商机制、服务机制、督导机制等“五项”机制，按照贫困地区党组织主导的专业合作社全覆盖、合作社实体产业全覆盖、合作社吸纳带动贫困群众全覆盖“三个全覆盖”的工作要求，鼓励贫困村党组织牵头领办创办专业合作社，把贫困户组织起来，推动贫困群众组织规范化、产业发展规模化、社会生产组织化。截至 2019 年 12 月，我们共有合作社 455 个，其中国家级示范社 2 个，省级示范社 4 个，市级示范社 13 个，县级示范社 22 个。种养殖业合作社 255 个、种植业合作社 75 个、养殖业合作社 123 个、服务业合作社 2 个。

2019 年，我们先后建立中山、昆明、浙江 3 个人力资源服务站，同步成立 2 个临时党支部，选派优秀干部驻站服务，不断提升劳务输出组织化程度。通过定单培训、定向转移、就地吸纳、政府引导等方式，开展劳务合作。2016年以来，我们累计转移就业农村贫困户劳动力139114人次，每年分别转移就业农村贫困户劳动力24209人次、26020人次、38320人次、50565人次，开展贫困户就业培训16375人次，每年分别开展贫困户就业培训3312人次、2914人次、3586人次、6563人次。

（作者时任中共大关县委常委、组织部长）

脱贫攻坚党旗扬

高　杨

“重磅：永善县！正式退出贫困县序列！昭通7区县同步脱贫！”2020年5月6日，我的朋友圈被这条激动人心的消息刷屏了！看着这条消息，内心久久不能平静，几千名党员干部一线领头接力跑，40多万永善儿女勤劳奋斗的身影立刻浮现在我脑海里，为了这句话我们等了太久，付出了太多。

永善县地处滇、川两省六县接合部，在金沙江下游南岸，总面积2778平方公里，全县辖8镇7乡144个村（社区），总人口48.6万人，恶劣的地理环境，让永善成为云南脱贫攻坚的主战场，成为昭通地区脱贫攻坚的重地。山高坡陡谷深，发展基础条件较差，历史欠账大；生态环境脆弱，自然灾害频繁，多数贫困人口居住在高寒边远地区，生存条件极端恶劣；增收产业缺乏，收入渠道单一，致富门路较少；社会事业发展滞后，农村贫困群众看病难、上学远、居住差……

使命与担当血液交融，真情与实干激情碰撞，绘就了一幅波澜壮阔的脱贫画卷，全县141个贫困村全部实现脱贫出列，18万贫困人口全部脱贫，一条条水泥路直通家门口，改善了昔日的交通状况；一座座标准的安置房拔地而起，圆了贫困户的“安居梦”；一个个特色产业项目落地生根、开花结果，贫困群众喜获分红……

同频共振，构筑脱贫攻坚“组织化”堡垒

压实责任，构筑脱贫攻坚“一盘棋”。万山磅礴必有主峰，龙衮九章但挚一领。推进脱贫攻坚，关键是责任落实到人，永善县成立党政主要领导为“双组长”的扶贫开发领导小组，健全县、乡、村三级指挥体系，组建教育扶贫、健康扶贫等 8 个专班，出台“8 张责任清单”“1 个责任追究办法”，落实“5 个同等责任”，形成了县委统一领导、政府全面落实、部门倾力投入、社会各方广泛参与的脱贫攻坚工作格局，促使广大干部真正把责任扛在肩上、工作抓在手上。

易地搬迁，后续保障点亮万家“灯火”

直到今天，我想起那个特殊的日子，依旧让我心潮澎湃。2019 年 11 月 26 日，红光易地扶贫搬迁安置区正式迎来了第一批搬迁群众，久未放晴的永善被冬日的暖阳包裹着，安置点黄黑相间的楼房在阳光下正散发着脱贫致富政策芬芳，忙着搬入新家的群众脸上满是笑意，1.46 万人将在这里用他们勤劳的双手创造属于自己的美好新生活。

“高部长，好久不见，我屋头都收拾好了，就住在 9 栋 102，您有空一定要来我家坐一下！”张海玉激动地跟我说道。张海玉是来自团结乡的搬迁群众，由于地理因素限制，外出打工极为不便，家里的孩子读书也要走好几公里。自从搬迁政策实施以来，他家积极响应，在社区工作人员的帮助下已成功和企业签订就业合同，家里的孩子也顺利进入红光九年一贯制学校就读。看着他家的日子一天天变好，再回想起搬迁的场景，我不禁感慨万千。在团结乡的每一个搬迁现场，总能见到公安干警、城管干部、审计

卫士帮迁的身影，广大党员、干部总是冲锋在前，跋山涉水，抬桌椅、扛柜子、扶老人、背小孩……在陡峭湿滑的山路上艰难地行走着。

近年来，永善县坚持“挪穷窝”与“换穷业”并举、安居与乐业并重、搬迁与脱贫同步，让6737户29149名贫困群众搬出大山，走上脱贫致富之路。

由于搬迁进城安置的群众大多来自偏远落后山区，为尽快让他们适应新的居住环境，改变原有的生活习惯，永善红光安置点临时党工委管委会紧紧围绕“搬得出、稳得住、能致富”的目标，认真落实各级关于“稳得住”的决策部署，分别设立为民服务站、产业就业工作站、警务工作站（矛盾调处中心）、教育卫生工作站、党群工作站，聚焦搬迁群众切身利益和日常生活，从各挂钩帮扶部门和乡（镇）抽派精兵，组建让贫困群众舒心满意的“易迁服务队”，帮助群众从熟悉环境、买菜购物、开锁用电、看病就诊等细微处着手，通过提升服务效能，确保搬迁群众融入新环境、适应新生活。

入夜，安置点内数千户人家一盏盏温暖的灯被渐次点亮，夜空下一片璀璨的华灯，胜过万里星辰。

就业扶贫，激发动力烧旺人间“烟火”

“来到东凤镇，‘永善之家’对我们很热情，也很关心，特别是永善县驻中山服务站的同志多次看望慰问我们，还给我申请到了电动轮椅，让我的工作也方便了很多。”

22岁的杨天琼和周明贵是我们在就业扶贫中特别关注的两个小青年，他们两个一个双下肢残疾，一个右眼失明，之前每天除了吃饭睡觉，干点轻巧的农活外，更多的时间只能坐在家门口仰望四周的大山，无法帮助家里减轻压力的现状一直让两位小青年感到绝望。但天无绝人之路，中山市小榄组团在永善招工的消息为他们带来了生活的希望，在了解他们的情况后，人社局的工作人员积极对接永善县驻中山人力资源服务站，早早就做好了各种准备工作，让他们快速地融入了城市生活，现在小两口每个月近 7000 元的收入，两人不等不靠，凭着自己的双手过上了幸福甜蜜的新生活。为发挥榜样的力量，我及时安排将小两口的典型事例及全县各级各部门、广大党员、干部和群众在脱贫攻坚一线的精彩瞬间拍摄制作了“扶贫小故事”共 27 期，通过各类媒体大力宣传，起到了很好的示范引领作用。

就业是民生之本，也是脱贫之良策。在决战脱贫攻坚、决胜全面小康的收官之年，拔除脱贫攻坚“深水区”的“顽疾”，啃下决战中的“硬骨头”，永善县以问题为靶心，重点在“把全局、聚合力、作示范”上做文章，坚持把加强党的领导贯穿就业扶贫全过程，“一把手”常态化研究推动，签订目标责任书，压实县、乡、村责任，坚持“一月一调度、一月一通报”，实行挂牌督战，形成党委领导、政府负责、人社牵头、部门和乡镇齐抓共管的工作格局。充分发挥基层党组织战斗堡垒作用，组建 159 个就业服务工作站，充实 155 名村级就业扶贫业务员，全县广大党员带头宣传政策、推荐岗位、护送人员、外出务工，拓宽收入渠道，促进群众增收。

时不我待、使命光荣。我们坚定信心、迎难而上，把就业扶贫各项措施抓紧抓实抓细，让贫困劳动力端稳端牢饭碗，为贫困群众托起稳稳的幸福。

产业扶贫，汇聚力量点燃联欢“篝火”

发展产业是永善的永恒话题，让贫困群众“腰包”越来越鼓是我们坚定不移发展特色产业不变的“初心”。

“对于我们来说，在家门口就有这样一个厂，真的很好，从 2014 年 7 月 12 日起，我就来这里上班了，这几年当中，在家里既带了孩子又照顾了老人，钱也找到了。”张焕兰是细沙社区建档立卡贫困户，多年来，她凭着不懈努力，从普通的初级分装工，变成云南菜人家食品有限公司的车间主任、副厂长，日子过得有滋有味。

在永善的扶贫车间、产业基地，我看到了许许多多的“张焕兰”，听着他们骄傲地说起在家门口就能赚钱，每每此时，我就会想，产业扶贫这条路，我们一定要坚持走下去，一定要他们在产业链上得到更多实惠，在家门口拥抱身边的幸福。

脱贫攻坚工作中，永善县牢牢抓住扶贫开发和东西部扶贫协作机遇，积极探索“党支部 + 龙头企业 + 专业合作社 + 贫困户”等发展模式，引导贫困村、贫困户因地制宜发展特色优势产业，组织贫困户抱团发展，有效加快了贫困群众增收步伐。先后成立云南菜人家食品有限公司，永善县强胜猕猴桃惠民生态农业发展专业合作社等，创建省级示范社 2 个、市级示范社 7 个，流转土地 28500 亩，注册资金达到 4.9 亿元，合作社社员达 6000 余户，带领 12000 多户农户发展，覆盖了农、林、牧、渔、服务等产业，达到了“改造一家企业、发展一项产业、带富一方农民、绿化一片群山”的目的，辐射带动 10 个乡镇 51 个村（社区）共同发展，托起群众增收致富梦。

选育用管，锻造脱贫攻坚“战斗队”

永善县坚持把脱贫攻坚作为头等大事和第一民生工程，着力在“抓队伍建设、抓支部建设、抓机制建设”上下功夫，推动基层党建与脱贫攻坚深度融合，凝聚全县上下脱贫攻坚强大合力，筑牢基层组织脱贫攻坚战斗堡垒，树立真抓实干脱贫攻坚鲜明导向，为打赢脱贫攻坚战提供了坚强的组织保证。

建强基层组织，打造一支“不走的扶贫工作队”

基层党支部“活”起来、“强”起来，村里才能发展起来，群众才能真正满意。永善县将基层党建与脱贫攻坚无缝对接，健全和完善村党组织书记选拔、培养、监管和激励机制，围绕“组织创先进、党员争优秀、干部作表率、群众得实惠”的目标要求，以“五大工程”为抓手，在农村开展了轰轰烈烈的为民服务活动。通过抓党建充分发挥村党组织的堡垒作用和农村党员干部的模范作用，进一步凝聚支部班子战斗力。

曾经的务基镇捏池村被调侃“吃粮靠返销、用钱靠救济、姑娘往外跑、挑水赶人亲”，但近年来，捏池村党总支部围绕“支部强、村风正、民风淳、干劲足、群众富”的目标，带领全村党员、群众苦拼实干，组织全村党员和群众修路、建水池，坚持产业强村，走在全县脱贫致富的前列，实现了“华丽转身”。

“捏池村党的建设瓦几瓦（彝语‘好得很’）！现在村党总支部的威信越来越高，村里的工作也越干越好了。”捏池村的彝族老党员韩中禄拉着我的手真切地说道。

近年来，永善县以提升组织力和强化政治功能为重点，持续不息抓实“基层党建推进年”“基层党建提升年”“基层党建巩固年”“基层党建创新提质年”。以建强基层组织堡垒，选优配强脱贫攻坚战斗队为己任，筑牢基层堡垒，基层党建全面进步、全面过硬，给驻村扶贫工作队筑牢坚强堡垒。

张涨是一名“90后”驻村第一书记，初次交谈得知他家有60多岁的父母和90多岁的祖母，而且祖母身体一直都不好。我能体会到他的焦虑，也看到了他的坚毅、责任与担当。在家里最需要他的时候，毅然扛起了组织委派的重任，进驻冷米村开始了脱贫攻坚工作。在基层一线用实际行动诠释了脚踏实地、埋头苦干、奉献自我的深刻内涵。他用真心换来真情，用实干赢得信任，被授予昭通市 2019 年“乌蒙青年帮扶先锋”、永善县“优秀驻村工作队队员”等荣誉称号。

2019 年 4 月，按照组织的安排，昭通市政务服务管理局的宋敞洪前往永善县溪洛渡镇干河村开展驻村督导工作。他不忘初心，风雨无阻活跃在脱贫攻坚一线；他牢记使命，用脚印书写责任和担当，用奋斗谱写了一曲脱贫攻坚的青春乐章。

“中国建材集团是唯一一家挂钩永善的中央单位，我必须树好这面旗帜。”杨会文驻村后，为尽快适应工作，找准方向，他经常深入贫困农户家中走访，认真了解每家每户住房条件、主要经济收入来源、孩子接受教育、家中劳动力素质等情况。

“我来到黄华扶贫，代表的就是党委政府，服务的就是人民群众，作为扶贫队伍的一员，我有责任和义务为你们做些力所能及的事。”朱富美虽然知道脱贫攻坚任重道远，心中却因此多了一份坚定、一份骄傲、一份执着。

有人曾说：“铁打的营盘，流水的兵！”可在永善县 15 个乡镇，144 个村（社区），我看到的却是“铁打的营盘，坚守的兵”，他们拧成一股绳奋战在脱贫攻坚一线，成为一支“不走的扶贫工作队”。

选优配强驻村队伍，锻造一支脱贫攻坚生力军

驻村帮扶是一份“感情活”，既要带着对这份工作的感情，更要带着对群众的感情，把群众当亲人，真心实意为老百姓办实事。

“既然驻村帮扶，就应该立足实际，从群众最关心、最期盼的事情做起，把好事办实、把实事办好，使所驻村的群众生活更美好、更幸福。”这是每一位驻村工作队队员的内心独白。自驻村工作开展以来，我走进永善

的每一个乡镇，每一个村（社区），总能见到驻村扶贫工作队队员忙碌的身影，有的深入田间地头向群众宣传脱贫攻坚政策，有的组成“党员先锋队”帮助贫困群众建房，他们是熟悉农村情况的“知情人”、是农民肝胆相照的“贴心人”、是群众排忧解难的“热心人”，扑下身子，扎实开展工作。

永善县委组织部、县驻村办严把入口关、培训关，负责对各单位上报人选进行资格审查，把政治素质好、工作能力强的干部选拔到驻村扶贫工作队伍中，确保下派人员蹲得住、能胜任。各派出单位按照队员选派要求，在人手紧缺的情况下，把单位的精兵强将选派到挂钩联系村开展驻村帮扶工作。141 支驻村扶贫工作队和 544 名工作队队员像一个个跳动的音符，活跃在扶贫工作第一线，给帮扶贫困村带来了崭新气象和勃勃生机。

永善县审计局挂钩帮扶江北村以来，紧扣精准扶贫、精准脱贫的核心要义，坚持把事关村庄发展的基础工作认真做、深入做，把事关群众冷暖的小事反复抓、抓反复，以实干赢信任，用真情暖民心，成为江北群众脱贫致富的贴心人。

细沙三堡村、水竹塘坝村、码口黑甲村是我们组织部挂钩的 3 个贫困村，从江边河谷到边远高山，3 支驻村工作队、3 个对口帮扶力量下沉组，30 余人兵分三路下沉作战，做到尽锐出战、精锐出战。举全部之力，从人、财、物上给予最大限度的支持。克服一切困难，兼顾部机关主业，鏖战在脱贫攻坚一线，实现了部门工作与脱贫攻坚工作“双推双促”，高质量完成脱贫攻坚任务，谱写了一曲曲组工赞歌。

聚指成拳，构建服务脱贫攻坚“智囊团”

“以识才的慧眼、爱才的诚意、用才的胆识、容才的雅量、聚才的良方，把党内和党外、国内和国外各方面优秀人才集聚到党和人民的伟大奋斗中来。”党的十八大以来，关于如何识才、爱才、育才、用才，以及人才工作体制机制改革等问题，习近平总书记提出了一系列新要求。近年来，永善大兴识才、爱才、敬才、用才之风，通过多措并举，吸纳人才，让人才创新创造活力充分迸发。

借中山所有，为永善所用

“广东中山的干部从那么远的地方来帮我们，现在脱贫了，日子越来越好，真心感谢他们！”永善县细沙乡三堡村的村民万章秀说。

当乌蒙山深处迎来了中山企业家、医疗专家、教育专家……以东部之优补西部之短，以先发优势促后发效应，变“输血式扶贫”为“造血式扶贫”，不仅成为缩短差距的加速器，更激活了永善自身的内生动力，奋起直追，进而力争“弯道超车”。

我始终认为：“授人以鱼，不如授人以渔。”为确保按时高质量打赢脱贫攻坚战，广东中山—云南永善始终坚持“扶贫先扶志，扶志须扶智”原则，把做好东西部扶贫协作人才交流作为优化领导班子结构、激发人才队伍活力的有力举措，依托中山在党政、教育、医疗、经济、农科等领域优势，不断深化互访机制，深入开展互访交流。中山市小榄组团镇区分赴永善县考察调研，全面遍访永善。中山小榄组团先后选派4名领导干部到永善县挂职，选派教育、医疗卫生、经济、农科等领域1年期18人、短期180人到永善县开展交流活动，帮助永善建设120院前急诊急救体系，组建“名医”工作室和博士工作站，填补了我县医疗空白。采取“长＋短”“1＋9”等模式，持续深化人才交流合作，促进干群观念互通、思路互动、技术互学、作风互鉴。

工作站引领，工作室搭桥

千秋基业，人才为本。做好新时代的组织工作，要用好人才这个第一资源。永善县坚持人才向脱贫攻坚一线倾斜、力量向脱贫攻坚一线汇聚，积极引导各类优秀人才投身脱贫攻坚主战场，激发人才的聪明才智，形成推进脱贫攻坚的人才合力。

“县委给我们建立工作室，配套工作经费，解决了我们场所和后顾之忧，让我们可以潜心研究、探讨工作。”“名医工作室牌子一挂，是鼓励更是鞭策，我们将致力于医术研究，才对得起县委的期望，患者的期盼。”。、“在田间地头才能够贴近实践实战，‘土专家’‘田秀才’个个都有看家本领，我们集群众智慧，再运用掌握的理论归纳提炼，就能够成为指导群众科技种养植乡土经验，群众喜欢，脱贫有效……”

永善县牢固树立“人才是第一资源”的工作理念，积极实施人才发展战略，加强人才教育、培养和使用，切实抓好“名家、名师、名医”培养选拔工程、“归雁兴永”行动计划，成功培养云南省首届基层名中医 2 名、第五届“云南省优秀青年中医”人选 1 名、昭通市“鲲鹏计划”入选者 5 名、“市委联系专家”3 名、县委联系专家 41 名、永善“名家、名师、名医”19 名，建成云南省专家基层科研工作站 1 个、县级专家工作服务站 4 个、“三名”工作室 17 个。全县各类人才总量达 20546 人，他们奋战在全县各个岗位，引领全县人民奋战在脱贫攻坚一线，为如期脱贫摘帽贡献永善方案，凝聚永善力量，谱写永善篇章！

“培土墩苗”，提高本土人才“含金量”

在脱贫攻坚的这段路途中，我看到了筚路蓝缕、艰苦奋斗的先行者，他们让一方贫瘠土地叠翠流金；看到了团结群众、凝聚人心的“领头雁”，他们励志精神感召四里八乡；看到了饮水思源、富不忘本的“还巢凤”，他们真心实意带领群众脱贫致富……

沿着蜿蜒盘旋的硬化路走进桧溪镇源胜村桦槁坪村，只见漫山遍野的猕猴桃在纵横交错的藤蔓下，一串串饱满圆润的猕猴桃簇拥在一起，让人垂涎欲滴。“80后”的李安元在学习了猕猴桃种植技术和积累了一定的资本后，返乡种植猕猴桃，在团县委和镇党委政府的帮助下成立合作社，带领村民脱贫致富。

像李安元一样的农村领头致富人还有很多，永善县大力实施“领头雁工程”，注重把农村党员培养成致富能手、把致富能手培养成党员、把党员致富能手培养成村（社区）干部，不断优化基层干部队伍结构，增强整体合力为实施乡村振兴助力脱贫攻坚储备优秀人才。紧扣乡村发展实际，培养农村致富能人，有针对性地开展种植养殖、生产加工、经营服务等实用技术培训。

如果大山能言，定能讲出数百万年的沧海桑田，如果江水能歌，定能唱出40万人的奋斗赞歌。扶贫路上，始终有我；风雨兼程，人民至上！

（作者时任中共永善县委常委、组织部长、宣传部长、县直工委书记）

党建示范引领　推动扶贫“三个组织化”立见成效

李　昆

绥江县位于昭通市最北端、金沙江下游南岸、滇川两省三市州接合部，国土面积 761 平方公里，辖 5 个镇 43 个村（社区）1088 个村（居）民小组，总人口 17 万人。地处乌蒙山区，山多坝少、坡陡谷深，受交通落后、基础薄弱、信息闭塞等因素制约，长期面临着经济总量小、基础条件差、产业支撑弱、移民就业难、贫困面大等问题，制约着全面小康建设进程，成为昭通市 10 个贫困县之一。全县有 33 个贫困村，其中深度贫困村 24 个，建档立卡贫困对象 11399 户 46721 人，贫困发生率 41.3%。

2019 年 12 月，因岗位变动，我调整到绥江县担任组织部部长，作为绥江脱贫攻坚战场上的一名“新兵”，深感肩上责任重大。如何立足组织部门实际，发挥好党的组织优势、组织功能、组织力量，以“三个组织化”为切入点，推动产业扶贫“规模化”、就业扶贫“精细化”、易地扶贫搬迁“精品化”，为打赢脱贫攻坚战提供坚强组织保障，是我初到绥江就开始思考的问题。可喜的是，在“绥江经验”的诞生地，我找到了答案。

以高度组织化推动产业扶贫“规模化”

“以前村上没有钱，想为群众办点事也是有心无力，村上说的话群众也不怎么听。现在好了，产业发展起来了，村上有钱为群众解决问题，我们说话也更有底气了。”这是会仪镇和平村总支书记祝吉芬与我交谈时的肺腑之言。

全县基础设施薄弱，产业结构单一、规模较小、组织化程度不高，是一个传统的农业小县。为提升产业组织化程度，切实增加贫困群众收入，确保实现稳定脱贫，走出规模化发展产业的路子，县委发挥统筹全局、协调各方的领导核心作用，调动各方资源大力厚植产业发展，认真落实良种良法、高度组织化和集约化模式、党支部 + 合作社“三个全覆盖”的要求，实施了李园、菜园、茶园、千头养牛场、万头养猪场、十万羽养鸡场、百万尾养鱼场“三园四场”项目建设。按照“镇建产业园、部门打造产业点、村育产业户”的要求，新建百亩连片示范菜园 5 个，示范茶园 3 个，新建生猪代养场 30 个，常年存栏 200 头以上肉牛示范场 5 个，年出栏肉鸡 1 万羽，生态渔业示范场 7 个。新植半边红李子（蜜汁李）2.37 万亩，全县李子种植面积达 8.06 万亩，提质增效 0.92 万亩，总产量达到 4.5 万吨，产值 1.8 亿元。种植精品蔬菜 640 亩，打造绿色生态蔬菜基地 100 亩；建设连片标准化示范茶园 5000 亩。以农村产业扶贫高度组织化，推动实现产业的规模化、科学化、市场化。

同时，为不断强化基层服务型党组织建设，缓解基层组织运转困难，增强农村基层组织服务功能，强化党组织向心力、凝聚力和战斗力，采取了“党支部 + 公司 + 合作社 + 能人 + 贫困户”五位一体的模式大力发展壮大村级集体经济。坚持以党组织为引领，发挥农村乡土人才特长，打通与贫困户利益链接阻碍，不断发展壮大村级集体公司，形成集资源、管理、技术、生产、销售为一体的经营闭环链接，有效增强了集体经济的市场竞争力。

村级集体经济收入实现了从2015年全县仅仅数万元的贫瘠，到累计产值6000余万元，收益1000余万元的巨大转变，这样的跨越发展无不得益于产业扶贫组织化的有效实施。产业发展有了明显的改观，全县经济基础更加牢实；村干部待遇有了明显的提升，基层干部队伍更加稳定；群众收入有了一定的增长，村级党组织说话有人听，办事有人跟了。

以高度组织化推动就业扶贫“精细化”

2020年春节伊始，一场突如其来的疫情席卷中华大地。“疫情就是命令，防控就是责任。”大年初二，我便急忙赶回工作岗位，积极投身疫情防控工作。得益于党的制度优势和组织优势，疫情在2月中旬得到了有效控制，全面复产复工摆上了重要议程。

“部长，什么时候能解禁外出呀？不能出去打工，这一家人生活很成问题呀！”

“放心吧，这些问题县委、县政府已经在考虑了，一定会让你顺顺利利出去务工的。”这是我在走访过程中与挂钩户蒋长荣的对话。

外出务工作为群众重要的收入来源，能否组织好疫情下劳动力有序输出，保障群众稳定收入，直接关系到脱贫攻坚的质量高低。县委、县政府及时研究部署，第一时间成立了农民工复工返岗工作领导小组及督查督办组，及时分析研判，连续调度安排，明确了“以镇为主体、村为单位，领导一线督战，部门协同作战”的总体思路，实行“处级领导到镇到村、科级领导到村到组、一般干部到组到户”的工作机制。采取对接原岗位返岗一批，“一办三站”（“一办”即技能培训劳务输出工作领导小组办公室，“三站”即中山、杭州、昆明劳务输出工作服务站）推荐岗位输送一批，县内重点企业和项目解决一批，发展种养殖业就近就业一批，开发公益性岗位兜底一批的“五个一批”措施，高度组织化推动就业扶贫服务“精细化”。出台务工交通补助、稳岗或生活补助、组织输出补贴优惠暖心政策，对 3 月 10 日前自行购票外出务工就业的建档立卡贫困劳动力，提前发放部分交通补助，按照省外 300 元 / 人、县外省内 200 元 / 人的标准，凭用工单位出具的上岗证明先行兑现。建档立卡贫困劳动力在中山市务工就业的，县级给予 1500 元 / 人的稳岗补助，在中山市东区务工的，东区政府给予 2000 元 / 人的生活补助，激发群众外出的积极性和主动性。同时，为避免疫情传染，保障外出务工劳动力生命安全，开通了劳动力输出专用车，提供外出宜宾中转专车服务，全力保障外出务工持续畅通。落实大巴专车、高铁专列，分批次对集中输出到广东、浙江等重点地区的农民工开通“家门—车门—厂门”专用通道，开展“点对点、一站式”集中输出，工作人员、医务人员全程陪同，确保“出家门进车门，出车门进厂门”。今年，已外出务工 5.75 万人，点对点集中输出 10002 人。

我送蒋长荣上高铁时他动情地说道：“现在的政策是真的好！还专门包高铁专列让我们出去务工，又安全、又快速，政府考虑得太周到了！”

以高度组织化推动异地搬迁扶贫“精品化”

“一定要把易地移民搬迁工程建设好，保质保量让村民们搬入新居。大家生活安顿下来后，各项脱贫措施要跟上，把生产搞上去。”这是习近平总书记在青海省考察时对易地搬迁扶贫重要讲话中的要求。

位于县城西北部的兆佳坝安置点是全县最大的易迁安置点，占地 580 亩，2018 年 4 月动工建设、11 月底全面完工、12 月搬迁入住，用时 8 个月完成了 33 栋 11 层的小高层共 22.5 万平方米房建任务，安置 1766 户 6713 人，全部来自全县 5 个镇“一方水土养不活一方人”的高寒边远贫困山区。

县委书记杨淞在7个月时间里，仅深夜“暗访”该工地就达60余次，他曾坦言：“易地搬迁安置点一天没有完工，易迁群众一天没有搬进去，我就睡不着觉，这就是我的一块心病。”

为了破解“一方水土养不活一方人”这道难题，县委、县政府按照中央“五个一批”和市委“133”工作思路，把易地扶贫搬迁做成精品工程，采取“一轮动员摸情况、二轮初定签协议、三轮交款选户型”的方式，签订安置、就业、搬新拆旧“三个协议”，精准锁定了易迁对象，并严格按照人均不超过25平方米的标准明确房屋面积、按照搬迁即可入住要求明确交房标准、借助电脑摇号公开透明优势明确分房方式，以高度组织化推动异地搬迁扶贫“精品化”。

为创建共建共享共治社区治理新格局，经过大量调研与实践，创造性的探索出“32371”社区治理新模式，实现易迁群众“搬得出、稳得住、持续能发展、群众较满意”的目标。

“三联系”干群结对，让易迁群众搬得暖心。建立了机关联系支部、支部联系党员、党员联系群众的“三联系”机制，8个县级机关支部联系福兴社区8个片区支部、168名机关党员和149名社区党员直接联系1766户6713名易迁群众，结对攀亲、上门服务，确保每一户易迁户都有党员直接联系服务，让党的组织无处不在、党员作用无处不发挥。

“两服务”方便群众，让易迁群众过得省心。建立了社区党群服务中心和党员服务队伍，实现了党建、民政、计生、社保、医疗、就业、维修、纠纷调处、综治维稳等事项一站式受理、一条龙服务、一次性办结，真正打通了服务群众“最后一公里”。6支党员服务队组织开展了政策宣传、人居环境、纠纷调处、平安建设、就业创业和青年志愿者活动，上门教会群众坐电梯、用电器、理家务，帮助其尽快习惯和融入城市生活，切实增强了易迁群众的安全感、幸福感和归属感。

“三长制”创新管理，让易迁群众住得顺心。创新落实社区总支领导下的片区长＋楼栋长＋警务长“三长”负责制，实行网格化精细管理，每一栋楼下公开设置了一张党群服务联系卡，8个片区长、33个楼栋长、9个警务长亮出名字、亮出身份、亮出联系电话，分片负责、协同作战，让干部直接联系服务群众，确保群众有事找得到干部。

“七步走”持续增收，让易迁群众搬得安心。采取迁出地党组织管产业、迁入地党组织管就业的方式，统筹“七步走”措施，保障易迁户稳定持续增收。一是土地种竹。对搬迁后留下的3.8万亩耕地、林地、宅基地“三块地”全部发展竹产业，每年有稳定持续的收益，真正为易迁户谋求到一条生态可持续发展的脱贫致富路。二是培训就业。按照县委“户户有人培训、户户有人就业、户户充分就业”的目标，突出抓好以国家认可的持证培训和有组织化的劳务输出，把“苦力”变“技工”，提高就业水平和质量。目前，福兴社区1318户易迁户中有劳动力的1213户2615人，已开展培训985户1245人、培训比例达到了81%，其中持国家认可职业资格证的772户859人，持证比例64%，已稳定就业1213户2513人，务工比例达到了96%。三是扶贫车间。配套建设了1000平方米的扶贫车间，就近吸纳300名易迁女性劳动力进厂务工，进行耳机及音响配件组装，平均月收入在2500元以上，有效解决了劳动力要照顾老人小孩不能外出务工的问题，以“小产业”助推“大扶贫”。四是入企分红。1318户易迁户通过入股南岸仔猪场、会仪养牛场、永固水泥厂等企业，实行“保底分红+收益分成”式的捆绑发展，户均年增收在2400元以上。五是公益岗位。新增社区环卫工、市场管理员等公益性岗位40个，月工资达到960元，就近解决一部分劳动力务工。六是资产收益。配套建设的7000平方米门面由社区统一经营管理，租赁收益量化分配给易迁户，户均年收益可达1000元。七是政策保障。逐步落实户口转移，做好低保、医保、社保的有效衔接，提高保障能力，每月低保标准从农村的最高330元提高到城市的540元，年保障水平最高达到了6480元。

“一教育”感恩奋进，让易迁群众过得开心。易地搬迁，不仅是“挪穷窝”，更是要“换思想”，要加强群众的感恩教育，激发群众感恩奋进的磅礴力量。建成了一个面积140平方米的村史馆，真实记录和生动呈现了搬出区的生存环境、故土乡愁，让搬迁群众铭记过往，在对比现在、忆苦思甜中发自内心感党恩、坚定不移跟党走。自发组建了一支社区音乐队，作词谱曲颂党恩；组建了义务保洁队、义务巡逻队和卫生清扫队 3 支队伍，每天排班执勤保秩序、每周一次治安大巡逻、每月一次全民大清扫、每季度一次“五星楼栋”大评比，营造了共建共治共享的良好氛围。

在兆佳坝安置点，69 岁的杨顺高老人高兴地说：“我做梦都没想到，能够搬到这么好的地方住，过上城里人的生活。”

人民对美好生活的向往，一直是我们奋斗的目标。我们将在中央、省委、市委的坚强领导下，继续按照“两不愁、三保障”要求，认真对照省委“571”标准，高质量完成脱贫攻坚各项工作任务，做实做好脱贫攻坚与乡村振兴有效衔接，与全国同步迈入小康社会，让每一位贫困群众过上幸福生活。

（作者时任中共绥江县委常委、组织部长）

聚力党建发展　为脱贫攻坚注入红色动能

陈恩明

水富市位于云南最北端，地处金沙江、横江、长江三江交汇地带，与四川省宜宾市隔江相望，是云南融入长江经济带的重要门户。辖3镇1街道，20个村9个社区，总面积439.95平方公里，有汉、苗、彝、回等18个民族，常住人口约11.07万人，有建档立卡贫困对象3387户13147人。

2020年年初，我来到水富担任组织部部长，接续将昭通市委“133”工作思路落实到组织工作中，坚持党建引领促决战决胜脱贫攻坚。以建强攻坚堡垒、强化服务融合、打通治理末梢为重点，充分发挥党组织主体作用，激发党支部和广大党员创新活力，着力把党员群众组织起来、凝聚起来，以组织振兴推进脱贫攻坚与乡村振兴有机衔接，全市贫困发生率下降到0.0074%，“无所谓城无所谓乡”的未来逐步清晰。

“四级联创”抓提升，建强堡垒战贫困

“评价基层党组织作用发挥好不好，最终就是看党组织说话是否有人听、干事是否有人跟、民生是否有人管、致富是否有人带”，在水富市委党

建工作领导小组等多个党建会议上，市委李松涛书记反复强调。

如何将这句话落到实处，真正发挥党组织的先锋模范作用，让党的组织无处不在，助力脱贫攻坚的作用无处不发挥，近年来，水富做了很多探索。

全市围绕农村基层党建“双整百千”四级联创，以清单化模式深入推进抓乡促村带组的村级组织体系建设。按照“容易上手、便于落实”的原则，全面实行市、镇（街道）、村（社区）三级党组织书记和班子成员抓基层党建工作责任清单制度，分级制定处级党员领导干部挂点联系基层党建工作责任清单、镇（街道）党（工）委第一书记工作责任清单、贫困村党总支第一书记工作责任清单，同时，组织部明确党建工作环节、要求、形式、流程、要素，下发工作任务清单 13 个，党（工）委每月下发具体工作清单。清单化的交办工作，切实解决了基层党组织不知道干什么、怎么干等困扰。

为常态长效发挥党组织的作用，水富同时建强三项机制抓提升。落实党支部规范化建设达标创建挂联工作机制。水富市级领导、市委组织部干部、党（工）委班子成员三方挂联覆盖全市 380 个基层党组织，实行捆绑式考核管理，形成创建工作合力。落实基础业务和基本素质“双基”提升培训机制。通过设立基层党建现场教学点，聘请社区党委书记、机关党支部书记等各领域党务工作者担任基层党建讲师，开展互动式探讨、实景化演练、体验式教学 12 期，覆盖党员干部 1300 余名，解决基层党组织干部不想学、学不懂、用不上的困境。落实党建工作监督、反馈、整改的闭环管理机制。全市各级党员干部下沉基层一线挂村包片联网格，处级领导每月至少 1 次、机关企事业单位党员干部每周至少 1 次下沉督促指导党建工作任务清单落实，既帮助基层党组织解决障碍和困难，也督促指导问题整改。

“2019 年，我们村被认定为软弱涣散基层党组织。为摆脱软弱涣散的‘帽子’，村党总支提出服务园区、服务征拆、服务群众，抓实脱贫攻坚、抓实人居环境、抓实产业发展，提升乡村治理水平、提高群众增收致富能力的‘332’工作思路来进行整顿，圆满完成水麻高速公路楼坝服务区新建项目征地 180 亩、围墙坝片区 500 亩实物指标调查等任务，2019 年集体经济收益达到 5.9 万元……没有想到，软弱涣散的‘帽子’换成了昭通市级示范党支部的‘牌子’”，楼坝村党总支书记魏洪林感慨地对我说。

党建引领，进一步激发基层活力。全市 20 个行政村党组织、110 个村民小组党支部全面完成规范化建设达标创建，各村（社区）2020 年集体经济年收入有望达到 5 万元以上，基层组织凝聚群众和服务群众的物质基础不断夯实，农村基层党组织的凝聚力和战斗力得以增强。

“下沉一线”强服务，抗疫扶贫两不误

2020 年的春天被一场突如其来的疫情彻底改变，却也让我深切感受到水富党组织在疫情中爆发出的凝聚力和战斗力。

在疫情防控期间，全市把堡垒建在一线、把干部派到火线、把责任落到网格，在 29 个村（社区）、各卡点和应急梯队、隔离观察点等关键部位成立疫情防控工作临时党支部 41 个，25 名党员处级领导担任村（社区）临时党支部书记，带动全市 396 个党组织和 5752 名党员、3261 名干部化整为零，融入 379 个“微网格”，发挥社区“大党委”和农村志愿服务队作用，从严落实管控措施，筑牢群防群控“安全网”，至今未发现疑似病例和确诊病例。

“因为疫情，我们企业损失惨重，300 多万元的市场订单被迫延迟交货。封闭式管理解除之前，我们有一批货要发往贵州和川南地区，但是车出不去，急得团团转。水富市工信商科局了解情况后，多亏他们协调，通过‘特事特办’和‘无接触式装卸物’两项措施及时将 12000 件，26 吨的货物送到指定地点，让我们企业感觉很暖心。”水富理世食品有限责任公司党支部书记、总经理李明党回忆道。

“大伙，快点来帮忙运柑苗了！”还记得2月去到云富街道高滩村文星组时，高滩村驻村工作队第一书记、苏村党支部党员宋祖惠正张罗着带领10多名党员群众把4200株沃柑苗从货车上搬运下来。

为统筹做好疫情防控、春耕生产两项工作，41个疫情防控工作临时党支部强化政策措施和组织引导，既冲锋在战疫一线，又下到田间指导春耕生产，在服务群众中守初心、在真情帮助中解难题，帮助贫困群众尽快复工复产，确保战疫和生产发展两不误。

“多元共治”聚民心，美丽乡村新面貌

党的十九届四中全会提出：要逐步实现国家治理体系和治理能力现代化，为实现“两个一百年”奋斗目标做好支撑。习近平总书记强调，“要夯实乡村治理这个根基”。而当前，水富市也正处于决战决胜脱贫攻坚、接续推进乡村振兴和纵深推进“港园城”三位一体融合发展的关键时期，各项工作交织叠加，城乡基层治理任务繁重，亟待打通基层治理的“最后一米”，推动脱贫攻坚取得全面胜利。

为深入贯彻落实习近平总书记系列重要讲话和党的十九届四中全会精神，加快推进乡村治理体系和治理能力现代化，今年3月，由市委组织部总牵头，市委办、市委组织部、市委政法委、市政府办及2个镇（街道）党（工）委分别负责挂钩指导在部分村民小组或自然村创新开展乡村治理委员会试点工作。

4月，经各挂钩单位指导，三角村锣锅、花坛村花园小组、二溪村红岩坪片区、二溪村水落埕片区乡村治理委员会正陆续成立。各试点乡村治理委员会在推选委员过程中，通过党员和村民代表从农村能人、乡贤中民主推选委员44名，村民小组党支部书记和乡村治理委员会主任“一肩挑”达到

83%，全面充实乡村治理力量，“小机构”让基层治理神经末梢激活起来。

花坛村花园乡村治理委员会通过“众人立、建机制，众人议、求实效，众人治、破难题，众人评，促先进”4个方面，为群众解决问题18件，调解邻里纠纷15起，开展乡村“美颜行动”2次、操家理务指导3次……现在的花园，大事一起干、好坏大家判、事事有人管的良好氛围已然形成。

“乡村治理就是要解决老百姓揪心事、操心事、烦心事，让老百姓时刻想到党委和政府。特别是回应好、解决好与老百姓关切的教育、养老、低保、社保等领域事情，就是我们开展乡村治理委员会最根本的目的。”7月，我到花坛村花园小组时，镇党委组织委员刘沁函向我讲道乡村治理委员会在治理方面带来的变化后，我与他做了交流。

乡村治理委员会聚焦“小微治理”，倾听村民心声、了解村民诉求、破解发展难题。三角村锣锅乡村治理委员会成立锣锅小组教育基金，募集捐赠款5541元助力苗族学生就学。二溪村水落埕乡村治理委员会争取旅游公厕建设25万元和1.8公里公路硬化项目。花坛村花园乡村治理委员会建立饮用水管理制度破解片区季节性缺水问题。聚焦“细举措”，广泛发动党员群众积极参与扫黑除恶专项斗争、农村人居环境整治、平安乡村建设，建立“红黑榜”“红七条”“黑名单”制度，评选结果纳入“爱心超市”积分兑换，累计评选出在人居环境、文明礼仪、道德风尚等先进户40余户，充分激发群众自我管理服务的内生动力。

（作者时任中共水富市委常委、组织部长、市直工委书记）

砚池山村“破壳”记

张振平

时至今日，我仍无法忘记去年腊月二十八那个让人揪心的日子，记得刚和县委常委、组织部部长张正聪同志慰问贫困党员和驻村队员回来就接到报告，说由徐可新和熊娟二位副部长带队的2019年度村级集体经济项目验收组，在红布村发生车祸并造成几人受伤！真是晴天霹雳！贤莎对几天前发生的车祸还心有余悸，谁知雪上加霜！部长安排妥当后说：“都年关了，愧对我们的干部了！”好在，经检查，受伤的同志均无大碍，我悬着的心才放下来。这只是我记忆中在抓村级集体经济中发生的其中一件揪心事，类似的烦心事还遇到很多。

扶持发展壮大村级集体经济，事关经济发展，事关人心向背，事关党的执政根基。习近平总书记曾指出：“要深化农村集体产权制度改革，保障农民财产权益，壮大集体经济”，“在扶贫中，要增强乡村两级集体经济实力，否则，整个扶贫工作将缺少基本的保障和失去强大的动力，已经取得的扶贫成果也就有丧失的危险”。而在2016年前，砚池山村虽区位优势明显，拥有5亩闲置土地却“守着青山无柴烧”“捧着金碗讨饭吃”；拖姑村面对闲置的146亩“水淹田”，一度陷入望水水愁的绝望；铁家湾村、水塘村、洗羊塘村、赵家海村等一无资源、二无资产、三无资金，工作“两眼一抹黑”“丈二的和尚——摸不着头脑”，无人管事、无人干事、无钱办事现象突出……97个村级党组织均属村级集体经济“空壳村”“手中没把米，叫鸡也不灵”，深陷“说话没人听、干事没人跟”的困境，如何“破壳”成为摆在组织部面前最难啃的“硬骨头”。

但“人不是生来就要给打败的，你尽可能将他消灭掉，可就是打不败他”。张部长率领组织部一班人，不顾夏日酷暑，不怕寒冬雨雪，用脚步丈量土地，在逐村走访调研基础上，拟定了坚持党建引领、组织保障、统筹谋划、系统推进和无的要有、有的要强、强的要优的发展思路，用活政策资金、盘活资产资源、激活内生动力，宜养则养、宜种则种、宜植则植，把组织优势转化为发展优势，闯出了一条“空壳村”向“脱壳村”转变的扶持发展壮大村级集体经济新路子。部长带领我们总结归纳出四点主要做法。

一是把好“方向盘”，强化组织领导抓落实。“灾后恢复重建要和扶贫开发一起抓，要深入实施精准扶贫、精准脱贫，项目安排和资金使用都要提高精准度，扶到点上、根上，让贫困群众真正得到实惠，决不能让困难地区和困难群众掉队。”总书记的嘱托就是使命、就是动力、就是责任，鲁甸县树牢“一盘棋”思想，把该工作作为夯实基层基础的重点进行谋划、推进、落实，切实加强组织领导，建立县、乡、村三级组织协调联动机制，成立领导小组，组建工作专班，实行清单化管理、项目化推进、精准化帮扶、责任化落实，把41名处级干部挂钩联系指导“空壳村”、16名县级领导重点联系推进“薄弱村”、92家省市县级单位17家企业定点结对帮扶，形成横向到边、纵向到底，挂钩帮扶、联袂共建的网格化、精细化村级集体经济发展格局。

二是打好“组合拳”，完善政策机制抓推进。先后印发《鲁甸县推进村级集体经济强村工程实施意见》《鲁甸县关于鼓励和推动“党支部+合作社”发展实施方案》等文件。出台《鲁甸县扶持村级集体经济发展试点资金办法（暂行）》《鲁甸县村级集体经济贷款贴息资金管理办法》等政策，建立鼓励发展长效机制，打出硬发展底气、重资金整合、强考核管理的“组合拳”，为乡村干部加油鼓劲、壮胆撑腰。将1300万元省级试点扶持资金对22个点直接扶持或滚动发展；设立县级贷款贴息、风险抵押基金，撬动近2000万元专项贷款；整合8583.6万元各炒一盘菜、共办一桌席，扶持发展壮大村级集体经济；对重视不够、推进不力、成效不好的4名乡镇党政“一把手”进行约谈，调整21名村级党组织书记并将所在党组织纳入软弱涣散党组织整顿提升。

三是念好“本地经”，注重百花齐放抓特色。按照“点上有故事，线上有教学，面上有形象”的培训模式，累计有7000余名干部思想被淬炼、政治受历练，根据“一村一品”要求，采取“党支部+”模式，充分挖掘地方资源、突出自身特色、避免同质竞争，用活“土专家”“田秀才”，念好“本地经”、打好“特色牌”。以种植花椒、苹果、樱桃、鲜花、小蜜枣等经济作物的绿色生鲜村；养殖椒林鸡、小黄牛、生态鱼、大白鹅等肉蛋禽鱼的生态牧场村；餐饮住宿、合办企业、资产经营、工程建设等综合发展的商业服务村；休闲观光、汉服制作、根雕盆栽、刺绣装裱等特色产业的文化旅游村；饲草种植、手工制作等独具特点的平台示范村不断涌现。卯家湾易迁安置区则采取红色物业管理、淘宝街区租赁、扶贫车间联营等多门类、多形式、多渠道发展村级集体经济。产业发展、资源利用、资产经营等多种发展类型的交错运用，实现基层党建和脱贫攻坚“双推进”。

四是树好“风向标”，强化示范引领抓带动。部长示范带头，充分发挥思路宽、信息广、资源多的优势，多次带队到省市汇报争取，常态化“定路线”“把方向”“开药方”，以全力消除“空壳村”、尽力提升“薄弱村”、奋力创优“富裕村”为突破口，坚持“以线带点、以点促面”的思路，以桃源、江底，小寨、龙头山，龙树、新街三条主干道为线，线上以砚池山、掩姑、铁家湾、洗羊塘、水塘、赵家海等村为点，各级党组织“八仙过海，各显神通”，打造了一批立得住、叫得响、能推广看点亮点俱佳的典范。比如，砚池山村因村施策，把杀猪饭做成“家常便饭”，去年纯收益85万元，更多群众有奔头、有盼头，党组织做到了说话有人听、干事有人跟。掩姑村因事制宜，将“水淹田”变“聚宝田”，“虾兵蟹将”助力脱贫攻坚；水塘村因地制宜，把“蜜枣树”种成“摇钱树”，让“支部带好头、党员走前头、甜蜜在心头”；洗羊塘村因事而动，把不同时节的鲜花卖到斗南花卉市场，与国际花卉百花竞放、争奇斗艳；赵家海村因势利导，“发扬牛精神、打赢攻坚战”，抓实一项产业致富一方群众，组织化、科学化、标准化、规模化发展黄牛养殖，副部长徐可新、第一书记李文武分别被称为“牛部长”“牛书记”。

艰难困苦，玉汝于成。通过艰辛努力，全县累计实现村级集体经济纯收益1700万元，带动16315户卡户户均增收3000元以上，97个村（社区）总收益达200万元以上的3个，100万—200万元的5个，50万—100万元的19个，20万—50万元的31个，20万元以下的29个，实现了从单打独斗向抱团发展转变、从输血式向造血式转变、从低投入到高产出转变的良好态势。主要积累了三点经验。

一是突出党建引领，注重带领带动。党建引领兴产业，产业发展富万家，“农村富不富，关键看支部”，“事成于和睦，力生于团结”，干部群众像石榴籽一样紧紧抱在一起，总书记提出，“中国要强，农业必须强；中国要美，农村必须美；中国要富，农民必须富”。擘画的乡村振兴目标，让想种地的有地种，让想就业的有业就，让想创业的有业创，以生态建设产业化、产业发展生态化，围绕组织化、规模化、规范化、品牌化，让党组织领着合作社走、合作社跟着产业走、产业随着市场走、合作社带着卡户走，实现了组织领富、产业带富、农民致富的目的。

二是突出人才引擎，注重巧借外力。“致富不致富，关键看干部”，“借得东风好行船”，紧抓东莞对口帮扶、省草地动物科学研究院专家团队助力我县产业发展机遇，注重引入外资用活外力，把“引进来”“把脉”与“走出去”“问诊”相结合，不但到外“取经”，而且就近为骨干“充电”，邀请东莞和省级专家多轮次全覆盖为乡村干部“传经送宝”“授业解惑”，着力加强人才队伍建设。

三是突出政府引导，注重做大蛋糕。按照点线结合、以点促面、整县提升的要求，党委政府引导“搭台”，促进合作社“唱戏”，注重做大、分好、管好“蛋糕”，让更多党员群众享受政策红利。

有的同志说，“只要农民脱贫了，集体穷一些没有关系”。我们说，“不对！不是没有关系，而是关系重大”。在《摆脱贫困》中，习近平总书记为下步村级集体经济工作指明了方向，“脱贫不是终点，而是新生活，新奋斗的起点”。今年6月，徐副部长再次带队开展项目验收，当到去年车祸地点时，贤莎仍有一丝丝恐惧，一朝被蛇咬十年怕井绳，我又不禁想起那个忧心的日子……“你们抓不好村级集体经济，愧对验收组的同志！”镇村干部顿时羞红了脸颊，都为没抓好项目建设而感到莫名的愧疚。眼前，圈舍整齐、院坝整洁、黄牛健壮，天气晴了，大雾散了，愁绪才没了。

“脱贫只是第一步，更好的日子还在后头。”如今，鲁甸县村级集体经济“空壳村”没了，“薄弱村”少了，“富裕村”多了，党在农村的执政根基夯实了。

（作者系中共鲁甸县委组织部工作人员）

尾嘴村成功脱“壳”

吉永斌

打赢脱贫攻坚战，党建引领是关键。抓党建促脱贫，因地制宜发展壮大集体经济方能强村富民、促乡村振兴。我作为黑树镇组织委员，督促抓党建、促发展，各项工作落实落地，有义不容辞的责任。一次检查工作的机会，走进尾嘴村村委会办公室，一行醒目的标语：“党建引领，实现尾嘴去‘尾’为首，服务提升，助推贫困村脱贫致富”，吸引了我的注意力，红色的字迹映出了尾嘴村党委抓党建促脱贫的良苦用心和美好憧憬。过去，“捧着金碗讨饭吃，守着青山无柴烧”是尾嘴村的窘境。如今“草青黄牛壮，民富乡村美”成了尾嘴村的写照。

尾嘴村位于镇雄县黑树镇西北部，国土面积 14.17 平方公里，耕地面积 6388 亩，平均海拔 1650 米，辖 26 个村民小组 2681 户 9994 人，下辖 4 个党支部 123 名党员，现有建档立卡贫困户 634 户 2909 人，贫困发生率 1.4%。全村地处高寒二半山区，水草资源丰富，拥有大面积的天然生态牧场。

摸清家底，聚力引领“强村民富”

尾嘴村党委书记刘义深有感触地说，两年前，尾嘴村村级集体经济收益为零，属于典型的“空壳村”。“手中没把米，叫鸡也不灵”，村党委一度陷入了“说话没人听，干事没人跟”的困境，这让村党委一班人萌生了如何由“空壳”到“脱壳”华丽转身的冷静思考。如何发展壮大产业，如何提高组织力，如何带领群众脱贫致富奔小康，成了村党委“头等”大事。2016 年，在镇党委的领导下，尾嘴村把党的组织领导、发动群众等方面的优势，同专业合作社在技术、信息、资金、市场上的优势有机结合，一个“党支部 + 合作社 + 贫困户 + 基地 + 协会”的发展模式初步形成。从此，尾嘴村由“空心”走向“实心”，由“空壳”变“脱壳”。

厘清思路，科学谋划“产业兴村”

“穷则思变”。如何改变尾嘴村“捧着金碗讨饭吃”“守着青山无柴烧”的现状，成了当时镇村两级党组织重点谋划的工作之一。2015 年年底，黑树镇召开社会扶贫工作座谈会，返乡创业能人王忠等在镇村两级党组织的号召和支持下，积极参与到尾嘴村产业扶贫事业中来，注册了镇雄县益旺养殖农民专业合作社，主要发展黄牛养殖业，并成立了益旺养殖农民专业合作社党支部。在尾嘴村党委和益旺养殖农民专业合作社党支部引领下，2016 年 5 月，在远近闻名的羊耳大山下，养殖基地启动建设，养牛产业快速发展。截至目前，合作社占地 48 亩，圈舍占地面积 4300 平方米，可实施规模养牛 900 余头，固定资产达 1280 万元，拥有草山 3127 亩，新增青贮玉米种植基地 406 亩。昔日尾嘴村的“荒山”变成了今天名副其实的“金山银山”，彻底实现村级集体经济由“空心”走向“实心”、由“空壳”变“脱壳”的根本性转变，实现了往日的尾嘴由“尾”到今日为“首”的巨变。因尾嘴村“党支部 + 合作社 + 农户”产业发展模式在基层党建和脱贫攻坚“双推进”工作中取得的明显成效，得到了市、县两级的充分肯定，益旺养殖农民专业合作社被县委、县政府评为 2016 年度十佳合作社，被昭通市促进农民专业合作社规范发展联席会议办公室评为昭通市 2017 年度农民专业合作社市级示范社。

整合资源，全面夯实“脱贫之路”

“天时、地利、人和”的有机结合，助推了尾嘴村集体经济的向好发展，尾嘴村得天独厚的气候优势、区位优势、政策扶持筑牢了乡村振兴基础发展村集体经济的“源力”。2015 年前，尾嘴村村级集体经济收益为零，为使尾嘴村早日脱贫出列，尾嘴村村“两委”和驻村工作队认真调查研究，听取村党员、村民代表等的意见和建议，结合村发展实际，把党组织建在产业链上，扎实推进“党支部 + 合作社 + 农户”的黄牛养殖发展模式，把农民变股民，扶贫资金变农户股金，闲置资源变共享资源，建档立卡贫困村与村集体经济“空壳村”同步消除。2016 年，尾嘴村集体投入资金 5 万元入股益旺养殖农民专业合作社发展村集体经济，2017 年又投入集体经济扶持资金 55 万元，进一步发展壮大村级集体经济，到 2019 年年底，村集体经济收益已达到 5 万元以上，44 名贫困人口在益旺专业合作社实现了稳定就业。大岩村民组的付霞、付汝岚是在读大学生，去年暑假在合作社做零工，一个多月就各自赚了 5200 元。俩兄弟感动地说：“还是家乡的合作社好，要不然父母又要为我们上大学的费用发愁了。”说到这话，家境贫寒的付霞眼睛都湿润了。随着合作社的不断发展壮大，黑树、尾嘴两个村 398 户建档立卡贫困户 1820 名贫困人口实现稳定脱贫有了更强的支撑。昔日尾嘴的“荒山”变成了今天名副其实的“金山银山”，由原来的偏僻地变成了如今的黄金地，实现了这片土地由冷变热的“蜕变”。

唱响品牌，齐心共圆“幸福之梦”

据尾嘴村党委书记刘义透露，下一步，尾嘴村将探索实行统一管理、统一品种、统一饲草、统一防疫、统一营销“五统一”管理模式，走“党支部 + 合作社 + 村集体 + 贫困户 + 基地 + 互联网 + 协会”的经营模式，打牢基础产业，增强服务理念，搭建服务平台，加大项目投入，拓展发展途径，计划到 2020 年年底存栏黄牛 1000 头以上，出栏 2000 头以上，走科技、生态、绿色、健康的路子。利用自然优势积极开发二三产业，整合资源、因地制宜、抓好粪污还田和有机肥的制作，优化粪污资源化结构调整，注册“益旺”产品商标，注重产品生态属性，逐步实现饲养到深加工的转型，打造镇雄牛肉品牌，走产业链发展带动的路子，多轮驱动，相互促进，真正实现强村富民的目标，为实施乡村振兴战略和建设美丽乡村做最大贡献。

（作者时任中共镇雄县黑树镇委员会组织委员）

石灰村集体经济支撑近期脱贫长远致富

何　毅

打赢脱贫攻坚战，党建引领是关键。近些年来，大关县玉碗镇石灰村以抓党建、促脱贫为主线，因地制宜，创办村集体公司，并采取“支部＋基地＋贫困户”的发展模式，坚持“幸福是奋斗出来的”理念，通过“做给群众看，带着群众干”的实干精神，注重现实农民增收，着眼于未来长期发展，为努力发展壮大集体经济，开展了黄牛、山羊、蜜蜂、鱼类和珍珠李等多项种养殖产业生产实践，引领农户逐步走入市场，有力激活了贫困户自主脱贫的内生动力，为发展壮大村集体经济和贫困群众脱贫增收，闯出了一条新路子。

建好班子，筑牢基层路

俗话说“农村要致富，关键在支部；支部强不强，关键看班长”。据石灰村党委书记王荣说：“过去的石灰村级集体经济收益为零，属于典型的‘空壳村’”，全村有 24 个村民小组，1015 户 4016 人，其中建档立卡贫困户 428 户 1741 人，有国土面积 19.09 平方公里，没有成规模的产业，没有稳定的致富途径，只有群众零散的种植一些水果、蔬菜，零散的养殖一些牛羊、生猪，销售没有竞争力、市场没有话语权，群众的发展致富可谓前途迷茫、举步维艰。为改变这一被动局面，发展壮大村级集体经济，她坚信必须有一支高素质的干部队伍，有一套较好的管理模式，才能带领石灰村人民发展，才能实现广大人民增收，她坚信“幸福是奋斗出来的”。年轻、能力强、有责任心和敢于担当是进入村干部队伍的基本标准，她坚持“支部引领、干部带头、能人带动”的工作思路，以一股子不服输的韧劲带头学习有关知识和技术，坚持以习近平新时代中国特色社会主义思想武装班子成员，以“同一个团队、同一个梦想”为座右铭，让大家牢记团队的重要性。同时要求大家以身作则，充分发挥党组织和党员干部的先锋模范作用，并坚持“做给群众看、带着群众干”的思想理念，为石灰村的产业发展提供坚实有力的组织保障。

思近谋远，聚力谋发展

“人无远虑，必有近忧”，“人如果没有理想，就像一艘无舵的航船。”面对石灰村“山高石头多、出门就爬坡、地无三尺平”的困境，她带领一班子人员对全村资源情况进行认真盘查和规划，充分依托“绿水青山就是金山银山”的发展理念和地方实际情况，将高二半山规划为饲草种植区，二半山规划为水果和竹产业种植区，公路沿线为蔬菜产业发展区，将大坪子规划为黄牛养殖和大坪生猪养殖基地。于 2018 年成立了“可为农民专业合作社”和“有为农业有限责任公司”，将村“两委”班子人员纳入公司管理领导层，将 428 户建档立卡贫困户纳入合作社管理，按照“支部 + 基地 + 贫困户”的发展模式，发展黄牛、蜜蜂、鱼类养殖和珍珠李种植等多个产业，带动群众将产业推向规模化、集约化、专业化的方向发展，为石灰村的壮大村集体经济和广大人民群众增收致富奠定了基础。

合力唱响，珍珠李产业

村民受传统思想的影响，有一种“村看村、户看户、群众看干部”的旧思想，为打破过去那种“求稳怕乱”思想，“小成即满”“小富即安”的封闭意识，探索新的工作方法和途径，她带领村“两委”积极申请救助，2015年在县林业局的帮助下，18800株珍珠李树苗落户石灰村，规划种植470亩，村“两委”决定分发给农户种植，并由村“两委”人员带队进行打塘、移栽。由于缺乏对珍珠李管理技术和人才，村“两委”决定采取放活经营，由农户自由管理，当地人民采取传统的治理方式，只注重成活，没有进行追肥、除草、蔬果和病虫害防治。2017年春天，满山李花让人心旷神怡，夏季随处可见一棵棵珍珠李长势喜人，一颗颗果实让石灰村群众充满希望；可是到了秋季，那一颗颗李子尚未成熟就掉在地上。两年多来果农未收到一分钱，有的农户开始砍伐李树，这种春天欢喜秋天忧，一棵棵李树将被砍下，用心推广的项目面临失败。2019年年初，村“两委”决定将农户手中的珍珠李流转出来交给村集体公司经营。在帮扶单位云南省委老干部局的支持帮助下，聘请技术员实地开展珍珠李种植培训班，将理论和实践相结合，多次到现场指导，手把手地传授技术，通过一期又一期的培训与指导，并对地块进行改造，当年收入4500元，扭转了无收的局面。2020年村集体公司进一步加强管理，她带头，主动以自家耕地里种植珍珠李为示范，积极开展施肥、驱虫、修枝、蔬果，认真精心呵护每个环节，那一棵棵珍珠李也不负众望，2020年的珍珠李长势非常，特别是6—7月，当你走进石灰村，随处可见一棵棵长势喜人珍珠李，它已不像过去那样未到成熟就掉得满地都是。为打开销售渠道，让更多的人享受石灰村珍珠李的美味，石灰村党员干部通过微信朋友圈广泛宣传，直接联系商家，销售的产品深受广大消费者青睐，收入在2019年基础上翻了两番，增加至12000多元。在村“两委”和集体公司的共同努力下，珍珠李产业实现了由冷变热的“蜕变”，由无收到有效益，看着产业成长的过程，群众坚定了发展信心。特困户周永富说：“石灰村的珍珠李在村委会的指导下，产量突飞猛进，由于我家里没有人手管理，不然我真想收回来自己经营。”

多牌并举，助推产业兴

做好乌撒牧业养牛这张名片。为打造大坪片区原生态作为饲料，全力发展高原生态黄牛养殖，将大坪片区户卡户纳入乌撒牧业基地参与养牛管理，整合资金50万元入股到乌撒牧业发展黄牛养殖，并按利润分红，分红按照30万10%、20万0.8%计算，目前已收到8.4万元。在昭通、大关两地开设了“林记牛肉”连锁体验店，保证牛肉24小时内从牧场到餐桌，为消费者提供新鲜高原特色牛肉高品质体验，实现了黄牛养殖、加工、销售一体化的发展模式，从而为打造乌撒牧业高原生态牛肉的特色品牌奠定了基础。

做好“原生态蜂蜜基地”这张名片。石灰村位于213国道两侧，成“V”字形，镜内蜜源丰富，2016年全县推广蜜蜂养殖，为探索蜜蜂养殖技术，2017年石灰村用到户10万元资金，购蜜蜂170群投入16户卡户，以每年每群回收资金50元方式扩大再生产。为了把蜜蜂养好，她主动认领了养殖30群，让爱人放弃了原本收入较高的货车司机工作，将房前屋后的空地摆上蜂箱，在她的带领下，群众纷纷开展蜜蜂养殖，在省委老干部局帮助下，聘请专业老师现场指导。大家边学习、边总结，通过一起学习与交流，大家的养殖技术有了较大的提高，通过两年多的努力，蜜蜂养殖由原来的170群发展到630群。

做好“资产资源盘活”这张名片。为发展村集体经济，厘清家底、盘活资源、提高经营效益，村委会组织人员，对集体资金进行清理盘查，将闲置老村委会和卫生室对外出租，同时聘请大账房财务公司建立民主理财务账、完善财务开支审批制度，每个季度公开一次村集体经济财务账，主动接受群众监督，办出了公开透明的集体经济，办出了人民信赖的集体经济。

如期脱贫，实现致富梦

据村党委书记王荣讲：“2017 年以来，村集体公司共实施了 10 个项目，在实施的项目中公司有收入，也有亏损，但农户得到了实惠。”2019 年牧草种植项目，项目总投入资金 6.04 万元，其中租地费 1.3 万元、种子和材料费 0.44 万元、耕地费 0.78 万元、肥料费 1.28 万元、人工费 2.364 万元，最后的销售值是 5.74 万元，注入集体的租地费和工人工资是 3.66 万元，到农户手中的资金占项目总投入的 60.66%。目前全村产业基本实现“四片区两基地七种产业”全覆盖，分别是 500 亩饲料草、470 亩珍珠李、345 亩方竹、200 亩蔬菜等，2019 年全村人均可支配收入已达 6908 元，如期脱贫。

“路漫漫其修远兮，吾将上下而求索。”村集体公司通过这几年经营和努力，有成功，也有失败，最主要的是总结出村集体经济创收的经营路，让大家看到了致富的希望。集体经济法人王荣同志被评选为全省 100 名好支书之一，相信在县委、县政府的领导下，通过全体村民的共同努力，一定会创造出美好的明天。

（作者系大关县畜牧局工作人员）

小小猕猴桃　致富大产业

潘定庆

产业发展引路，农民脱贫致富

金鸡村猕猴桃花开了。成片的猕猴桃花从山脚到山上竞相开放，激起产业发展“浪花”，金鸡村秒变“猕猴桃村”。

2018 年 11 月 5 日，昭通市委、市政府、信访局派驻威信县麟凤镇金鸡村脱贫摘帽督导员蔡大焰同志带着棉被衣物等驻村行李一路沿着蜿蜒曲折的乡村公路来到金鸡村。为了尽快摸清金鸡村脱贫情况，他在半个月左右跑遍了全村 9 个村民小组，走访问题户、风险户，参与贫困户脱贫、贫困村出列分析研判，对村情贫情了然于心。

金鸡村给他的第一印象就是土壤肥沃，气候与地理条件独特，有农业产业发展的良好基础。他在认真调研的基础上，紧紧抓住县委、县政府发展猕猴桃产业的政策机遇，计划将全村流转土地用来种植猕猴桃。为强势推进产业扶贫，确保群众稳定脱贫，尽早步入“乡村振兴”快车道，在县委政府、镇党委政府的大力支持下，金鸡村猕猴桃产业发展采取“支部 + 公司 + 村集体经济组织 + 农户”模式，由县农投公司全额投资，村党总支组织实施，村集体经济组织以每亩 400 元，按逐年每亩递增 30 元方式承租农户土地，农户承担有偿劳务，实行统一栽种、统一管理、统一经营。

在他的倡导下，村“两委”、驻村工作队在全力推进脱贫摘帽“两不愁、三保障”工作的同时，针对全村产业扶贫这一短板，到各村民小组逐一召开群众会议，走村串户宣传动员，深入地块丈量土地，逐一解决权属纠纷。以“一户一劳力，一社一队伍；一队一专班，一地一监督；一人一登记，一日一表册；各负其责，奖罚分别”方式，组建的农业劳务合作互助组，分工合作，强化监管，确保拉线、打塘、回塘、拌肥、栽秧各生产环节的施工质量和进度，在全县脱贫摘帽之际建设了千亩猕猴桃产业园区。

现今，在产业规模化发展中，猕猴桃种植用工可为本地解决群众就业300余人，彻底改变了全村种植结构、农村经营方式和农民增收致富途径。成片的猕猴桃产业基地带动麟凤镇产业发展用心、用情、用力走在了全县前沿。

认准路子，发展壮大猕猴桃产业

“金鸡村猕猴桃产业发展是在脱贫攻坚最艰难的时候干出来的！”回忆起2018年年底一边要完成脱贫攻坚工作，一边又要搞产业发展，金鸡村原党总支书记王家勇内心再次掀起层层波澜。

发展产业才能让脱贫最长久、最稳定。但是，金鸡村在2018年之前的产业大多数群众是持否定态度的。近年来，相继发展过中药材、辣椒、马铃薯等产业，都没有成功，群众对产业发展信心不足，群众保“口粮地”的心理异常强烈，担心发展猕猴桃会降低家庭收入。

针对这一情况，从2018年12月开始，王家勇同志带头实施，通过党总支宣传动员，工作队队员释疑解惑，深入各村民小组逐一召开村民大会，走村窜户找具有一定号召能力、公平公正的社会贤达人仕交心谈心，电话联系外出务工人员，宣传产业发展方式及经营模式，地租确定及逐年递增依据等等，让他们正确理解新的产业发展模式如何规避了群众风险，如何实现了群众增加收入，给广大人民群众算清发展产业中的公司投资账、群众收入账、子孙发展账。通过广泛宣传动员，消除了群众担心与顾虑，获得了群众的支持与理解。仅用 18 天完成了 7 个村民小组土地的租用丈量，60 天左右完成猕猴桃苗种植。同时，为金鸡村输出劳动力 80 余人支援了三桃乡三桃村的猕猴桃种植，务工 11 天，人均增收 1100 元。

栽种猕猴桃苗时，当时运苗车辆不够，王家勇用自己的微型车托运了一批到地里，弄得车里车外全是泥浆，他还参与了劳务人员输送。县农投公司参与栽种苗木的工作人员回忆产业发展起步时的艰难，看到的是一名农村支书对本村产业发展步伐迈出之后追求成功的态度和决心。

2019 年 11 月，威信县委、县政府下大决心重奖 21 个村社，金鸡村产业发展成效明显，获一等奖 100 万元，充分展示了县委、县政府推动产业高质量发展的坚定决心。

助力产业发展，巩固脱贫成效

成片的猕猴桃产业发展，首先要把群众组织起来，让土地流转起来。起初，群众产业发展信心不足，不愿意拿出土地种植猕猴桃。针对这一情况，金鸡村驻村工作队制作录音材料在村上的大喇叭里广播，通过召开群众会等方式，宣传猕猴桃产业发展模式，让群众正确理解如何规避风险，如何实现增收。通过广泛宣传动员，消除了群众担心与顾虑，获得了群众的支持与理解。

猕猴桃种植过程中，农户可以在猕猴桃基地务工增加收入。打塘、栽植、除草、抹芽、灌根、覆膜、插杆、引蔓、施肥、打药、剪枝等各个环节，驻村工作队参与发放劳务费 390 余万元。

自金鸡村猕猴桃产业发展以来，驻村工作队认真履行驻村职责，搞好沟通联系对接，发挥桥梁纽带作用，促进产业工作有效开展，为脱贫出列和巩固提升积极贡献力量。

小小猕猴桃，托起村民致富梦

清晨伴随着鸡鸣声，江家栋一家 3 口早早地起床，满脸笑容扛着锄头、拿着镰刀出去了，他们忙着到猕猴桃基地里去除草……

2016 年 12 月，江家栋户被识别为建档立卡贫困户，随后被纳入兜底户，一家 3 口人因为身体残疾、年龄大等原因只能靠在家种植玉米和领取农村最低生活保障为生，日子过得十分艰辛，经常入不敷出。2018 年年底为了推进产业扶贫，确保群众稳定脱贫，在村“两委”和驻村工作队的带领下因地制宜发展猕猴桃产业，他们积极配合村“两委”和驻村工作队的工作，把自己的土地主动流转出来种植猕猴桃。在猕猴桃基地建设中，他们一家 3 口人全程参与打塘、栽植、除草、施肥、剪枝、引蔓上架等环节，全家通过流转土地和参与务工，收入达到了 2 万余元，家庭人均纯收入也从当初刚进卡户时的 2 千余元增加到了 7 千余元。

“我们家祖祖辈辈都是老农民，从来没有出门打过工，只能靠种点苞谷勉强维持生计，现在共产党的政策好啊！在我们农村发展产业，让我们老百姓在自家门口就能务工，我们也能挣钱了，现在的生活比以前好多了”，老江在闲聊时这样说道。

猕猴桃产业助力金鸡村脱贫攻坚，巩固脱贫成效，为农户增收。至今，带动了金鸡村在家剩余劳动力 300 余人务工，已累计为金鸡村农户增收 500 余万元。

（作者时任威信县金鸡村驻村工作队队长）

党建扶贫“双推进” 同频共振齐攻坚

张　冲

昭通地处云、贵、川三省接合部的乌蒙山区腹地，是集革命老区、地震灾区、散杂居民族地区、生态敏感脆弱地区为一体的深度贫困地区。昭通是全国全省脱贫攻坚的主战场，全国贫困人口最多的地级市和云南省脱贫攻坚最难啃下的“硬骨头”，全市 11 个县市区中有国家级贫困县 10 个（深度贫困县 7 个）、1235 个贫困村（深度贫困村 691 个）、185.07 万贫困人口。5 年来，全市各族干部群众始终铭记总书记的“三个更加”殷殷嘱托，充分发挥党的政治优势、组织优势和密切联系群众优势，不断增强各级党组织的政治领导力、思想引领力、群众组织力、社会号召力，构建起党建引领、党政齐抓、组织兜底、社会参与、干群连心的高度组织化格局，以“敢打善拼、坚韧求成、再硬的骨头也要嚼碎”的脱贫攻坚精神，全力夺取脱贫攻坚全面胜利，闯出了一条以脱贫攻坚统领经济社会发展的“昭通路径”。截至 2019 年末，全市建档立卡贫困人口从 2014 年末的 185.07 万人下降至 15.99 万人，贫困村由 1235 个减至 104 个，10 个贫困县区摘帽 9 个，贫困发生率从 34.8% 下降至 3.4%。2020 年上半年动态监测，全市 15.99 万未脱贫人口全部实现“两不愁、三保障”，104 个未出列贫困村及镇雄县均达到出列和摘帽标准。

一、强化教育培训，提振干部攻坚克难精气神

一是强化干部培训。坚持把习近平总书记关于扶贫工作重要论述、中央及省扶贫政策作为干部教育培训的重要内容，依托市委党校、扎西干部学院等各级党校，对全市处级以上干部、乡镇党委书记和乡镇长、村级党组织负责人进行全覆盖轮训，并以县区为单位，对全市贫困村第一书记、驻村扶贫工作队队长、乡村干部开展全面系统的理论和政策培训，不断提升扶贫干部业务水平。二是加大致富带头人培育。充分发挥好农村党员示范带头作用，加大驻村第一书记、农村党员培训力度，把优秀党员培养成致富能手，把致富能手培养成党员中心户，把党员中心户培养成村（社区）干部的“三个培养”工作，有效增强党员致富带头能力。三是激发干群内生动力。结合“两学一做”学习教育和“不忘初心、牢记使命”主题教育，以“四个敢不敢、善不善”为评价标准，即面对异常艰巨的脱贫攻坚历史重任，敢不敢勇挑重担，善不善攻坚克难，确保克期完成；面对薄弱且紧迫的现代产业发展任务，敢不敢打破常规，善不善创新机制，推动高质量发展；面对昭通史无前例的大规模跨县区易地扶贫搬迁，敢不敢承担责任，善不善创新突破，确保搬得出稳得住；面对现实生活中的一些弊端和短板弱项，敢不敢直面矛盾，善不善革故鼎新，推动跨越发展。激励广大党员干部大力弘扬“敢想敢干敢担当、越是艰险越向前”的斗争精神，着力在脱贫攻坚和高质量跨越发展中锤炼一支坚守初心、勇担使命，甘于奉献、奋勇攻坚的乌蒙铁军。广泛开展“践初心、摘穷帽，奔小康、感党恩”教育，深入开展“自强、诚信、感恩”主题实践活动，积极探索牺牲正面激励和负面约束相结合的帮扶方式，强化村规民约的约束作用，引导群众摒弃等靠要思想，自强自立、感恩奋进。

二、加强基层党建，筑牢脱贫攻坚战斗堡垒

一是全面推行基层党建网格化管理机制。坚持把说话有人听、干事有人跟作为重要标尺，在全市推行干部联系支部、支部委员联系党员、党员联系贫困群众的“网格化”模式，努力扩大党员联系服务贫困户覆盖面，确保基层工作推进到哪里，党支部就建到哪里，党员服务就延伸到哪里，努力做到每一户贫困群众背后都站着一个坚定的共产党员。目前，全市建成 27014 个党建网格，18.37 万党员积极投身脱贫攻坚，彰显出党的组织无处不在、作用无处不发挥。二是持续整顿提升软弱涣散基层党组织。建立县、乡、村三级联动机制，重点整治农村基层党组织软弱涣散、政治功能弱化、不作为乱作为、脱贫攻坚推进不力等问题，纳入常规整顿村级软弱涣散基层党组织 146 个，纳入主题教育集中整顿村级软弱涣散基层党组织 111 个。深入实施“双整百千”四级联创行动，5683 个农村党支部达标。三是建立健全村组干部激励机制。探索建立村干部“基本报酬 + 绩效补贴 + 村级集体经济创收奖励”结构性岗位补贴制度，健全村组干部基本报酬和办公经费正常增长机制，逐步提高村民小组干部误工补贴，妥善解决离任村干部待遇问题；大力推行“党支部 + 合作社”模式，鼓励支持村组干部带头组建专业合作社或创办龙头企业，拿出集体收益的 20%—60% 奖励村组干部，以强有力、超常规的措施和办法“破壳”“消薄”“强村”，全市有集体经济的村和社区已实现全覆盖。

三、一线选人用人，锻造高素质脱贫攻坚队伍

一是选人用人聚焦脱贫攻坚一线。明确在脱贫攻坚期内，市委、县（市、区）委、市直部门党委（党组）每年提拔使用的干部中有脱贫攻坚等基层

一线工作经历的分别不低于60%、80%、50%，市级机关事业单位公开遴选公务员和公开选调事业人员应优先考虑有扶贫等基层经历的干部，特别是市扶贫开发领导小组成员单位每年定向公开遴选、选调基层一线扶贫干部的比例不低于公开遴选、选调总数的40%，以鲜明的用人导向引领干事导向。研究实施“三个一百”工程，从市县机关部门下派的驻村工作队队员中选派100名优秀干部到情况复杂、问题较多、工作滞后的村担任村级党组织书记；从村干部中通过考试录用100名进入乡镇事业站所，并兼任村级党组织书记；招聘100名本乡本土的党员大学生充实村干部队伍，兼任村级党组织副书记。二是关心关爱基层干部队伍。认真落实“三个区分开来”的要求，建立健全容错纠错机制。明确规定扶贫干部评“优”比例一般不低于本地区本单位优秀名额的30%；市县两级组织开展的各类表扬、奖励时，脱贫攻坚一线干部所占比例不低于50%；按干管权限为乡镇干部、驻村扶贫工作队队员、驻村督导员、村（社区）“两委”班子成员购买意外伤害保险。脱贫攻坚期内，市级财政每年预算2000万元对全市在职在岗、直接参与脱贫攻坚工作的村组干部实行专项奖励。三是改进干部监督管理方式。深入开展“加强机关党建、改进工作作风、锻造乌蒙铁军”行动，着力整治机关党建“灯下黑”问题，推动党员干部转变作风、提升效能。采取“四不两直”随机抽查和常态化明查暗访等方式，切实加强干部监督管理，着力解决基层干部执行纪律不严、责任意识不强、工作作风不实和慢作为、不作为、乱作为等突出问题。制定并严格执行调整不适宜担任现职领导干部办法，先后调整、处理、问责、召回各类干部782名。四是着力推动机关工作重心下移。结合实际提出并落实全市各类文件数量、全市性会议数量、常规性督查考核总量、各类考察培训总量分别精简三分之一以上、各级领导干部每月身沉一线抓落实时间达三分之一以上的“5个三分之一”要求，更好为基层干部松绑减负，激励促进广大干部身沉一线，用声音指挥、用身影影响、用脚印带动，用干部的辛苦指数换取群众的幸福指数，用干部的“脱皮”换取群众的脱贫。全市6.37万名各级干部挂钩帮扶、无一例外，选派的 4891 名驻村队员、624 名督导员常驻脱贫攻坚一线，最为可贵的是他们当中有 216 对“父子兵”、1284 对“夫妻档”，还有 572 名干部“轻伤不下火线”，他们用实际行动践行了初心和使命；特别是先后涌现出的即将结婚却没有等到婚礼那一刻的“90 后”扶贫干部王秋婷、积劳成疾牺牲在扶贫一线的驻村工作队队长李永春等 25 名扶贫干部，更是用生命诠释了全心全意为人民服务的宗旨，用忠诚担当书写了人生的壮丽史诗。

（作者时任昭通市扶贫办信息网络宣传中心副主任）

抓党建　促脱贫　共谱时代新篇章

高旭辉

党的十八大以来，习近平总书记提出“两个一百年”的奋斗目标、实现中华民族伟大复兴中国梦的战略思想，把打赢脱贫攻坚战摆在治国理政的突出位置，为认真贯彻市委“133”脱贫攻坚工作思路，落实“双统领”“双保障”“双推进”工作要求及相关精神，市生态环境局党组始终把决战脱贫攻坚作为重大政治任务，坚持“紧盯目标始终如一、攻坚克难始终如一、精准施策始终如一、纪律作风始终如一，不获全胜决不收兵”，以党的组织保障全力推进脱贫攻坚、服务脱贫攻坚，真抓实干，把脱贫攻坚工作做好做实做细，用高效的、科学的、务实的工作方式助推脱贫攻坚工作。

打造“乌蒙铁军”，为决战决胜脱贫攻坚筑牢保障

市生态环境局精心选派了一支政治素质好、政策业务熟、履职能力强、作风过得硬的扶贫干部队伍，为脱贫攻坚打造了一支“乌蒙铁军”。

2015年，派出了5名干部到扶贫挂钩点巧家县红山乡黑铁村开展驻村扶贫工作。2017年5月，派出5名队员到红山乡纸厂村开展摸底调查工作，

同年10月挂钩扶贫村调整到巧家县老店镇铅厂社区和树坡村，队员增加到6人。2018年3月，对铅厂社区及树坡村扶贫队员进行了调整，4月，增派2名驻村工作队队员到巧家县白鹤滩镇官村及松梁村；5月，增派1名驻村工作队队员到镇雄县坡头镇德隆村。2019年，派出5名脱贫攻坚督导员到巧家县老店镇5个村驻村督导。2020年，调整1名同志到镇雄县塘房镇小擢魁村任脱贫攻坚督战员。驻村期间，党组对驻村队员开展了全方位关心关爱，严格落实谈心谈话制度，了解一线干部思想动态，帮助解决实际困难和后顾之忧，购买人身意外伤害保险，确保扶贫干部安心驻村、履职尽责。

同时，全体干部职工建立了结对帮扶，定期走访慰问自己的帮扶群众，宣传政策，了解掌握贫困户家庭情况及致贫原因，适时掌握动态情况，有针对性地提出帮扶措施，帮助协调解决贫困户生产、生活、子女教育、医疗等方面的实际困难和问题，帮助他们操家理屋，建立一个良好的卫生生活习惯，进一步密切党群干群关系，齐心协力推进脱贫攻坚工作。

以党建为抓手，为决战决胜脱贫攻坚保驾护航

抓作风上党课，指导脱贫攻坚。昭通市环境保护局党组书记、局长童世新多次到巧家县老店镇铅厂社区、树坡村，检查指导挂钩扶贫工作，并上了全方位、多角度的党课。童局长多次强调：一要提高政治站位。切实贯彻落实市委、市政府“133”工作思路，强化工作作风，压实责任，严守纪律。二要以问题为导向补齐短板。强化工程项目的跟踪落实，扎实做好短板待建项目的申报和筹备工作。三要着力推进扶贫专项工作。结合铅厂、树坡实际，通过“合作社＋农户＋党支部”等完善构建产业发展体系，多渠道为群众增收。四要强化“四个意识”。深入持续开展和落实扶贫领域腐败治理和作风建设，杜绝套取资金，杜绝吃拿卡要，杜绝优亲厚友，坚决

斩断伸向扶贫资金的手。五要持续提升农村人居环境。积极争取农村环境综合整治项目、资金，持续改善农村环境，推进“三清七改”，整洁居住环境。六要多形式开展生态环境保护宣传。通过入户调查、召开群众大会、深入校园等形式广泛宣传党的脱贫攻坚政策和生态环境保护相关法律法规，提升群众环境保护意识。七要树立攻坚克难的必胜信心。把工作压力变为动力，切实做到扶真贫、真扶贫，圆满实现精准扶贫工作目标。

同吃同行同学，融入脱贫攻坚。2019年，局机关党支部、市环境监察支队党支部及市环境监测站支部轮流到铅厂社区及树坡村开展了一系列“感党恩、听党话、跟党走”宣传教育和“自强、诚信、感恩”主题实践活动暨“双联系一共建双推进”活动，充分发挥基层党组织的战斗堡垒作用、党员的先锋模范作用、贫困户的主体作用，拧成一股绳，形成合力，以党建促脱贫。在铅厂社区，通过“三知”，即知扶贫政策、知脱贫变化、知文明新风；“三同”，即同吃、同劳动、同学习；“三颂”，即营造氛围颂党恩、广泛宣讲颂党恩、讴歌扶贫颂党恩等方式，同基层党员同志一起学习习近平总书记坚决打赢脱贫攻坚战的重要讲话，带头参与群众建房砂石储备日常劳动，深入贫困群众家中了解生产生活情况，与群众一起劳作、一起吃饭、帮助贫困户操家理屋，提高了贫困群众致富能力、调动脱贫主观能动性，教育激励了广大干部担当作为、干事创业精神。

凝聚爱心力量，助力脱贫攻坚。2018年和2019年，市生态环境局倡议干部职工积极献爱心，由局领导、高级工程师带头捐款，市生态环境局机关及下属单位全体工会会员积极响应，两次捐款用于脱贫攻坚工作。同时，协调了北京天润新能源投资有限公司南方分公司、巧家兴蓝能源科技有限公司、昭通鹤源工程机械租赁有限公司等企业捐资捐物，倡议企业积极承担社会责任，助力昭通脱贫攻坚，助力巧家县老店镇铅厂社区和树坡村群众脱贫致富。捐赠款物用于铅厂、树坡两个村的帮教、助困、人员培训和产业扶持4个方面，并购置了大米926袋、食用油926桶、水桶926个、毛巾1852条等生活物品，为贫困群众送去寒冬的温暖。

赴使命谱赞歌，脱贫攻坚一线的坚守

决战脱贫攻坚的过程中涌现出了一批先进的事例，他们用共产党人的初心与担当精神，在脱贫攻坚一线谱写了一曲赞歌。

张宁同志作为分管扶贫工作的副局长，带领驻村扶贫工作队，积极协调供电部门对树坡村电力设施建设、运行情况和服务区域进行实地踏勘、调研，帮助彻底解决树坡村9个社的供电负荷不足的问题。多次到挂钩扶贫点开展生态环境保护、生物多样性等宣传，协调爱心企业向树坡村小学捐赠印有“绿水青山就是金山银山”字样书包文具100套。2019年4月，张宁同志率先垂范，主动请缨到树坡村担任脱贫攻坚督导员。驻村督导期间，本着“抓重点、补短板、强弱项”工作思路，找准困难矛盾突出的问题，积极帮助基层出主意、想办法、解难题。根据树坡村村情研究制定了适合树坡村的环境整治模式，对树坡村提升农村人居环境的工作采取了带头示范、检查评比、推广示范、指导推广、奖优罚劣等六条措施，根据全村的人居环境整理情况进行评选，优秀的奖励，合格的表扬，对不合格的进行整改并按照村规民约执行。通过召开动员会议，组织村委干部、村民小组长、公益性岗位人员到卡基社两户示范户家现场观摩学习，颁发“人居环境示范之家”牌匾，村民感慨颇深。进而逐步推进提升人居环境工作，实现全村覆盖，践行了“绿水青山就是金山银山”的理念，维护了美丽家园。其间，张宁同志脚部真菌感染，脚肿大，只能穿拖鞋走路，但他住院简单治疗后，依然坚守岗位，带领驻村工作队及村“两委”人员走村入户，逐户分析研判，因人因户施策。他以一个共产党员的信仰以身作则，伴着一身土、踩着两脚泥，一起苦、一起干、一起拼，始终以饱满的热情对待工作，不忘初心。

2017年5月，高旭晖同志申请到巧家县红山乡纸厂村进行摸底调查，但当时村内山高坡陡，群众居住分散，交通不便，作为从小在城市长大的姑娘，偏远山区的艰苦她未曾预料，何况还带着正值哺乳期的婴儿。她只能请来了自己的母亲照顾孩子，因此有了“一老一小”两个特殊的“工作队队员”，祖孙三代齐上阵，成为当时纸厂村开展贫困人口精准识别摸底调查工作的一道风景线。有了亲人的理解和支持，她及时抓住群众在家的时间，既高效推进精准识别摸底调查工作，又不影响群众正常劳作，圆满完成了纸厂村摸底调查工作。调整到铅厂社区新增为驻村队员后，她依然没有懈怠，扎根基层，苦干实干，以基层党建为抓手，脱贫攻坚为重点，认真开展各项工作，为脱贫攻坚贡献了自己的一份力量。她切实深入基层，抓动态管理，落实精准识别，做好建档立卡贫困户动态管理工作。多次走村入户，了解民情民意，完成建档立卡户的资料收集。完善扶贫痕迹管理，实时更新，做到“精准识别、精准扶贫、精准脱贫”。同时，不忘积极组织基层党建工作，切实做好“抓基层党建，促脱贫攻坚”，通过发挥党员的积极性，结合精准扶贫工作，给全体党员上党课，加强全体党员对精准扶贫工作的认识，为实现铅厂社区的贫困人群脱贫奠定强有力的基础。2018 年，她入选为省委宣传部组织评选的 2018 年全省 13 名“最美人物”之一，被省、市媒体作为先进扶贫典型进行了报道。

2020 年，铅厂社区全村户籍人口为 1304 户 3944 人，共有建档立卡贫困户 500 户 2247 人，已脱贫 485 户 2189 人，未脱贫 15 户 58 人，全村贫困发生率为 1.47%。树坡村全村户籍人口为 635 户 2779 人，共有建档立卡贫困户 424 户 1868 人，已脱贫 409 户 1806 人，未脱贫 15 户 62 人，全村贫困发生率为 2.25%。

脱贫攻坚已经到了啃硬骨头、攻城拔寨的冲刺阶段，只有增强“四个意识”、坚定“四个自信”、做到“两个维护”，统一思想行动，提高政治站位，强化政治担当，用愚公移山的韧劲、滚石上山的拼劲、只争朝夕的干劲，打赢这场没有硝烟的战役，努力创造出无愧于心，无愧于民，无愧于时代的业绩，为脱贫攻坚工作贡献力量，用打赢脱贫攻坚战的实际行动践行初心使命。

（作者系昭通市生态环境局综合行政执法支队干部、时任驻巧家县老店镇沿厂社区扶贫工作队队长、第一书记）

高举党旗　奋力夺取脱贫攻坚战全面胜利

何宏志

自 2015 年以来，我们站位新时代，坚持将决胜脱贫攻坚作为一场必须取得全胜的大决战，深入践行“133”工作思路，充分发挥“敢打善拼、坚韧求成、再硬的骨头也要嚼碎”的脱贫攻坚精神，全力投入脱贫攻坚大考，以优异的成绩向组织和人民交上了一份满意的答卷。

我们始终提高政治站位，充分发挥战斗堡垒作用和先锋模范作用。我们带头做到“两个维护”促扶贫。秉纲而目自张，执本而末自从。我们坚持把脱贫攻坚作为首要的政治任务，牢固树立政治机关意识，充分发挥作为党的政治机关的风向标作用，提高政治站位，把准政治方向，坚定政治立场，坚决响应党中央和习近平总书记对脱贫攻坚工作作出的一系列部署安排，坚决扛起脱贫攻坚责任，自觉同党的基本理论、基本路线、基本方略对标对表，始终同党中央决策部署对标对表，切实将脱贫攻坚工作落实到行动上。

我们带头严格党的政治生活保扶贫。欲筑室者，先治其基。我们坚持把学习贯彻习近平总书记扶贫工作重要论述、推动脱贫攻坚工作作为领导班子、机关党委、党支部落实“三会一课”、组织生活会、谈心谈话、民主评议党员、主题党日等制度的首要内容，以严肃的党内政治生活检验脱贫攻坚工作成效。发挥“关键少数”的示范带头作用，深入挂钩扶贫点开展驻村调研、研究部署党建工作，使每一名党员都在脱贫攻坚一线成为一面鲜红的旗帜，每一个支部都成为在攻克脱贫攻坚阵地上让党旗高高飘扬的战斗堡垒。

我们提高思想政治素质助扶贫。一语不能践，万卷徒空虚。我们切实增强学习习近平新时代扶贫工作思想的自觉性和主动性，领导班子率先带头学，党支部通过“三会一课”“主题党日”深入全面学，广大党员干部利用业余时间认真刻苦学，铢积寸累，日就月将，着力提高党员脱贫攻坚理论素养。大力弘扬理论联系实际的学风，引导党员干部笃信笃行学，全面掌握马克思主义立场观点方法，学出坚定信仰、学出担当使命。

我们带头发挥党建引领作用强扶贫。上下同欲者胜。我们坚持党建带团建妇建促工建，引导广大青年、妇女、工会会员围绕中心、服务大局，积极投身脱贫攻坚主战场，深入挂钩扶贫点实施常态化爱国卫生运动“五大行动”、强力推进人居环境整治等中心工作，推动工作力量全面向扶贫一线下沉。广泛开展机关党支部与挂钩扶贫村党支部共建联建活动，推动贫困村党支部党建工作不断规范化常态化。

我们带头密切与人民群众的血肉联系推扶贫。脚下沾有多少泥土，心中就沉淀多少真情。我们以百姓心为心，与人民同呼吸、共命运、心连心，不断完善党员干部直接联系群众制度，健全党员到社区报到服务群众长效机制，积极探索机关支部与扶贫攻坚挂钩联系村、社区党支部共建联建活动形式，每年召开民情恳谈会不少于2次，用机关沉下去带动基层动起来、实起来，用干部扎下去带领群众动起来、干起来。

我们带头锻造乌蒙铁军护扶贫。人不率则不从，身不先则不信。在脱贫攻坚工作中推动党员亮明身份，强化宗旨意识，带头服务基层、服务群众。严肃驻村工作纪律，严格对派出扶贫督导员、驻村工作队队员的日常管理，定期不定期对驻村情况开展实地调研督查，经常了解督导员和驻村工作队队员的工作情况、思想动态，帮助解决实际困难和问题。严明脱贫攻坚工作纪律，坚决查处敷衍塞责、弄虚作假、阳奉阴违、消极应付等作风不严不实的问题，以优良的作风促进脱贫攻坚工作落到实处。

我们始终坚定信心，坚决完成决战决胜脱贫攻坚目标任务。我们始终坚持目标不变、靶心不散、力度不减，以踏石有印、抓铁有痕的劲头，发挥钉钉子精神，下足绣花功夫，咬定青山不放松，以过硬的措施、扎实的作风精准施策，确保挂钩扶贫村脱贫出列目标任务圆满完成。

我们精准解决了挂钩村基层组织不强的问题。九层之台，起于累土。我们认真贯彻落实市委脱贫攻坚和基层党建“双推进”要求，统筹发挥好扶贫督导员、驻村工作队队员作用，建立驻村工作队和村“两委”工作协作机制，帮助驻村党支部规范组织生活，指导落实“三会一课”等制度。安排 25 万元用于大寨、团结、龙堡 3 个村加强党支部规范化建设，发动机关党支部与挂钩村党支部结对共建，不断增强挂钩联系党组织的组织力、凝聚力和战斗力，充分调动和发挥了基层党组织和广大党员参与脱贫攻坚的积极性和主动性。

我们精准解决了扶贫力量不足的问题。“不驰于空想，不骛于虚声。”我们脚踏实地，成立了挂钩帮扶领导小组，建立了市委领导包乡、办公室各单位主要领导包村、处级干部包片、干部职工包户的包保责任制度，全面压实责任，并先后选派 21 名干部组成 4 个工作队驻村开展工作，有效解决了挂钩村脱贫攻坚力量不足的问题。

我们精准解决了挂钩村脱贫思路不清的问题。大道至简，实干为要。市委领导、市委办公室领导带头深入调查研究，帮助贫困村分析贫情，查找“贫根”，对照脱贫出列标准逐户、逐组、逐村提出帮扶计划，制定施工图，将脱贫措施具体到每一年、每一户、每一个责任人，确保扶贫扶到点上扶到根上。筹集 524 万元资金，支持挂钩村发展产业 5 个，维修、亮化村级办公场所 5 个，实施卫生室、串户路硬化、垃圾池等脱贫出列补短板项目 6 个，建设乡镇档案馆 1 个、留守儿童之家 2 个，为 600 余名困难家庭学生发放补助 25 万元，给予挂钩村和乡镇工作经费支持 80 余万元。累计争取项目资金 3000 余万元，实施基础设施建设项目 16 个，为助推挂钩村脱贫出列发挥了重要作用。

我们精准解决了易地搬迁安置贫困群众的思想问题。胜非其难也，持之者其难也。我们深入细致做实贫困群众思想工作，历尽千辛万苦、想尽千方百计、说尽千言万语、走遍千家万户，真心实意帮助搬迁到昭阳区靖安安置区的30多户贫困群众解决实际困难，不仅努力让贫困群众“搬下山、天地宽”，还确保搬迁群众“搬得出稳得住能发展”。

我们精准解决了挂钩村发展滞后的问题。其作始也简，其将毕也巨。我们始终扭住加快贫困群众产业发展、千方百计增加贫困群众务工收入这个关键，协调争取600万元项目资金，建设7200平方米畜圈、3600立方米储草棚和1万亩草山；协调广东省中山市在挂钩的上高桥乡建设扶贫车间2个，招商引资发展贡椒产业1个，种植贡椒13000亩；驻村工作队指导组建村集体公司3个，成立合作社3个，发展蜜蜂养殖、黄牛养殖、马铃薯种植、绿化树苗种植等产业4个，带动参与群众户均增收5000元以上。积极应对新冠肺炎疫情新挑战，团结村有序组织42名贫困群众集中免费乘车到浙江台州务工。

我们精准解决了挂钩村贫困群众生活困难的问题。意莫高于爱民，行莫高于乐民。我们心里始终装着百姓的喜乐，组织开展志愿捐赠活动3次，募集资金8万多元，衣服、棉被等物资价值10万多元，协调中山扶贫协作支持，建设爱心公益超市1个，协调安然公益为龙堡村捐赠价值2万余元的温暖过冬物资，协调乔治白服装公司为团结村小学生捐赠价值8000元的校服21套，协调云师大附小呈贡校区师生为团结村小学生捐赠价值3万余元的过冬物资一批，让贫困群众驱散寒冷，展露笑颜。

我们精准解决了贫困群众内生动力不足的问题。志不立，天下无可成之事。我们深入开展“践初心、摘穷帽、奔小康、感党恩”教育活动，充分激发贫困群众自强不息、感恩奋进的内生动力，汇聚万众一心齐攻坚的磅薄力量。筹集20多万元经费支持上高桥乡集镇开展拆危拆旧，组织干部职工到挂钩村集中开展城乡清洁行动，引导广大农村群众在摘掉“穷帽子”

的同时树立“新风尚”。

举目已是千山绿，宜趁东风扬帆起。我们将继续巩固脱贫攻坚成果，披荆斩棘、勇毅笃行，善作善成、久久为功，为实现中华民族伟大复兴的中国梦作出更大的贡献！

（作者时任中共昭通市委办公室机关党委专职副书记）

崛起路上的鲜红昭示

陈　静

“十三五”以来，在党中央、国务院和云南省委、省政府的正确领导和关心支持下，昭通市委、市政府横下一条心、立下愚公志，以“133”脱贫攻坚工作思路为引领，着力实施“交通先行”战略，坚持小康路上不让任何一地因交通掉队，在鲜红的党旗指引下，一场交通扶贫大会战在乌蒙大地全面打响，一条条致富路、幸福路、小康路向前延伸。

扶贫路，思路清晰了

2015 年习近平总书记考察云南时指出：“扶贫工作是 2020 年全面建成小康的重点，也是最艰巨的一项任务，不能光喊口号，更不能搞形式主义，一定要真抓实干。”这无疑是给我们的扶贫之路打了一针“强心剂”。昭通市交通运输局干部职工深刻认识到脱贫攻坚任重而道远，只有找准党建工作和脱贫攻坚的结合点，围绕扶贫抓党建，抓好党建促脱贫，才能全面完成这项艰巨的任务。

在深入调研、走访，与镇（村、组）座谈、会商的基础上，制定了《扶贫工作方案》和《扶贫规划项目清单》，厘清了扶贫工作思路、目标任务及工作措施。充分发挥交通运输部门的优势作用，制定了《昭通市镇彝威革命老区精准扶贫三年行动计划》《威信县交通精准扶贫两年行动计划》《威信县交通扶贫规划》等文件，并结合贫困村（社区）实际，制定了《昭通市交通运输精准扶贫工作措施》。推动“4+2”产业发展进程，重点做好马铃薯、苹果、花椒、天麻，以及特色养殖业、特色种植业等产业，配套公路基础设施约260公里。绘制了扶贫蓝图，一张蓝图干到底，以交通基础设施建设为突破口，打好脱贫攻坚战，确保脱贫目标如期完成。

交通人，干劲更足了

2015年9月，市交通运输局选派8名干部职工进驻威信县长安开展脱贫攻坚工作，由136名干部结对帮扶324户贫困户。时光荏苒，近5年的时间，市交通运输局共计派出23名党员、优秀干部驻村工作督导员参与驻村工作，其中驻村工作队副总队长1名，扶贫督战小分队队员1名，督导员10名，驻村扶贫工作队队员11名，挂包村由3村变为3村2社区，挂帮责任人与挂帮对象变为由137名职工结对帮扶667户2755人。

其作始也简，其将毕也巨。5年来，昭通交通人不忘初心，以“铁”的担当着力畅通出行“快车道”。围绕打造滇、川、黔、渝区域综合交通枢纽目标，按照“顶层设计、规划引领、创新驱动、人才支撑、整合资源、科学执行”的思路，以“构建大交通、建设大通道、打造大枢纽”为重点，以交通扶贫为突破口，高位推进“公、铁、水、航”为一体的综合交通运输体系建设，一批“串珠成链”的骨干交通基础设施建设项目崛地而起，全市公路通车里程2.1万余公里。“十三五”综合交通规划重点项目建设进展顺利，今年年底将累计完成投资1650亿元。“十三五”规划建设的12条高速公路已全部落地建设，目前，镇毕、格巧、串佛、宜毕 4 条共 243.076 公里已相继通车或分段建成。到“十三五”末，除永善县外，其余 10 县市区将全部实现通高速目标。全力推进 10 个 1050.38 公里普通国省道改造，一条“交通 + 扶贫 + 旅游 + 产业”设计思路为一体的公路——大山包一级公路和云南省唯一一条户外郊野绿道——昭璞绿道建成运营。全市 1343 个建制村通硬化率、通邮率、通客率均达 100%。7 个深度贫困县 50 户以上自然村 11262 公里硬化路已完工 7887.16 公里。涌现出镇雄县孙庙公路、盐津县花香酒谷、昭阳区青酒公路等“四好农村路”典型。镇雄县被评为国家级“四好农村路”示范县。68 个交通基础设施恢复重建项目顺利通过省级验收，灾区群众交通获得感明显增强。实施危桥改造 100 余座、溜索改桥 44 座，溜索通行成为历史。2019 年成贵铁路建成通车，镇雄、威信 2 县将迈入高铁时代，从镇雄、威信到达成都、贵阳时间缩短为 1 至 2 小时，到昆明只需 3 小时。叙毕铁路加快推进建设，预计 2022 年建成通车。2019 年 12 月，渝昆高铁云南段开工建设，这是我省第一条设计时速 350 公里 / 小时的高铁，待建成通车后，昭通将又有 4 个县区（盐津、彝良、昭阳、鲁甸）通高铁，1 个小时左右就能从昭通到昆明、成都、重庆、贵阳 4 个省会城市。“万里长江第一港”水富港扩能改造，2016 年启动建设，2020 年 1 月中嘴作业区开港试运行，中心作业区、港区道路正加快推进，水富港建成后将成为云南省最大的内陆港口和“公、铁、水”无缝对接的重要枢纽。昭通机场从最初的 1 条航线，到目前已开通直飞北京、上海、广州、深圳、杭州、昆明、成都、重庆等 8 条航线，初步架起了昭通与京津冀、珠三角、长三角、成渝地区“四大区域”的“空中走廊”。当前，正在加快推进昭通新机场迁建工作，力争今年实质性开工建设，计划 2—3 年建成。

5 年来，昭通交通人牢记使命，让青春在扶贫路上绽放光彩。“我 1998 年 12 月参军入伍，2012 年 10 月转业至昭通市交通运输局工作，2016 年 5 月正式开启了驻村的日子。”市交通运输局派至威信县长安镇瓦石村担任驻村工作队队长兼第一书记的杜义洪思绪回到了驻村工作伊始，2016 年 5 月

10日，杜义洪简单收拾了行囊，来到了他即将为之奋斗的地方。初来乍到，为了更好地做好驻村工作，他集中近3个月的时间，采取问卷调查、座谈会、民情恳谈等多种方式，深入全村31个村民小组，与广大党员干部群众亲切交谈，走访熟悉村组情况，了解民情民意，认真倾听群众的所需所想，用随身携带的小本子记录瓦石村群众所需解决的实际问题，形成《瓦石村致贫原因调研报告》，制定了《瓦石村脱贫规划》《瓦石村脱贫攻坚年度工作计划》。同时，为了让30名挂包干部能准确掌握自己帮扶户的信息和落实精准的帮扶措施，将单位挂包的130户贫困户形成一户一档材料，编辑成册，对每户存在的困难提出合理的帮扶建议，挂包的每名干部人手一本。

“和杜义洪队长在一起驻村3年以来，我深刻感受到他的艰苦奋斗、爱岗敬业、无私奉献。面对脱贫攻坚以来繁重又复杂的工作，他长期‘抛妻弃女’，对群众的关心甚至超过了对自己妻儿的关爱。每月驻村时间都在25天以上，与群众紧密联系，密切接触，对农村工作和群众工作都熟稔于心。瓦石村的每家每户基本上都被杜队长走了一个遍。每次下乡走访时，路过的每家每户也都会热情地招呼杜队长进家里坐坐。”同在瓦石驻村扶贫的队员陈帅说道。

就职近8年，花了4年多时间和精力在扶贫工作上，从而立之年走向不惑之年，在扶贫攻坚的1000多个日日夜夜里，杜义洪总是闻鸡起舞踏征途，披星戴月归驻地，真正地做到尽职尽责，全力为实现脱贫致富而付出所有。

“作为一名共产党员、转业军人、工作队队长，如果自己不做好表率怎么要求别人。”杜义洪坚定地说。一名党员就是一面旗帜，在瓦石脱贫攻坚战场上，他以“红色引擎”激发群众脱贫攻坚活力，4年多来，杜义洪共入户调查1000余次，化解矛盾纠纷100余起，政策宣讲60余场，先后争取各类资金90余万元为村里修路、建卫生室、文化活动广场等，争取单位组织挖掘机、厨师及汽车修理培训3期，并结合贫困户外出难找工作且不想离家太远的实际情况，帮助贫困户劳动力70余人在家门口就业。

党组织，力量倍增了

杜义洪，党龄17年，他是千千万万党员中的一员，是扶贫干部中的一员，也是扶贫路上的缩影。他用自己的实际行动践行党员的责任与担当，践行交通人“当先行、筑坦途”的信念。他像酵母一样，把乐于奉献的精神根植于每一个党员的心中。

有方向，阔步行；有指引，更登攀。市交通运输局机关党委以酵母作为催化剂，激发大家投身于脱贫攻坚的热情和干劲。创建“五路党建”，做好“路”文章，深化“乌蒙扶贫先锋”行动，加强挂钩扶贫，紧紧围绕“双统领”“双保障”“双推进”工作要求，倾情倾力帮扶贫困群众，积极帮助驻村扶贫点、党建共建点发展基础设施、培育特色产业、完善公共服务、解决民生实事，投入各类帮扶资金1560余万元。

“以党建共建为契机，发挥‘党建＋扶贫’优势，推进精准扶贫，争做有一个脑袋、一个心脏、一个想法、一个说法、一个目标的一体之人。”在2018年2月9日威信县长安镇召开的市交通运输局走访慰问送温暖暨党建结对共建主题党日活动启动仪式上，市交通运输局党组书记、局长刘和开说道。

就在这一天，4个基层党组织共建点授牌，党建共建引领交通扶贫新局面正式起航。

做起而行之的行动者，当攻坚克难的奋斗者。为助力脱贫攻坚工作，充分发挥各党支部的政治优势、资源优势、密切联系群众的优势和党员干部的先锋模范作用，更好地团结引领广大群众打赢脱贫攻坚战，市交通运输局结合各党支部实际，制定了《机关党建与扶贫点党建共建方案》。基层党组织共建点从最初的4个增加到9个，各党支部凝聚党组织力量，着力培育一批党组织助力脱贫、党员帮带脱贫的先进典型，实现党员牵手稳脱贫目标。

冲锋号，脱贫战犹酣

“4 年都挺过来了，最后的冲刺可不能当了‘逃兵’。”杜义洪毅然说道。行百里者半九十，越到紧要关头，越要坚定必胜的信念，越要有一鼓作气攻城拔寨的决心。2019 年 3 月，威信县脱贫攻坚工作顺利通过了第三方评估验收，市交通运输局帮扶威信县长安镇“三村一社区”2019 年年底已实现全面消除绝对贫困。决战决胜脱贫攻坚和全面建成小康社会的冲锋号已经吹响，“硬骨头”再难啃，作为乌蒙交通铁军也要“啃”，在冲刺“最后一公里”的征程上，只有毫不松懈才能笑到最后。2020 年，无论是驻村工作队、扶贫督战小分队，还是督导员，他们都咬牙坚持，以党建为力量，突破极限，超越自我，巩固脱贫成效，迎接国家脱贫攻坚普查。

杜义洪坦言，“我的青春我做主，扎根农村，我无怨无悔！”

迎难克险筑天路，齐心协力修通途。在交通扶贫路上，昭通交通人按下“快进键”跑出脱贫“加速度”，千军万马战犹酣！

（作者系昭通市交通运输局机关党委办工作人员）

坚持党建引领　夺取全面胜利

张岐锋

春种一粒粟，秋收万颗子。人人都爱丰收，一如金秋的颜色，充满希望。镇雄县是全国脱贫攻坚最后的堡垒之一，以古镇是镇雄县最为贫困的乡镇之一，处于滇黔两省交会之处、丛山峻岭之中。

2015 年扶贫伊始，市政府办挂钩帮扶的镇雄县以古镇 3 个村，比道角村、岩洞脚村、老官房村，共有 1488 户 5682 人处在贫困线以下，贫困发生率分别是 21.74%、56.6%、77.25%。贫困面积大、贫困人口多、贫困程度深，“三座大山”重重地压在以古这块古老的土地上，成为以古人民脱贫致富奔小康的阻碍。

自脱贫攻坚战打响以来，昭通市政府办公室始终把抓牢抓实党的建设作为助推脱贫攻坚的强劲引擎，将“党建＋精准扶贫”作为脱贫致富的关键“招数”，把组织优势转化为脱贫攻坚的强大动力，带领挂钩帮扶村的干部群众勇往直前、奋力拼搏，实现党建工作与脱贫攻坚同频共振、互促共赢。

截至目前，以古镇全镇累计减贫 3136 户 14478 人，比道角村、岩洞脚村、老官房村 3 个村的所有贫困户都达到了脱贫出列标准，比道角村、岩洞脚村已分别于 2016 年、2019 年整村脱贫出列，老官房村也已经达到脱贫出列标准，预计将于今年年底稳定出列。

选优配强干部，锻造“乌蒙铁军”

2016年年初，昭通市政府办第一时间组织全体干部职工分批次到比道角村、岩洞脚村、老官房村3个村，对挂包的5682户贫困户走访慰问、认“亲戚”。初到村子，面对破破烂烂的小屋、泥泞不堪的道路、炉子上那烤着的一天主食——黑乎乎的大洋芋，不少干部潸然泪下，心里都暗下决心，一定要使尽浑身解数让自己挂包的贫困户脱贫出列。

按照市委、市政府“挂包帮”“转走访”要求，市政府办130名全体干部职工与比道角村、岩洞脚村、老官房村3个村981户贫困户结成了帮扶对子，做到结对帮扶全覆盖。130名干部职工每月都会到以古镇，走遍自己的包保贫困户，到田间地头了解实际情况，到群众家中与群众同吃、同住、同劳动，帮助解决实际困难问题，为贫困群众宣讲扶贫政策，引导贫困群众转变陈旧观念，增强脱贫的信心决心，激发群众致富的内生动力、发展愿望。

打好打赢脱贫攻坚大会战，扶贫干部的精准调配是关键。市政府办公室成立了由市政府秘书长任组长的脱贫攻坚“挂包帮”“转走访”工作领导小组，多次召开秘书长办公会、党组会和扶贫专题会研究挂钩帮扶工作，明确1名市政府办副主任每月深入以古镇实地研究脱贫攻坚工作，解决问题、推动落实。坚持尽锐出战、精准选派，因村选人组队，选派3支作风硬、能力强、重实干、有担当的扶贫工作队进驻以古镇，协同镇村常态化开展帮扶工作，截至目前，市政府办公室累计选派21名驻村工作队队员、12名驻村督导员、16名督战队员、3名明查暗访干部，与村“两委”、驻村工作队共同奋战在脱贫一线。市政府办领导始终把关心关爱扶贫干部摆在重要位置，通过交心谈心、座谈会等方式，关心了解扶贫干部工作情况，虚心听取他们的意见和心声，指导更好地开展帮扶工作。严格考核激励，坚持正向激励与严肃追责并举，脱贫攻坚以来，市政府办共提拔重用在扶贫一线成绩突出的干部15名，有力推动干部作风大转变，进一步激励扶贫干部勇于担当、大胆履职。

结对共建支部，夯实“战斗堡垒”

“过去村里干工作，总是村‘两委’唱独角戏；现在干工作都是党员带头冲在前，群众踊跃跟着上”，在与市政府办党支部的结对共建活动中，老官房村党总支书记罗长贵感叹道。

“现在村里开党员大会，在家的党员都没有缺席。前不久的‘不忘初心、牢记使命’主题教育，市政府办的领导还专程来给我们讲党课，我还是第一次上党课嘞，还当真学到了不少知识。”岩洞脚村老党员安光文由衷地说道。

为了充分发挥基层党组的战斗堡垒作用，市政府办公室机关党委下属的3个党支部分别与岩洞脚村、比道角村、老官房村3个村党总支结对共建，定期组织党员下沉到结对点讲授党课，重点宣讲习近平总书记扶贫开发战略思想，激励基层党员干部牢记党的宗旨、坚持实干作风，实现了“基层党建与脱贫攻坚双推进”的良好局面。在市政府办驻村工作队的帮助下，3个村子的党总支规范化建设工作顺利完成，基层党建与村级事务实现了有机融合，村“两委”干部的政治思想素质和工作能力得到进一步提升，为村级组织留下了一支“永不走的工作队”。

以“不忘初心、牢记使命”主题教育活动为契机，市政府办3个党支部组织力量，进村指导开展“三讲三评”“践初心、摘穷帽、奔小康、感党恩”等实践活动，扑下身子和群众一起算“收入账”“感恩账”，把村党总支建设成为宣传扶贫政策、落实脱贫任务、团结动员群众的坚强堡垒。在这股党建清风的引领下，党员干部更加紧密地团结在党旗之下，共谋脱贫发展。岩洞脚村荣获了“2019年省级文明村”“2019年度县级基层党组织示范点”等荣誉称号。

勤思善谋实干，念好“发展真经”

“好个以古，泥巴敷齐屁股”，这是5年前以古镇泥泞道路的写照。今天的以古镇，四通八达的道路联通了村村寨寨，封闭落后的“山卡卡”成了历史，村民们住上了白墙灰瓦的新房子，喝上了健康卫生的自来水，用上了方便快捷的4G网络，娃娃们在干净明亮的教室中认真学习，青壮年们在扶贫车间忙碌工作，老人们茶余饭后在活动室享受闲暇时光，真真切切的获得感、幸福感浸润了百姓心田。市政府办公室与以古干部群众一道，在打好打赢脱贫攻坚战的征程中，共同拼搏奋进、攻坚克难，交出了一份脱贫与发展的亮丽答卷。

“非常感谢市政府办各位同志对村子的关心与帮助，作为岩洞脚村的一员，深刻感受到你们带来的翻天覆地的巨变”，每每谈起帮扶工作，岩洞脚村村支书陶宇都难抑心中感激之情。“不敢想象，短短几年，我们就彻底摆脱贫困，走上了致富奔小康的幸福路子。”

脱贫攻坚战打响以来，市政府办始终坚持以党建引领脱贫攻坚，紧盯贫困群众最现实、最迫切的需求，下大力气解决了水、电、路、房等“最后一公里”的问题。严格按照村出列标准，积极协调有关部门，共协调建成通村油路48.1公里、村组公路256公里、联户路54万平方米。坚持“人人喝上安全水”的标准，协调实施人畜安全饮水项目46个，实现了安全饮水全覆盖，彻底改变了以古过去饮水靠人背马驮的历史。协调完成农村危房改造321户、易地搬迁564户，打造岩洞脚村易地扶贫搬迁示范点，全面解决困难群众住房安全问题。帮助建设岩洞脚村九年一贯制学校等4所寄宿制学校，配合做好控辍保学工作，全面落实医疗保障各项政策，协调东莞中德集团修建村卫生室 1 个，彻底解决群众看病难问题，协调建设活动室 10 个、村级文化活动广场 1 个，协助以古镇完成申报国家少数民族特色乡镇，山区群众的精神文化生活得到了极大丰富。同时，积极探索“党建 + 产业”模式，充分挖掘以古特色农业资源，种植经济林果 3.8 万亩、方竹 2.9 万亩，把群众紧紧凝聚在产业链上，采用“党建 + 村集体经济 + 合作社”模式，推动旺农养殖农民专业合作社、友贻核桃专业合作社不断发展壮大，带动周边群众养殖生猪、肉牛、种植核桃，形成党组织引领产业发展，产业发展带动群众脱贫的发展格局。以村党总支为培训基地，因户因人定内容，采取“院落式”“地头式”“企社式”等方式，开展劳动力技能培训，帮助比道角、岩洞脚、老官房 3 个村 2774 人实现转移就业脱贫，积极开发护林员、护路员等公益性岗位 1060 个，带动 5030 人稳定脱贫。

其作始也简，其将毕也必巨。历时 5 年，以古迎来了脱贫攻坚的收获季。今天的以古人可以自信满满地说：“我们即将脱掉扣在头上的‘穷帽子’，我们没有辜负习近平总书记的殷殷嘱托。”

（作者系昭通市政府办公室工作人员）

老骥伏枥挥洒热血汗水
凝心聚力扛起使命担当

王韦皓

昭通，是云南乃至全国脱贫攻坚的主战场。几年来，经过全市各级干部和群众的不懈努力，在现行标准下，185.07 万贫困人口、1235 个贫困村、10 个贫困县区全部脱贫出列摘帽的目标任务即将圆满实现。昭通千百年来的绝对贫困问题即将变成历史的记忆，数百万昭通各族人民梦寐以求的小康生活即将变成美好的现实。来之不易的成绩凝聚着全市各级干部的艰苦奋斗，凝聚着全市各级离退休干部党组织和党员的心血和汗水，彰显着老党员们坚守的初心和使命。

一、科学谋划“路线图”，抓工作规划，让离退休党建助力脱贫攻坚“活起来”

自脱贫攻坚工作启动以来，我市把离退休干部党建工作同引导离退休干部为党的事业增添正能量有机结合起来，紧紧围绕“35015”工作思路，即用 3 年时间，在全市离退休干部党支部中创建 50 个市级“六好”示范党支部、15 个省级“示范党支部”。在抓实“六好”示范带动的基础上，更加注重作用发挥，先后围绕助力脱贫攻坚、乡村振兴印发3个实施方案，先后10余次组成工作组对各县（市、区）离退休党组织、党员助力脱贫攻坚工作进行指导，不断增强离退休干部党支部的凝聚力和吸引力，全市各级离退休干部党组织积极而为，亮点频现，成果丰硕。如昭通市第一人民医院离退休党支部，积极发挥支部离退休党员的“传帮带”作用，组建了医务知识“带教队”“银发”服务队、医患关系调和队和义诊队伍，在年初疫情防控中发挥了重要的作用，同时每年定期深入贫困村开展义诊活动，深受群众欢迎；又如永善县处级退休干部一支部，协调帮助10名边远苗族学生解决就读问题；帮助溪洛渡镇云荞村长湾苗族群众种植党参10余亩；协调联系爱心人士，每年为溪洛渡、码口等乡镇贫困群众送去爱心衣物26000余件，为贫困学生送去价值3万余元的学习用品，在助力脱贫攻坚中发挥着光和热。

二、众智合议“金点子”，抓品牌建设，让离退休党建助力脱贫攻坚“亮起来”

昭通各级老干部局认真谋划，顺势而为，通过“点上突破、线上延伸、面上拓展”的方式，积极打造“银发聚力美昭通·离退休干部助力脱贫攻坚”品牌建设。一是注重队伍建设，占领思想阵地“制高点”。积极发挥老干部政治优势、经验优势、威望优势，在全市组建了11支由老专家、老党员组成的乌蒙银发宣讲队伍，抓实“感恩思进”宣讲行动，持续推动党的十九大精神、脱贫攻坚政策在贫困县、贫困村群众中落地生根，每年组织离退休干部以专题讲座、文艺演出等形式开展“感恩思进”扶志宣传教育活动80余场，1000余名退休干部参与到活动中，惠及贫困群众20000余人。二是注重氛围营造，发出银发心声“最强音”。通过“老干部局带头发声”等形式，积极为离退休干部建言献策搭建平台。各级老干部每年撰写助力脱贫攻坚调研报告20余篇，多数被各级党委、政府采用。创造性地组织开展“银发聚力美昭通 · 书画寄真情”助力脱贫攻坚书画义卖、书画展、征文比赛、“微党课”推荐评选等具有昭通特色助力活动，得到离退休干部的积极响应，产生了极好的示范带动作用。2020年全市共拍摄涉及习近平新时代新思想、红军长征过扎西、脱贫攻坚等“微党课”40余个。三是注重作用发挥，奠定助推中心工作“主基调”。建立了“乌蒙银发人才智库”并实行动态管理，各级老干部工作部门每年定期组织开展银发人才下基层行动，组织政治立场坚定、身体素质好、工作热情高的退休党员干部到脱贫攻坚任务艰巨的乡村一线发挥作用。截至目前，在全市共有1000余名离退休党员参与活动，共建立苹果、天麻、核桃、养牛等示范点48个，扶持31个养殖、种植示范大户，带动全市1万余名群众脱贫致富。四是注重典型引领，奏响奋勇争先“主旋律”。经过持续不断的努力，全市实现了“建成一支队伍，树立一批典型，帮助一方群众”的离退休干部助力脱贫攻坚格局。先后树立了昭阳区陈俊荣、马敏轩，永善汤云贵、镇雄孔武发、大关朱大勇、彝良陶爱强、市直陈忠荣等一批党性强、作风硬、群众工作经验丰富的老干部助力脱贫攻坚典型；其中，昭阳区夕阳红志愿者协会、市人大退休干部王升荣获中组部隆重表彰。还在全市打造了市老科协、大关县老年歌舞团、威信县老红军志愿服务队等15个各具特色的正能量活动示范点。

三、实践蹚出“新路子”，抓平台载体，让离退休党建助力脱贫攻坚“实起来”

一是成功建立了“离退休党员＋协会＋农户＋互联网”发展模式。如昭阳区花鹿坪村施宗成想办黄牛生态养殖场，昭通市老科协离退休党员与布嘎乡黄牛养殖协会施宗成达成“结对共建”，老党员们每月为其开展2—3次技术指导，积极争取项目资金支持，产生良好的社会效益。2019年黄牛生态养殖场出栏肉牛 510 头，总产值 1100 万元，实现利润 210 万元，带动周边 30 余户贫困户脱贫，惠及群众 300 余人。二是成功建立了“党支部 + 老干部 + 合作社 + 企业 + 农户”工作模式，初步形成了由老干部全程参与技术指导、技能培训、销售推广、贫困户全面受益的市场运营体系。此举受到省扶贫办的高度关注，被省扶贫办刊物《脱贫看云南》专题报道。2018 年，我局建立“离退休干部助力脱贫攻坚生态农特产业体验店”，体验店为挂钩村解决了 2 万元集体经济收入，老党员们进村为贫困户开展技术指导，帮助解决群众最关心的“产品销路”问题；盐津县住昆离退休支部，把支部活动场所建成盐津农特产品宣传展示窗口，着力为盐津乌骨鸡等产业开发身体力行，当好宣传员、推荐员，把大山深处贫困户的农特产品通过党建电商平台和带进小区销售，帮助群众增收。三是弘扬“支部建在连上”光荣传统，将乌蒙银发先锋之家建在老干部社团、街道社区、扶贫点、老干部党支部等，在全市创建了以昭通市公安局机关老年党支部为代表的 51 个乌蒙银发先锋之家，乌蒙银发先锋之家结合自身实际，创新载体，不断注入新的活力，取得较好效果。如市老干部诗书画协会结合自身诗书画特色，每年组织社团老干部党员前往扶贫点开展送春联下乡、送书画进学校活动，得到贫困群众的一致好评，同时每年通过诗书画形式，创作展现昭通扶贫攻坚成绩作品 1000 余副，积极发挥了老干部社团作用，讲好昭通故事，传播昭通声音。又如昭通市公安局机关老年党支部在公安文化传承中释放正能量，支部离退休党员退休不退岗，自愿发挥余热，定期深入贫困村开展司法调解，对强化基层治理起到了“助推器”的良好作用。

我市抓实离退休党建助力脱贫攻坚工作，虽然取得了一定实效，但与省局的要求和群众的期盼还有不小差距。下步工作中，我们将落实好这次会议的安排部署，积极探索载体，引导离退休干部在助力脱贫攻坚、乡村振兴、民族团结示范建设及滇东北崛起上下功夫、做文章，助推全市离退休党建工作再上新水平。

（作者时任昭通市委老干部局办公室主任）

帮扶一个村　倾注一片情

张广玉

昭通，作为全国 14 个集中连片贫困地区之一的地级市，贫困程度大，所属的永善县桧溪镇得胜村是一个深度贫困村，全村有农村户籍人口 627 户 2352 人，贫困发生率在 2016 年以前高达 57%，脱贫攻坚任务十分艰巨。自 2016 年 3 月以来，在昭通日报社党组的高度重视下，分批次派出驻村扶贫工作队队员 13 人，并在全体干部、职工的倾力帮扶下，2020 年 8 月，得胜村全面通过了国家脱贫攻坚普查验收，全村贫困发生率降至 1.7%。

领导重视，配强脱贫攻坚工作队伍

在 2016 年，得胜村有建档立卡贫困户 311 户 1469 人。按照昭通市委、市政府“挂包帮”“走转访”的要求，2016 年年初，昭通日报社第一时间组织全单位 50 多名在职在编干部职工分 4 批到得胜村，对所挂包的 208 户贫困户进行走访慰问，建立了结对帮扶关系，张贴了结对卡，认了“亲戚”。

第一次去得胜村，许多干部职工都感叹不已，全村不仅贫困程度深，帮扶难度大，交通也十分不便，特别是海拔近 2000 米生存条件恶劣的黄泥湾自然村，辖 3 个村民小组，还有 70 户 300 多人在那里生活。那里的村民生产生活方式十分原始，与目前日益发展的现代化生活方式相比非常落后，是永善县脱贫攻坚的“最后一公里”。

黄泥湾因空气潮湿，常年有黄色的泥巴而得名。上山的路十分陡峭，有“倒梯子”之称，唯一的交通工具——马，在运送物品时都走不稳，而且有过坠落山崖的先例。

因脱贫攻坚任务艰巨，报社各届领导都非常重视，抽调精兵强将驻村。2016 年 3 月派出敢于“吃螃蟹”的陈忠华、汪舒、李章碧为首批驻村工作队队员，后续分批次派出 13 名工作队队员驻村，其中有 3 名女队员。2018 年 3 月，年过 50 的女同志唐玉欣然接受脱贫攻坚任务，接任彭念敏的驻村工作队队长、村第一书记岗位职责，认真履行建强基层组织、推动精准扶贫、办好为民实事。她每月深入贫困户家中走访 4 至 6 次，分析挂联户的贫困原因，帮助制定产业发展规划。同时，积极协调相关部门争取基础建设资金，帮助特困户申请民政救助金、教育扶贫资金、老年人补助津贴、残疾人补助金等。

2019 年是脱贫攻坚摘帽之年，报社派出正高职称的张广玉任驻村扶贫工作队队长兼任村第一书记，“啃最硬的骨头”。

作为一名扶贫干部，每天都会在老百姓的琐事中度过：村民张友明的弟弟张友华外出 20 多年回来了，要重新上户口；陈文伍的儿子陈武强在昆明读职业中专，他申请的雨露计划资金还未到位；刘仕书想种植魔芋办理贴息贷款……

第一次上黄泥湾，张广玉差点打了退堂鼓。不仅仅是体力上的消耗，途中被称为“倒梯子”的地方，可以说是悬崖峭壁，当地人凿出来的阶梯只能放半个脚掌，每次只能一个人通行，靠别人帮忙是不可能的，稍不留神，就有摔下万丈深渊的可能。而张广玉，还比其他同行者多了个相机包的负担，这是作为保存图片资料必备的工具。

尽管气温很低，张广玉的上衣还是被汗水打湿了，紧紧地贴在身上，他也顾不上擦一下。张广玉手脚并用，颤抖着爬过了那段“倒梯子”。山上，手机没有信号。每次上山前，张广玉都要发个朋友圈，告诉大家他上山了，有事下山后回复。

为做好遍访、宣传易地扶贫搬迁政策、统计外出务工人员信息等工作，张广玉在驻村一年半的时间里，先后上了十来次黄泥湾。让张广玉记忆深刻的是在2019年5月，他的二女儿出生时，妻子难产，躺在产床上6个小时生不下来，而张广玉却于头一天就上了黄泥湾。第二天，他拖着仿佛灌了铅的双腿走下山时，看着手机上几十个未接电话，就预感到情况不妙。他知道，妻子的预产期就是在那几天。打电话得知具体情况后，张广玉跟桧溪镇的分管领导说：“我知道当前的脱贫攻坚任务重，一个月的陪护假我就不请了，但妻子难产，我请求回去一趟。”妻子顺产出院的第二天，张广玉就回到了村上，继续投入脱贫攻坚工作中。

如今，在驻村扶贫工作队、包村工作组、“村两委”等扶贫干部的共同努力下，黄泥湾大部分贫困群众都搬进了县城的集中安置点，开始了城市新市民生活。

帮扶有力，最大限度发挥帮扶力量

昭通日报社作为挂钩帮扶单位，切实做到把打赢脱贫攻坚战作为当前与新闻舆论引导工作同等重要的政治任务和民生工程看待，认真践行市委“133”工作思路，把职能和资源优势向贫困村、贫困户倾斜，精准选派驻村工作队队员，全面统筹单位帮扶力量，切实帮助得胜村改善基础条件、培育主导产业、发展合作社，与镇村合力破解“两不愁、三保障”突出问题，用心、用情、用力为贫困群众排忧解难，抓实精细的帮扶工作，得到群众的普遍认可。

一直以来，单位注重以党建引领脱贫攻坚工作，派出的驻村工作队队员 50% 以上为中共党员。在脱贫攻坚工作中，工作队党员积极配合得胜村党支部认真贯彻执行党的方针政策和上级党委的部署，强化民主集中制，调动和激发广大党员的积极性，发动党员在经济发展中带头建功立业，在扶贫攻坚中身先士卒，积极带头献计献策。

挂钩帮扶得胜村以来，结对帮扶的干部职工经常到农户家中走访，了解贫困情况，还千方百计挤出资金和联系社会帮扶渠道给予支持。2016 年，昭通日报社携手昆明师大附小樱花语校区到永善县桧溪镇得胜小学为 218 名学生送去了价值 20 余万元的衣物、书包、体育与学习用品等物资；组织北京乐利来筋骨养护昭通服务中心、永善县桧溪中心卫生院和昭通日报社特邀医生黄训云等 10 名医务工作者，为得胜村 162 名贫困患者进行长达 10 个小时的送医义诊；联系北京爱心人士，为得胜村 6 名贫困学生每人捐助了 1000 元。

2017 年，昭通日报社协助桧溪镇党委政府和得胜村两委争取资金 66 万元建设李子湾—老厂公路；协助镇党委政府争取 100 多万元资金对进村塌方公路进行维修；争取文体项目资金 10 万元，单位拨付 10 万元建设得胜村下漆树湾、牛栏坪、滚子坡 3 个村民小组活动场所；出资 1.5 万元抢修木枯堰水渠；协调昭通市青基会和昭通雄奇房地产公司出资 1 万元资助杨柳湾考上吉林大学的李永吉和李子湾考上普洱学院的刘峰女儿。

2018 年，昭通日报社党支部与得胜村党总支开展了“双联系一共建双推进”创建活动，在建党节前和春节期间，看望困难党员、驻村干部，先后看望 40 人次，发放补贴 2 万元。协调企业，给得胜村完小 151 名学生捐赠衣服 151 套，帮助他们温暖过冬。2019 年，一次性投入 20 万元，用于解决好脱贫攻坚决胜之年面对的各种难题，切实为贫困群众补齐短板；争取昭通大润发、恒邦购物超市的支持，为得胜村建起了“爱心超市”。2020 年，又投入脱贫攻坚工作经费 11 万元。在政策宣讲方面组建脱贫政策宣讲队，下沉到田间地头、农户家中宣讲各项强农惠农富农政策和扶贫措施，进行感恩教育，起到扶志扶智和听党话、感党恩、聚民心的作用。

在攻坚克难方面，组织脱贫攻坚突击队、脱贫攻坚服务队，由报社党组书记亲自挂队长，分管扶贫工作的副总编辑任组长，聚焦“两不愁、三保障”和“571”脱贫出列标准，紧盯决胜之年挂钩帮扶任务、难点和质量，与镇村共同研究措施和办法，解决突出问题。在党支部共建方面做到党建扶贫双推进，共同为得胜村农村党支部示范化建设出力，进一步强化了阵地建设，为充分发挥党支部战斗堡垒作用和党员先锋模范作用，留下一支永远不走的工作队，打下了坚实的基础。

在昭通日报社的倾力帮扶之下，目前，得胜村义务教育阶段无一人辍学，所有建档立卡贫困户和非建档立卡贫困户的边缘户均购买了医疗和养老保险。全村正在紧锣密鼓地开展人居环境提升和“自强、诚信、感恩”教育，力争打造成富裕、文明、卫生、充满活力的美丽乡村。

（作者系《昭通日报》记者、时任永善县桧溪镇得胜村扶贫工作队队长）

追溯脱贫攻坚　感念峥嵘岁月

文才庆

2020年5月，天空沉静，草木欣然，我心情却更觉不一样。5月7日，省扶贫开发领导小组发布了2019年退出贫困县序列的公示，被誉为“将军故里”“天麻之乡”的革命老区和深度贫困区的彝良县位列其中。我作为扶贫系统的一名脱贫攻坚战士，多年的辛勤付出得以回报、梦想成真。喜悦之时，不觉唤起了清晰的记忆，一个个走村串户的身影、一桩桩历历在目的往事，不觉再次清晰，感动的笑与泪让我难以控制。

我眼中的书记们就像屋檐下的大葱——叶烂皮干心不死

习近平总书记强调，落实脱贫攻坚一把手负责制，省、市、县、乡、村五级书记一起抓。到县、乡、村，不层层压实责任，脱贫攻坚就是纸上谈兵，难以决战决胜。整个脱贫攻坚进程中，革命老区彝良县压责任、强奖惩，书记们以上率下一盘棋推进，解决了脱贫攻坚“最先一公里”的问题。

“文哥，我媳妇下乡了，请你喊嫂子帮我接娃儿，晚上要逐户研判，姚书记都来了，这几天我都不回来啦。”2019 年 9 月的一天，我们单位派驻角奎镇阿都村驻村工作队队长郭有云从微信给我发了一条信息。那段时间，正值全县脱贫摘帽冲刺奋战 60 天的关键时刻，各级干部到村到户走访，逐人逐项研判，围绕“两不愁、三保障”，聚焦脱贫退出标准，与时间赛跑、与贫困决战，团结一心攻克最后堡垒，通过脱贫攻坚工作群内的图片，经常还能看到县委书记姚勇同志深夜还在各村研究工作。角奎镇是彝良县脱贫攻坚的主战场，姚书记作为全县扶贫开发领导组组长及角奎镇脱贫攻坚召集人，亲自挂帅，不打招呼、不定时间、轻车简从，直插村组调研督导是常态。

在我们挑灯夜战的日子，姚书记经常到县扶贫办指导工作，与扶贫办班子成员及股室负责人一起交流想法，遇到行业扶贫方面问题，直接带着扶贫办相关人员到具体行业部门协商，将工作落小落实落细，久而久之，他甚至能叫出县扶贫办所有普通业务干部的名字。他平易近人、情况清楚、方向明确、措施得当，真正做到了“声影带动”，我心里暗想：书记这样重视，工作如果干不好那就是我们的失职。

榜样是资源，凝聚着力量，主要领导带头是无声的激励。去年全县决战决胜脱贫摘帽期间的一天晚上，我在办公楼地下车库，远远看到一个人拎着一包行李急促地往前走，近了才发现是县委政法委安书记，看到他沾满黄泥的运动鞋，就能猜出他刚驻村回来，我怀着最崇敬的心向他报告问好，他帅气而疲惫又略显尴尬地笑着告诉我：“20 多天没有回来了，今天回来先进下办公室。”我心想，他作为荞山镇脱贫攻坚第一书记，定是抽空回来处理公务。像他这样的乡镇脱贫攻坚第一书记全县有 15 人，均是县委、县人大、县政府、县政协班子成员中的党员同志，其他 21 名挂乡（镇）包村处级领导，也在各自包保村，传导压力、压实责任，深入现场“啃硬骨头”，与一线干部同攻坚、共战斗。

县级领导下沉一线、带头攻坚，15 个乡镇党委书记怎能不克己奉公、自我加压。2018 年年底在柳溪乡下乡，工作到夜晚，党委张书记与我不断地讨论着扶贫对象动态管理工作，他到柳溪乡任书记一职已6年，全面参与了柳溪脱贫攻坚，见证着柳溪的脱贫退出、群众脱贫致富。交谈中，得知他患有结石，刚到医院手术回来，需定期服用药物。“结石是不是很疼”，我随口问了他。“肯定疼，但有时候心里的愧疚比身上的疼更疼”，他倾诉了“抛家弃子”的心事，言谈中，大男人流露出脆弱的一面，看到他汪然出涕的样子，我竟无法岔开这个我挑起的尴尬话题。

上下同欲者胜，同舟共济者赢，脱贫攻坚这场硬战，没有强烈的责任感和满腔的热忱是坚持不下去的。如何确保人人肩上有担子、人人身上有任务，县委、县政府思之所及，行之所至，在坚持五级书记抓扶贫、党政同责促攻坚的基础上，全体县处级领导、科级干部签订《脱贫摘帽政治生命承诺书》，其他干部签订《履职尽责承诺书》，所有挂乡镇第一书记、包村县级领导、县直挂联单位和乡镇领导干部职工、村（社区）“两委”干部，对所挂乡镇、所包村（社区）、所包保的农户及其分管行业扶贫领域脱贫攻坚工作“一包到底”，实行连带考核，其职务、职级晋升、职称评定全部与脱贫攻坚挂钩，真正做到了“以职务作抵押、以饭碗作担保”，吹响了最强冲锋号。

在坚持严管同时，也注重厚爱，县委明确脱贫攻坚期内新提拔的干部中，80%要有脱贫攻坚一线工作经历，对脱贫攻坚工作成绩突出的、符合条件的干部优先提拔重用或优先评定职称。制定了脱贫摘帽激励奖惩约束机制，县级如期摘帽后，对村（社区）组干部按每人2000元到1万元不同标准进行一次性物质奖励。2020年到8月，县委共提拔任用干部35人，其中一线干部30人，占比86%；对工作实绩突出的44名脱贫攻坚一线干部作了职级晋升，其中驻村扶贫工作队队员和工作队队长23名、乡镇干部17名、扶贫行业部门负责人4名。承诺的绩效奖励资金也一一兑现了。

我身边的战友一直在鸭子凫水——暗中使劲

在脱贫攻坚战场，有一支“特种部队”，他们并不神秘，反倒是时而上前线，时而转至后方，做保障员、当指导员，大家通常都叫他们“行业扶贫干部”，我身边的战友就是这样一支部队，他们咬牙关、聚合力，协作联动一股劲服务，解决了脱贫攻坚“中间一公里”问题。

县扶贫办作为脱贫攻坚参谋部、指挥部、协调部，做好上传下达、协调沟通、业务指导至关重要。自己作为扶贫系统一员，从县委办来到扶贫办，文秘工作是我主要负责的一项工作，宁静的深夜是我工作的舞台，挑灯夜战更能让我用心用情拟文件、写报告、作讲话稿，发挥以文辅政作用。为了高质量开好扶贫会议，每次扶贫开发领导组会议、扶贫专题会、调度会等，整个会务安排、资料保障等我都会精益求精，带领办公室同志一起尽力做好服务。去年春节前，我四爹去世了，第二天早上要出殡，当日晚刚好召开全县脱贫攻坚推进会议，忙完工作赶到时已经深夜，刚到一堆火旁，父亲生气地指着我额头说：“啥子工作那么重要！啊？”有人立即拉开了喝了点酒的父亲，我在自责中，当着众亲戚无言以对。表哥立即过来拍着我肩安慰到，“不怕，工作忙，来了就行，赶快去戴孝帕”。父亲的动怒我理解，我的迟到亲人也理解，繁忙的扶贫工作，亲人理解是最大的支持。当然，处理工作和生活两者关系的能力，是我今后需要提高的一项内容。

在县扶贫办，我带着一支巾帼兵，所分管的股室有 11 人，加上平时下乡最多的驾驶员，男同志 3 人，女同志 8 人，男女比例接近 3 ∶ 1。她们让我体会到了巾帼不让须眉的内涵，加班后在办公室睡沙发、躺凳子、趴桌子休息的样子，是她们在我心中最美的姿态，每每加班时，除了电脑和灯光，是她们陪我到最后。当然，男同志也在比学赶超。新调入不到一年的同志王顺林，笃实好学、克尽厥职，围绕同事在扶贫工作中的一言一行，写了《十年饮冰　难凉热血》，获得了县级“转走访、提效能、促发展”主题征文一等奖。

班子中分管数据的一名副主任，下属都说他有强迫症，研究工作非常细致，真名罗维忍，但大家都喜欢叫他“罗妈妈”，意为他乐于帮助基层解难题。他曾患肺穿孔，工作以后从乡镇扶贫办主任到分管扶贫工作领导，最后我们一同来到县扶贫办这个大家庭，与扶贫工作结下了不解之缘。他执着认真、担当负责、精益求精的工作态度让全县扶贫干部无人不知，成为一位有口皆碑的扶贫专家。他与广大扶贫干部一样，需要克服家庭矛盾，刚满 5 岁的孩子因先天性过敏需服药一年，还定期需要到成都医院复查，可他没有被困难打垮，一边战贫魔，一边斗病魔，最后实现了“两连胜”，获得了“扶贫狂人”的称号。他是非党干部，我作为支部书记，很荣幸成为他的入党介绍人，目前他已转为预备党员。

那一盏灯，重复着那一件事。由于经常睡办公室沙发，细心的同事送给我和“罗妈妈”各自一床小被子，从此，“办公室见”成为我们的默契。“如果不来办公室加班，空的时候我不知道去哪里”，他一语道破我们感同身受的现状，我们所负责的工作性质要求比别的部门早上班、晚下班，要求承受清贫、耐得寂寞、稳得心神。当然，在多年的潜移默化中不知不觉养成了严谨的工作作风，踏实的敬业情怀，吃苦耐劳认真负责的态度，守岗尽责的奉献精神。这一点，我们从未改变、共进共勉。

当然，我身边的战友，最给力的还是一心想着脱贫的群众。给我印象最深的是我的结对帮扶对象欧顺银，他家住角奎镇阿都村，是罗炳辉将军故里，他家庭共 3 口人，欧顺银 77 岁、妻子 74 岁，身体状况不好，儿子欧兴富已 34 岁，还单身，因为大我几个月，我称呼他“富哥”，但是他家并不富。富哥要照顾老人也没外出务工就业，2018 年年底村上给了危房改造指标，但动员修房子时，他说找不到地基、补助的资金不够、老人老了修不起，未启动住房修建。刚到他家走访时，我就判定他家的脱贫工作是一块硬骨头。我通过找其已分户的哥哥欧兴友、欧兴华交流，发现两个哥哥乐意协助，我参加了他家家庭大会后，成功动员了他修房子，最后通过特困安居解决了安全住房，但去年10月搬家时我到他家，发现墙壁是裸露的砖头，没有装修即入住，后来我协调村上，一起动员他进行了装修，在驻村队员和村“两委”干部的帮助下，对墙面进行刮灰，装修好后，他说：“还是这种住起安逸。”我坚持给富哥介绍工作，目前他在县城给“小黄车”运输更换电瓶，月薪保底3500元。慢慢地，我发现他家感恩意识变强，主动过上好日子的愿望特别强烈。最近，他打电话来说自己现在的工作轻松，地点也近，可以照顾老人，很满意；他还说谈了女朋友，打算年底结婚，邀请我喝喜酒。我说：“虽然自己不喝酒，但一定到场祝贺，一定干一杯。”

甜蜜的苦役，留有我们太多的欢笑、汗水和友情，假如有一天换岗了，真会恋恋不舍。艾青说：“为什么我的眼里常含泪水？因为我对这土地爱得深沉。”我们志同道合所从事的扶贫工作，正是我心中的这片“土地”。

我看到的队员都是山里的竹笋——钻劲特别大

全县有驻村工作队队员619人，有5941名结对帮扶干部，他们下沉一线，坚持逐户逐人逐项，不留盲点排查、不留死角施策，全力聚目标、管过程，户户过关一张网落实，解决了脱贫攻坚“最后一公里”问题。

为了响应公职人员带头拆除危旧房，去年夏天我特意回了老家奎香乡坪地村，到了家乡，一阵微风轻轻吹来，山坡上的柳枝摇曳着一身的浓绿。泥土的芬芳依旧，人居环境却大变样了。站立在小山坡，全县最大的盆地绿意盎然、秀色可餐，一片美丽景象，昔日粪草乱推、杂乱无序的状况一去不复返，小时候所见的草房、瓦房变成了一座座“小别墅”，省道分路到家不足一公里，遇到了浙江牌照的小车无数，让我感受到了群众外出务工带来的财富转化成了看得见的资本，也想起了全县卡户劳动力交通补贴和稳岗补贴政策措施。

一路走着，看着风景，与这里的驻村第一书记聊起了变化。他来自昭通市红十字会，身材清瘦，不管是遇到贫困户还是上级领导，都是一张笑脸相迎，他常带着一个 4 岁的儿子驻村，村上的都打趣地叫他儿子“小扶贫干部”，驻村 2 年来，他发挥优势抓扶贫、美环境，干得有声有色。他对全村的情况了如指掌，土生土长的我都不敢与他相比。“村引导激励，群众主体参与”，这是他提升环境、改变陈规陋习的法宝，不仅要“过得去”，还要“过得硬”，这是他一贯追求的作风。

在脱贫攻坚工作中，他是扎根一线、用心扶贫的一个代表。脱贫摘帽冲刺之年，全县县处级领导每周在乡镇、村开展工作至少 3 天，县直部门领导班子成员每月驻村至少 15 天，县直挂联单位除派出驻村队员及新增驻村人员外，每月始终有 50% 以上的工作力量投入挂联村开展工作，乡镇党政班子成员和一般干部每月驻村至少 20 天。所有驻村工作队队员和帮扶干部吃住在村、工作到户，所有县级领导、县直部门主要负责人一线作战，亲身推动工作落实。他们以“军令如山”的责任感、“背水一战”的使命感，聚焦“两不愁、三保障”，对标对表按下脱贫攻坚“快进键”，把初心书写在决战决胜脱贫攻坚战场。

人心齐、泰山移，打赢脱贫攻坚战，关键看基层组织，根本在党员干部。正是有了县级领导攻坚克难做表率，干部职工扎实有为当先锋，以激流勇进的姿态，在脱贫攻坚主战场打硬仗、攻堡垒，在时间坐标上镌刻下沉甸甸的扶贫印记，在我心里，这支参战“部队”是将军故里最大的“扶贫产业”，是群众稳定增收不竭的源泉；正是这个产业为打赢脱贫攻坚战持续发力，“将军故里”“天麻之乡”才发生了前所未有的历史巨变。目前累计脱贫退出 139 个村（社区），实现减贫 5.66 万余户 25.56 万余人，全县区域性、绝对性贫困得到根本性解决，减贫工作取得了前所未有的成绩，革命老区谱写了新篇章。

生命的最终高度，在于它克服了怎样的艰难困苦，一步步爬上顶峰，只有经历磨砺的生命，活着方不至于枯燥无味。这些年、这些人、这些事，这些昨天落在扶贫路上的汗和泪，已成为今天回味的故事；这些值得回味的故事，已变成生生不息的希望。一群人、一条路、一段情，当一切已成为过往，我感恩参与彝良脱贫攻坚这场伟大的战役，能与他们并肩作战我备感荣幸。回首往昔，我们无怨无悔；面对当下，我们不骄不躁。曾是脱贫追梦人，经历过艰难与奋斗，品尝过欢乐和感动，感受了骄傲与自豪，在新时代，我们仍然是追梦人，一定会牢记初心使命，不负韶华，接力奔跑，追梦前行，为实现共同富裕、全面小康和中华民族伟大复兴的中国梦奋斗不息，努力在巩固提升脱贫成果和实施乡村振兴的道路上，去收获更多的幸福、见证更多的感动。

春末夏初，5 月已悄然远去，等待它的将是下一个轮回！

（作者时任彝良县扶贫办党组成员、副主任）

脚踏实地守初心　倾情扶贫担使命

赵声凤

玉盘村辖12个村民小组，主要居住有汉、彝、苗等民族，地处高二半山区，全村最高海拔1996米，最低海拔381米，相对高差1615米，平均海拔1188.5米。全村年最高气温37℃，最低气温–5℃，年平均气温16℃，玉盘村粮食作物以玉米、洋芋、水稻为主，豆类为辅，经济作物以核桃、油菜为主，由于自然环境的限制，是典型的深度贫困村之一，全村共有农户521户2144人，有建档立卡户210户983人。

2015年以来累计派驻该村的扶贫工作队人数22人，其中第一书记、工作队队长4轮，我就是脱贫攻坚期间最后一轮。按照永善县委、县政府的统一安排部署，在青胜乡党委、政府的统筹指挥下，我与玉盘村“两委”一道，用脚步丈量土地，扎根基层、默默付出，坚守在农村脱贫攻坚战场一线，初心不改，任务不减，真正成为玉盘村群众十分信赖的贴心人。

驻村的忧愁与快乐。曾经在西藏工作11年的我，对基层工作有着深厚的感情和浓厚的兴趣。不过，对于这次安排驻村扶贫来说我还是喜忧参半、顾虑重重，喜的是又回到了我擅长的群众工作，忧的是自己在西藏工作期间已经患上心脏病怕扛不住，做不好扶贫工作而辜负组织的信任，毕竟脱贫攻坚容不得半点马虎。带着这份沉甸甸的责任，我义无反顾地奔向了玉盘村，一头扎进了扶贫帮扶工作中。驻村以来，我把群众当作自己的亲人，扑下身子、情系群众、一心为民、团结同事，在玉盘村留下了艰辛的汗水和欢乐的笑声。

记得刚到玉盘村第二天晚上，李忠坤奶奶就来找到我，反映她家土地纠纷事情，说7年多了，她说她找了多人，至今仍未帮她解决，我听了她的叙述就开始发起愁来，说实在的我当时心里真没底，这么多年未解决的问题被我遇到了，生怕办不好，群众不服众，更不愿成为网上流行一个词，叫“三门干部”，即家门到校门再进机关门的干部。因为缺少基层历练，又缺乏实践经验，被群众称为“三门干部”，被认为“不接地气”。为了完全了解此事，我之后询问了支书胡刚，副支书胡录平，然后问了村里知晓此事的一些群众，还联系了前几年和此事有关的一个80多岁的老干部，又把现在的一些政策了解清楚后，找到原来留存的一张残缺的证据用了不到一个星期的时间，终于让此事尘埃落定了。李忠坤奶奶见人就说我的这个土地纠纷终于在赵书记来了后解决了，由衷地感谢我，我虽然很累，但我感到很快乐。2019年7月，不到3个月时间，我受到表彰，获得“优秀共产党员”的称号，当我站到讲台的那一刻，我腼腆地笑了笑说：“真是有点不好意思，其实比那些在更偏远地区做扶贫工作的队长，我很惭愧，我只是很普通的一员，所做的工作是大家都在做的事情，取得的成效，也是靠大家一起努力得到的。”坐在一旁的驻村总队长周军说：“赵书记你太谦虚了，你来这里不到3个月，做了很多实实在在的事，所以我们大家都很认可。”

走村入户摸清民情。记得驻村第一天参加村委会开会，内容是有关“四类对象”“五类重点人群”“危房改造”等扶贫内容，我瞬间懵了。我几乎什么都不懂，压力很大，因为和我以前的工作相比，驻村扶贫是完全不同的一项工作，而且刚派下来的时候，又是第一书记，又是队长，感觉肩上的担子很重。面对群众的时候，说话的方式、技巧都跟以前完全不一样，以前面对的都是本单位的职工，你要怎么讲都行，文件也好、资料传达也好，都好沟通；但是你和老百姓、群众在一起，我那套就相当不接地气了，说话的方式都要从头开始学起。我按下决心，我一定要用最短的时间去走村入户了解村情民意，多看多记多想，晚上就是记笔记、看政策，因为对那些政策我几乎不了解。“纸上得来终觉浅，绝知此事要躬行”，用不到50天的时间，我硬是走遍了全村12个村民小组521户2144人，其中卡户210户983人。在我的民情日记本上，详细记录着各家各户的人口、耕地、收入，以及各类矛盾纠纷等，村里的每一户贫困户的基本情况、致贫原因、帮扶措施、帮扶联系人等信息我都了如指掌。每隔一段时间我就会拿出这些资料信息来翻阅，看一看还有哪家的诉求没有解决，然后明确目标抓紧落实。在深入农户走访的同时，我多次组织召开村“两委”班子和村民代表会议，座谈了解村里的基本情况、群众对村“两委”及驻村工作队的期盼和要求等等。我还经常走上街头、地头等人群聚集的地方，主动与群众唠家常、话发展，倾听群众最关心的热难点话题，掌握第一手资料。通过一段时间调研走访，我就把村班子建设、生产生活状况、民风民俗、民情民意等摸得一清二楚，做到了底数清、情况明。不到两年时间，已记不清流了多少汗水，加了多少次班；记不清多少次克服高血压、心脏病复发的危险，行走于农户之间。

最困难的群众认识我，说明我工作成功了。群众对工作队队长的期望值很高，看到群众那期待的眼神，我就下定决心要多为群众办实事、解民忧。我先从关系群众生产生活的小事琐事做起，尽心竭力为群众办实事、做好事、解难事。贫困户李泽明户，老人年龄77岁，老伴去世多年，唯有一个43岁的儿子至今还在戒毒所戒毒，是村里为数不多的特困户。我隔三岔五地就要到他家坐坐，他常常和我聊天，讲述他一生经历，我认真听着，看如何帮助老人，出于此情况，又不能把他列为孤寡老人供养，政府只好给他解决了低保和临时救助帮他渡过难关。靠自己勤劳的双手，他的日子还算过得去，我也经常买衣物糕点、药品等去探望老人，帮他做一些家务琐事，陪他说说话，鼓励老人要坚强地面对生活。有一次，老人脚肿了，我亲自为老人买来了消肿药，坚持一天为老人擦药三次，老人逢人便夸我，“你真是太好了，把我们直接当亲人。”

贫困户张昌明户，人口 2 人，瘫痪在床的母亲和他，房子是 2015 年政府帮建。多年以来，他因没钱，无法修建厨房和厕所，就一直未实现真搬真住，仍旧长年住在危房里，每每到他家，总看到他忙碌的身影、渴望的眼神，我心里就已经打定主意，这事必须做，筹钱的方法我也已经想好了。为了节约钱，乡村两级及驻村工作队亲自开车帮他找沙、拉沙，开始着手建房，用了不到 1 个月的时间，共计花费资金 9962 元帮他建好了厕所和厨房，他顺利搬家了，住进了舒适干净的新房了，唯一的遗憾就是还未找到他的另一半。家住小波啰的贺正林家，属残疾户，去年拆除危旧房的时候到他家，我看到老两口穿着破烂，围坐在柴火边，蓬头垢面，日子过得苦不堪言。当时场景让我阵阵心酸，我看出了老两口对旧房拆除的不舍，想保住它，将就做做饭吃；我看出了老两口的无助，拿出自己包里仅有的 1000 元钱给了老两口。我安慰道："你们老两口要联系女儿，让她们寄点钱来，拉车水泥砖，添补修建灶房。我们也会想办法让你们把生活过好。"听了我的一席话，贺正林紧紧地握住我的手热泪盈眶地说道："感谢你们过来看望我，我有你们的关心我已经很满足了。"这样的嘘寒问暖、这样的体贴入微，在我看来已经是再寻常不过的事情，但是我始终坚守，从未懈怠。

"我不敢说所有的群众都认识我，但我敢肯定的是，最困难的群众肯定是认识我。日子过得好的，我不一定去他们家，但是每个村组最困难的，一次、两次、三次……我绝对是经常去。"

"在扶贫的路上，不能落下一个贫困家庭、丢下一个贫困群众。"2019 年 9 月 13 日的下午，玉盘村决定与盛禾农特产业种植有限公司合作种植向山红美人和蜂糖李，种植面积 1300 亩。从此，玉盘村群众就实现家门口务工，让无法外出打工和受疫情影响不愿出去打工的人摘掉了贫困户的帽子，实现了"在扶贫的路上，不能落下一个贫困家庭，丢下一个贫困群众"的目标。家住干坝子的李明富说："今年可把我忙坏了，光上半年我在合作社务工的收入就有 3 万多元，务工的同时既照顾了家庭又把学到的知识用在管理我家的红美人上，现在我家种植的红美人成活率达到了 95%，蜂糖李的成活率更是达到了 100%，长势也特别的好，估计明年就可以试挂果了。再过 5 年左右进入丰产期，预计到时候我家种植产业的钱再加上我在合作社的务工收入，一年能够达到 10 多万元，好日子就在眼前了。

家住黄泥坳社的邱怀强说：“我今年虽然已经 64 岁了，但是在农村，我依然是干农活的一把好手，用我们这边的话说就是在农村 70 岁都是壮劳力，我外出务工反而没有公司会要我。在家，我经常帮合作社割草，一天工作 10 个小时，能够领到 100 元的工资，我非常满意。既照顾了家庭又找到了增收的门路，作为一名党员的我，发自内心感谢党、感谢政府、感谢所有驻村工作队的同志，这几年你们辛苦了。”每每听到这样的话，让我感受到了扶贫让老百姓真正衣食无忧，找到了发展的门路，也看到了希望。

脱贫攻坚的路上，我用行动践行着党员的初心和使命。时光荏苒，岁月如梭，转眼一年多就过去了，脑子里装着满满的扶贫回忆，挥之不去，难以入眠。2019 年脱贫攻坚补短板，控辍保学、人居环境、感党恩的教育历历在目，桩桩件件事情记忆犹新。2020 年开年就是疫情战，过后就是迎接第三方考核，紧接着就是国家大普查，件件都重要，并且每天都要面对的是一个个鲜活的人，一个个状况各异的家庭，一件件劳心的事，确实太不容易，压得我喘不过气来，势必要狠狠吼上几声才能把这个梦唤醒。梦终究是梦，为了更好地完成这些工作，局领导看在眼里、急在心里，在资金极其紧张的情况下，这一年多投入 13.7 万元的经费，在大家的帮助下，顺利完成了进村入户大遍访、扶贫政策大宣讲、安全住房大改变、教育医疗大落实、产业发展大推进、劳动力转移就业大动员、人均纯收入大摸底、人居环境大整治、危旧房屋大拆除等 9 项重点工作。

作为一名驻村队长，我亲自参与了脱贫攻坚工作并有很深的体会，扶贫也是扶己，在农村工作和生活是一场修行。平时嘴不太会说的我，为了推进工作，不得不在各种会议、入户走访时说更多的话。曾经漠然一切的我，学会了把别人的冷暖放在心上。我庆幸，亲身参与脱贫攻坚这件前无古人、后无来者的伟业，群众紧握着的手，唱着感恩党的歌，真真实实温暖了我！

“憨女人”变成了群众心中的美队长。我率真直爽、爱说爱笑的活泼性格，敢作敢当、任劳任怨、一心为民的工作作风，不仅得到了全村人民群众的认可，还得到了上级的肯定。2019 年 12 月，获得永善县组织部优秀驻村工作队队长荣誉称号。我用行动把一桩桩、一件件事做细做实，用真心、动真情为群众办好事、做实事。我用真抓实干的精神，诠释了一名共产党员肩负的责任和使命，用实际行动践行着对党的忠诚和担当，成为玉盘群众心中的“美队长”。我坚信付出总会有收获，也坚信玉盘村的明天会更好。

（作者时任昭通市商务局派驻永善县青胜乡玉盘村驻村工作队队长、第一书记）

云岭村党建脱贫双蜕变

朱文涛

农村基层党组织是党在农村全部工作和战斗力的基础，是贯彻落实党的扶贫开发工作部署的战斗堡垒。抓好党建促扶贫，是贫困地区脱贫致富的重要经验。

云岭村位于云南省昭通市镇雄县果珠乡东北面，辖34个村民组，农村户籍人口2780户12786人，是一个未脱贫的深度贫困村，有建档立卡贫困户1401户7062人，人口基数大、贫困人口多，村情、贫情复杂，脱贫任务最为艰巨，是脱贫攻坚中最难啃的硬骨头之一。云岭村党委下设6个支部，党员138人，云岭村党委于2017年、2018年被认定为软弱涣散党组织。在脱贫攻坚战最为激烈的时候，云岭村党委发挥的战斗力不尽如人意，党建工作在全乡处于落后局面，党员干部干劲不足，群众对扶贫政策的落实多有怨言，获得感、幸福感明显低于周边几个行政村。

云岭村党组织和脱贫攻坚存在的问题，近则影响着云岭村如期脱贫出列目标任务的完成，关系到全乡乃至全县脱贫大局，具有亟须解决的紧迫性；远则影响着云岭村群众美好生活的实现和乡村的长远发展，有着长期深远影响。解决云岭村的问题，既是脱贫攻坚工作的需要，也是乡村干部群众的期盼。必须要把脱贫攻坚同基层组织建设有机结合起来，把云岭村党委建设成为带领乡亲们脱贫致富、维护农村稳定的坚强领导核心。

实践发现，云岭村脱贫任务极为艰巨，是脱贫攻坚中最难啃的硬骨头之一。从组织角度来看，脱贫攻坚工作落后的局面，给干部带来难以评优评先、缺乏干事热情等不利影响；加上没有及时教育引导干部知耻而后勇，对云岭村党建工作更加不利，提高了建强村级党组织的难度，从而导致出现恶性循环，即“扶贫工作落后—党建弱—扶贫工作更为落后—党建更弱”。

县乡两级对云岭村党组织和脱贫工作很重视，开展过集中整治。但集中治理，有着运动式治理的痕迹，即上级部门排查检查，确定存在问题，有计划、有步骤、统一行动、同步进行，统一标准、统一安排进行评估验收。这种集中整治，带有明显的自上而下、运动式治理特征，政治行政资源投入巨大，不利于发挥基层党组织的主动性、积极性和创造性，治标的意义大于治本，收效不是很明显。

在前期集中治理的基础上，云岭村党委、脱贫攻坚指挥部、驻村工作队以习近平总书记关于扶贫工作的重要论述为根本遵循、行动指南，着眼全县、全乡脱贫攻坚大局，解剖麻雀、分析问题，抓住干部这个关键因素，通过调整乡挂村干部、驻村工作队力量，增加新鲜血液、带来新作风新思维，同时对村委干部谈心谈话、加强了思想工作，尝试进行了一轮深入的组织建设实践探索。

一是调整人员，加强干部力量。县委组织部统筹安排，调整增派 2 名驻村工作队队员（省委办公厅朱文涛博士和张永健博士）到云岭村开展驻村扶贫工作，加强云岭村干部队伍力量。他们有着理论水平高、政策掌握透彻、执行力强、作风过硬的优势，本着发挥优势带动村委干部的初衷，他们扎根融入，很快投入云岭村党建工作和脱贫攻坚战中，带动乡村干部的作风和能力发生了大转变。

二是实践探索“抓脱贫出成效—激发党建成效—脱贫更有成效—党建更有成效”的良性循环。云岭村委、脱贫攻坚指挥部、驻村工作队借助全县开展大走访、精准研判契机，在规定时限的重压之下，紧抓干部工作作风改善，设计新的工作方案、工作流程，带动扭转工作落后局面，以工作成效鼓舞士气、凝聚人心，借势开展以纯洁思想、提升能力、团结协作为主要内容的组织建设，再以党建成果引领推动脱贫攻坚继续取得实效，坚决终结“扶贫工作落后—党建弱—扶贫工作更为落后—党建更弱”的恶性循环，进入“抓脱贫出成效—激发党建成效—脱贫更有成效—党建更有成效”的良性循环，实现党建扶贫双推进。通过系统整合几支队伍干部力量、改进工作方式方法，制订了8项工作制度的作战方案，包含每日工作计划、每日工作总结、每日评优奖励制度、每日短会制度、抽查检查制度、扶贫课堂深度学习等8项制度规定，每项都规定了具体实施方法、责任人，保证按章操作实施。作战方案得到云岭村脱贫攻坚指挥部的认可后，在全体干部会议上发布实施，全员遵照执行。

三是及时开展干部思想工作。对存在思想问题、不稳定的村委干部单独谈心谈话，了解思想动态、家庭困难、主要诉求，力所能及给予教育疏导和帮助支持，劝导想辞职的村委干部在岗稳岗，稳定了干部队伍，激励他们稳岗工作，成为云岭村坚强堡垒的重要支撑。在干部队伍中寻找干事创业的共同理想，建立对云岭村美好未来的共同憧憬，以党性信仰激励引导干部务实工作、干出成就。

在这一轮实践探索中，乡村干部、驻村工作队、督战队精诚团结、攻坚克难，节假日不休假，保持全部在岗，按8项工作制度的作战方案深入持续开展遍访和研判，抓住清明节期间群众在村祭扫时机，统筹推进脱贫攻坚、人居环境政治、发展产业和宣传教育引导群众等各项工作。按“四个清单”紧密跟踪督促落实，“一户一策”补齐短板弱项推进有力，收入、住房、饮水、控辍保学、医疗保障等做到底数清、措施精准，各类数据统计汇报精准到人。最终，大走访、精准研判和精准帮扶工作推进扎实有力、成效明显，得到县乡高度肯定。云岭村研判报告作为参照模板，在全乡推广使用。难能可贵的是，在任务完成后，乡村干部主动要求继续坚持8项工作制度，非常珍惜来之不易的党建脱贫成效。

云岭村干部队伍力量短时间内得到有效整合提升，精准研判精准帮扶落地有声，云岭村脱贫攻坚工作落后局面暂时得到扭转。从乡村干部来看，鼓舞了士气、振奋了人心，很大程度上改变了云岭村情况复杂、工作难以开展的状况，让大家感受到云岭村能够成为全乡的先进模范，云岭村乡村干部有干得出成绩的实力，乡村干部的精神面貌和纪律作风得到深刻改变，重新塑造了云岭村乡村干部的工作氛围。从扶贫成效看，通过云岭村委党建的提升，干部队伍干事热情和能力得到提升，扶贫车间等重点项目顺利在村内落地，实现了贫困群众家门口就业的美好愿望，得到云南省和昭通市电视媒体新闻联播节目报道。特别是接收了一批受新型冠状病毒肺炎疫情影响务工返乡人员，极大鼓舞了干部群众，提高了扶贫工作质量，使得云岭村干部群众进一步团结凝聚，群众认可度有效提升，极大坚定了云岭村党委对摘掉软弱涣散党组织帽子的信心和决心，良性循环效应明显显现。

现在，云岭村党建促脱贫的短板弱项全部补齐，贫困群众户脱贫全部高质量达标，住房、饮水、教育、医疗得到高质量保障，收入有支撑，干部队伍团结一心、不遗余力为乡村振兴的美好未来夯实基础。云岭村的党建脱贫实践，就是干部群众人心齐、穷根移的生动实践。抓住干部这个关键，抓住人心齐这个着力点，云岭村党建促脱贫、促振兴走上了自主可持续的道路。

（作者时为中共云南省委办公厅驻村扶贫工作队队员）

曾经软弱涣散　如今攻坚堡垒

王　云

绥江县有 5 个镇 43 个村（社区），12 个党（工）委，党总支 56 个，党支部 503 个，党员 7698 名。作为一名党务工作者，我深刻地认识到基层党组织是党的重要阵地，一直以来基层党组织在维护党的执政地位，宣传贯彻落实党的路线、方针、政策等方面起着重要作用，直接关系脱贫攻坚“最后一公里”是否畅通。但也要清醒地看到有些地方经济发展滞后、问题较为突出，往往与基层党组织软弱涣散、干部能力作风、服务群众能力等有很大关系。

自脱贫攻坚战打响以来，绥江县坚持问题导向，整合资源，把软弱涣散党组织整顿工作摆在基层组织建设的突出位置来抓，因村施策，强力推动基层党组织建设全面进步、全面过硬。组织人员对全县 12 个党（工）委进行调研，采取对照标准“查”、民意调查“评”、聚焦问题“排”和综合分析“定”相结合的办法，对所辖基层党组织进行分类定级，近几年来累计确定了 50 余个软弱涣散党组织。50 余个曾经的软弱涣散党组织迎来了一场“凤凰涅槃”，在这场考验这些曾因服务群众能力差、村集体经济薄弱等原因被戴上软弱涣散“帽子”的党组织，深入推进排查整顿工作，在抓党建促脱贫攻坚中实现“后进”变“先进”，充分发挥基层党组织战斗堡垒作用和党员干部先锋模范作用，最大限度让基层“火车头”动力强起来。

中城镇五福社区党总支，打通联系服务群众“最后一公里”。中城镇五福社区位于县城东段，处于进县城的最东路口，龙行大道、龙腾大道横穿整个社区，北临金沙江、东与华峰社区、南与凤池村、西与金江社区接壤，面积约1.8平方公里。社区有72个居民小组，3500余户8400余人。有党员265名，60岁以上党员130名，其中年龄最大的97岁、最小的22岁，平均年龄56.4岁；80岁以上的高龄老人有160余名；60岁以上的居民有1300余人，残疾人有240名。老年党员占49.1%，老年群众占15.5%，残疾人占2.9%。

多年来，五福社区居民反映到社区办事要爬4层楼、转15道拐、登135步梯，社区楼层高、办事难爬梯，党员群众前往办事很不方便，年老体弱、身患残疾的群众党员则无法前往社区办理事项，这些已成为多年来干部群众的揪心事、烦心事。五福社区因活动场所不方便、服务群众能力不足被确定为软弱涣散党组织以来，认真落实“四个一”措施，即1名县处级领导挂村整顿、1名镇党委领导包村整顿、1名驻村工作队第一书记驻村整顿、1名县级以上机关单位结对整顿。县委书记亲临督办，县委副书记挂联整改，用农贸市场1楼和2楼的黄金门面改造为规范性的500余平方米社区组织活动场所，其中在一楼建成了标准化的党群服务中心，历时1个月全面完成党群服务中心搬迁，同时推行“1253”工作，即1是织好网格化管理一张网，2是建好党群服务中心平台和共驻共建平台，5是用好一面心愿墙、一间交心屋、一个微信群、一个托儿班、一个实践站5个平台，3是聚好群众代表力量、社区居民力量、社会人士力量，服务社区群众，抓好社区党建治理。社区居民王六文说：“我都快80岁了，以前虽然有社区工作人员来我家里为我办事情，但他们工作很辛苦，我不想给他们添麻烦，所以总是想着自己来办理。但每来一次，办事就要爬很高的楼梯，气喘吁吁，需要休息一会儿才办理相关事务。现在，我再也不用爬很高的楼梯了，直接就可以到一楼党群服务中心办理，真的是太方便了。”

中城镇中村村党总支，在萌芽中化解矛盾，推动基层生态治理。

思想不统一、行动不聚集、集体事务百姓参与率低、乡邻之间争议不断。如何解决这些问题，一直是中村村关注的重点、难点问题，对中村村来说也是一个不小的考验。

2019年中村村共有矛盾纠纷近20余件，村民们经常到村委会上访，寻求解决途径，经常是愤怒而来、失望而归，对村“两委”班子成员极为不满意。村“两委”班子成员也因解决问题的能力不足致使矛盾纠纷较多被确定为软弱涣散党组织。如何解决这些问题呢？中村村党总支通过持续抓“三会一课”“主题党日”等党内活动提升村干部素质，开展脱贫攻坚“321”专项行动，即认真开好党员会、代表会和群众会“三个会议”，让群众围绕来说事、议事、主事，强化政策宣传。扎实抓好诚信感恩教育和脱贫光荣教育“两项教育”，增进群众认同，围绕算清经济实惠账、环境变化账、民主政治账、干部付出账、自身贡献账五笔账抓好感恩教育，教育群众说真话、说实话，知党恩、感党恩；围绕选树一批脱贫示范户、颁发一本脱贫光荣证、讲述一批扶贫小故事抓好脱贫光荣教育，通过讲身边的人、讲身边的事，让群众产生共鸣。抓好“一项整治”，提升人居环境，不断强化党建引领，切实让党建联动带动了干群思想提升。党总支书记说：“作为社会治理的最小单元，村是基层治理的‘最后一公里’。为不断创新治理模式，党总支坚持把‘党建引领＋基层治理’作为一项系统工程进行整体谋划，充分发挥基层党组织和党员在价值引领、宣传动员、联动服务等方面的作用。”正因为有了思想指引，矛盾解决就有了方向，党总支推行的“党总支—党支部—党员—群众”四级工作联动体系，鼓励干群共同参与，最大限度利用举报信箱、阳光公开监管平台作用发挥群众监督力量，通过矛盾处理协调机制和公共事务集体参与、阳光公开平台督廉、村组干部践廉、群众评廉等形式很好地解决这些问题，实现了群众顺心、工作顺畅。“之前，邻里之间经常因为鸡毛蒜皮的小事大吵大闹，现在大家参与集体事务的积极性高起来了，邻里关系也更加和谐融洽了。现在，在中村村党员干部的努力下，逐渐形成了小事不出组、大事不出村的良好局面”，村民们纷纷说道。

板栗镇清水村党总支，因地制宜，发展壮大村级集体经济。板栗镇清水村因距离县城较远，且平均海拔较高，基础设施差，导致经济落后、集体收入薄弱，正因为村“两委”班子带领群众致富能力不强，村级集体经济收入不高等问题，清水村被列为软弱涣散党组织。“基层党组织是农村发展的领头羊，只有基层党组织有活力，才能给当地群众脱贫致富打下坚实的组织基础。传统的种植模式没有把老百姓带上致富路，清水村必须进行改变、创新模式，寻求突破”，谈及村级集体经济发展现状时，时任村党总支书记说道。

痛定思痛后，清水村党总支启动了一系列整改措施，紧跟全县“三园四场”产业发展步伐，“三园”指李园、茶园和菜园，“四场”指千头牛场、万头猪场、十万羽鸡场、白力尾鱼场，盘活村级集体经济资金、资产、资源。按照“支部引领变传统模式为一体化管理、党员示范变党员致富能人为产业发展骨干、企业带动变一人富裕为共同富裕、群众参与变组织说教为利益驱动”的村级集体经济路子，在对全村区位优势、资源等基本情况完全掌握的前提下，通过反复论证，提出了发展生猪代养为主的产业项目，入股四川铁骑力士牧业科技有限公司，按照统一圈舍设计、统一供苗供料、统一饲养管理、统一疾病防控、统一回收销售的“五统一”要求发展养殖业。思路决定出路，项目确定后，村党总村带动党员干部到村民家中挨家挨户做工作，鼓励村民放弃传统农作物种植，发展特色产业。在发展生猪代养产业项目中，县委、县政府给予了政策引导、资金投入、项目支持上帮扶，投入348.6万元，建立了生猪代养场，覆盖群众264户936人，其中建档立卡户212户828人，养殖年出栏生猪4000头，村级集体经济由2017年的2万元提升到了2019年的5万元以上，为贫困户创收6万元以上。同时，建立健全了股权机制、决策机制、分配机制和监管机制，规范村级集体经济的运行，严格执行“四议两公开”制度，坚持党务、村务公开，村级所有重大事项全部经总支部会议研究决定后，所有实施项目费用坚持按期公开，接受全村党员群众监督，形成党的政策有党员宣传、群众思想有党员引领、矛盾纠纷有党员调解的产业发展良好环境。通过村党总支带领、群众发力，党员干部变成了村民致富的“领头雁”，实现了村级集体经济发展增长、全村产业发展劲头强劲、各项工作稳步推进的良好态势。

通过软弱涣散党组织排查整顿，在抓党建促脱贫攻坚工作中，紧盯“软”和“弱”，聚焦“涣散”问题，在强班子、强队伍、强阵地、强服务等方面下功夫。充分发挥基层党组织的战斗堡垒作用，发动党员、凝聚群众，以实际行动践行了初心和使命，以主动作为诠释了责任与担当，一大批曾经的软弱涣散党组织由“后进”转化为“先进”。2019年中城镇五福社区从软弱涣散党组织一跃而进，转化成为省级示范党组织。

（作者时任绥江县“两新”组织工委副书记、组织一股股长）

古楼村从“软弱涣散”到“坚强堡垒”的蜕变

狄廷秀

“我们村发展2.5万只蛋鸡的规模养殖场已投产见效，第一批投放的蛋鸡苗就有8000多只。这是通过我们村‘两委’班子集体研究，确定带领村民发展致富的集体经济项目。2019年年底新成立不久的水富百香李子专业合作社，带动全村2000多亩李子高质量发展，群众脱贫致富迎来发展生机”，去年4月新上任的村党总支书记、村委会主任计平聪高兴地说。

自古楼村党总支被认定为2019年软弱涣散基层党组织以来，村“两委”通过努力成功摘掉软弱涣散党组织这顶“帽子”，软弱涣散党组织整顿后带来可喜的变化。

戴上“帽子”列入名单

2019年3月，古楼村因存在的“重大事项集体研究不够，执行民主集中制有差距”；党总支书记和村主任“一肩挑”，在工作统筹推进上，谋划不够、措施不细、落实有差距；村“两委”人员纪律作风较为松散，3人受到党纪处分。这3个方面的突出问题，被确定为软弱涣散党组织集中整顿对象。

“说得多做得少、重大工作不及时安排部署”；“对上级重要指示不及时贯彻落实，好些工作只开会不采取措施落实”；“说话打官腔，群众不接受、不满意、不赞同、不爱听”；“重要事项不集体研究，个人说了算”；等等，干部群众反映出的这些突出问题损害了党群和干群关系。

农村基层党组织和党员的能力、作用发挥不好，直接影响到党在农村的执政基础。基层党组织“一把手”是实现乡村振兴最关键的人物，在实施乡村振兴战略中加强党的领导，首先要强化基层党组织班子建设，选好带头人，确保农村在党组织的领导下加强自治。水富市委高度重视古楼村软弱涣散党组织的集中整顿。

整顿软弱涣散村党组织，重要任务就是找到问题根源、找准“病灶”，然后对症开方“下药”。在市联村处级领导市委书记李松涛、镇包村领导和驻村第一书记以及挂包结对单位市委宣传部的指导帮助下，针对存在问题，太平镇党委及时制订了《太平镇古楼村软弱涣散村党组织集中整顿工作方案》，突出问题导向，聚焦薄弱环节，采取加强制度建设、提升村务监督委员会履职能力、强化督查指导力度、调整村党总支书记、举办“万名党员进党校”培训班、组织专题学习、厘清发展思路、增强为群众干好事实事能力等整改工作措施，古楼村从此踏上了软弱涣散党组织的“脱帽之路”。

开出“清单”限期整改

市联村领导、镇包村领导和挂包结对单位加强督导，太平镇党委全面查找分析村“两委”班子及成员在思想认识、工作理念、方式方法、工作状态、工作作风、工作落实等方面存在的突出问题和主要根源，督导制定整改措施，强调以铁的纪律和硬的作风作为保障，推动整改落实。结合主题教育开展，督导古楼村党总支班子及成员对照主题教育“四个敢不敢、善不善”“五个怎么办”等要求，用心检视，查找和反思党员意识、担当作为、服务群众、遵守纪律、发挥作用等方面的差距和不足，列出问题清单，实行市、镇、村三级挂图作战，逐条逐项落实整顿措施，限期整改。

选优配强村“两委”班子是整顿软弱涣散基层党组织的首要任务。镇党委注重从组织观念强、发展能力强、服务意识强并有一定群众基础的党员中选配班子人选。通过开展走访调查摸底，深入群众征求意见，分别找“两委”班子谈心谈话，调整了村总支书记，补选了1名总支委员、1名村委委员。“现在，新的村‘两委’班子有啥话都放在台面上说，不藏着掖着。有什么事，大家都一起想办法、一起努力解决，非常团结”，驻村第一书记、工作队队长蔡兰海说。

笔者在采访中了解到，针对存在问题，太平镇指导村总支精准制定了9条措施，制定了整顿作战图，建立了整改台账，列出责任清单，限期整顿销号。驻村工作队加强对村“两委”人员在执行有关制度和工作纪律作风的监督，协助村总支书记抓好班子建设，推动党内政治生活正常化、规范化，纪律作风明显转变，营造想干事、能干事、干得成事的良好氛围，帮助建立完善了村“两委”工作长效机制。

照见“初心”勇担使命

结合主题教育的开展，古楼村切实对照“守初心、担使命、找差距、抓落实”的总要求，围绕“理论学习有收获、思想政治受洗礼、干事创业敢担当、为民服务解难题、清正廉洁作表率”的目标，认真落实目标抓整改。班子换人，党总支班子配强，制度健全，村党员干部责任心增强，勇于担当的奉献精神突出，工作成效明显。

在2019年8月底启动的危旧房整治工作中，古楼村用24天时间超前

10 天完成拆除 157 户工作任务，拆除率达 100%，走在了全市前列。在田坝片区防滑桩援建工作中，由村“两委”所负责的征地和临时用地工作在上级规定时间内全面完成。在控辍保学工作上，通过耐心细致地不断上门做工作，已劝返 21 名学生，达到应劝返率的 100%。人居环境提升工作中，古楼村制定了人居环境公约和人居环境管理办法，以黄鸣和柏香为人居环境示范点，以点带面、示范推动、整体铺开。组织党员群众开展清河清沟行动 7 次，开展人居环境示范户评比 2 次。结合村情实际，积极开展产业技能培训，开展了李子种植技术培训 2 期 235 人，家禽养殖培训 1 期 120 人，为巩固脱贫成效，提高增收致富能力打下了良好基础。积极盘活村集体经济，利用村集体经济资产景华农业开发有限责任公司产房，引进金凤养殖有限公司发展蛋鸡养殖，各项工作有力有序推进。

在春耕期间，村“两委”人员和驻村工作队组织开展“进农家 · 干农活 · 助春耕”主题党日，12 名党员帮助家里缺乏劳动力的贫困户陈才均家栽插秧苗 2.4 亩。

得知古楼村黄鸣 5 组因病致贫的袁少彬家缺乏劳动力，新建住房中的厨房尚未投入使用，下雨时雨水会直接顺着楼梯间流到屋内，给他家的生活带来严重影响，古楼村“两委”和驻村工作队立即组织镇、村干部 10 余人前往帮助。他们有的购买材料，有的设计厨房样式，有的帮助砌砖，大家亲手把楼梯间和厨房修缮好，解决了他家的难题。

焕发活力成功“摘帽”

党总支新班子有凝聚力，也有战斗力，党员模范带头作用发挥得越来越好了。软弱涣散基层党组织的变化，群众看在眼里，喜在心上。“新班子有实干精神，能主动为群众服务，带领大家一起干，群众看在眼里，心里也暖和”，黄鸣支部书记周贵超如是说。

从重大事项集体研究不够、执行民主集中制有差距，到现在健全完善“四议两公开”“村级小微权利清单”，认真落实民主集中制、三重一大制度、“村务、财务、党务”公开制度；从村“两委”班子作用发挥不明显，到现在“两委”班子团结，敢于担当，积极主动干事；从村民心里没有主心骨，到如今村干部事事为村民着想，威望高、受欢迎，这一切的改变，已然让水富市太平镇古楼村从软弱涣散党组织跨进了作用发挥好、工作落实快、战斗能力强的先进村行列。

2019 年 11 月 12 日，古楼村顺利通过了水富市级评估验收组综合考评，成功摘掉了软弱涣散基层党组织的帽子。

如今的古楼村，在村“两委”和驻村干部的示范带动下，民心齐了，民风淳了，干事劲头更足了。最近，加大力量开展农村人居环境提升整治，不仅改善了村容村貌，提高了群众满意度、认可度，更促进了干群关系，激发了群众的内生动力，村党支部的凝聚力、战斗力、号召力有效得到了加强，战斗堡垒作用进一步发挥。

（作者时任水富市委宣传部文化产业办副主任）

深抓实推换新颜　提质增效强堡垒

吕国俊

"欲筑室者，先治其基。"习近平总书记在全国组织工作会议上说："基层党组织是党执政大厦的地基，地基固则大厦坚，地基松则大厦倾。"

脱贫攻坚以来，针对少数基层党组织存在领导作用发挥不好、黑恶势力和宗教势力干扰渗透、信访矛盾突出、组织动员力弱等现象，昭阳区以村（社区）党组织为重点，通过加强领导、落实责任、上下联动、分类施策等措施，下大力气解决软弱涣散基层党组织突出问题，在抓党建促脱贫攻坚中实现"后进"变"先进"，使每一个党组织在原有基础上都有新的提高，普遍实现了晋位升级，有效提高了基层党组织建设的整体水平，最大限度让基层"火车头"动力强起来。

揭家丑不护短，全面精准识对象

整顿软弱涣散基层党组织，首先要找准症结所在。昭阳区严格对照整顿内容，每年年初对所有基层党组织进行"拉网式"摸排和全面"体检"，确保不让一个整顿对象"漏网"，不让一个整顿对象"以好充次"。

青岗岭乡白沙村主任、北闸镇白坡塘村副支书受到刑事处罚被清理出村干部队伍，面对这条“硬杠杠”，两个村被戴上了软弱涣散的“帽子”。旧圃镇三棵树社区移民搬迁群众多次越级上访，造成不良影响，为扭转社区信访矛盾突出现状，区委直接将三棵树社区党总支列为软弱涣散进行整顿。北闸镇海子村党总支书记因违纪违规受到留党察看处分，村党总支班子主动提出要进行整顿，希望早日赢回群众的信任。

“党组织书记不胜任不尽职、村干部受过刑事处罚、信访矛盾突出、没有村级活动场所等”存在这些问题的村（社区）党组织，均被列为软弱涣散党组织开展整顿。在进村入户中常听到党员群众说：“这些年，在习近平总书记的领导下，村干部的为民意识越来越强了，工作越干越实了，我们的日子也越来越好了！”

压责任抓落实，齐抓共治聚合力

整顿软弱涣散基层党组织，是一项系统、长期、复杂、全面的工程。昭阳区高度重视整顿工作，坚持把整顿工作作为“一把手工程”，采取区级领导带头抓、党（工）委书记直接抓、驻村第一书记协同抓、部门结对帮促抓和村（社区）党组织书记具体抓的方式，通过一层抓一层、一级带一级，凝聚起抓整顿、促转化的强大合力。

区委常委、区纪委书记、区监委主任陈瑾到北闸镇白坡塘社区党总支上了一堂题为“廉洁自律勇担当”的特殊党课，帮助督促社区党总支更好地推进整改，警醒社区党员干部不能重蹈原副支书的覆辙。镇党委书记赵鑫更是隔三岔五到社区调研督导，为党员干部开展警示教育，同时结合社区实际，安排大学生村官到社区担任党组织副书记，给社区班子补充了新鲜血液，也为社区发展注入了活力。

社区党总支书记崔奎文说："没想到上面这么重视我们社区的软弱涣散整顿，换人换思想，给我们带来了焕然一新的变化，我们的工作任重道远啊！"

出实招解难题，对症下药求实效

软弱涣散基层党组织形成的原因是多方面的，唯有找准病灶、对症施治、长期坚持，才能从根本上得到扭转提升。昭阳区对摸排确定的软弱涣散党组织，坚持"一村一策"，量身制订整顿提升方案，对症下药，确保整顿一个提高一个。

几年来，昭阳区把准软弱涣散集中整顿的"脉搏"，瞄准"短板"和"硬伤"，聚焦整顿重点、难点、要点、基点，使整顿提升有目标、整改落实有方向、转化提升有成效。信访矛盾突出的三棵树社区党总支，在区委宣传部的结对帮扶下，走村串户宣传政策，变被动为主动，将矛盾纠纷解决在群众家里、解决在小组、社区内，结合重点项目主动化解矛盾纠纷 52 起，仅 10 余天就完成了 700 余亩食用菌基地建设土地流转纠纷，且后续未发生村民上访事件。龙泉街道龙泉路社区党支部在党工委的领导下，通过社区党支部书记轮换，实现了基础党务全面提升、全面进步。北闸镇海子村通过农村人才回引，让返乡大学生担任党总支书记一职，提高了村"两委"的整体素质，党建工作得到较大提升，党员教育管理取得了良好成效，党员群众对党总支的信任慢慢回来了。青岗岭乡白沙村在省人大的挂钩帮扶下，统筹资金 153.6 万修建供水厂，完成了自动抽水设备的安装，统筹资金 742.28 万，新建和硬化村组道路 14 公里，协调捐赠 10 万元购买 1 辆垃圾车、14 只垃圾箱，实现了垃圾集中清运，引导贫困户入股黄牛养殖、冷凉蔬菜等产业扶贫分红项目，使 542 户贫困群众每年共计可获得固定分红

10余万元，白沙村基础设施不断完善、村容村貌极大改观、人均收入稳定增长、群众生活不断提高、脱贫成效显著提升。

昭阳区委组织部一位长期负责基层党组织建设工作的同志表示，他从事党建工作多年，近几年的软弱涣散党组织整顿力度是前所未有的，成效也是前所未有的。

建机制促长效，转化提升强基础

整顿工作要着眼长远，抓住根本，拿捏要害，建立健全防范和解决突出问题的工作机制，才能杜绝应付工作的行为作风，使整顿真正有意义，才能真正实现强堡垒强基础的目的。

针对集体经济薄弱问题，昭阳区着眼长远，制订出台《昭阳区发展壮大村级集体经济三年行动计划》，几年来争取资金8358万元发展壮大集体经济，155个村（社区）有了村级集体经济，145个贫困村集体经济收益均达2万元以上。为了健全村组活动场所，昭阳区投入7500余万元，新建23个村级活动场所和303个村民小组活动场所，实现村（社区）、村（居）民小组和党支部活动场所全覆盖，制定下发《昭阳区村组活动场所管理使用办法（试行）》，党员活动有了阵地，群众文体活动有了场地，村容村貌焕然一新。对“两委”班子不健全、带头人能力欠缺、工作不在状态的村（社区），采取机关派、本村选、异地调等方式调整充实村（社区）党组织书记，先后调整撤换13名不胜任、不尽职、不合格的党组织书记，以“万名党员进党校”为契机，抓实村干部履职能力培训，对软弱涣散党组织书记进行培训全覆盖，激发干事创业内生动力。着眼于规范干部履职行为，研究制定《昭阳区村（社区）班子及干部考核实施细则》和《村（社区）干部值班坐班制度》，推动扭转村（社区）干部工作作风，着力提升村（社区）干部履职能力。建立落实村（社区）干部任职资格联审和村级党组织书记县级备案管理制度，全面清理受过刑事处罚、存在“村霸”和涉黑涉恶等的村（社区）干部，同时结合村“两委”成员任职资格联审，完成5384名在任村组干部任职资格联审。

“建立持续政策软弱涣散党支部工作机制是在《中国共产党支部工作条例（试行）》中作出了明确规定的，党中央的高瞻远瞩为基层建立软弱涣散长效整顿机制提供了基本遵循，我相信昭阳区使出的这些‘实招’‘狠招’，必将使党支部工作在持续整顿中产生质的飞跃”，一名基层党务干部这样评价昭阳区的软弱涣散整顿工作。

后进村班子战斗力由“弱”变“强”、人居环境由“差”变“好”、致富渠道由“窄”变“宽”、群众心窝由“冷”变“暖”……昭阳区软弱涣散党组织蝶变的背后，是“一切工作到支部”理念在基层一线生根发芽的结果。这一切的变化，得益于区委的坚强领导，得益于各级基层党组织的担当作为，更得益于广大党员干部砥砺奋进。

（作者系中共昭阳区委组织部工作人员）

第三编　一线督战

"督""战"并举　全力攻坚
坚决攻克最后的贫困堡垒

——昭通市委派驻镇雄县以古镇麦车村督战小分队工作纪实

郑方春

麦车村是镇雄县最高峰嘎么山下的小村庄，与贵州省赫章县接壤，距县城56公里，离以古镇政府驻地9公里。全村辖18个村民小组，总人口1713户7612人，建档立卡贫困户502户2124人，2019年末已脱贫295户1283人，未脱贫207户841人，贫困发生率11.3%。

市委派驻镇雄县以古镇麦车村督战小分队驻村后，在全村脱贫攻坚取得一定成绩的基础上，认真落实县脱贫攻坚"六个查缺补漏专项行动和一个保障"工作方案要求，坚持"督"与"战"并举，紧扣"两不愁、三保障"目标，通过"督"发现问题，运用"战"解决问题，达到以"督"促"战"的效果，脱贫指标全面达标，群众满意度全面提升，麦车村实现高质量脱贫出列。

坚持"督""战"并举。驻村督战，"督"只是发现问题的手段，"战"才能达到解决问题的目的，只有"督""战"并举，才能更好实现以督促战。一是"督"发现问题。督战小分队驻村后，为找准决战方向，聚焦户脱贫"一收入四保障"5条标准，开展覆盖全部建档立卡贫困户、边缘户的普查工作，做到了"户户敲门、人人见面"。普查后，每月开展覆盖全部村民组的随机抽查，查验建档立卡贫困户基本情况、收入情况、享受政策情况、人居环境提升等信息，凡发现信息错漏的村民组，立即变抽查为普查，核实整个村民组建档立卡户情况。驻村以来，共查找出信息不精准、三块牌子缺失、政策知晓率低等共性问题20余个，个性问题2000余条，为麦车村全面脱贫出列找准了症结。二是“战”解决问题。针对信息不精准问题，督促逐月开展包保干部走访、包组干部遍访行动，进一步核查问题，推动整改。针对政策知晓率不高问题，结合“三讲三评”工作开展，参考新闻发布会形式，召开麦车村脱贫攻坚政策解答会，面对面解答群众提出的低保政策、脱贫标准、务工证明开具等问题，解开了群众心中的疑惑。针对三块牌缺失问题（明白卡、饮水安全、住房安全认定），督促包保干部走访时补一遍，包组干部遍访时再补一遍，每月月底驻村及镇村干部再集中力量补一遍，确保不缺不漏。

紧扣“一收入、四保障”全力攻坚。持续增加贫困群众的收入是脱贫攻坚的关键，只有实现了收入持续增长，才能够保证稳定脱贫。一是加强逐户研判。2020年3月驻村以后，督战小分队带领驻村工作队、挂村工作队、村三委聚焦户脱贫5条标准，特别是收入不达标问题，每月对全村502户建档立卡贫困户、35户边缘户进行逐户研判，做到不漏一户、不漏一人。通过多轮情况研判、收入测算、情况核实，为按期达到户脱贫、村出列打下了坚实基础。二是紧扣“收入达标”全力攻坚。督战小分队结合麦车群众收入来源主要为务工的实际，督促加大劳动力组织化转移输出力度，全村1101个卡户劳动力外转输出622人。对在家实在不能输出的劳动力，积极申请公益（护林员）公服（保洁员）岗位，动员参加村组公路建设、参与合作社劳动；驻村督战以来，麦车新增公益公服岗位72个，新增本地务工劳动力230人，全面消除了零就业家庭。加大社会保障力度，督促对无劳动力或劳动力少人口多的家庭应保尽保；驻村督战以来，全村新申请城乡低保79人，孤儿生活待遇9人。经过不断督促和攻坚，全村502户（其中监测户35户）建档立卡户、35户边缘户收入如期实现人均超过4000元目标，全村家庭人均收入最低达4300余元，最高达20000余元。三是紧扣“四保障”全力攻坚。“四保障”是脱贫攻坚的重点和难点，麦车村在“四保障”方面存在不少的薄弱环节。面对部分易地扶贫搬迁户未搬迁问题，督战小分队牵头，驻村工作队、村“三委”等参与，到未搬迁群众家中动迁达5轮以上、150余户次，全村实现了应搬尽搬。针对全村12名学生辍学问题，督战小分队与县驻村工作、镇挂村工作队、学校教师一道，登门劝学达100余人次，成功返8人，按“四步法”提起诉讼4人。加强居民医疗保险动态管理，每月梳理贫困户人口信息，及时将新落户16人、嫁入21人、离婚返回4人的信息录入国办系统，新增缴纳医疗保险41人，实现所有贫困人口全部纳入医保。

大幅度提高村脱贫出列质量。基础设施怎么样，村容村貌好不好，事关贫困群众脱贫质量，体现的是脱贫攻坚的底色。督战小分队驻村后，一方面梳理村出列“一率两有四通”缺漏；另一方面，积极争取社会扶贫资金支持，全力补齐短板。一是牵头组织社会扶贫活动。2020年7月4日，在督战小分队牵头、县开投公司组织下，麦车村社会脱贫大会成功召开，6家企业、11位乡贤能人慷慨解囊、纾困解难，共捐赠196万元用于麦车村脱贫攻坚补短板工作。这些补短板资金，用于群众聚居区域安装太阳能路灯、补助群众开展毛坯房抿糊、基础设施查缺补漏等方面，进一步解决了麦车村感观贫困严重、基础设施落后、美化亮化不足等短板问题，极大地提升麦车群众生产生活条件，进一步提高了村脱贫出列质量。二是补齐“一率两有四通”短板。在督战小分队带领下，整合驻村工作队、挂村工作队等力量，彻底解决了村委活动室设施不完备、活动开展不正常等问题，截至2020年6月30日，麦车村出列“一率两有四通”全部达标。贫困发生率逐步降至0，有村卫生室120平方米，有公共活动场所1000平方米，全村已通380V动力电，广播电视覆盖率达100%，网络宽带覆盖到行政村、学校和卫生室，镇到村已通柏油硬化路，村组公路全部硬化，串户路硬化率达80%以上。

“督”“战”并举，全力攻坚。在督战小分队带领下，县驻村工作队、镇挂村工作队、村三委等力量向麦车村最后的贫困堡垒发起了总攻。较真碰硬“督”、攻坚克难“战”，按时高质打赢了脱贫攻坚收官决战，没有一个麦车群众在小康路上掉队，督战小分队及驻村、挂村、村三委干部向麦车群众交上了一份合格的脱贫攻坚答卷。

（作者系中共昭通市委宣传部工作人员）

在麻园村的日子

李　燕

2020 年 3 月，按照昭通市委的统一安排，我被派驻到镇雄场坝镇麻园村驻村督战，我是一个从小在镇雄县城里长大的独生子女，从小我就被同学嘲笑“五谷不分”，也从未有过一天住村的日子，更别说驻村的日子！所以，这次有幸被派驻到镇雄老家驻村督战，我备感使命光荣，2020 年 3 月 1 日，我怀着一份既期待又担忧，既激动又焦虑的复杂心情，就这样开启了我在麻园村的驻村督战之旅。

高质量脱贫

3 月，正是春暖花开的时节，麻园村的樱桃花、李子花开遍了漫山遍野。到村的第二天早上，我独自走到了村委会旁边的石倮村民小组，家家户户都有了自己的院子，院子是用竹子打造的围栏，里面种着樱桃树、桃树、杏树，还有一些菜地，我随意拍照发了一个朋友圈，朋友们纷纷点赞说“真羡慕我驻村的地方，山清水秀、风景宜人”，心想这次派驻的村，交通区位、产业培育、基础设施都还不算差，曾经的深度贫困村现状如何呢?

带着这份疑惑，我随意走了几家贫困户，与他们了解主要收入来源、家里劳动力情况、这几年脱贫攻坚享受的政策等，感受他们对生活的态度及变化。总体上，感觉这个村民小组大家都充满正能量，勤劳、热情。让我感触颇深的是石倮村民小组的王定松户，他们家是建档立卡户，家庭共有 5 个人，户主叫王定松，是一个 70 多岁的老人，他的老伴叫李端端，是一位如她的名字一样可爱的老奶奶，十分热情。老奶奶拉着我的手说："这位小同志，第一次见着你，你是哪里的人，来这里玩吗？"我说："我是村委会新来的干部，今天走到你家这里，了解一下你们家的情况。"老奶奶就告诉我，他们本来有 2 个儿子，小儿子病死了，小儿媳妇跑了多年失联了，留下 2 个孙子，当时都才 1 岁多和 2 岁多，分别叫王正江、王正富。那天是周末，我歪着头正好看见这两个小男孩在屋里看电视，我仔细观察他们，看不出来他们是"孤儿"，心想爷爷奶奶肯定照顾有加，让他们没有感觉到痛苦和不幸，这些感觉，与我之后与两位老人的交谈判断一致，两位老人面对生活的打击和不幸都非常的勤劳、热心、乐观向上。我问了老人，他们生活来源如何？老人笑着告诉我："国家政策好，但也要靠自己动手，自家种了苞谷、洋芋和小菜，还有一些樱桃树、核桃树，养了几头猪，村上干部帮他们家申请了两个孙子的孤儿补贴，生活没问题。上学不要钱，两个孙子学习还可以，都在麻园村上小学，基本能自己照顾自己，还能帮我们干一些基本的家务活。"两位老人还有一个大儿子王国正，是一位盲人，因为 9 岁发高烧未能及时医治导致双目失明，王国正有 40 多岁了，一直未娶妻，老奶奶话音刚落，我看着王国正从另外一个屋子里拄着拐棍走出来。老人说："这个就是我大儿子。"后来，与王国正交谈，他是一个自强不息的人，告诉我两个老人 70 多了，家里只剩下他一个儿子，自己一直也没有娶妻，20 多岁时候就去拜师学艺，会盲人按摩，之前都在四川、永善、昭通等地方的盲人按摩店去打工。今年由于疫情影响，行业不景气，所以回家来待着，等疫情好转就出门打工去，他一个月好的时候有 5000 多元收入，平均月收入 3000 元左右，还能寄点钱回来给两个老人。后来，我看了他们的“家庭明白卡”，了解到两位老人享受了低保金，王国正享受了特困供养金，算一算他们家月收入基本达到 1 万元左右。这一家人的情况，让我实实在在地感受到了这些年来镇雄县的脱贫攻坚工作正扎实推进、高质量脱贫，定能向党中央交一份满意的脱贫攻坚答卷。

基层干部都很牛

在下派驻村之前，因工作安排，我从市发改委抽调在市搬迁安置局项目管理科工作了一年多，由于之前工作的原因，我对搬迁安置点特别留意。初来乍到，我就叫着两位驻村工作同志到安置点走村入户，我们沿着河一路走到了麻园村的溜沙河安置点，该安置点为 2017 年的易地搬迁项目，共搬迁安置群众 48 户 211 人，其中建档立卡户 32 户 164 人、同步搬迁户 16 户 47 人，配套建设了活动广场、活动室和公共厕所。我们到了安置点后，看着老人、孩子们在广场上晒太阳，心里还羡慕着他们，要是城里人想要买到这样一栋“小别墅”，那得奋斗多少年，感慨党的政策好，群众生活也越来越好了。通过入户调研，我们了解到搬迁群众对搬迁房总体是满意的，但据说当地群众不让他们接水管，饮水很不方便。经过走访几户搬迁群众和当地群众，了解到，搬迁安置点的群众与当地周边群众之间存在一些矛盾，主要原因是安置点群众是从山上的几个村民小组搬迁到这里的，他们生活习惯和当地群众有些格格不入，卫生习惯差一些，认为用水不要钱；加之当时征用了当地群众的土地修建了该安置点，而当地群众因为没有能享受安置房，心里多少有一些不痛快；还有之前供应安置点的蓄水池，当地群众有投工投劳建设水池，当时水管各家各户还分摊了资金，搬迁户之后搬到该安置点生活，当地群众要求他们出钱才能接通水管。我了解基本情况后，回到村里第一时间就分别与挂村的副镇长、挂片干部进一步了解情况，经过挂村的杨良华副镇长与安置点修建老板，以及当地有威望的群众了解实际情况，得知是饮水管护方面没做到位，才导致的安置群众饮水不能有力保障，主要原因是搬迁安置点的水管虽然接通入户，但是由于安置点群众白天到田地里搞种植生产，或者长期在外务工，加上饮水习惯不好，放着水淌，当地群众自发把水管关了，致使安置点群众饮水问题。后来，杨副镇长立即到了安置点实地调研，又组织安置点所在的发地村民小组召开群众会议，杨副镇长、党委支部书记王国杰，他们亲切地与群众面对面讲政策，设身处地与群众交流，与群众打成一片，说话风趣。群众听了纷纷点头说："对头的，我们都支持交水费，国家给我们修建了水池和水管，我们也要节约用水，该自己出钱的就该出钱。"经过群众会后，村里动员当地群众用一周的时间就对搬迁安置点饮水问题进行了全面整改。同时，麻园村借鉴发地村民小组经验，在全村都建立了饮水管护机制，针对不同情况，建立不同的饮水收费机制，有效保障了全村安全饮水。后来，我又多次到了搬迁安置点入户回访，他们说有水吃的了，我也亲自去扭开水龙头，看着水"哗哗"流出，这才安了心。通过搬迁安置点饮水问题整改，我看到了基层干部立行立改的工作作风，有很强的解决实际问题能力，让我受益匪浅，也学习到了与在机关不同但却相通的工作风格和能力。

驻村督战半年来，我看到了驻村扶贫队、镇村干部的不容易，他们在脱贫攻坚工作中，默默工作，承受着很大的压力，有时不被家人理解、有时不被群众认可、有时还被上级指责，这些在麻园村的日子里，我看到了他们的辛酸，感受到了他们的乐观，理解了他们的不易。在拆旧房的过程中，麻园村的村委治安员高秀申意外受伤，被挖机弹回的树棒把手臂打断了，他却不抱怨，养好身体继续投入工作之中。在村组公路建设过程中，村委干部天天下队动员群众，宣传政策。由于涉及征地问题，少数群众找茬，想要补偿金，村委干部副主任彭显海，通过耐心入户做思想工作，讲清政策，找关键人物说服，反复召开群众会，终于把群众说通，同意无偿把土地拿出来支持建设村组公路。还有麻园村的驻村工作队，在4年里一直坚守驻村扶贫，他们把青春的汗水挥洒在脱贫攻坚的第一线，在平凡人生的道路上留下了深刻的足迹，用“脚踏实地”找寻着生活的意义。还有很多其他的乡镇挂村工作人员、村委干部和帮扶干部，他们都全力支持脱贫攻坚工作，市文化旅游局韩家莲同志，她也曾是麻园村的一名驻村队员，在她驻村期间，因意外摔倒，但幸好保住了肚子里的宝宝，后来，她的女儿被亲切地称为“麻园宝宝”。每次她走访入户，都是背上背着孩子，手里拿笔记本，每次她入村走访都带着两岁的“麻园宝宝”，宝宝很是乖巧，见到任何人都笑眯眯的。麻园村的贫困群众在他们的帮扶下，逐渐走上脱贫致富道路，群众的日子一天比一天红火。

无论走到哪个村，群众都热情地邀请驻村工作人员进屋坐坐，尝尝自家樱桃甜不甜、李子可不可口，自家的辣椒长势如何……看着他们晒黑的脸，听着他们与群众的欢声笑语，虚心向群众了解生产种植技术，我既羡慕，又打心底里敬佩这些工作人员。

（作者时任昭通市发改委地区科科长、昭通市委派驻镇雄县场坝镇麻园村督战小分队队员）

牢记初心　勇担使命

钟红萍

在当前这场脱贫攻坚伟大战役的面前，作为一名党员、党员领导干部，最光荣和自豪的就是参与了这场战斗。我还记得当初接受驻村任务，成为一名市委选派的脱贫攻坚摘帽督导员来到了脱贫攻坚第一线，和村干部、驻村工作队队员一同生活、一同作战，转眼已两年，酸辣苦甜、柴米油盐，有辛酸，也有幸福，有千难万苦，也有胜利和满足，两年的工作，值得总结，值得欣慰，也值得骄傲。看到通过大家共同的努力，乡村有了较大的变化，拆除旧房后凸显的一栋栋白墙灰瓦、红瓦，错落别致，镶嵌在绿水青山中，将乡村点缀得那么美丽，昔日的贫困户都住上了新房，他们通过脱贫攻坚，大多数人走上了致富之路，乡村环境卫生有了较大改观，人民生活质量也得到较大的提升，不论我走到哪个社，老百姓都亲切地问候我“钟书记好，来家坐坐”，我就很幸福、很满足，所有的苦都值得。

两年来，我从开始的茫然状态，到基本厘清思路，找到切入点，进入角色，有了状态，第一次全身心来思考三农工作。农村基层工作的辛苦、复杂、琐碎、委屈、精准，深深触动着我，让我在工作中慢慢读懂精准扶贫扣好“第三颗纽扣”的真正含义，领会督导工作的真正意义。我和扶贫战士们一同践行习近平总书记代表党中央向全国人民作出的庄严承诺，一诺千金；深刻领会市委书记杨亚林同志等人在脱贫攻坚动员会上的讲话精神，积极投身决战决胜脱贫攻坚工作中。

一、读懂村情贫情、用好政策和策略

肩负着市委的重托来驻村，面对有几十年农村工作经验的村干部和有多年扶贫经验的帮扶干部、驻村工作队队员来说，我就是一个小学生，谈何督导二字，我感到忐忑和茫然。但为了一个共同的目标“户脱贫、村出列”，我们走到一起来了，统一意志、形成合力。要做好督导工作，首要的是自己要学懂、熟透扶贫相关政策，紧扣最基本的“两不愁、三保障”，弄懂“户脱贫、村出列、县摘帽”的概念。学习相关扶贫政策知识便成为最必须的工作，我白天尽可能安排到社到户，有针对性地入户走访，晚上学习扶贫政策，学访结合、学以致用。

先弄懂村情，再读懂贫情。大坝村位于盐津庙坝北大门，坐落在美丽的白水江第一湾上，有户籍人口 843 户 2963 人，其中建档立卡户 358 户 1285 人，占比大于 45%，4 个片区 24 各村民小组，仅有一条不到 5 公里硬化路，山高坡陡、沟壑纵横、人均耕地少、产业弱小，发展滞后，属深度贫困村。

二、权责合情合理，构建和谐战斗队

大坝村不是本单位的扶贫点，却偏偏是我院积极参与抢救的一起交通事故伤员所驻的村，我院在抢救伤员中处置及时有效，挽回了两位驻村工作队队员的生命，为此获得了市委的表彰，也许这就是缘分。大坝村挂钩单位系盐津县税务局，在驻村队员受伤后，又选派了汪从勋副局长为第一书记组成的精兵强将，县委挂钩领导是县纪委总书记，在这个时候又有我的加入，多方力量交会，合力一心，进一步理顺了工作机制，形成有分工重在合作、有数据重在共享的工作常态。完善了每周例会制，建立督导工作制，我的工作以不影响村级正常工作、不影响群众生产生活，走访以明暗相结合、以问题为导向、以“两不愁、三保障”为基本、以“户脱贫、村出列”标准为尺度来衡量。我和村支书与第一书记共同商议，进一步明确责任和权利，对村总支书记、主任进行统筹协调，对第一书记实施开展动态管理、档案资料、信息化管理等工作，对包片干部的权利义务和责任做了规范，普查和抽查相结合落实“进”和“出”标准的执行度，有效推动大坝村的脱贫攻坚工作。

在驻村两年的工作中，我遇到村干部和驻村队员几次大的思想动荡期，作为一名督导员，调动积极性，推进工作，是我的职责所在。两次县级百日攻坚中，班子人员的变动，无疑给村干部和驻村队员的思想上带来影响，思想不通、干劲不足，“懒、拖、推”思想就会凸显，我的工作重心又转到做沟通、交流、协调上，尽可能缩小磨合期，为脱贫攻坚工作争取更多的时间。

三、沉下基层、走进农户，督导用心用情

农村基层党支部是党在农村最小最接地气的组织，大坝村党总支有党员 60 名，下设有 4 个基层党支部，盐津县提出了每一户贫困群众身后都站着一位坚定的共产党员的口号，吹响了党组织和每一位党员必须动起来、担起来的号角。有句顺口溜：“村民富不富，看看党员和干部”，这说明基层党组织的重要性，党员模范作用的发挥，直接影响和带动身边的群众。在农村加强基层党组织建设年、提升年，基层党组织规范化建设的工作，很大程度流于形式多一些，大家觉得枯燥，我们就把党组织的活动和扶贫攻坚

工作有效结合起来，赋予丰富多彩的载体活动。围绕人居环境提升、解决吃水问题、用电问题等开展行之有效、立竿见影的主题党日活动，还开展了“听党话、感党恩、跟党走”的院坝会，我有效利用清明节、建党节、建军节、国庆节等节日，组织开展了由村干部、工作队队员组成的“缅怀先烈讲初心、学习先进担使命”威信扎西学习缅怀活动，组织开展了“故事党课宣讲”活动。我在盐津庙坝大坝村、黄草社区、彝良牛街小甘溪村宣讲长征故事《难舍的 X 光机》《乌蒙回旋战》《四渡赤水出奇兵》等党的故事，组织开展建军节《延续军人精神》座谈会，在国庆节组织开展《助力健康——昭通市第一人民医院走进乡村义诊》《携手脱贫攻坚、共庆祖国华诞》大型系列活动，丰富了党组织活动的内涵和外延，使党组织活动更富生命力，有效提升基层党组织和党员在人民群众心中的良好形象。

近两年来，我走完了村民小组、走访农户达到 90% 以上，有的村社走了 5 遍，有的农户走访了 4—5 次，重点看住房、饮水、生产生活、孩子就学、家庭收入、享受扶贫政策前后对比、对帮扶责任人知晓率等方面情况，还有就是孤残人员、重病卧床人员去看望较多一些。让我感到揪心的现象有 3 个方面：一是老人无人管、孩子无人教育，这是一个突出的社会问题，有共性；二是媳妇跑了或改嫁比例大，这给孩子带来极大的原生家庭伤害，潜伏着极大的社会心理问题；三是懒汉和讨不到媳妇的大龄男性较多，精神病人和智障群体也存在一定比例，这就给脱贫工作带来硬伤。庆幸的是，随着脱贫攻坚的逐步推进，这几类问题有了很大程度的改善。

四、精准把脉、认真研判，问题立行立改

深入调研，这是督导的基本课，没有调查研究就没有发言权，在走访中去发现问题、分析问题、找准问题，做到精准把脉、才能精准施策，对

症下药、才能药到病除。

我和队员们每天梳理遍访反馈的问题和老百姓诉求，分门别类统计，凡是由村级负责的，村“两委”和第一书记对问题立行立改，我们每天基本都有碰头会，当天可以完成的工作不会拖到第二天，大家“白 + 黑”“5 + 2”工作，很少有调休时间，越到周末就越忙，县上挂钩领导来了，镇上挂钩领导也来了，他们都是利用休息时间来和村上一起把脉、研判，我被他们务实的作风感动着，也体会到基层干部的不容易。待遇低、任务重、委屈多、责任大，很多工作人员也有抱怨，他们说扶贫工作完了也不干了，但短暂的抱怨过后，更多的是尽职履责、积极作为，体现了一种高度的社会责任感。近几年的扶贫工作，让村级体制机制得到恢复和进一步健全完善，基层村组织的作用得到充分发挥。

五、初心永记、使命在肩，精神不屈不挠

心里装着共产党员的初心和使命，不论遇到什么艰难险阻，都会勇往直前、毫无怨言、不屈不挠。一年来的扶贫督导工作是我人生中难得的经历，工作中、生活上都遇到了很多困难和问题，自己勇敢地面对了一切。在庙坝镇进行督导时，我是唯一的女同志，也是年纪最大的督导员，驻村两年来，经历了很多惊险瞬间，演绎了很多精彩故事。

记忆最深的是三次非凡经历。

一是“三捅马蜂窝”。第一次是打扫大会议室时，放置很多长久不用的腐烂发霉布标，在收拾整理中，没想到藏有一窝蜂子，我被蜇了几口，局部皮肤出现疼痛和肿胀，十分难受。第二次是擦桌子时刚伸进手去，又碰到一窝蜂子，根本来不及撤的手又被蜇了几口。第三次有了戒心，但蜂子竟然在椅子下面筑了窝，我再次被蜇，真是一波三折！

二是“一天摔五跤”。在交通条件困难的农村，摔跤是常事，但一天摔了五跤算得上“创纪录”。有一次下乡入户走访，雨过路滑，可能是我鞋底滑的缘故，走访路上摔了五跤，先是摔了笑，直到摔哭了，那道路狭窄得酷似鸡肠小道，稍有不慎，就不会有后悔的机会，惊险时时上演，身上时常带伤，最后好在有惊无险！

三是“人蛇同室三天”。由于盐津县天气炎热，湿度非常大，我住的村公所又在白水江边，显得更加潮湿。不到半年，我手脚关节都变形了，住的房间没有纱窗，我时常开窗透气，国庆收假后我买了一个抽湿机，便将窗户关上。收假后三天，房间里一条长两米的蛇爬了出来，天呀！这肯定是关窗之前进来的，那不是和我待了三天，当时很冷静，不惊动它，悄悄出去请村干部们帮忙捉蛇，上演了一场“人蛇大战”，现在想起来仍是胆战心惊！

两年来，哭过笑过伤心过，但没抱怨过，因为这是党赋予的崇高使命。在村上，“私车公用”是经常性的，不只是我的车，还有镇挂钩领导、村干部、工作队队员等同志们的，上山下乡、入户走访、外出学习等，这两年来行驶 20000 多公里，没有在单位和村上报销过油钱和差旅费。在村建设食堂中，自己出钱 4000 多元购买了 4 个柜子、带风扇吊灯、窗帘、装修墙纸、餐桌、壁画、椅套等设备和材料，没有动用我的工作经费，也没有向组织报销，通过自己的努力为庙坝镇争取 400 多万元项目资金，驻村基本在 25 天以上。在我履行督导工作的两年里，派出单位昭通市第一人民医院也给予很大支持，修建食堂投入 20000 元、督导工作经费 20000 元、党员活动室显示屏 2300 元，组织 20 多位专家在大坝村开展了“携手脱贫攻坚、共庆祖国华诞”等义诊活动。

抗疫中舍小顾大。新冠肺炎疫情来临时，第一时间返回村里，由于我村大长公路是一条通往外省的公路，卡点是一个重要岗位，来往的人大部分和村干部们是熟人，卡点的管理形同虚设，我非常担忧。在疫情严重攻击我国的两个多月里，我村有 20 多户是湖北返乡人员，白天随卫生员入户查看量体温、守卡点，下午 5 点后卡点的钥匙就由我来负责，我住的地方距离卡点 2 公里，有车辆要过卡，再晚都要去放行。那段时间的确很苦，但那份责任在肩，毫无怨言。疫情发生之际，我虽然是医院的领导，但我院自身的口罩也很紧缺，院长说特批给我两个口罩，我没有要，自己准备了很多材料，按照防护口罩的相关要求，晚上我就自己做防护口罩，一直到深夜，甚至通宵……因为拿着卡点钥匙，就是睡下，也会经常被叫起来，趁此时间自己制作口罩，一共做了 50 多个。也是在这段时间里，86 岁的母亲摔跤导致眼骨骨折，不能回去照看，因为疫情防控的责任更重，全体村民的身体健康和生命安全更重要，舍小家顾大家，这就是我作为一名督导员的初心使命与担当。

两年见证了脱贫成效，我村贫困发生率由原来的 44%降至 0.9%，顺利通过了各项检查，圆满完成脱贫攻坚摘帽的督导工作。我的脱贫攻坚考核为优秀，获得了“精准扶贫督导员优秀奖”，这些成绩的取得，要归功于大坝村全体干部、驻村工作队队员，是大家共同的努力成就了我。不论驻村多久，这两年的经历都是我人生中重要的、值得骄傲和回味的一段“经典记忆”，我将不负众望、全力以赴，以更加优异的成绩完成党组织交给我的光荣使命，给党中央交上一份合格满意的答卷！

（作者时任昭通市第一人民医院党委副书记、昭通市委派驻盐津县庙坝大坝村督导员）

当好人民群众手中的鞭子

李兴良

旧农村变了新模样

2019年3月，受组织安排从威信县半河村到永善县黄金村开展驻村督导工作。初到黄金村，映入眼帘的是土坯房、茅草房，能建成砖混房的，都是村里数得出来的“大户人家”，为高质量实现住房安全有保障，我组织全体一线人员，快上快干，积极召开院坝会、群众会，宣讲农村危房改造政策，动员群众建设安全住房，外出务工群众也积极响应号召回乡建房，仅2019年上半年就完成危房改造73户，拆除旧房112户，整个黄金村一片繁忙景象。通过走访，我发现唐远书户无力建房，得知情况后，立即召集村“两委”和一线工作人员召开会议认真研究政策，并积极争取帮建，最终为他争取到2.8万元资金，建好了新房，实现按期入住，每次入户经过他家，他总要拉我进去坐一坐，喝一口他自制的苦丁茶。不少群众建好房屋后无力添置家具，为提高群众入住质量，按照“六有”要求，我积极争取资金5万余元，为100余户群众添置衣柜、橱柜、鞋柜、碗柜等日常用品。

按照易地扶贫搬迁政策，黄金村纸槽沟一组、二组属整组搬迁，纸槽沟片区山高坡陡，道路经汛期雨水冲刷，部分路段通行十分困难，为帮助他们顺利搬迁，我组织一线挂联人员肩扛手提帮助他们搬运家具、行李、粮食、腊肉。十一月的细沙已然入冬，大家干得热火朝天、汗流浃背，一滴滴晶莹的汗水挂在脸上，冲刷着一身疲惫，映照着山区群众搬出大山的幸福喜悦。经过艰苦奋战，黄金村 130 户 526 人顺利搬迁至红光新区安置点。

关村一组群众反映水不够吃，我带村上的同志实地走访查看，发现取水池处关村一组连接的管道偏小，水源地春冬时水量减小，处于下游的关村一组自然就会供水不足。为解决群众吃水问题，我组织 30 余名群众投工投劳清理取水点，用砂石水泥修整取水池，将损毁、渗漏位置加固修补，沿途修整，重新争取管道 6800 米，组织群众投工投劳进行铺设，供水短缺问题得到彻底解决，群众都喝上了甘甜清冽的山泉水。

为进一步改善农村人居环境，建设美丽宜居乡村，黄金村大面积实施户间道和院坝建设。为确保工程顺利实施，我督促一线工作人员召开院坝会、群众会、火塘会，统一群众思想认识，消除争议，化解土地矛盾纠纷，工程得以顺利实施，出门三步路，鞋子挣脱帮的情况得以彻底解决。为保障工程质量，我不漏一户逐户实地查看建设情况，黄金坝组吴兴国户坡度较大，我督促做好防滑措施；户间道宽度不够，我督促施工方按照标准加宽道路；户间道厚度不够，混凝土标号不足，我督促施工方拆除重新施工。截至 2020 年 2 月，黄金村共建设户间道 13800 米，建设院坝 385 户 8000 余平方米。

基础设施改善了，袋子鼓起来了，许多群众思想认识却还没有跟上前进步伐，垃圾乱丢乱扔，农具乱摆乱放，操家理务杂乱不堪。为此，我积极对接县乡两级，组织操家理务培训班两期，培训 160 余人，基本实现妇女培训全覆盖。同时，争取帮扶资金新建垃圾池 13 座，带领群众开展人居环境整治 50 余次，常态化开展好爱国卫生运动，以“大手牵小手”、村规民约、爱心超市积分制管理、综合评比等为抓手，建章立制，打好人居环境整治提升组合拳，脏、乱、差的人居环境已得到彻底整治。

现在的黄金村，家家户户通硬化路，一栋栋砖房洋楼，窗明几净，旧农村彻底变了新模样。

教育扶贫斩穷根

2019年12月，通过反馈信息，了解到本村原就读于永善县实验中学罗某辍学，为实现卡户零辍学的工作目标，我和徐鹏驾车前往永善，走访该生父母，了解到该生因基础差、底子薄，厌学情绪非常严重，经常不回家，该生父母屡次劝说仍收效甚微，长期的基层工作经验告诉我：扶志、扶智工作如果不能与扶贫有效结合起来，斩断思想上的穷根痼疾，脱贫是镜花水月，返贫只是时间问题。为此，我特地多次走访该生班主任、同学，细致了解了该生兴趣爱好、特长和经常活动的地点，经过两天蹲守，终于找到该生，我用多个身边的悲惨事例和惨痛教训告诉他缺少知识和技能的危害，经过反复劝说，该生总算同意返校就读，并保证不再辍学。等把他送回学校，连续5天的奋战，让我深感疲惫。许多学生初中毕业后就外出务工，为了改变这种状况，我积极配合学校老师和一线挂联干部，暑假上门宣讲职业教育前景和政策，动员学生就读职校，并帮助符合条件的学生申报“雨露计划”。我也经常利用闲暇时间，到黄金小学查看营养餐情况，确保每一位学生都能吃上安全放心、营养美味的营养餐。一年来，我共劝返适龄辍学、疑似辍学青少年5人，帮助21名学生申报“雨露计划”，重教保学的氛围逐渐形成。

走出一条生态产业之路

山间竹林遍野，垄间瓜果飘香。细沙乡背靠三江口国家级自然保护区，全乡植被覆盖率高达70%，素来有“筇竹之乡”的美誉，坐拥巨大的绿色银行，发展生态农业成为最优选项。2019年，在中国建材集团帮扶下，争取规划猕猴桃发展基金200余万元，建设580亩红心猕猴桃，走进田间地头，新植猕猴桃长势喜人，投产猕猴桃硕果累累。黄金村还种植方竹6000亩、沃柑360亩、蜂糖李200亩，沿海拔梯度构建的沃柑、猕猴桃、方竹三条带状特色农业初见雏形，2020年预计总产值500余万元，人均增收1600余元。生态农业已经成为群众脱贫致富的金钥匙。

疫情防控显担当

突如其来的新冠肺炎疫情打破了春节的欢乐祥和，我快速回到工作岗位，开展疫情防控工作。疫情就是命令，防控就是责任，我是党员必须冲锋在前，在疫情防控期间，我带领工作队以村民小组为单位落实最严格的网格化管理，共排查全村27个村民小组746户3063人，做到村不漏组、组不漏户、户不漏人，构建严密防护网，做到外防输入、内防扩散，实现了党的组织建设、党的工作落实、党员作用发挥全覆盖，让党旗高高飘扬在疫情防控第一线。我组织队员入户宣传60余次，努力做好群众工作，改变群众的观念，提高群众防控意识，做到不聚集、不赶街、不传谣、不信谣、不办酒席。在设卡排查中和体温检测过程中，用心排解群众的恐惧和焦虑，耐心提醒群众防疫期间的注意事项，坚持以身作则、坚守岗位，注重言行举止，一举一行成为疫情防控工作人员的榜样，在打赢这场没有硝烟的特殊战争中，起到了一名党员的先锋模范作用。

始终把群众当亲人

毛主席曾经教导我们：对待同志要像春天般温暖，对待群众，我始终把他们当亲人对待。孤寡老人缺衣少食，我给他们送去米面油、大衣和棉被；群众反映没有享受易迁政策，我积极对接帮助争取；群众反映到村上办事不方便，我组织工作人员上门办理；群众邻里间发生矛盾纠纷，我自告奋勇帮忙调解……工作虽然辛苦，却收获了满满的幸福和群众的认可信赖，群众对我的称呼也从李督导慢慢变成了老李。

这一年多以来，作为一名督导员，我始终不忘责任和使命，力争把监督责任扛得更实一些，把督促工作做得更细一些，把群众关系搞得更亲切一些，基础打得更扎实一些，短板弱项补得更齐一些，产业发展的路子更广阔一些。截至 2020 年 7 月，黄金村 241 户 995 人已顺利脱贫，户脱贫、村出列的目标已经实现，贫困发生率由 33.63% 降至 1.14%，生态农业蓬勃发展，一幅美丽新农村画卷正在缓缓展开。

（作者时任昭通市公安局副调研员、昭通市委驻永善县莲峰镇脱贫攻坚督导员）

我与西魁马铃薯的遇见

马　旭

2019 年 4 月，我到昭阳区靖安镇松杉村担任脱贫摘帽督导员。到松杉村后，在脱贫研判会议中、在田间地头行走间、在向基层群众学习时，无不感受着西魁马铃薯特有的魅力。这已经不只是餐桌上的马铃薯，而是变成了“致富薯”“希望薯”“党群连心薯”。

一、与洋芋支书曾正江的初遇

2019 年 4 月 19 日，天晴。上午 8 点，我拉上随身物品，根据村支书曾正江发来的定位，直奔目的地松杉村。到了松杉村委会，曾正江已经在等候我。简单寒暄安排住宿后，我就向他了解村情、民情、贫情。这个开始不善言谈的村支书如数家珍似的给我介绍起村情：我们松杉村 16 个村民小组，常住人口 755 户 3157 人；全村有建档立卡贫困户 475 户 2046 人，已脱贫 220 户 1003 人，属于全靖安镇贫困发生率最高的深度贫困村，影响脱贫出列现在最大的短板是住房安全问题，所以今年我们最大的压力是补齐住房短板和确保 128 户易地搬迁户按期搬家。“房子的问题解决了，关键得有收入啊，如果没有持续收入，怎么脱贫？”我刚说出我的疑问，这个黝黑的汉子立马眼前一亮，就麻溜地给我算起以西魁马铃薯基地为牵引的群众致富账。“有土地在西魁的统一规划平整后进行流转，每亩不低于150元；本村的老百姓优先到马铃薯基地打工，每人每天80—120元；产业扶贫资金已经全覆盖，每家每户都有10%的分红，这样算下来，我们产业覆盖、外出务工加上农民自己种养殖等几项收入基本上能够支撑95%建档立卡户的收入达标问题，剩下的极少部分就要靠政策兜底来解决。”听着这个村支书算的脱贫账，我再次坚定了脱贫出列的信心和希望。后来，我才知道，曾正江一生都在与洋芋打交道，从种洋芋、贩洋芋再到现在带领群众发展洋芋产业，洋芋已经融入这个彝族汉子的血脉，成了他人生不可分割的一部分。

二、与86岁放牛老人钱维礼的偶遇

2019年5月9日，雨过天晴。午饭后，我到松杉村11组进行遍访。到了10组与11组的交界地，有一片空地和一条小河。雨后初晴，迷雾升腾，美不胜收，还有几头牛在低头吃草，我下车拿出手机想用照片来锁定这人与自然和谐共生的美好画面。走到空地旁边，一个老大爷在向我招手。我走进一问，老人家招呼我过来“吃杆烟”。我赶紧和他坐下自我介绍后，就向老人家了解情况。老人说：“我叫钱维礼，松杉村10组的。”我问到老人家生活的变化情况，老人激动地说：“我活了86年，从来没有见过这么好的时代，土地统一种洋芋，还给租金，儿子儿媳在西魁基地打工领工资，孙子在读职业学校又是免费，孙女在读小学还有营养餐，病了去医院看病，自己只出一小部分钱。”最后临别了，我祝他长命百岁，更好的生活还在后头，他让我转告我所有认识的共产党员：共产党是最好的，共产党是最伟大的！多么质朴的一次偶遇，86岁的老大爷对党质朴的赞誉，我想这应该就是“中国共产党为什么能”在群众心中的真实写照。

三、与“城归”新农人杨林的识遇

2019年5月21日，小满节气，天气晴好。今天上午召开工作例会后，我与村支书曾正江、村委委员许良皋一起到9组了解饮水的情况。路过西魁坪子的时候，我远远地看着马铃薯基地上有无人机在飞。看到我的疑惑，曾支书给我介绍，这是昭薯农业公司的基地在喷洒马铃薯晚疫病防治的农药。走进一看，一个30来岁的小伙子拿着操作器，另外一个妇女在一辆微型车上装水、拌药。一圈飞下来，加满药水后又一圈飞上去，既节约时间又节省劳力。在交流中，这个操作无人机的小伙子告诉我，他也是松杉村2组的贫困户，叫杨林，配合他加水的搭档是他的妻子。他18岁开始外出打工，到过很多地方，上过生产线、背过水泥、送过外卖，2017年回家过年后，杨林留在昭薯公司基地当起了领工，还是基地的技术员，杨林一家收入稳定并买上了自己的小轿车。这样的夫妻档加上一台无人机，一天喷洒农药的面积约等于10个工人传统的工作量。杨林说：“我们在家乡打工一样能够致富，而且乡音更悦耳、老家的饭菜更香甜。”

四、与洋芋达人曾正树的约遇

到松杉村工作后，每天都在见证着西魁马铃薯的成长，从播种、除草、防病，到如今已是小暑时节，地里的洋芋也将变成我们餐桌上的美味。早就与树旭合作社的负责人曾正树约好，改天去马铃薯基地用最传统的方式——柴火烧洋芋。7月20日，周六，天阴。我们向着西魁马铃薯基地出发。在路上，曾正树给我讲述了他的创业史：曾正树曾经贩过苞谷、洋芋、牲畜等，加上妻子经营着一间小门市，日子在松杉村也算是过得红火。2016

年，曾正树与妻子商议，在西魁流转土地，组建合作社，带领群众一起种洋芋。妻子起初是坚决反对的。但是曾正树认为，老百姓愿意信任他跟着他干，不干说不过去。他开始带着85户社员开始了规范化种植，几年下来，效益上去了，名气打响了，每年大暑气过后，各地的商家询价、咨询、网购的电话连续不断。这个黑俊的汉子说，利润看似分出去了，但是作为党员，大家一起致富，内心更富足了。我们脱贫攻坚的战场上，就需要有这么一大波愿意与家乡、乡邻、群众共同致富的“引路人”才会让乡村变得更美好。

五、与“一生的洋芋人”李朝能的奇遇

2019年8月14日，雨后天阴。我到靖安安置区参加团工委成立会议。会后，我刚准备返回松杉村，一对60岁左右的老夫妻叫住了我。老大爹介绍道：我是松杉村二组的李朝能，我家是搬迁户，今天早上下雨没有去挖洋芋，就带着老伴来看看我们的新房子修得怎么样了。我赶紧请来工作人员陪李大爹老两口到展厅观看沙盘、到样板房介绍房间格局。看了样板房后，老两口连连称赞做梦都没有想到能够住上这么好的房子。我与老李交流年底搬家后对新生活的打算，这个质朴的农村人似乎早就盘算好了一家人的生计。老李说道：“我62岁，老伴57岁，我们还能够种地。搬家后我们老两口还要骑着摩托车回西魁基地种洋芋。”我赶忙提醒：“大爹大妈，新区建得有扶贫车间，你们可以不用回去种洋芋，可以在扶贫车间或者附近的基地打工啊。”老李摇摇头告诉我，种了一辈子洋芋了，有割舍不了的感情，看着万亩洋芋花开的时候，看着满山洋芋收获的时候，就是他们最质朴的幸福感。是啊，也许有太多像老李一样质朴本分的农民都在深爱着洋芋，因为他们对这片土地爱得深沉。

六、与乡亲们脸上的笑容相遇

9 月 23 日，秋分节气，也是第二个中国农民丰收节，天高云淡风清。秋天的西魁基地，在群山绵延之间，黄土地上堆满即将上桌的商品薯和即将“远嫁”的种薯，入其境就能体会到丰收的美妙。中国农民丰收节，真的来了。

今天上午，村委会邀请了在西魁种植马铃薯的几家基地负责人共同商讨群众入股分红事宜和今年土地流转费用的支付事宜。同时还邀请了几户建档立卡户作为群众代表参与。曾支书一开场就和大家盘算今年的收成情况，并提议尽早兑现农民的产业入股分红资金和土地流转费用。尽管洋芋丰收了，作为农业产业的末端，没有到终端市场之前，种植大户手上资金流转也存在压力和困难。但是，大家一致商议后决定，今天是中国农民丰收节，首先应该丰收的就是建档立卡户，各公司尽快自行筹集资金先行兑现老百姓的分红和土地流转费用。看着几户群众代表脸庞上堆满的笑容，我想，这应该就是脱贫攻坚思想认同、感情认同、工作认同最直接的体现吧。

回首走过的脱贫攻坚之路，我们遇见的还有很多很多，我们遇见了伟大的新时代、遇见了一张张质朴的笑脸、遇见了一双双勤劳的双手、遇见了一个个村庄的蜕变、遇见了一项项产业的崛起、遇见了一座座新城的涅槃……我们也遇见了自己最好的人生际遇，因为脱贫攻坚的亲密接触，让我们更懂得去深爱自己脚下的土地；因为脱贫攻坚的走进遇见，让我们更懂得去挚爱万家灯火背后的群众。

（作者时任共青团昭通市委副书记、昭通市委派驻昭阳区靖安镇松杉村脱贫摘帽督导员）

守初心　担使命　真督实战促攻坚

丁　志

2020年对全国人民来说是极不平凡的一年，正值春节万家团聚的好日子，因一场悄无声息的病魔来袭，让这个欢乐的节日笼罩在一片阴影下。对于我来说更是极不平凡的一年，2019年我被昭通市委组织部抽派到昭通市巧家县红山乡白果村督导脱贫攻坚工作，并担任村级脱贫攻坚指挥长。自新型冠状病毒感染的肺炎疫情防控这场没有硝烟的战斗一打响，我第一时间主动担任全村防疫指挥长，在防疫工作中生命重于泰山，疫情就是命令，防控就责任。我顾不上很少在一起的家人，顾不上自己的安危，赶到所督导的白果村安排布置疫情防控工作。在防疫工作中我不仅是一名指挥长，更是一名战士、一名共产党员，必须挺身而出，冲锋在第一线，战斗在最前沿，团结全村干部和统筹各方力量，全力战胜疫情。经过大家共同的努力，保障了全村群众的生命财产安全，以实际行动践行了共产党员的初心。疫情防控战刚取得阶段性胜利，还没来得及松口气，2020年2月27日接到市委组织部的电话，通知3月1日要到云南省镇雄县坡头镇笔花村驻村督战脱贫攻坚。命令是冰冷的，因为来不及陪伴家人，就要拖着奋战1个多月的疲惫身体奔赴下一场驻村督战，但我是一名共产党员，人民对美好生活的向往就是我们的奋斗目标，我无怨无悔。镇雄县的脱贫攻坚关乎昭通、云南的如期脱贫摘帽，乃至全国如期决胜全面建成小康。我匆匆和家人告别，前往笔花村。

脱贫攻坚一定要抓住精准，做到精准扶贫、精准脱贫、精准到户、精准到人，找对“穷根”，才能明确靶向。2020 年 3 月 1 日，按照市委、市政府的统一安排部署，我和督战队长进驻云南省镇雄县坡头镇笔花村督导脱贫攻坚工作。入村后，第一时间认真学习了党中央、省、市对脱贫攻坚相关的最新要求，认真践行市委“133”工作思路，严格对照镇雄县脱贫攻坚“六个专项行动和一个保障”工作方案精准分类施策，认真履行脱贫攻坚督战职责，始终将脱贫攻坚工作抓在手上、扛在肩上，真督实战全力推进工作。

抓党建促脱贫，树立必胜信心

在这个不平凡的庚子年，在全国决战决胜脱贫攻坚的特殊时期，坚持党的集中统一领导尤为重要。坚持党建扶贫双推进，继续开展“基层党建创新提质年”活动和“狠抓落实年”行动，巩固和拓展“不忘初心、牢记使命”主题教育成果，充分发挥党建统领作用，增强基层党组织的战斗堡垒作用是决胜脱贫攻坚的关键。督战队进驻后立即对村党总支及下辖的 3 个党支部和驻村工作队的党建工作进行认真检查，包括档案资料、活动开展、组织建设并及时找出问题，列出 14 项问题清单并指导及时整改。为强化“自强诚信感恩”主题教育，积极引导群众“感党恩、听党话、跟党走”，激发群众发展内生动力。驻村半年来已全程参与 13 个村民组的 30 多次院坝会，确保每个村民小组开好群众会，让党的思想、政策深入群众。经过一系列整改，全村一线三支队伍的精神面貌有了极大变化，干部群众都对如期脱贫有了极大信心。

较真碰硬，“督”出真问题

半年来，督战小分队遍访全村13个村民组898户村民，入户2000余次。到后期，路上见到贫困户，他们都会问：“丁同志，你们又来了？”通过入户核查、座谈访谈、实地了解、查阅档案等方式开展督战工作，边督边战、对问题跟踪到底，不论问题是村级层面、镇级层面，还是县级行业部门，坚持立行立改。发现9类问题：涉及群众感恩教育开展不理想，群众满意度不高；笔花山的二级提水项目完工后不能正常供水，群众安全饮水保障存在隐患，19户村民的到户水管未安装；老房村民小组欧春海户未入住、塘子村民小组虞泽章户未通电；全村暂无垃圾收集处理的有效管理办法，导致垃圾到处乱丢，二次污染路域、村庄环境较差；易地扶贫搬迁还有打牛村民小组的康绍云、王开云2户不愿搬迁；项目推进缓慢，连户路2月28日已批复，现在还没有全部验收完毕；风岩、打牛的村组道路还未硬化；党建的档案资料不齐，归档不规范；有4户的住房有安全隐患，修缮加固的2户需整改，达不到入住条件的有3户。督战队对于发现的问题，不是一交了之，而是立即和村级脱贫攻坚指挥部沟通，要求能够整改的要立即整改，不能立即整改的，要明确整改时限和责任人，确保工作成效。

凝心聚力，“战”出实效果

为及时将问题进行整改，确保问题全部清零，督战队和村级指挥部提升整体联动合力，同驻村工作队、镇村干部树立“一盘棋”思想，拧成一股绳，进一步强化责任意识、合作意识，协同配合，增强工作主动性，自觉服从全县大局。督战队全程参与问题研判，逐一制定整改措施，如存在安全饮水保障问题短板，督战队积极和坡头镇县水务局联系，经过反复协调，现已正常运行并通水，解决了 12 个村民小组 790 户群众安全饮水问题。紧盯过程，跟进整改落地。通过紧盯问题整改全过程，现已完成 19 户群众的到户水管未安装和欧春海户未入住、虞泽章户未通电的问题，4 户住房有安全隐患、修缮加固的 2 户需整改、达不到入住条件的 3 户，经与村级指挥部和统筹一线三支队伍凝心聚力协调县住建局、镇党委政府进行解决，现包括拆除重建 4 户已全部整改完毕。梳理项目进度，加快建设进度。督战队深入每个村民小组进行逐个项目研究，督促加快建设确保如期完成。截至 8 月份，13 个村民小组垃圾池建设已全部完工，10000 平方米的连户路已全部完成，绵羊、阳桥、塘子、香椿 4 个村民组的一事一议村组道路已完成硬化，风岩、打牛、车棚村民小组的村组道路建设已进行到硬化阶段。既督且战，以一个共产党员的标准全程参与脱贫攻坚作战，全程参与拆除危旧房 4 户、人居环境提升行动 20 次、指导整理完善党建档案 6 次。随着这些问题的整改到位，笔花村的脱贫攻坚工作得到了极大提升，各级检查组视察后给予了好评。

扎实驻村帮扶，解决现实困难

参加驻村工作以来，我始终坚持严格要求自己，各方面都以优秀党员的标准对照检测规范自己的行为，严于律己、廉洁自律、以身作则、处事公正、遵守各项规章制度，关心群众，对群众以真心换真情。认真按照上级要求每月驻村不少于 20 天，在脱贫攻坚最为关键时期每月都是驻村二十七八天，甚至有几个月都没有休息，端午节、中秋节正常工作更是家常便饭。驻村，便是“以村为家”，克服家中孩子、老人无人照顾的困难，把他乡当故乡，全心全意服务群众，做细做实群众的思想工作，倾听群众的意见要求，热情帮助群众解决实际困难，是督导员基本的使命与担当，不能有丝毫懈怠。笔花村又是我们市税务局挂钩帮扶的村，主动找领导协调10多万元硬化了风岩到打牛村民组的道路；争取10多万元资金，通过文明实践超市，结合贫困户人居环境提升兑换积分，100多户贫困户通过积分兑换了满意的碗柜、厨柜、桌子、鞋架、被套等日常用品。此外，争取了省局和东莞市税务局、中山市税务局的支持资金60多万元，对全村13个村民组实施亮化工程。现在随时转到村子中，遇到村民都会被问：“丁同志，你又来了？我们的问题都解决了，我们也有了路灯，感谢你们税务局。”特别是5月份督查出来才整改拆除重建的贾虎勇的老爹、艾祖松的老母亲两位老人，每次遇到都会拉住我的手说：“感谢丁同志、感谢共产党，没有你们，我家的房子哪年才能盖新房。”

离家几百公里外，总会挂念家中的孩子和年迈的父母，但每当看到村民们在家门口就吃到干净水，劳作一天回家就能吃到可口的饭菜，山村夜晚能在路灯的照耀下走在平坦的马路上……这一幕幕美好景象，显现在村民们幸福洋溢的脸上，我感到十分欣慰，正所谓“他乡亦如故乡”。

从巧家县到镇雄县、从督导员转变为督战队员，角色不一样了，但作为一名共产党员的守初心、担使命的本色没有变。作为扶贫干部，必须强化担当意识，要将责任抓在手中、扛在肩上，以“严”的精神和“实”的作风，沉下身子融入群众，和群众面对面、心贴心，沟通思想、掌握实情、激发智慧、增进感情。“群众利益无小事，百姓事情大如天”。只有强化责任担当和坚守民生情怀，以对党、对人民、对事业高度负责的精神，切实把脱贫攻坚作为头等大事和第一民生工程来抓，才能在脱贫攻坚面临的矛盾前敢抓敢管、敢于碰硬，才能发挥最大力量决胜脱贫攻坚战，真正守住一个共产党员的初心和使命。

（作者时任国家税务总局昭通市税务局第一稽查局四级主办、昭通市委派驻镇雄县坡头镇笔花村督战小分队队员）

督导小河村

胡　青

2019年4月19日，我来到大关县寿山镇小河村履行脱贫摘帽督导员工作职责。督导员既是指导员又是战斗员，既要督促指导又要亲自参与，非常考验工作方式方法。既要恪尽职守，发现存在问题及时督促解决，又要和镇、村干部及驻村工作队协调好关系，以利于推动和开展工作。自驻村以来，这一年多为督导工作用尽的心力、无数个失眠的夜晚、十八弯陡坡山路的危险、遭遇新冠肺炎疫情封村隔离等，成为一段难忘且极富意义的经历。

一、做实走访，梳理问题，督促解决

自驻村开展工作以来，不断学习相关文件要求，聚焦“两不愁、三保障”和“571”脱贫标准，根据各个时期和每个月脱贫攻坚工作完成实际情况，及时调整工作方法和思路，开展工作。

（一）做实走访，发现问题。一是通过参加各村民小组群众会、与村民小组长座谈，入户走访卡户、非卡边缘户、危房户、大病重病户等方式，了解群众“两不愁、三保障”情况及脱贫攻坚中存在的问题。二是多次去高山村民小组做搬迁靖安动员工作。黑竹坡是小河村的一个高山村民小组，路途狭窄泥泞，距村委会较远，雨季只有四驱车能上去，群众思想保守，不愿搬迁靖安。2019 年多次与县镇挂村领导、驻村工作队不顾路途危险，入户做易迁靖安的工作。经过大家的不懈努力，2020 年 3 月黑竹坡的搬迁群众在靖安新区开心地开始新生活。三是多次走访农危改户，查看房屋加固情况，发现问题，及时沟通，反馈整改。四是走访安置点，查找存在问题，寻找解决办法。小河村小河安置点由于统规自建、征地难、政策变更等原因，存在很多遗留老大难问题。发现问题后，多次向县里和镇上反映，督促整改。五是查看档案资料及大数据平台，发现存在问题，要求逐步整改。

（二）每月梳理存在问题，督促解决。一是每月根据县调度会和寿山镇例会会议安排，与镇挂村领导商议，对照村出列标准，紧盯短板，列出本月需具体实施的各类脱贫攻坚项目清单，督促村“两委”及网格长对标对表按照工作要求和时限完成。二是对照 571 标准和大关县提出的“十项清零”行动，与大家一起分析零就业家庭、收入不达标户等影响村脱贫出列的重点问题，逐项解决短板。三是对市县巡察组发现的问题，指导并督促整改。四是针对村“两委”工作方式及统筹上存在的问题，督促抓好落实。小河村是全县知名的问题村，群众基础薄弱，满意度低，加之村支书和主任之间工作配合度不够，导致各项工作开展困难。自驻村后，我发挥“黏合剂”作用，促成两者形成工作合力，转变工作滞后状况，全力推动脱贫攻坚各项工作的有序开展。每月针对发现的问题，除拟写督导报告之外，还单独列出重点问题清单，进行跟踪督办。五是督促解决垭口村民小组 8 户农户和打草坝片区的饮水问题。六是劝说五保户拆旧房，帮助其搬家，并个人购买电磁炉送给该户。垭口村民小组一户五保户性格怪异，有轻微的精神分裂症，此前镇村人员多次做工作动员其拆旧建新房，该户一直不愿意配合工作，今天同意明天反悔，见工作人员就躲开。针对该人员的特殊情况，我同村“两委”商议方案，与村监委委员、村主任一起找他反复做工作，经过不断劝说，该户终于同意拆除危房，我买了一个电磁炉送他。七是利用走访和群众会，做好易迁、扶贫扶志和扶智、搬迁新家、人居环境整治等方面的宣传。特别是人居环境整治方面，每次走访都会对群众进行宣传教育，对个别特殊户，多次进行教育，督促挂包人员帮助其打扫卫生并教育其如何操家理务。

二、逐户研判，解决短板，逐步达标

（一）参与进行大走访大排查，逐户研判。一是对全村 1441 户进行过 4 次大型的逐户研判，其后不断排查，弥补短板。二是与脱贫攻坚队一起对特殊户、短板户、辍学生户做工作，逐一销号。如对双营村民小组一户做工作，劝说其同意搬进新房。户主和骨关节严重病变的二儿子住在 C 类房中，常年外出打工的大儿子建有 2 层楼新房，父子二人皆不愿意搬进新建的空置房屋，还住在旧房子中。我与网格长再次做工作，在劝说了一个多小时后，该户最终同意搬进新房居住。

（二）发挥督导员既是指导员又是战斗员的工作职能，亲自动手带领整理综合类档案。此前小河村综合档案很多资料只是存放在电脑上，纸质文档杂乱且未分类。在与镇扶贫办沟通了解具体归档要求后，带领村主任、驻村工作队队长整理综合类档案。把原来混杂存放的档案，按要求整理为 20 多个分类项目，并多次督促指导整理一户一档及收集完善举证材料。经过镇扶贫办几次检查补充，为迎检做好了准备。

（三）关心驻村工作队生活。2019 年夏季晚上小河村两次遭遇单点暴雨袭击，村委会三楼露台由于落水管分流慢，住在三楼的驻村工作队房间进水被淹，队员们的鞋子和盆都漂在及踝深的水中，雨水顺着楼口形成小瀑布淌到一楼。我带领驻村工作队半夜冒雨几个小时用撮箕和水瓢把水舀出露台，直到雨势变弱，房间的水基本不再能浸泡到物品，让大家才能勉强入睡。此后，多次建议整改落水管，催促为驻村工作队安装上照明路灯和插座，解决他们的照明和洗衣机插电困难等问题，使他们能安心驻村。

经过近一年多来大家的辛苦付出，小河村已实现“两不愁、三保障”，基本达到“571”标准。

三、疫情期间，担起责任，补位安排工作

（一）深入一线开展疫情防控工作。面对突如其来的新冠肺炎疫情，疫情就是命令，防控就是责任，这是市派脱贫摘帽督导员必须履行的工作职责。我大年初五及时赶回小河村，在自身防控装备不足的情况下，仍在第一时间立即下到卡点了解设卡及走访摸排情况。打草坝片区出现武汉返乡人员发病传染状况，到村第二天我就不幸成为间接接触者，与村委会全体人员、镇挂村人员、驻村工作队共21人一起被隔离在村委会。隔离之初面对大家一度情绪低落，紧张焦虑的情况，我一方面在精神上尽力安抚鼓励大家，在生活上带领村监委主任用剩余食材简单解决吃饭问题；另一方面在工作上，要求各网格长每天坚持给外出返乡隔离监测户打电话问体温，了解该户各方面情况，与大家艰难渡过了突然被隔离、无任何物资准备的2天时间。

（二）隔离期间履职尽责完成工作任务。2月1日，大关县委陈刚书记亲自来看望鼓励隔离在村委会的工作人员，我及时向陈刚书记提出：目前亟须帮助解决因隔离封村部分群众生病不能外出而又亟需看病的实际困难。在陈刚书记的关心支持下，大关县医院立即派出2名医生来到村卫生室，帮助解决了封村期间群众看病难的问题。尽管自身被隔离在村委会，我依然担心各村民小组的隔离和封闭工作是否做好，有无遗漏，是否有群众外

出串户等情况。逐一给各村民小组长和分支部书记打电话，要求他们组织好本村民小组巡逻队昼夜分班巡逻，守好卡点但不能阻断交通。

（三）解除隔离后，主动承担起疫情防控的组织工作。2月6日，在被解除隔离后，我立即投入疫情防控工作中，查看垃圾临时堆放点的处理，与网格长共同到4个村民小组组织分发口罩，检查村民小组的卡点封堵情况，对打草坝3个村民小组做好防控宣传。2月7日，全县启动疫情紧急防控工作后，小河村成立了3个工作组，面对村支书、驻村工作队仍继续被隔离观察的情况，大关县挂村领导、村主任被抽调到打草坝片区参与重点防控工作，导致村委会形成无人指挥、无人组织开展工作，我主动承担起除打草坝外21个村民小组疫情防控的各项组织工作，统筹村委会现有11人和3辆车，组织开展使用口罩、温度计、消毒液、医疗废物垃圾桶等疫情防控物资的分发工作。每天对卡点设卡工作情况开展检查，要求外勤人员每天与21个村民小组的重点监测户见面点名，了解隔离情况。冒着被感染的风险，在走访中向群众宣传戴口罩、不要聚集等防控知识，引导群众增强防护意识，积极与寿山镇办公室联系村内打印纸、墨粉等物品的补给。在缺少汽油的情况下，自费从小河村的小卖部购买散装汽油给外勤组使用，安排值班人员每天对村委会内外进行消毒。在全体人员的齐心协力下，我不辱使命，全力以赴完成了疫情防控各项工作任务。

（作者时任昭通市委党校公务员培训科科长、昭通市委派驻大关县寿山镇小河村脱贫摘帽督导员）

督导员的一天

盛学伦

按照统一安排，我们荆坪村近两天分成4个组，入户对易迁卡户和同步搬迁户开展土地、就业、就学等意愿调查。2019年6月3日一大早，我和村委会副主任王明松，镇挂村的林业站职工王美盘，建行溪洛渡支行驻村工作队队员谢秀贤，租了1辆面包车，直奔卢家坪村民小组。

从村委会至沙堡，公路刚硬化完不久，一路盘旋上山，至坪河老学校，水泥公路已到尽头，左转进入土公路，继续往山上的卢家坪爬。对面的山越来越不雄伟，公路边的人家越来越稀少。在一个陡坡处，路上堆满了从岩上溜下来的大大小小的石块，我们的车无法继续前行，连忙下来推车，然而一切都无济于事。只得让司机开车返回，我们一行4人继续沿公路步行上卢家坪。

太阳越来越大，山上多灌木藤草，连一棵可以躲阴凉的大树都找不到，只能任凭火辣辣的太阳炙烤着我们艰难前行。终于爬上了卢家坪旁边的岩口，汗水已湿透了衣裳，我们都有一种胜利的喜悦。遥望在村委会看起来无比高大巍峨的冒河山，此时已与我们平起平坐，深感伟人“乌蒙磅礴走泥丸”的豪迈。

卢家坪是这座大山上难得的一处小平坝，是荊坪村23个村民小组中最偏远的村组之一，也是全村4个整组搬迁村民小组之一。稀稀落落的土瓦房或茅草房横七竖八地躺在四围的山林之中。虽然卢家坪已通公路，但路况不稳定，老百姓出行极为不便。王明松说："今天是晴天，我们走起来还比较方便，要是雨天的话，到处稀泥烂窖，没雨鞋可不行。特别是秋冬季节，雾大雨水多，这些村民就多数时间生活在水淋淋、雾腾腾的环境中。"

卢家坪共有10户人家，除1户已将新房建到山下，其余9户全是卡户，他们都将在年底前集中搬迁到昭阳区的靖安新区安置点。我们一家一户地走访，有的村民到墨翰街上赶场去了，有的在后山森林中找天麻、重楼等中草药，家中多数是老人和孩子。种天麻和刺老包、找山货，是当地村民的主要经济收入来源。地里主要种洋芋，因为缺少饲料，没有人家养猪。火塘上挂的腊肉，都是买的猪或猪肉。

多数村民对未来搬迁后的生活，既充满期待和向往，也有担心和困惑。比如担心进城入镇后靠什么生活、是否习惯，现有土地、林地的收入能否保证等。但是，他们对党和政府的关怀和政策都充满感激，更多的是对未来美好生活的希望和期待。

完成意愿户表调查，已是中午1点过。我们在村民小组长雷华银家吃过午饭，又急急忙忙下坡，到猫猫石村民小组开展调查。我们觉得走公路太绕，选择走小路。这条小路曾经是卢家坪村民下山的赶场大路，公路修通后就很少有人走了，如今杂草丛生，有的地方甚至连路影子都看不到了。我们在被荆棘藤草铺满的小路上艰难下行，路总不见尽头，有几次差点摔了跟头。好在一路上没有遇到我们几个最怕的蛇或野猪之类的恶物，总算跌跌撞撞溜到了猫猫石。这个村民小组只有1户易迁、1户同步搬迁。在易迁卡户郭富芬家的檐坎上，我们正忙于填表，小谢忽然发现我右小腿上叮着一只蚂蟥！它显然是在刚才的小路上悄无声息地叮上我的。这小小的古老生灵，早已用我的血填饱了它的肚子。去年在绥江县绍廷村督导时，我曾因搭摩托翻车流血受伤；这次在荆坪，我又因蚂蟥"挂彩"，有了平生第一次与蚂蟥的亲密接触，也算一次难得的人生体验吧！

我们在猫猫石很快完成了调查，又沿坪河大堰去往洋芋地村民小组。

坪河大堰是20世纪50年代末大跃进时期墨翰人民靠人工开凿的一条灌溉水渠，从滤水岩顶上至花园村，10多公里，曾经是灌溉荆坪、花园2个村上千亩良田沃土的主干渠。坪河堰有很多段都悬在半崖上，走在堰埂上，让人胆战心惊，可见当年修建时是何等艰辛。在前些年，平河大堰被维修成三面光，但现在好多段都已被砂石填满，显然已经废弃不用，着实令人感到可惜。荆坪以前曾经受益于此堰的湾子、二坪子、金竹坪、沙堡等的水田，都全部成了旱地，全村没有一块可以栽水稻的水田。

我们顺着坪河大堰，翻了几湾几埂，终于到达洋芋地，此时已是下午5点过，阳光已经只能照在对面的半山上。这个村民小组只有8户人家，其中有2户易迁，但我们的工作进展得并不顺利。其中1户易迁户当初自愿签署搬迁协议，口头上反复表示感谢党和政府的关心，但担心搬迁后无法生存，所以坚决不愿搬迁。无论我们几个如何做疏导工作都做不通，也不愿在我们的调查表上签字。

离开他家的时候，天色已经暗了下来。而我们还得走小路下山，路又陡又滑，走起来双脚打战。我的膝关节不好，要不是拄着棍子，今天一路不知道要摔多少跤呢！好不容易溜到早上上山的硬化公路，看到来接我们的面包车，疲惫不堪的我们，顿时有一种久别亲人的喜悦和幸福。

仲春时节，春风浩荡，关山苍茫。干河，这个深藏镇雄县盐源镇大山深处的地方，几乎夜夜春雨。早上起来，从村委会楼上望过沟对面那架湿漉漉的大山，云雾缭绕，如诗似画，仿佛世外仙山，让人沉醉。

我是2020年3月1日离开永善，作为市委督战脱贫攻坚小分队长来到干河村的。3月10日，又一个夜雨放晴的早晨，为了落实危旧房改造、户间道修建，我和省委下派干河村帮助脱贫攻坚队员、昭通监狱副监狱长马俭洪，市委督战小分队队员、市住建局常开元去村委会对面山上的杉树坡、杉林和麻园3个村民小组遍访。由于山高路陡，担心雨后路滑爬不上坡，我们最终选择以车代步、舍近求远，乘坐挂包这一片的村监委主任刘永申的面包车上山。

望山跑死马。从村委会看过去，感觉从山左面硬化了的公路穿到对面山的背后，应该不到10分钟车程，殊不知我们从埂子、作房等村民小组进入相邻的碗厂镇，绕了一个多小时，才到达碗厂镇笋子村与我们盐源镇干河村接壤的地方。碗厂境内的公路已硬化到户，而我们紧邻的公路还是大坑小凼、又湿又滑的土路，感觉就像进入了“另一个世界”。当然，幸好有这条土公路，否则我们只能从村委会过沟爬小路上岩，据说异常险陡，公路虽泥泞，但相对宽阔和安全。

翻过猴子岩垭口，就看见了沟对面的村委会，好像在我们的脚下。大山大水的磅礴乌蒙山，正是这样神奇又“无奈”。挂在悬崖上的公路在林间蜿蜒下行，有些地方纯粹是从笔陡的崖壁上凿出来的。我们的左边是笔直的高边坡，而右边则是万丈悬崖，站在岩口边上往下望，让人头晕目眩、两腿打战，真是难以想象当年修路时历经了何等艰难险阻！在一处深湾，从岩上滚下来几块庞大的石头横卧在公路上，使这条本就大坑小凼的悬崖路，彻底使车辆失去通行能力。

终于看到了人家。这是杉树坡村民小组，稀稀落落的10多户人家，散居在上下都是大岩的两个湾槽稍平的地方。村民的房子多是乱石墙砌成的土瓦房，到处都是大石包，难怪这里的小地名叫“石砼闹”。组长黄文全，正为刚修建好的蓄水池填埋水管。这个30多岁、略显瘦弱的小伙子，从2015年当选村民小组长，就把解决村民出行问题作为头等大事来抓，次年即组织村民集资修路，人均3800多元，这可不是个小数目，祖祖辈辈住在这大岩上的村民，实在想摆脱不通公路的窘境，他们借的借、贷的贷，短短几天硬是凑了11.6万元，然后租机具、请师傅，轰轰烈烈修起了梦想中的公路。2010年前后，政府投入了13万元，村民们集资了12.2万元，大家还投工投劳，修了整整3个冬天，才只修出一条可供人行的便道。在黄文全等人的精心组织下，这次又用了半年多，杉树坡终于结束了没有公路的历史，我们完全可以想象当年通车时村民的欢欣鼓舞。黄文全说：“我们的公路虽然简陋，而且晴通雨阻，但还是发挥了大作用的，你看我们那几户享受了农危改政策、建起了安全房的村民，如果没有这条公路，想都不要想。不说硬化，要是能够帮我们把公路填补一下，那该有多好！”我的心里突然沉重起来。不维修好这条公路，想直接加固维修住房、修建户间道，无疑都是一句空话！可是我们又能从哪里弄到几万元的资金呢？

杉林在杉树坡和麻园两个村民小组之间。在黄文全家吃过午饭，我们沿着一条林间小路，翻了几湾几埂，10多分钟就到了杉林。这是干河村23个村民小组中唯一没有通公路的村民小组。其实就沿着我们走的小路修一条连接两个村民小组的公路，并不是难事。但当年杉树坡修公路的时候，由于外出人员多、在家人口少，无法集资参与共同修路，使这个组的10多户人家还居住在“与世隔绝”的孤岛。而我们去的时候，新冠肺炎疫情稍缓，回家过春节的务工人员都外出了，再加上建档立卡贫困户大都易地搬迁到了镇雄县城边上的呢噜坪集中安置点，使这个跟杉树坡村民一样，本就人口不多的孤悬在两匹大岩间的村落人烟更加稀少，一幅破败落寞的景象。在杉林，我们只见到两个人。一是余老汉，大儿子一家已易地搬迁进城，小儿子一家在昆明打工，只有他守着这厦房子，那是孩子们的“归窝”；一是冷正荣，一个年轻帅气、有想法、有孝心的小伙子，下步也将和他母亲搬迁进县城的集中安置点。

让人颇感意外的是，杉林组曾经有所小学校，估计就是以前的社小，接收周边几个村民小组的学生上学。从杉树坡到杉林，见到的第一栋建筑物就是荒草中刷了白灰的石砌土瓦房，那是曾经的教室，旁边还有个废弃的厕所。如今，它们跟一些空置的民房一起，在风中成了一段历史的见证。

今天遍访的最后一站是麻园村民小组。我们从杉林的右边上岩，先人在这笔陡的大岩缝隙，硬是凿出一条“之”字形小路，路的内侧是石壁，外侧是高崖，有一段甚至连草都不长，让人走得胆战心惊，我们给它取名：手扒岩。

在手扒岩往前的一个平台，有一壁仿佛被水冲刷成凹槽的巨石，像石林的那种，非常漂亮，不知道它是怎样形成的，让人不得不惊叹大自然的鬼斧神工。这样的奇石，若放在大城市，那必定是游人如织的景点；而生在这荒山野岭，它们就毫无价值，甚至成了人们出行的障碍。所以，有时出生决定命运，而人，又何尝不是如此？

我们左拐往上穿过一丛竹林，眼前忽然开朗，已经到了麻园。麻园与杉树坡、杉林以刚才我们翻过的大岩为界，处在相邻的两级岩层，这里要稍平缓一些，从上边碗厂修下来的一条“S”形公路贯通整个村民小组，并且一路盘旋向下，连通了坝上村民小组，接通了盐溪公路，虽然还没有硬化，但毕竟已经有了公路的雏形，为下步打水泥路面奠定了基础。

在麻园结束遍访，天色已经暗了下来。当踏上碗厂的地界，我们惊讶地发现，这里的公路已经建成了崭新的柏油路，民房也焕然一新！路通百通。真希望今天我们走过的地方，也有得起这样优越的交通。

这，其实也是当地村民们的最急，最盼。我定坚持时不我待的紧迫感和只争朝夕的责任感，解决好脱贫攻坚这项民生工程中人民的所急、所思、所盼。

（作者时任昭通市文联副主席、昭通市委派驻镇雄县盐源镇督战小分队队长）

扶贫记忆

施幸华

昭通是全国脱贫攻坚任务最重、贫困人口最多的地级市。在全省 27 个深度贫困县中，昭通就占了 8 个。2018 年 4 月，全市仍有 624 个村未脱贫。脱贫攻坚成为昭通最大的政治、最大的任务、最大的民生。为确保夺取脱贫攻坚大决战全面胜利，市委决定对未脱贫的村派驻脱贫攻坚督导员，我有幸成为驻村督导员被派到彝良县龙街乡内武村。内武村委会距彝良县城 33 公里、昭阳区 75 公里、龙街乡政府 13 公里，下辖 15 个村民小组。当时有常住人口 859 户 3657 人，全村有国土面积 12.7 平方公里，其中，耕地 7408.05 亩、林地 0.46 万亩。境内最高海拔 1800 米，最低海拔 1200 米。村民主要经济来源靠种植、养殖和务工收入等。通过不懈努力，到 2019 年末，全村经济总收入 4122.32 万元，人均纯收入 7020.7 元，贫困发生率 1.07%，实现了 376 户 1727 人建档立卡户全部脱贫。通路、通动力电、广播电视信号覆盖率达标、通宽带网络、有标准化卫生室、有公共活动场所，村脱贫出列七条标准已全部达标。“千淘万漉虽辛苦，吹尽狂沙始到金。”面对村庄日新月异的变化，面对群众脱贫致富的笑容，工作和生活中的点点滴滴，至今仍让我无法释怀、刻骨铭心。

记忆一：包含“癞子”，一个都不能少

龙街乡位于彝良县上半县，比较缺水，但我驻村的内武村是龙街乡12个行政村中水资源最丰富的村。驻村不久后，竟然有村民反映他家没有水喝。我听后便纳闷了，“水资源最丰富的村竟然还有老百姓没水喝？这可是老百姓脱贫的硬性指标之一呀！”于是，我带着多种猜测向村支书雷万兴同志了解事情的缘由。通过了解得知，村民陈某友家住内武村大田组，75岁，男性，没有成家，建档立卡户，村民们都把他叫作“癞子”。所谓“癞子”，就是医学上所说的麻疯病患者，该病是由麻风杆菌引起的一种慢性接触性传染病，主要侵犯人体皮肤和神经，如果不治疗可引起皮肤、神经、四肢和眼睛的进行性和永久性损害。由于麻疯病会传染，所以当地老百姓“谈癞色变”，村干部也不愿接近他，甚至同一村民小组的村民坚决不与“癞子”吃同一管子的水，导致“癞子”家没有用上安全用水。为解决“癞子”家用水问题，我叫上第一书记朱华，让村上的治保主任冯美林带路到“癞子”家实地查看。一路上，村上的干部特别关心我和第一书记，随时提醒我们两个跟“癞子”讲话时要离他远点，而且还要站在地势比“癞子”高的地方，避免被“癞子”传染。“癞子”家住在村子的最低处，离村委会3公里，当时户间道还未硬化，道路泥泞，走到他家非常困难。他家门前有一水池，但没有水。若要用上安全的饮用水，必须得到同一村民小组10多户人家的同意，并且需要的水管线路很长。了解情况后，我立即召开村干部会议，统一村委成员的思想，讲明水是国家公共资源，也是“癞子”的生命之源，更是贫困户能否脱贫的重要指标之一。然后再召开村民小组会议进行协商，听取村民的意见建议，与十几户村民多次分别沟通，工作很难做，都担心同“癞子”饮用同一水源的水就会被传染。个别村民态度非常恶劣，甚至嚷着水是他们十几户人家接来的，任何人不得用。挂片领导彝良县发改局副局长王抚琴告诉大家：“水是你们接来，但不是你们生产的、制造的！水是国家的、是大家的，每一个公民都享有饮水的权利。习近平总书记告诉我们，在脱贫的路上一个都不能

少，老陈也是我们的村民之一。”就在思想工作陷入僵局的时候，我了解到肖老师是本社退休教师，还担任过校长，与彝良县政协李堂发主席是同学，说话做事在村里很有威信。王抚琴副局长我们一起到肖老师家，先与他聊李堂发主席、聊国家现在的脱贫攻坚政策、聊内武村的教育，一听我与李堂发主席都是政协的人，距离一下子就近了，肖老师很爽快地同意了。我们又到了李世洪师傅家，李师是内武第一个开合法营运车辆的驾驶员，每天开内武至彝良至昭通的网约车，属于见过世面的人。我刚到内武时，李师开的是非营运车辆，我实在找不到车的时候偶尔也会坐他的车，熟悉后他告诉我开非法营运车辆成本低，但风险大，被抓到罚款高得交不起，如果安全出问题也赔不起。我鼓励他办营运车辆，车子和费用接近 20 万，他十分犹豫，多次交流后他决定办营运车辆，我们也算是有缘人了。王抚琴副局长我们一起去他家，说明来意后他也同意帮我们去做群众的工作。在肖老师和李师的协助下，我们一家一家的做工作，告诉村民人往高走、水往低处流，“癞子”家在低处，他家的水怎么会倒流到高处呢？何况是不是“癞子”还有待确诊，即便他真的是“癞子”，也应该有水喝啊。经过耐心反复的交流和沟通，村民终于签字同意饮用同一水源的水了。随后挂联单位彝良县发改局李家洪局长在资金上予以支持，终于解决了“癞子”家的饮水问题。

2019 年年底，在挂联单位彝良县发改局的帮助下，全村基本通村组路和户间道，围绕“两不愁、三保障”和饮水指标户户达标，再次开展“地毯式”排查，走在干净整洁的户间道上，我又来到“癞子”家，远远地看见我们，癞子就跟我们打招呼，感谢政府的关心有水喝了。

记忆二：面对疫情，我们选择了“逆行”

2020 年春节，突如其来的新冠肺炎病毒打破了春节的祥和与欢乐。新冠肺炎疫情发生后，84 岁高龄的钟南山院士 1 月 18 日傍晚便义无反顾地赶往武汉抗疫最前线，全国无数医护人员、解放军、警察、基层干部、各行各业的志愿者奋战在疫情防控第一线，他们用党性的光辉、人性的温暖、人间的大爱让“逆行”成为2020年的热词。春节假期还未结束，市委组织部就通知全体驻村督导员必须立即返岗。疫情就是命令，防控就是责任。在脱贫攻坚督导群中大家议论纷纷，除少数个别同志犹豫外，我们所有驻村督导员在疫情中选择了“逆行”。这种“逆行”，是责任，是担当，是大爱，也是牵挂。

决定第二天出发后，我开始着急了。大过年的，加之雪凌又大，乘什么交通工具才能按时安全返岗成了面临的第一个问题？几经周折，终于联系上了在彝良县洛泽河镇簸迤村驻村的督导员范泽斌，因为簸迤离内武很近，所以可以搭乘他的车一起去。最让人头疼的是怎样才能弄到口罩？这是比什么都重要的问题。如果在家里倒无所谓，大不了不出门，整天待在家里就可以不用戴口罩。但要到内武村去开展工作，没有口罩怎么能行呢？那时的我急得像热锅上的蚂蚁，南门跑到北门，西门冲到东门，窜完一心堂，清空健之佳，就连明通巷的小药店、东门小河边的小诊所都没有放过。人们像疯了一般找口罩，更像没线的风筝找不到方向，此时此刻，你才会体会到人在大自然面前是何等的渺小和微不足道啊！全城所有开门的药店都没有口罩，网上、网上、网上也告急呀，况且远水解不了近渴。回到家中，我冥思苦想、翻箱倒柜，终于在家找到一个用过的口罩。不管怎么说，毕竟心理稍微得到一丁点儿慰藉！

早上9点，范泽斌开车来接着我，我们便出发了。刚进入盘河镇的地盘，大雾笼罩着整个天空，能见度仅有几米，道路全部结了冰，最让人害怕的是随时还有风雪迎面扑过来，把浓雾收得更紧，让人无法看清前面的路，整个车身完全置身于黑暗中一样，更像在迷宫中穿越似的。当车子艰难地驶入蚂蟥沟地段时，这里的车早已排起了长龙。蚂蟥沟段是彝良县和昭阳区的交界处，也是昭彝线上雾最紧、雪凌最大、风最刺骨的地方，常年跑车的人每到冬天路过这里都是提心吊胆的。这时的车子真像身残志坚的蜗牛，在冰上一蠕一蹶的，尽管前面的路再难，但它始终向前。其实很多时候，我们人也是这样，只要有勇往直前的力量，就有方向、就有希望。我们的车子随着长龙缓缓地滑行，一分、一秒，一小时、两小时，熬到傍晚6点钟的时候，饥饿向我们袭来。考虑是不是下车简单找点烧洋芋吃，但担心如果道路一下子畅通又耽误时间，因为我相信我们一直都在向前进。诚然，由于是疫情蔓延期间，加之春节人员流动量大，我们更担心的是在吃东西地方接触疫区返乡回来的人员。当饥饿与新冠病毒同时出现让你选择时，我们毫无争议地选择了忍受和忍耐，因为在当时的特殊时期，至少饥饿是可以艰难地忍耐的，而新冠病毒当时全国还没有治愈的先例，谁不害怕呢？因此，我们只能在车里聊新冠病毒而望洋兴叹，聊脱贫攻坚而如坐针毡，聊孩子前程而望梅止渴，又过去两个小时，已到晚上8点钟，饥饿再次袭来，车子几乎还在原地，我没有和小范商量，直接冲下车，天空飘着鹅毛般的大雪，寒风刺骨，人也站不稳，我佝偻着身体，用手按住头上的帽子，努力睁大眼睛看好脚下的路，不小心口罩掉在地上，口罩和稀泥了，我一歪一斜地买好烧洋芋迅速回到车里，嘴里不停地说着“真是倒霉透顶了”。小范安慰我说，“姐不要生气了，我带得有口罩，分你10个口罩两瓶酒精，我在市场监督局工作，有时工作必须戴口罩，平时家里备得有”。10个口罩，我欣喜若狂，暗自想可以给村上的同志每人一个，即便今晚当山大王也值了。

在煎熬中时间走到晚上10点钟，微弱的灯光照向前面，有人在车与车之间穿梭。“交警、交警……”我激动万分，下车与交警沟通能不能放我们过去，他客气地要我证明身份，我翻遍包包找到市委下派督导员的文件。“不行！你还得给指挥部杨用述打个电话。”电话接通后我告诉他，我与簸迤村督导员范泽斌一行两人要急着赶到村上去参与抗疫，他要我告诉范泽斌的电话号码进行核实，核实后让我们来到蚂蟥沟检查站，测体温和登记身份证的人群排着长队，一个一个依次向前挪动，那天，这样的情形我们先后在蚂蟥沟、毛坪吴家桥、毛坪水泥厂巴抓水电站、簸迤村卡点、观音岩卡点重复了几遍。凌晨 1 点多，我终于赶到了内武村，村委办公室的灯还亮着，挂村领导、第一书记、工作队队员、所有村委成员全部在岗。大家有条不紊地排查所有在县外返村人员，安排村医第二天对湖北或途经湖北人员测两次体温工作，6 个卡点人员值班等，忙得不可开交。

我便迅速投入工作中，首先成立疫情防控领导小组，村委成员和驻村工作队队员进行分工，逐项落实工作责任，细化分工到人到事，明确时间节点和任务，发动党员村民全部参与。其次加大宣传力度，有效引导群众做好防控工作，向村民发放倡议书，确保全民参与和人人知晓，引导群众不信谣、不传谣、不造谣、不恐慌。再次是全面摸底排查，做好疫情监测、管控和信息上报工作，对在外返村人员进行每天两次体温监测，自觉做到不出门、不见人，必要的生活物资由村里指派专人配送并建立个人档案。最后是强化督导检查，加大值班值守卡点力度，对访村人员耐心劝返。不觉已是天亮。

口罩隔不断真情，防控连接着民心。当我打开督导员微信群，发现龙街乡卓基村的督导员孟文超同志还堵在蚂蟥沟检查站。那一夜，在类似我们经过的点上，不知有多少风雪交加中指挥车辆的交警同志、简易帐篷里登记身份证和测量体温的医务人员、围着火塘在村头村尾堵卡的村组干部、彻夜难眠研究部署疫情防控的专家党员干部，还有像孟文超督导员一样还在扶贫和抗疫路上的“逆行者”……他们听指挥、跟党走，众志成城、团结一致，始终不忘初心、牢记使命，用铿锵的脚步丈量责任，用赤子的情怀写下担当。

（作者时任昭通市政协委员联络委主任、昭通市委派驻彝良县龙街乡内武村脱贫摘帽督导员）

聚焦短板弱项　较真碰硬善督

康　伟

按照市委、市政府的统一安排部署，我被派到彝良县海子镇大坪村担任脱贫摘帽督导员，这是我继2018年11月至2019年3月派驻绥江县板栗镇清水村后，第二次接受光荣而艰巨的任务，虽然以前也在乡镇、在村工作过，但是一想到将再次投身在伟大的脱贫攻坚战第一线、前沿阵地中奋斗、拼搏，备感荣幸。

2019年4月16日，市委、市政府召开昭通市2019年脱贫摘帽督导员下派动员会暨业务专题培训会议，市委书记杨亚林同志语重心长又情真意切地提出“找准定位、严格履职，突出重点、强化督导，及时交办、迅速整改”3个方面的要求，饱含着对所有督导员的殷切期待和厚望，同时进一步明确督导任务、压实督导责任。我迅速完成工作交接，简易整理行李后，依依不舍地向妻儿和刚满周岁的小女儿道别，强忍住眼中噙满的泪水，牢记组织的殷殷嘱托，怀揣初心、肩扛使命再次出发，踏上了新一轮驻村征程。今天是5月19日，到大坪村工作“满月”。一个月来，工作上主要突出“访”和“思”。“访”，就是站在“第三方”的角度，用“第三方”的眼光，遍访群众，了解情况，对照脱贫标准研判问题；“思”就是思考问题、解决问题，确保到脱贫验收交账时，没有将任何问题带入“考场”。一个月来，我坚持以“两不愁、三保障”问题为主线，逐组逐户走访，查看生产生活、环境卫生等情况，重点了解各户人口情况、收入支撑来源、产业扶持、危房改造等情况，对有疑问的及时与镇村干部、工作队队员核实情况，严防出现“漏评”“错退”现象。以产业发展为重点，了解卡户、非卡户产业覆盖情况；以感官脱贫为重点，了解群众个人卫生以及室内外环境卫生、物品堆放和公共区域环境卫生情况，全力找准“症结”、开对“药方”、拔掉“穷根”。一个月来，我与驻村扶贫工作队队员、镇村组干部走村串户，完成了 9 个村民小组和所有卡户、非卡户的遍访，对大坪村的民情、贫情有了更加直观的认识。总体感觉是区位偏僻，大坪村位于海子镇西南部，东邻新营村，西邻角奎镇杉林村，南与奎香乡松林村接壤，北邻新营村，村委会所在地距县城 40 公里，距镇政府 19 公里。2004 年通土路，属全镇最后通公路的村，2016 年才实现到村道路硬化，与外界互通交流仅有一条畅通的道路。贫困面大，全村 2018 年年底总人口 351 户 1493 人，农民人均可支配收入仅 4975 元，远低于全镇平均水平。卡户 286 户 1175 人，已脱贫 126 户 542 人，未脱贫 160 户 633 人，2018 年年底贫困发生率高达 42.7%。资源富集，全村国土面积 19.2 平方公里，耕地面积 1810 亩，林地面积 8000 亩，荒山面积 8000 亩。地貌复杂，山高坡陡、沟壑纵横、海拔高差 1100 米，最高海拔 2400 米位于克布丫口，最低海拔 1300 米，位于大田组。气候宜人，年平均气温 13℃，最高气温 34℃，村委会所在地最低气温 -7℃，年平均降雨量 1086 毫米，年平均日照数 800 小时，无霜期约为 250 天，立体气候明显、高山低温潮湿、河谷干热。

作为从彝良县海子镇走出来的干部，虽然人熟地熟，但是面对大坪村这样的贫情和今年如期实现脱贫出列的艰巨任务，如何找准定位，将“督导员”与“战斗员”进行有机结合？如何推进大坪村高质量脱贫？一个月来，这些问题始终不停地在我脑海中涌现、反复。经过一个月的深思熟虑，结合绥江县督导工作经验和大坪村实际，我初步厘清了督导思路和重点工作任务。

一、对标对表，紧盯脱贫短板弱项

聚焦长期稳定增收，大力拓宽收入来源。坚持把劳动力稳定转移就业作为事关脱贫攻坚胜败的关键一招，持续做好外出务工宣传动员工作，确保能外出务工的，全部组织外出务工，不能外出的就近组织务工或通过公益性岗位解决就业，确保每一名劳动力都有事可做、有稳定收入。坚持把产业培育作为脱贫增收的重要支撑，引导农民念好“山字经”，唱好“林草戏”，打好“果蔬牌”，巩固提升花椒产业，大力发展竹产业和生猪、黄牛养殖。

聚焦住房安全，全力查缺补漏。对照“结构稳固、遮风避雨”标准，按照“以房找人、以户对房，危房不住人、住人不危房”要求，全面摸排危房现状，区别情况、分类指导，分类施策、一户一策，以修缮加固为主，多方式、多措施并举，坚决确保不漏一户、不错一房，推动全村危房清零。

聚焦义务教育有保障，全力控辍保学。严格落实“两查四对”控辍保学机制和“四步走”工作法，全面摸清上级反馈的辍学学生或内部掌握的辍学学生基本情况，督促落实控辍保学包保责任人，制定落实劝返帮教措施，督促按期返校上课，对还没有到校上课的，与包保干部一道深入群众家中，扎实做好监护人思想工作。

聚焦健康扶贫，确保基本医疗有保障。定期排查卡户非卡户大病支出和报账情况，认真比对群众家庭收入、医疗支出等情况，对自付费用过高，可能导致返贫或致贫的群众，及时采取各种有效措施进行帮扶，确保建档立卡贫困人口基本医疗有保障，坚决防范群众因病致贫、因病返贫导致的“漏评错退”风险。督促完成2020年度医疗保险费收缴工作，确保不漏户、不漏人。

聚焦饮水安全，切实解决群众饮水困难。对工程性损坏、自然灾害损毁的水利设施，及时限时修复保障供水；定期组织开展梳理排查，对临时性发生的无水情况，及时进行解决处理，保证人人都能喝上安全水、放心水。

聚焦人居环境提升，推进生产生活方式转变。督促村级指挥部依托爱心超市评比工作，用好用活爱心超市相关政策，从引导群众规范操家理务、清洁庭院卫生开始，革除陈规陋习，养成良好习惯，提振精神面貌；充分发挥保洁员公益岗位的作用，解决垃圾乱扔、污水乱倒、粪便乱排等突出问题。

二、筑牢基础，压实攻坚主体责任

督促各级挂钩单位、干部提高政治站位、强化大局意识、履行职能职责，把思想和行动统一到党中央国务院、省委省政府、市委市政府的决策部署上来，全面落实脱贫攻坚主体责任，狠抓政策落地、措施落实、项目推进、资料完善。以抓脱贫攻坚重点户销号工作为载体，紧扣建档立卡贫困户脱贫标准，建立健全横向到边、纵向到底的责任体系，划片负责、分片包干，把重点户分解落实到人，全体包保责任人紧盯存在的问题，督促包保干部定期深入村组、深入农户，与群众唠家常事、谈致富路，引导群众革除陋习、移风易俗、勤俭自强，增进干群之间的联系，全力解决实际困难和问题。

三、真督实导，推动问题整改清零

对走访中发现的问题，对权限属于镇村的个性问题，明确整改目标、整改措施、整改限时；对权限属于镇村的共性问题，及时与挂村领导、总支书记和第一书记沟通，明确责任人、工作目标、整改时限；属县直部门权限的，在每月督导报告和问题清单中及时上报县扶贫办。定期梳理前期发现问题整改盘点工作，对还没有完成整改的，继续督促整改，直到问题清零。

四、宣传发动，激发群众内生动力

参与并督促各级干部充分利用群众大会、入户走访等各种机会，与贫困群众进行面对面谈心，了解他们的真实想法，引导他们树立“宁愿苦干、不能苦熬”的思想，坚定好日子是干出来的信心，激发他们自我奋斗的意志和主动脱贫的意愿，实现“要我脱贫”到“我要脱贫”的转变。总结推广脱贫致富成功经验，特别是本村人士的成功经验，宣传靠个人奋斗成功脱贫的先进典型，用榜样的力量激发群众脱贫攻坚的斗志。把所有工作的开展与群众感恩教育结合起来，从政策的再宣传和群众的再发动、再教育、再引导等方面着手，做深、做实、做细群众工作，切实增强群众的认可度、满意度，努力实现思想、工作和情感“三个认同”。

我认为，驻村脱贫摘帽督导员，就是要站在第三方的角度，以第三方的眼光，与镇村干部、扶贫工作队队员一道，用脚步丈量大坪村的每一寸土地、用汗水浇灌洗刷每一粒尘土、用微笑融化干群关系、用温暖拥抱每一户建档立卡户和边缘户，始终保持决战决胜的信心、冲刺的姿态。2019 年年底，定能将大坪村贫困发生率下降到 3% 以内，圆满完成“村出列、户脱贫”的各项目标任务，确保大坪村与全国、全省、全市、全县一道步入全面小康社会，共同走在乡村振兴的大道上；到 2035 年，全面实现农业强、农村美、农民富的目标。

（作者时任昭通市退役军人事务局党组成员、副局长，市委派驻彝良县海子镇大坪村脱贫摘帽督导员）

扶贫路上绽芳华

成　丽

2018 年 3 月，我被选派到昭通市威信县庙沟镇马河村担任第一书记、工作队队长、脱贫摘帽督导员；马河村顺利脱贫后，2019 年 4 月继续派往彝良县洛泽河镇虎丘村担任脱贫摘帽督导员。把脱贫当事业，把群众当亲人，脱贫出列一个村后，主动申请投入条件更艰苦、困难更大的村担任脱贫摘帽督导员，坚持做到群众不脱贫，工作不脱钩。

走进千家万户，用脚步丈量民情

2018 年 3 月，我在孩子高考关键时期，毅然接受组织安排，奔赴深度贫困山村威信县庙沟镇马河村担任驻村第一书记、工作队队长。2019 年 4 月 18 日，在完成了单位扶贫点威信县庙沟镇马河村的顺利脱贫后，又服从安排来到彝良县洛泽河镇虎丘担任驻村督导员。虎丘村有 24 个村民小组，农户 1553 户 5390 人，有建档立卡贫困人口 518 户 2410 人。为熟悉整个村情况，只用了 3 个月时间，遍访完 518 户贫困户。无论是驻村还是督导期间，走遍了全村每一个角落，每到一户，都详细记录基本情况、存在困难，对照“两不愁、三保障”标准，查看还有哪些不达标。对整户外出务工的实行电话、微信联系，动态掌握每一户的贫困情况。我每天都坚持走访入户，并参与每个星期的脱贫工作研判会，很多挂包队员对贫困户的家庭情况还没有我熟悉，我能说出每一家的致贫原因，每一户的家庭收入，小孩有没有上学，有几个人务工，村“两委”干部和驻村工作队队员及村医生都感叹：“成队长对我们村的情况太熟了。”在我的带动下，驻村扶贫队员坚持白天走访，晚上分析研判，针对当前工作重点、难点问题进行分析研判对贫困户收入情况、住房情况、医疗情况、教育情况、养老情况和享受扶贫政策的情况进行动态监测，脱贫攻坚真正实现了“精准”。

说尽千言万语，用“初心”换“民心”

脱贫攻坚不仅要做得好，而且要讲得好。驻村前，没有乡镇工作经历，只对脱贫攻坚有个概念；驻村后，每天都学习新政策、新要求，刚参加驻村培训，县上发了脱贫攻坚政策一本通，基本书不离手，书翻烂了，就去再找一本。每到一地，我都要宣讲党的十九大精神、宣传扶贫政策、传播党的声音，让群众听党话、感党恩、跟党走。在走访群众时，我随身携带着笔记本，记录脱贫攻坚发现的问题，每天回去后，再把随身记录梳理成问题清单，书面反馈给帮扶干部、单位、指挥部、村委。要求涉及的单位、干部及时整改，整改后再次回访，确保每一个问题都整改到位。

“成督导，我觉得他们给我宣传的扶贫政策有点听不懂，你再来给我们宣传一次”，一个个电话承载的是群众的信任，反映的是我对群众的真心，群众对我工作的认可。

不辞千辛万苦，真督实导真脱贫

不论是担任第一书记、工作队队长，还是担任脱贫摘帽督导员，我始终把脱贫责任高高举过头顶，紧紧围绕“两不愁、三保障”的要求和户脱贫“五条标准”、村出列“七条标准”，抓建房进度、收入保障、学生教育、健康养老保障，确保每一户贫困户都脱贫。

在担任脱贫摘帽督导员期间，切实履行“综合研判、督促指导、协调配合、支持帮协、及时反馈、精准把控”6项职责，聚焦“两不愁、三保障”突出问题，对照户脱贫5条、村出列7条、脱贫成果巩固提升19条标准，积极开展工作。针对虎丘村班子成员年轻同志多，扶贫工作经验不足的实际，对照贫困户户脱贫的五条标准，总结出“虎丘村走访入户五进五看”工作法，有针对性地开展业务知识培训。在走访的基础上开展了全面深入的分析研判，实行每周周例会制度，对上周工作进行总结、安排部署本周工作，压实责任，传导压力，不仅是发现每户农户存在的问题，更是一起整改并督促落实到位，传授脱贫工作经验。3年来，发挥自身优势，联系单位7次，共为两个村协调资金68万元，大大改善了两个村村委会的办公设施，积极对接市县两级教育部门，完成虎丘小学190米通校公路硬化工程提升了全体干部的精气神，凝聚了马河村、虎丘村三委及驻村工作队的力量，让我们对省市检查、普查更有信心、更有底气，带动2个村755户3334人贫困群众顺利脱贫。

想尽千方百计，整合最大力量促脱贫

给钱给物，不如建个好支部。我深知，要打赢脱贫攻坚战，必须有一个坚强的战斗堡垒。驻村期间，督促加快村级组织活动场所建设进度，自己垫钱近 4 万元购买办公用品、电脑、桌椅，目的是马河村党总支部有一个更好的活动室、更大的脱贫攻坚作战室。以身作则，严格落实“三会一课”“党员积分制管理”“党费日”“党员政治生日”“主题党日”等 5 项基本制度或主题活动，村党总支的组织生活正常了，村下设支部由驻村队员挂钩，按期召集开会，组织生活也渐渐丰富了。通过 3 年的努力，2019 年，马河村党总支被评为省级“规范化建设示范党支部”，虎丘村被评为“彝良县党建示范点”。

脱贫攻坚，群众是脱贫攻坚的主体，必须激发群众的内生动力，与“三讲三评”相结合，提出开展“爱心超市”积分活动。爱心超市大力激发了群众的内生动力，外出务工的多了，房屋“脏乱差”现象得到有效的整治提升，同时也为贫困群众添置了生活物品。

在疫情防控期间，我自正月初五到岗后，一直坚守岗位，组织织密疫情防控群众网，严把每一个关口。每天早晚亲自到关口查看，密切关注每一个进村人员，有效确保了疫情防控的稳定可控，目前，没有出现确诊和疑似病例。

我始终做到“脱贫攻坚先攻心、乡村振兴先振心”。所在的两个村的村民称我为“脱贫路上盛开的巾帼之花”“贫困群众的贴心人”、驻村队员的“主心骨”。3 年多，经过 1000 多个日日夜夜的努力，我完成了 2 个村 755 户 3334 人贫困群众脱贫，实现了两个村顺利脱贫出列。

经过长期的督导工作，我与农村这片热土结下了“缘分之果”，在未来的日子里，我将继续用真心换真情，把每一个群众当家人。

（作者时任昭通市委组织部信息科科长、昭通市委派驻威信县庙沟镇马河村、彝良县洛泽河镇虎丘村脱贫摘帽督导员）

长岩村的逐梦小康之路

吴绍煜

滇东北多大山，磅礴乌蒙山绵延千里、山壑纵横，长岩村就掩藏在这峰岭耸峙的群山深处，山青林茂，坡陡谷深，植被覆盖率达 93%，森林覆盖率达 69%。重峦叠嶂的群山犹如一道道屏障，护佑了长岩的绿水青山，但也犹如一道道关卡，“卡”住了长岩人的发展路，闭塞的交通让这里的群众祖祖辈辈守着绿水青山，却过着穷日子。全村总人口 1167 户 4753 人，建档立卡贫困人口就多达 522 户 2558 人，综合贫困发生率为 53.82%。截至 2019 年年底，通过近 4 年的精准扶贫，贫困发生率仍然高达 18.79%，是全省 292 个国家挂牌督战深度贫困村之一。

春暖还树绿，风柔惹花红。4 月的长岩村，郁郁葱葱、繁花似锦，到处洋溢着生机和活力。自 2020 年 3 月初转战镇雄县碗厂镇长岩村担任脱贫攻坚挂牌作战小分队队长以来，我和队员黄胤每天的工作重点是入户遍访群众了解情况，对照“一收入、四保障、两提升”要求，查找长岩村脱贫攻坚工作存在的问题短板并督促推进整改清零。不到两个月时间，我俩便跑遍全村 15 个村民小组，对建档立卡贫困群众家庭进行了走访，迅速熟悉了解了长岩的村情贫情。走村串户过程中，几乎都能直接开车入户，长岩村便捷的交通极大地提升了我们的遍访工作效率，四通八达的农村路网建设给我留下了极为深刻的印象。路，不仅关系着是贫穷还是富裕，还关系着群众生产生活的便利，更承载着干部群众对美好生活的憧憬与向往。

往 昔

2018 年以前，长岩村 15 个村民小组没有一条路硬化，群众出行总是晴天灰里来，雨天泥里去，落后的道路交通条件不但给正常的生产生活造成了极大不便，更严重制约了农产品的销售。“长岩是离碗厂镇最远的一个行政村，以前到镇上只有一条凹凸不平的土路，一到雨季就又烂又滑，汽车不愿跑，摩托常摔倒，又闷又沉的长筒水鞋是人脚一双的标配装备，到镇上集镇一趟，打空手都要走四五个钟头，群众每天都盼着这条路修好。”说起村里以前的交通状况，长岩村党支书记、村委会主任陈文松深有感触。

当 下

忽如一夜春风来。随着打赢脱贫攻坚战号角的吹响，曾经偏居深山一隅的长岩，迎来了历史性的发展机遇，村里的路随之发生了翻天覆地的变化。2018 年以来，长岩村紧紧围绕高质量脱贫目标，坚持以路为先的发展思路，紧盯产业发展和便捷出行，以碗厂镇打造省级四好农村公路建设示范点为契机，整合建设资金约 4500 万元用于打通断头路、突破瓶颈路、修建产业路、连接出行路，共建成 4.5 米宽“村村通、组组通”公路 63 公里、基耕路（采笋道）23 公里、连户路 5.12 万平方米，全村路网实现硬化并完成由“树叉型”向“网络型”转型升级，提前铺好乡村振兴“快车道”，为群众脱贫致富奠定了坚实的交通基础。

如今的长岩村，青翠山间，路网纵横，车辆驰骋。新修的道路如同一条条镶着银边的黑丝带，在长岩村的青山绿水间蜿蜒缠绕，方便了群众出行，带动了发展致富，拉近了乡村与城市的距离。“现在不只是公路安逸了，连山上都修了采笋道，出门就能骑摩托上山种地、打竹笋，到镇里赶场也只要半个小时，落雨天路面也和平常一样干净，除了下地都不用穿水鞋。”村民马竞满心欢喜地讲述着身边道路的巨大变化。

将　来

道路通，百业兴。良好的交通条件将大山这一“沉睡资源”转化为发展资本。结合退耕还林政策，依托得天独厚的自然资源和气候条件，长岩村走上了“交通＋生态特色产业”的发展路子，组织群众大力发展竹产业和土鸡、生猪、蜜蜂养殖。先后投入400万元对原有6000亩天然竹林进行提质增效并新发展7000亩邛竹；投入500万元建设年出栏量2400头生猪养殖场……几年下来，长岩出产的干鲜竹笋、林下鸡、生态猪、土蜂蜜等特色农产品通过便捷的交通远销各地，供不应求，群众的钱袋子越来越鼓，过去的拦路大山如今成了致富金山。“我用方箱活框养了100箱蜜蜂，去年取了4000多斤蜂蜜，卖了6万多元；今年又发展了10多亩竹子，三四年以后每亩打600斤竹笋，按每斤4元算，又可以卖3万多元。”养蜂大户陈文祥脸上洋溢着开心的微笑，对我激动地说。

“今年底长岩村就要实现脱贫出列，党的好政策让我们走上了摆脱贫困的幸福大路。但脱贫只是结果，致富才是目的。下一步，我们将以实施乡村振兴战略为契机，紧紧围绕已有路网建设成果，在充分发挥交通设施的综合效益上下功夫，合理规划产业布局，主动伸手向绿水青山要银子，做大做强竹产业，合理规划养殖业，适时发展旅游业，不断增强自身造血功能，进一步巩固提升脱贫成效，努力实现长岩的全面振兴。”碗厂镇党委副书记、长岩村脱贫攻坚挂村领导颜家荣对未来满怀信心地说。

乡村，因路而变化；发展，因路而提速；思想，因路而解放；贫困，因路而消亡。好时代铺就了一条逐梦小康的阳光大路，长岩人正昂首阔步向着更美好的明天全力奔跑。

（作者时任中共昭通市委政法委员会政治部副主任兼干部人事科科长、昭通市委派驻镇雄县碗厂镇长岩村脱贫攻坚作战小分队队长）

最美的声音

罗雪梅

尽管已是春天，但天气依然寒冷，二半山地区乡间的风吹在身上让人忍不住打冷战，用“春寒料峭”来形容我所驻的永善县青胜乡玉盘村此时的气候是再贴切不过了。早上起来洗漱完毕来到办公室，手头有两份材料要交，我得趁着人少、较安静的时候把材料弄出来，下午还要下乡呢！

办公室就在我宿舍隔壁，都在村委会一楼。这是一幢灰白色的二层小楼，面积不算大，总共被分成了 13 个房间。除去 2 位村干部和 3 位驻村工作队队员以及我这个督导员的宿舍，还有会议室、阅览室、档案室，就没剩几间办公室了。村上的 8 位村干部加上乡上包村工作组的 8 位同志和我们 4 位派来驻村的，可以想象，每天 20 多个人挤在几间狭小的办公室里办公，场面肯定是拥挤不堪和热闹非凡的，同时往往也是烟雾缭绕的。

坐下来刚打开电脑，随意瞅了一眼屏幕上的日期。咦，今天是 2020 年 4 月 19 日，不就刚好是我到玉盘村驻村督导 1 年的日子吗？来永善扶贫 1 年，加上之前在盐津任第一书记、工作队队长的 2 年，我的驻村扶贫经历整整 3 年了，时间过得真快呀！恍惚间，我的思绪开始蔓延开来，原本要写的材料也写不下去了，驻村督导的点点滴滴瞬间涌上了心头。

按照市委的要求，我们督导的村完成村出列任务的话，我们就可以撤回单位了，而如果不是受到新冠肺炎疫情的影响，在 2 月就会迎来国家贫困县退出专项评估检查组的评估检查，可今年年初这场突如其来的新冠肺炎疫情彻底打乱了人们的工作和生活。所幸的是我们有党中央的正确领导，有习近平总书记的亲自指挥、亲自部署，有全国人民上下一心、众志成城的共同努力，我们国家的新冠肺炎疫情防控取得了明显成效。现在疫情防控基本稳定了，听说评估检查组将在4月底进驻永善，为了射好这最后的“临门一脚”，我们村上这几天再次开展全面摸排工作，对标对表，看看还有没有需要查缺补漏的短板问题。事实上，这样的摸底排查，我们已经进行了无数次，为的就是实时掌握动态变化，确保真正万无一失、不留死角。

说到短板，我其实是不担心的。我所督导的玉盘村地处青胜乡南部，是一个秀美的小山村，满目苍翠，植被茂密，气候宜人。人口不多，有农村常住人口450户2079人，其中，建档立卡户210户985人。通过这几年的扶贫工作，已脱贫207户969人，未脱贫3户16人，贫困发生率为0.8%。主要种植玉米、洋芋、水稻、核桃、油菜等，虽然跟全市很多地方一样，都存在产业发展薄弱的问题，但村内许多人常年在外“拉网子”，也就是类似于边坡治理之类的高空作业，所以收入很高，据说每天能挣400—500元，是一般务工工资的好几倍，当然危险系数也高。而且其中好些人还当上了“网子老板”，每年收入更是几十万、上百万不等。因此对照脱贫退出“571”标准，无论是村出列还是户脱贫，都是没什么问题的，村里的基础设施建设和公共服务方面也已经实现达标。从2019年4月驻村扶贫以来，对于少数因病、因残或者遭遇意外和其他原因导致收入或住房不达标的，我们都想尽办法补齐了短板。能解决公益性岗位的解决公益性岗位、符合政策兜底的政策兜底、能争取农危改指标的争取农危改指标、达到临时救助条件的申请临时救助。当县乡两级资金出现缺口时，我们市上派下来驻村的几位同志还积极向各自单位申请划拨工作经费，帮助村上解决燃眉之急。除了找“娘家”要钱，历来不愿开口麻烦别人的我，甚至还动用私人关系厚着脸皮找到县直部门争取了3万元经费。县、乡、村三级、挂钩帮扶单位、驻村工作队、脱贫摘帽督导员，我们整合所有的力量只争朝夕、殚精竭虑，为的就是一个共同的目的——让我们玉盘村和玉盘村的乡亲们摘掉贫困的帽子，同全国一道进入全面小康社会，在脱贫攻坚这场战役中，苦干实干，向组织和人民交上一份满意的答卷！

为了完成这一艰巨的任务，所有奋战在一线的扶贫干部都拼了。记得有一次市上一个督察组来村上督查脱贫攻坚工作，临走时那位组长在肯定了我们村的工作后，感慨地对我说："你作为一个女同志，孩子还在上小学，家在昭通，离得那么远，抛家弃子驻村扶贫 3 年，实在是太不容易了。"我听后淡淡地笑了笑，其实，何止是我不容易，我身边的扶贫干部又有哪个不是克服了重重困难呢？明明家在本村，却为了工作更方便，一个人干脆把家"搬"到村委会的胡刚支书；孩子没人照看，背着奶娃娃上班的胡录平副支书；夜深人静时别人都已经休息了，而他却常常还在加班的业务骨干、"90 后"村副主任小高；家住乡上，天天骑着摩托车风雨无阻奔波几十公里上班的治安员小张；领着不高的工资，却依然任劳任怨的扶贫志愿者小唐；刚从部队转业回来没多久，还顾不上与家人好好团聚、照顾一下怀有身孕的妻子的驻村队员李章坤；县农业局派驻的驻村队员万大姐，50 多岁的人了，照样跟着年轻人上山下乡，因为经费紧张请不起炊事员，万大姐还义务兼职给大伙儿做饭；此外，还有秦加毅委员、代彬部长带领下的包村工作组的同志们，他们来自乡直各站所，除了要做好本职工作以外，还得天天到村上开展扶贫工作，常年无休……让我触动最深的是市商务局派驻的驻村工作队第一书记、工作队队长赵声凤，她因为曾经在西藏工作过多年，身体受到过极大的伤害，多项身体指标都有问题，尤其是心脏很不好，哪怕是一段平坦的山路，她走不了一会儿都要喘上半天，呼吸困难，十分难受，可即便是这样，她也咬牙坚持着，从来没有叫过一声苦、落下过一项工作。从建强全村基层组织、推动精准扶贫，到帮贫困户盖房子、修畜圈、建厕所，她样样为群众着想，处处替群众操心。老人生病药吃完了，她从昭通帮着买药；贫困户建厕所缺材料，她去请人捎来；村上老年文艺队演出服旧了，她主动从驻村工作队经费中拿钱出来给老人们重新置办漂亮的演出服；去年有几户贫困户建房资金有困难，影响了农危改进度，她马上向单位领导汇报，积极争取支持，及时补上了缺口。

就是这群无私奉献的扶贫干部，他们舍小家顾大家，把热血和激情、汗水和泪水挥洒在了玉盘村这片土地上，以严谨的工作作风和扎实的工作成效扶真贫、真扶贫，赢得了乡亲们发自内心的尊重和认可。如今，当我走在玉盘的田间地头，听到乡亲们跟我亲切地打招呼时，“罗同志好”“罗同志你们太辛苦了，进来喝杯茶”“罗同志，你们来屋里吃点水果再走嘛”这些亲切的问候乡音，是我听到过“最美的声音”，宛如甘甜的清泉，顿时化解了所有的疲惫与苦累。尽管在扶贫的征程中，我们作为个人留下了太多的遗憾，不能在老人面前尽孝、缺少和家人的团聚、无法陪伴和照顾孩子，但是能够让乡亲们早日摆脱贫困，过上幸福的生活，再苦再累也是值得的。这，也许就是我们千千万万扶贫工作者工作的最大动力和存在的意义吧！

（作者时任昭通市人大常委会选联工委副主任、昭通市委派驻永善县青胜乡玉盘村督导员）

做大小产业　拓宽致富路

吴　林

2020年1月12日，是昭通市昭阳区大寨子乡新林村村民值得记忆的日子，一大早村民个个兴高采烈地来到新林小学，在乡镇领导、站所干部、村“三委”、驻村工作队的见证下，昭通市程锦农业科技有限公司、昭通市裕丰农业有限公司两家农业专业公司与农户签订土地流转协议，当场发放一年的土地流转金及部分种植魔芋的劳务费。

2019年4月19日，我到昭通市昭阳区大寨子乡新林村担任脱贫攻坚督导员，初到新林村时看到村上的情况让我感到十分意外。村委会坐落在一片松林前，邻近没有两户人家，院子里长满了杂草，厕所是气味让人窒息的旱厕，院坝一半泥土一半水泥地，每到夜晚，这里安静得让人恐惧。干部精神面貌差，发展意识滞后，农户除外出务工留守老人，留守妇女、儿童偏多，除了种点苞谷、洋芋，少部分农户养点牛羊，似乎无所事事，三五人在墙根下一边晒太阳、吹牛，一边还要喝点小酒，觉得很满足。人居环境很差，收入无保障，贫困程度深，了解到如此村情，几个晚上我都难以入睡，特别是多次到六组建档立卡贫困户李富海家的所见所闻，对我产生了异样的“震撼”！妻子病逝后，李富海一个人带着3个孩子生活，最大的女儿已15岁却只能一家4口人睡在水泥砖堆砌的一张床上，屋子里空荡荡的，除了吃饭用的锅碗瓢盆，再找不到值钱的东西了，我陷入了深深的思考。

新林必须改变才有发展！

首先，从改变村级环境入手，把院子里的杂草换成了景观树、绿草坪，旱厕改水冲厕所，泥土院坝打成水泥院坝，新建村级卫生室。其次，改变村社干部的精神状态，让村社干部看到新林村未来发展的希望，通过多次召开村社干部会，转变村干部思想观念，增强发展意识；同时逐户走访，与农户交流座谈改变群众安于现状和“等靠要”的思想。

新林村是昭阳区大寨子乡的一个贫困村，位于昭通城西70公里的苍茫大山里，平均海拔2690米，农作物单一且产出低，农户收入以外出务工和散养猪、牛、羊为主，环境条件恶劣。全村原有287户1178人，其中卡户115户286人，易地搬迁贫困户53户246人；现实际人口234户932人，其中卡户62户282人。易地搬迁后，建档立卡贫困户闲置在家的耕地是他们心里的牵挂，也是一直纠结村“三委”、驻村工作队的问题。有的想流转，有的想自己种，有的想送给亲戚种。如何在新一年早布局、早谋划，村“三委”和驻村工作队引导通过土地流转和引进专业农业科技公司规模化科学化种植，实现产业的组织化、规范化、规模化，打出巩固脱贫成果和提高群众收入水平的“组合拳”。

发展需要产业支撑，经过反复实的调研，邀请专家进行论证后认为，新林村适合种植花魔芋。习近平总书记曾说，“路子对了，就要坚持走下去”，我和村“三委”、驻村干部积极行动起来召开院坝会，宣传产业发展思路，盘活土地，流转土地。针对全村产业单一、脱贫后巩固和致富乏力等情况，我同驻村工作队和村“三委”一道入户调查、外出考察、请教专家、引进投资方组建专业化产业公司，发展花魔芋种植，以解决闲置土地流转和农民就近务工问题。主动向乡镇汇报，争取扶贫政策支持，走访广大农户做好群众土地流转思想工作，千方百计开展招商引资工作，最后引进了“昭通市丰裕农业有限公司”“昭通市程锦农业科技有限公司”入驻新林村。在大家的努力和乡镇主要领导、区人民政府的支持下，第一期500余亩花魔芋项目实现落地，种植期间，每天可吸纳近100名农户在家门口务工，实现卡户全覆盖，稳定增收，脱贫致富有保障。经与投资方反复多次磋商，投资方最后同意对有意愿的农户进行土地流转，农户可以收取土地流转费，有务工收入的另外结算。

村二组，一位60多岁老人一直参加魔芋种植公司务工，每天喜滋滋的，我问她种魔芋累不累，老人家开玩笑说："不累谁给你钱，我60多岁了，之前没打过一天工，公司不嫌弃我们老人就算好了，每个月我自己能找2000来块钱，在家里头也硬气了。"家住新林村凤家沟的王顺芬老人今年80多岁了，子女到浙江务工，在家照看留守儿童，有几亩土地前些年送给侄子耕种，后来侄子不愿耕种还了回来，老人家惋惜道："土地闲了可惜，种点啥都比荒了好！"通过流转土地，老人家可以获得租金收入，又可以不让土地闲置，这是一举两得的美事。同在凤家沟的彝族群众凤啟学乐呵呵地清点完土地流转金后说："土地流转后我又跑来公司打工，增加了收入，还学习了种植技术，这样的好事我可不错过！"新林村产业发展迎来了春天，今年预计发放土地流转费、务工费等150余万元，解决了不能外出的留守妇女和部分老人务工收入问题，使留守人员既能在家门口务工，又能操理家务，群众真正得到实惠。

2018年10月22日至25日，习近平总书记在广东省考察时指出："产业扶贫是最直接、最有效的办法，也是增强贫困地区造血功能、帮助群众就地就业的长远之计。"新林村能把小小的魔芋产业做大，就真正给群众找到了一条致富路，但愿将来我们新林村把花魔芋产业做大做强，为群众拓宽一条致富路。接下来，将进一步引导群众积极参与种植，扩大种植面积，同时增加群众收入。

看到签字领钱的群众逐渐散去，我心里也踏实了许多。村"三委"、驻村工作队，特别是村党总支真正起到了战斗堡垒作用，几个月的付出没有白费，虽然现在还只是个起点，但我们看到了新林村明天发展的希望。

2020年8月10日至11日，我带领镇雄县芒部镇新地方村村干部和部分农户一行20人到新林村考察花魔芋种植，看到500多亩魔芋长势喜人，丰收在望。

（作者时任昭通市人民检察院刑事执行检察局局长、三级检察官，昭通市委派驻昭阳区大寨子乡新林村脱贫摘帽督导员）

挥汗如雨　共同铸就脱贫梦

王国光

梦想，承载着内心太多的希望和期盼；梦想，饱含着艰辛与喜悦。也正是那些面对成功时没有开怀大笑、举杯庆贺，而是潸然泪下；面对失意时没有消极颓废、等待观望，而是面带微笑继续前行的点点滴滴令我肃然起敬。虽然驻村只是短短的两年，但是在坪地营村的每一天，我常常被那些共同铸就脱贫梦想的干部、群众感动着。

他们寻梦，不像徐志摩笔下的“寻梦？撑一支长篙，向青草更青处漫溯；满载一船星辉，在星辉斑斓里放歌”那样凄婉哀伤，也没有像岳飞那样“惊涛拍岸，卷起千堆雪”的激情澎湃，而是在各自的岗位上筚路蓝缕。作为干部，他们用自己的言行诠释着肩上的责任和担当；作为群众，他们彰显了“为他人着想的善良”之举。也正是干部与群众之间的无缝对接和无障碍沟通，共同克服了“一山放过一山拦”的实际困难，缔造了一个又一个“堂堂溪水出前村”的欣喜。其情、其景、其人、其事……可谓一言道不尽脱贫梦，一生品不完驻村情。

2019年9月21日 星期六 晴

深秋的早晨，天空显得更加蔚蓝。沐浴着和煦的阳光，我被没有任何厂矿的环境中所散发出来的清新空气陶醉，特别迷恋太阳由金黄色逐渐变为光芒四射的过程。我常常认为，这样的场景、这样的状态能坚定一个人面对任何困难的信心和决心。

按照惯例，今天是村级脱贫攻坚调度会议，所有挂钩联系坪地营村脱贫攻坚工作的干部都将按时参会。和往常一样，大家按时先后抵达会议室，在相互礼节性的寒暄中，镇工作组组长蒋德江同志神情凝重，相对往日平添了几分忧郁，也正是这样的表情，令会场气氛严肃了不少，大家更加期待是什么样的工作能让一向泰然自若的组长如此神伤，就连以往迎接国家、省、市、县的各类检查，都没见过他有今天这样的表情。参会人员几乎都表现出一种越看不清越不甘悬着一颗心的好奇，焦急地等待着接下来即将要发生的所有事情。

“同志们，今天的主要任务仍然是围绕‘两不愁、三保障’进行遍访安排，在大家入户之前我要和村上的同志，并邀请督导员参加，先到14社村民罗兴会家处理‘非洲猪瘟’的有关事项。”蒋德江同志的讲话解读了他会前的表情，道明了神情凝重的原因。所不同的是，与会的同志却变成了他会前的表情。

在这个自然界，人是最坚强也是最脆弱的物种。坚强时无坚不摧，所向披靡；脆弱时不需要武器射杀，可能一团雾气，一滴轻轻滑落的水珠就足以致命。

但凡我们驻村的干部都十分清楚，特别是之前上级部门下发的《非洲猪瘟防控知识手册》，让大家进一步了解和掌握了疫情的危害性，也正因为干部知其然和所以然，心里才会担忧、忐忑、感伤。我们全村374户建档立卡户，绝大部分都是罗兴会家的缩影。常言道“不怕一万，就怕万一”，如果疫情蔓延，姑且不论防控工作的开展和落实，就是面对群众的辛勤劳作付诸东流时的绝望，包保干部也不知道应该对群众说点什么才好。实践证明，类似局面的控制，其安抚方式常常是用时间来解决，所有的开导，在信心百倍的希望破灭之际都显得苍白无力。

蒋德江同志讲话的声音不大，讲话也不长，整个工作安排井然有序，人员分工和职责分解很具体、很明确，属于按照讲话要求执行就能见到成效，不需要结合实际贯彻落实的那种部署。

整个会场气氛几乎凝固，个别同志眼里还隐隐约约地噙着泪花。因为生猪养殖也是“精准扶贫”中见效最快、群众认可度最高的重要举措，这里面同样蕴藏着我们包保干部的心血和希望，既是硬核指标“不愁吃、不愁穿”的有力支撑，也是“想吃就吃”的有力保障，更是衡量我们包保干部迎接脱贫成效考核的答卷。

“请大家就按照会上的安排和要求，各司其职吧。”蒋德江同志的再一次提醒，才把与会的同志仿佛从各自的座位上慢慢地拉了起来，参会的每一位同志都忧心忡忡地离开了会场。

罗兴会是建档立卡户的户主，全家共有 5 人。属于 2019 年易地搬迁至卯家湾就实现脱贫目标的对象，3 个小孩正在上学，丈夫陈祥，常年在外务工，家里的大小事务全部落在了当妻子的罗兴会身上，为了联系方便，没有把陈祥作为户主。包保干部是县委宣传部的副部长陈兴虎同志。

年初，在精准施策上，陈兴虎同志下足了“绣花”功夫，与其制订了“户脱贫”计划。通过综合评估、筛选、思考，确定把生猪养殖列为“吹糖见米”的收入支柱。

罗兴会全家也很高兴，并多方筹资，硬是拿出战天斗地、背水一战的精神养起了 11 头生猪，若无变化，到年底举家搬迁卯家湾时，最保守计算，大的 6 头猪，每头至少能达 300 斤，每斤 5 元，每头毛收入 1500 元；小的 5 头，每头至少也是 200 斤，每头毛收入 1000 元。总的 11 头猪毛收入可达 14000 元，就算扣除成本，至少也有 1 万元，加上丈夫外出务工的收入，人均纯收入至少可以达到 1 万元以上，远远超出人均纯收入 3750 元的脱贫标准。毋庸置疑，一定是高质量脱贫。在每次村级调度会上，大家一致认为她们家是全村“建档立卡”户中的中上水平，对照“两不愁、三保障”的指标衡量，可以高枕无忧。

从村委会驻地到村民罗兴会家，总的路程不到 1 公里。我遍访时去过她家，步行一会儿工夫就到。然而，今天走起来觉得很远很远，大家在路上都没有说话，只是紧紧地跟着蒋德江同志不停地前行，而且人与人之间在宽大的村组公路上离得很近很近，生怕跟丢了似的，径直走着走着，或许各自都在想，到了目的地以后要怎样开口说出第一句话，要帮户主做点什么才好。

这是农村随处可见的典型民居，进正屋之前是一块 40 来平方米的院坝，正屋的右边连接着厢房式的小平房，属于石混结构，整个屋面矮于正面的房子，小平房向正屋左边开了两道栅栏门，一看就知道是圈舍，房顶上还稀稀疏疏地晒着些玉米棒子。右面是另外一家住户，连着正房，有一条通往其他农户的小路。

站在正房大门对面的院坝边沿，映入眼帘的是一位头发齐肩的微胖女人，侧身蹲在大门的右侧，脸朝圈舍的方向，头发只扎了发髻处，其余头发随意地散落下来，不是很整齐。身着黑色的衣服，脚上穿一双带有新鲜泥土的塑料凉鞋，像是刚从地里回来的样子，右手执一把菜刀在切猪草，顺猪草的方向靠墙斜放着一个背篓，背篓比蹲着的人高了半截。大门左边的屋檐下，有一个小男孩，七八岁的样子，正在收拾着凌乱的锄头、镰刀之类的农具。

“罗兴会，你在家的啊，我们找你有点事。”蹲着的女人立马站了起来，双手在腰间正反面地擦了一下，还把双手放在身前搓了搓。

“哦，蒋部长，是你们啊，快进屋来。”

坪地营村的干部、群众都管蒋德江同志叫蒋部长。原本他就是镇党委委员、武装部部长，不要说在我们村，就是在全镇的其他村，如果是说蒋德江同志还有人不认识，要是说到蒋部长，那是家喻户晓、人人皆知。纵然是邻里有点纠纷，或者是意见不统一，只要有一方说，是蒋部长说了的，大家也就不再争论。

屋檐下的小男孩手握着锄把，锄把与其身高差不多，侧身凝望着我们，面带腼腆的笑容，小声地叫了一声我身旁的村监委主任王国香，也可能是小男孩唯一认识的一个人。

“孃孃！”语气中带着稚气和娇羞。

“哎，今天是星期六，没有上课哈。”王国香主任满面笑容地作了回应。

小男孩笑而不语，手依然握着锄把，与其说是握住，倒还不如说是拉着，左脚在锄头尖上不停地来回滑动。

“坐就不进屋坐了，长话短说。我们在入户摸排的过程中，通过县畜牧部门的检测，发现你们家的猪感染了‘非洲猪瘟’，按照疫情处理规定，要捕杀、消毒、深埋。”

“哦，是这样啊，那到还省得我喂了。老二，快来把猪草收了，不切了，反正有3个猪也不吃东西，我还想到早上随便加点猪草，多搅点苞谷面煮来试试。”

罗兴会说话的语气听起来很轻松，似乎在笑，但一看脸色比哭还难看，眉皱成核桃皮子一样，眼眶里闪动着泪花，想必她已经知道猪生病了，只是不知道是什么病、有多严重，或者是想赌一赌自己的运气，兴许把猪食煮得更精细些，猪就会吃食了，那将是何等的幸运。

“来了。”小孩放下锄头跑了过来，弯下腰，用双手抓住地面的猪草准备放进背篓里，当双手举起的高度接近背篓的边沿时，猪草还是从那双幼小的掌心中滑落下来，连续抓了两次，没能把猪草成功装进背篓，样子酷似龙应台在《蝴蝶结》里帮阿婆捆绑玫瑰花的小男孩，看着令人有点心酸，但也令人高兴，这样的孩子长大了一定能自理。

“来，小朋友，让我来。”王国香主任走过去，熟练地收拾起来，用扫帚将已切碎的猪草一并扫起装进背篓里，地面已看不见猪草的痕迹。小男孩仰着脸，笑得很甜，很天真。嘴里说着“谢谢，孃孃”！

我们到场的人员呈弧形一字排开，半包围着罗兴会。

“张书记，你也来了啊？”罗兴会这么一喊，我们转过头来，看见已来到我们身后的镇党委书记张荣同志。张荣同志在新街镇工作虽说才两年多时间，但全镇的建档立卡户几乎都认识他。

“昨天晚上十二点过的时候，德江跟我说你们家的猪，经县上检测，确定是‘非洲猪瘟’病。工作组今天早上来处理，我过来看看，这也是我们新街镇的第一例，看看你们家有哪样想法，有哪些困难需要党委、政府帮助解决的？”张荣书记边说边走进了我们已经让出的空位处。

“说啥子话哦，张书记。这几年来你们帮我们家帮得多了，原来想到下年就要搬家，喂点来卖，宰个把来带出克。一来可以帮老者添补一点，二来也可以送点给亲戚，自己留点来吃，到新家后就喂不成猪了，如果各方面都顺利的话，这可能也是我这一生最后一次喂猪。来！来！全部都不要站在外面了，都进屋来说话。”话音落下的时候，罗兴会的腔调明显不如起初那么流利，带了几分哽咽。

“那就不耽误时间了嘛，德江，就按你昨晚说的方案开始工作，我和督导员陪陪主人家。”张荣书记一脸表情复杂地望着蒋德江同志。

“请臧支书克把兜兜车开过来，请邓廷辉主任把畜牧站的人员喊过来，把衣服换起。请朝贵、尚先、王国香你们3个守好三方路口，如果有人来，叫他们暂时不要通过，等我们处理完了再走。”蒋德江同志的话音一落，随行的所有人员便各自忙碌了起来。

我和张荣书记走到正房左边的屋檐下，并排站在滴水处。小男孩双手挽着罗兴会的左手，秋千式地前后摇摆，嘴里还不时地轻轻呼唤着妈妈，妈妈也将右手伸过来抚摸着孩子的头。我们大小4双眼睛盯着院坝里穿梭的人员。

兜兜车开过来了，里面装有一些石灰。有6个人穿上了白色的防护服，手上都戴着医用手套，脚上也用塑料脚套作了防护处理，这种衣着分不清谁是谁了。有一位背上背着一个高压电击器，是专门用来瞬间击毙活猪的；有一位手里拿着一个很大的注射器，里面装了满满的药水。

“妈妈，这是要整哪样？”

“我们家的猪病了，人不能吃，会影响你长大、长高，还会传染周围团转的猪。叔叔和孃孃来帮我们把病猪埋了。”

“那咋不医呢？”

“医不好了，是一种外国来的病。”

“外国的病咋过会跑我们这儿来呢？”

妈妈没有说话，偷偷地用衣袖滑过了自己的脸庞，在眼睛处停顿了一下。

身着白色防护服的工作人员两人一组，分别从两道栅栏门上跨了进去，不一会儿，听见一声微弱的猪叫声，分不清是从上屋还是下屋传出来的。还听见有人说“拿住了”，同时喊到“把圈门全部打开”。

站在院坝中间的另外两名工作人员，一人手里拿着好几个白色的口袋，快速地走到猪圈门口。听见有人说：“先装小的，拉上车了再装大的，不然人少了抬不动。”

一个白色的口袋，两个白色的口袋……起初的5个口袋都是两人一个抬出来的，后面的6个口袋是4个人一个抬出来的。

小男孩放开妈妈的手，跑到圈门口一看。叫了一声“妈妈，我们家的猪——全——没——了！”便放声大哭起来，妈妈跑下来一把搂住孩子，没有说话，一个劲地轻拍着孩子的背，眼泪像断了线的珠子一样掉落在小男孩的头发上，之前的所有设想就在今天，就在此时的阳光下变成了肥皂泡。

张荣书记走到母子身边，说道：“你要坚强一点，安慰安慰孩子，心情可以理解，我们已向县委、县政府上报了你们家的情况，努力地帮助你们家争取一点补助，镇上也想办法帮助解决一点，尽最大努力降低你们的损失，你先带着孩子回屋，我给大家交代两句就来和你们说说话。”

罗兴会也是个十分明事理的人，听了张荣书记的话，转过身对着孩子说：“没事孩子，不哭了，过几天妈妈再买。”便牵着孩子的手进屋了。

车已经装好了，有两个工作人员还背着两个大大的喷雾器围着所有站在院坝里的人、停在院坝中的车开展消杀工作。

村总支书记臧庆怀向张荣书记报告，挖机已找好，是二级路建设指挥部的，他去开兜兜车的时候就开过去了。村主任邓廷辉还说：“深埋猪的地点就选在离这儿有3公里、没有人居住的翻根树丫口，地点僻静，平时连放牲口的人都不会经过，也就是二级路建设的一个弃土场旁边，那儿安全。”张荣书记对支书、村主任说：“从现在起，你们要严格按照要求落实好防控措施，我同意你们的工作方案。请通知参加今天处置的同志，先做好消杀工作，回去以后立马把衣服换来洗掉，三天之内不得进入农户家中。把监委主任王国香叫来，你们先去工作，我们随后过来。”

蒋德江同志带着所有车辆和工作人员出发了，院坝里就剩下我们3个人，我和王国香主任跟随张荣书记径直走进了罗兴会家的堂屋。她左手搂着孩子坐在很旧，但很整洁的沙发上，孩子没有哭，但还在抽泣。罗兴会不停地用左手擦着眼睛。看见我们三人进来，想站起来，但张荣书记抢先一步说道：“不要起来了，你们坐着听我说。”王国香主任走过去坐在了罗兴会身边，双手拉着她的右手。

张荣书记缓缓地说：“陈祥，回来，你叫他来找我一趟；要是不回来，你叫他给我打个电话。”

“谢谢你，张书记。让你们操心了，这几年都在麻烦和打扰你们这些干部，我也说不成哪样话，也不晓得咋感谢你们，这辈子我都记得你们，我还在跟娃娃些说，你们这些人真的太好了，吃的、住的、穿的都帮我们想得很周到。”

“这次你们家的损失很大，大家都不愿看到，这是病，要往宽处想。”

“说不难过，那是骗你的，张书记。不过，请你放心，等把这几天过了，我跟老者再商量哈，也不能全都倒在你们身上，你们不欠我们家啥子，就算是欠啥子，我也不能逼你们。”

“那好嘛，王国香，你在这里多陪哈罗兴会，要是有问题就带回来我们研究，吃饭的时候叫你，我跟督导员一起去处理现场看看。”

我和张荣书记走了出来，微风拂过面额，令人不寒而栗。

想想罗兴会与张荣书记的对话，罗兴会那种坦诚、农民身上流露出来的真挚，特别是农村妇女少有的那种坚强，也许她强忍住的不仅仅是泪水，还有那些无以言表的辛酸。

我看了看电话，现在是中午十二点半。

当我和张荣书记来到翻根树丫口时，挖机正在回填土方，所有在场人员面容焦虑，我和大家一样伫立着凝视挖机忙碌，直到铲上最后一撮土。

全体工作人员三三两两地向张荣书记走过来，挖机师傅已将挖机驾离生猪填埋的不远处熄火，并大声喊道：“蒋部长，你们先给挖机消毒，我明天才来开了，我人是消过了的，我先回指挥部去了哈。”

“好的，谢谢你！”蒋德江同志边回应边向张荣书记靠拢，问道，“书记，你还要跟大家说几句话不？”

“不了，你带大家去食堂吃饭嘛。”张荣同志的声音显得很微弱。

“同志们，请大家到食堂吃午饭。”

我不想吃，我也不想吃；我要回去一下，我也想回去一下……这是在场工作人员的一致回应，不如平时洪亮，但仍能听清。

张荣书记望着我：“也行，德江，你带大家先走，我想待一会儿，我也不想吃饭。”

我说：“那我陪你，我也不想吃饭。”张荣书记点了点头。

目送着远去的同事，张荣书记递给我一支烟，我俩不约而同地深吸一口，在翻根树丫口眺望着坪地营村的方向，默默无语地站了很久很久。

纵观延绵千年的社会，自有记载以来，贫困如梦魇般困扰着人类的发展。为打破这一梦魇，全世界只有中国共产党有勇气、有气魄，把“消灭贫困，消除贫穷”视为必须打赢的战争。我为生长这样的国家而骄傲、自豪。

我有幸驻村参加了这场没有硝烟的战争，过程让我的灵魂受到了洗礼，让我的人格得到了升华。特别是县社科联的驻村干部沈江，从微薄的工资中省下钱来给“包保户”硬化院坝；县文联的丁世新与“包保户”过大年；县委宣传部的孔祥曙因工作，不能送年老多病的父亲去医院；村总支书记臧庆怀，因腰椎手术后长期站着开会；村委会主任邓廷辉，因工作错过了自己手术治疗的最佳时期；村监委主任王国香，因为工作，常常把女儿留置在幼儿园……

这一切的一切，深深地感染和感动着我，是这些默默无闻的共产党人，用情深意切的爱搭建了实现脱贫梦想的梯子，让我们全面实现了脱贫目标，正在一步一步地走向实现中华民族伟大复兴的中国梦！

（作者时任昭通市文旅局副局长、昭通市委派驻新街镇坪地营村脱贫摘帽督导员）

群众的小事就是督导员的大事

刘　煜

2019年9月3日　星期二　晴

太阳刚冒出山头，我和乡人大主席马开文、乡挂钩工作组组长杨云一行三人，轻车简从前往赵家冲9社开展危房排查“清零”工作，当然主要目的是找马二林家商量房屋加固一事。

赵家冲9社是卡子村最边远的自然村，地处卡子东南角，紧邻贵州威宁出水洞村，自然环境差，坡陡、弯急、路窄，尤其雨天，路滑不说，还经常塌方，车子根本无法通行。为此，早几天前，我就与大家商量好，为保证出行安全，赵家冲的危房排查工作稍稍放后，待天气好转放晴，再开展排查。前天停雨，昨天多云，今天终于等来了阳光灿烂。

尽管天气晴朗，但途中有两公里左右土路仍然泥泞无比，虽是越野车，也很是费了些力才驶出那段泥泞路。不久，车行驶到村口，我们便停车步行。按照随身带来的“台账”，我们第一家排查访问对象是9社马二林家。马二林家是建档立卡户，两个老人均60多岁，女主人董菊菊身患多种疾病，一年四季药不离身。其子常年在外打工，家境贫寒。其住房经专业部门鉴定属C级，需进行加固。据说，此前虽经包保人、社长、驻村队员等多次做工作，他家均以无劳力搬东西而拒绝加固。今天此行，目的就是来做他家的思想工作。

“旺旺旺……”随着几声狗叫，前面窜出来一条大黄狗。

“烂狗儿，不要乱咬！客人都认不得了。”我们三人正在为防狗咬而互相提醒时，一个佝偻着身子，拄着根棍子的老妇人走了出来。一边驱狗一边向我们打招呼。“同志，早得很嘛，来家里坐。”

“噢，是马主席嘛。”“几位领导，快来家里坐。”随即，一位70岁左右的老大爷迎了过来，热情地与马开文主席打招呼。马开文主席是本地人，在乡上工作多年，知名度高，群众大多认识他。

“老马，这几天农活不忙哈？老伴的身体这久咋个样？”光听马主席的问话，我已明白面前的这个“老马”就是我们要找的对象马二林了。其实，驻村的第二个月，我也曾与驻村队员马春雨、9社社长李振元一起入户，但当时没人在家。虽没见到人，但对房屋位置还有印象。

“外边空气好，就在外边坐哈了。”马主席说道。随即，老马从屋里拿出几个塑料凳，给我们一人递了一个。

“这个是市里派驻我们村的大领导，来督促指导我们开展脱贫攻坚工作的刘督导员。杨云组长是我们乡上的，老熟人。刘督导员也是穆斯林，非常关心我们大家的生产生活，今天特意来你家看看，商量一下你家的房子哪天加固。”马主席做群众工作很有一套，说话也很艺术。他一方面调侃式地把我向老马作了介绍，另一方面也巧妙地把话题引入了正题。随后，我便与马二林拉起家常来，从他的姓氏、祖籍、辈分，到家庭情况、土地面积、种植业、收成、子女、生活、身体、低保、医保均聊了个遍。不知马二林是因为听了马主席的介绍说我是什么“大领导”，还是因为我是“穆斯林”的缘故，交谈中我感觉马二林率性、淳朴，且通情达理，不存在“不好说话”的情况。其中，当聊到身体情况时，马二林说自己还可以，就是老伴一身都是病。同时又说道：“老伴都这个岁数了，活一天算一天，现在最可怜的是孙姑娘马梦，考取大学他爸爸不给读。这几天门也不出，整天在家里睡得哭，已经好几天没吃东西了。”老妇人董菊菊也唉声叹气，欲言又止，低头抹着眼泪。

我追问马二林，孙女在哪？老伴赶紧进屋把小姑娘拽了出来，眼睛红肿得像桃子似的。一问，小姑娘更是泣不成声，眼泪一把鼻涕一把地哭诉着自己的委屈和不幸。原来马梦之前曾因先天性心脏病做过心脏手术，据说还要做第二次手术，体弱多病。家里为给她做手术已债台高筑，父母为此常年在浙江打工。她平时靠爷爷奶奶拉扯照顾。3年前，她初中毕业考进北闸中学，因抵抗力差、课程耽误多，今年高考分数只上专科线，前几天被玉溪农业职业技术学院录取，专业是药品质量与安全。其父认为，这种专科学校以后毕业又不分配工作，所以不让她继续读书了。眼看新生报到时间已过，大学梦已碎，她毫无办法，整天以泪洗面。

了解情况后，我一方面安慰马梦别哭坏身体，我来想办法；另一方面赶忙叫马二林拨通他儿子马召凡的电话。电话接通后，我首先向他作自我介绍，说明身份，然后从马梦的身体现状、学业艰辛程度、录取学校环境、专业设置、政策背景、教育扶持政策、未来就业形势等方面给他作了详细的讲解、劝导，试图说服他答应让女儿马梦继续读书。可这个庄稼汉起初就是以毕业后不包分工为由，拒不答应。为了能让这个可怜的小姑娘走出大山继续学习，我已豁出去了，并大胆答应他，孩子毕业后如自己没找到更好的工作，我可以给她联系介绍与她专业相关的企业工作。但随后他又提出，以“新生报到时间已过，学校都开学两个多星期”为由，拒绝答应孩子继续上学。紧接着，马主席又接过电话，以“本土人士”的身份进行劝导。电话里我一再表示，只要让孩子继续上学，学院那边我来协调。经反复讲解、劝说，最后他终于撂了一句话：“我与你非亲非故，你都说到这个份上了，我也无话可说了。如果学院那边整得好（还可报名），那就听你的，给她去读嘛！”

听到他爸爸这句话，我们在场的人都为马梦而高兴。可马梦仍然一脸愁容，摇头说：“已经没希望了。因为一周前，学院招办的老师曾经打来电话询问确认过，说不按时报到就自动放弃录取资格。”我边宽慰她，边向她索要学院招办的电话。我拨通，自我介绍，说明情况。对方回答：“对不起！

招生已结束。”再拨，再拒。再拨……我几乎用恳求的语气求人家，结果接话人根本不多听解释，不耐烦地告诉我，他们的工作是非常负责的，为马梦这个学生他们曾经安排专人电话联系确认过，本人已“放弃录取”就挂了电话。这下，我真没辙了！

“不行！这个娃娃不能不读书啊！”我暗想。孩子那固执的父亲我都说服了，“包票”已打了，可万万没想到校方这么“冷血”。于是，最后的唯一办法是找玉溪市的同行朋友帮忙。电话接通，又重复一番事情的来龙去脉。末了，还不忘叮嘱对方“务必当作我女儿的事来帮办哈”！

等待，焦虑的等待。等待中，马二林两夫妇热情地劝我们喝茶、吃核桃，一个多小时后，玉溪那边朋友的电话终于来了，我接通就问：“情况咋样？”朋友回答说，他电话找人联系了，人家说招生截止了。“咋那么冷血啊！不就晚了几天嘛！”我内心很着急。“喂！喂！别急嘛，你听我说完嘛。”“我咋不急嘛？孩子不能没有书读啊！”“哎呀，后来我亲自去找到分管招生的副院长了，人家给了点薄面，答应了，但……”“答应啦？真的？哎呀，你咋不早点说啊，故意急我哈！”“别激动嘛，人家副院长出面协调，开了绿灯同意了，说新生都军训好几日了，如果要读，务必在明天最迟不能超过后天到校报到。”电话里，我千恩万谢，反复对玉溪的老朋友表达感激之情。至此，终于大功告成！此时，一直在旁边哭泣的马梦脸上终于露出了久违的笑容，马二林夫妇脸上的皱纹也一下子舒展开来，嘴里反复重复着说：“哎呦，我家马梦今天真是遇到贵人了，读得成大学喽！”并不停地往我们仨手里塞核桃、烧洋芋。

为了让马梦顺利入学，我不停地电话联系，乡扶贫办、民宗办、区民宗局、区教育局，雨露计划补助、少数民族学生补助、助学贷款，一家家联系，一件件落实，叮嘱马梦到哪里领补助款，到哪里办助学贷款，目的是让这个可怜的孩子能顺利进入大学圆她的大学梦。

茶水喝了，核桃、烧洋芋也吃了，马梦读书一事也尘埃落定。我们起身告辞，两个老人执意要留我们吃饭后再走，我们婉言谢绝，表示还要去其他地方排查核实危房。临走时，我问：“老马，你家的房子什么时候加固？”“哪天来都行。”马二林老人边送我们边回答。女主人董菊菊也急忙说：“你们安排嘛，只是请社长提前一天通知哈，好让我们收家私。”“要得。老人家，房前屋后的卫生也要整好哈！过几天我们要组织人来检查哟！”我边走边说。

“要得，感谢你们几个同志喽！害你们样样为我们操心。”“几个同志慢走哈！”两个老人一边说一边向我们摇手致谢。

在回村的路上，大家有说有笑，都在“恭维”我，说我厉害，不但搞定了马二林的思想工作，同意危房加固，还顺带帮马二林的孙女搞定了读书一事。说实话，马二林夫妇同意住房加固时我应该感到高兴，但却高兴不起来，心里有一种说不出来的滋味。我暗自思忖，马二林老人危房加固之事，我自始至终一字未提，为什么俩老人未说一个“不”字就答应了呢？原因不说自明。另外，我在想，今天我们偶遇了一个求学梦将碎又圆的马梦，真不知到底9社、赵家冲、卡子村、守望乡，甚或昭阳区，全社会还有没有第二个、第三个泪眼婆娑的“马梦”？

虽然心里有些许不安，但还得继续完成一件事：为马梦预定一张上学的车票。

（作者时任昭通市商务局党组成员、副局长，市委昭阳区守望乡卡子村脱贫摘帽督导员）

在督导中见证脱贫攻坚

王德春

在昭通脱贫攻坚这场大决战中，市纪委监委既督又战，投入了大量人力物力，除常规政治监督、纪律监督外，还派出几10个驻村工作队队员和督导员一线参与脱贫攻坚工作。我就是2019年度市纪委监委按市委要求派驻永善县茂林镇冷米村的脱贫摘帽督导员，我衷心为昭通脱贫攻坚这场大决战中有我感到自豪。

从2019年4月14日知道安排我驻村当脱贫摘帽督导员，到2020年2月29日离开冷米赴镇雄县花山乡大河村任脱贫攻坚督战小分队队长，11个月322天，我每月按要求上报督导报告和问题清单，每天晚上用电脑记录在冷米这段时间工作、生活的点点滴滴。20余万字的督导日记、督导报告、问题清单见证了冷米的脱贫攻坚和我无悔的督导时光。

在家门口打工的滋味

2019年5月23日　星期四　阴见晴

早起，见山上没有雨脚、没有雾，有晴的意思，来冷米一个多月了，没有见过几天晴天，我忽然想看看冷米村周围是什么样子。

出门上坡不远就看见半山腰一条挖掘机刚刚修起不久的便道，不用问，肯定是冷米村贡椒基地修的，我不是早就想了解一下冷米贡椒产业的发展情况吗？索性不爬山了，就沿着这条便道转转看看。

山下，是冷米村委会、冷米小学、大坪子易迁点、昭永二级路，尽收眼底。还有苗坪、沟边、营头、长堡、碉上、长地、巫家、寨子等 8 个村民组，这是一个打造新农村试点的绝佳场所。我毫不犹豫地打开手机全景功能来了个全景照，准备恰当的时候跟有关部门说说，争取点支持。

在便道旁一个小山包顶上，一对子母马在嬉戏吃草，早晨宁静而不太明亮的天空下，平添了几分活力。自己也动了童心，用手机给它们照了张相，不清晰，干脆爬上了小山包，就近照。小马不怕生，向我走来，母马视若无睹低头吃草，任由我各种照。

昭永二级路上车多起来了，冷米热闹起来了。顺着半山腰的便道，我一边走一边查看贡椒的种植管护情况。

走了七八公里，终于回到了昭永二级路上，看见不少群众正在陆续集中，有的准备乘车，有些走路，看那架势，不下百人。问一个对面走过来的老者这是去干吗？一对叽叽喳喳说着话从身边走过的妇女抢着说，去贡椒基地除杂草。

问她们多少钱一天？说 70 元一天，不供午饭；山脚党参基地 60 元一天，供午饭，发现钱。看大家心情舒畅的样子，老者说："在家门口打工的滋味，爽！土地流转有钱，在原来自己的地里干活有工资，还不用成本。"看来，发展合适产业，对无法外出务工的弱劳力群众是一条不可或缺的路子，是应该督促村"三委"、驻村工作队和工作组在产业发展上再加把劲了。

假期又成“假”期

2019年6月17日　星期一　阴

这个月在冷米工作半个多月了，还没有休息过。今天，姐姐家公公过世，明天火化，母亲打电话让我考虑工作能够错得开的话回去看一眼。

我常年在外工作，老人多数时间都是姐姐在照顾，这个时候不回去帮一下忙，实在说不过去。于是，我跟村支书和驻村工作队队长交换了近期工作重点，向镇党委周书记请了两天轮休假回镇雄。

下午4点半，刚到家还没有喘上气，工作队队长张涨就打电话说，镇上通知，全市脱贫摘帽督导员工作视频会议明天上午8点半在茂林镇政府4楼召开。

假期又成“假”期。本想请假，但考虑到全市脱贫摘帽督导员工作推进会上，市委领导对督导工作必然有新要求、新部署、新任务，要进一步做好督导工作，这个会必须参加。不是怕领导不准假，实在是督导工作松不得啊！

姐姐家公公过世的忙我是无法帮了，一边让小兄弟送我过去磕个头，见个面，跟姐姐说声对不起。一边联系滇约出行车子准备回茂林。可是最后一班滇约出行已经出城了。无法，我只好左说右说有急事，请他们在高速公路收费站等一下，让小兄弟辛苦再送我去高速公路收费站坐车。

一天时间，来回500多公里，虽然累，但是心安，我终于没有耽误扶贫督导的工作，计划两天的休假又只有等下次看有没有时间了。

舞动达摩克利斯之剑

2019年7月22日 星期一 阴见晴

8点15分到村委会办公室，连值班人员都没有到，无法对考勤进行签到。我在想，我作为市委派驻的督导员，盯考勤，和大家绑在一起打考勤，是否应该、是否必要、是否有效果，脱贫攻坚这场硬仗怎么打才能打好、怎么打才能打赢？按照市委要求这样长期的坚持和坚守值得吗？会有效果吗？如何把纪律这把达摩克利斯剑舞出最佳效果？

最近，同志们都很辛苦，没有触碰纪律的原则、红线和底线，我真的不忍心动不动批评大家，做不到动不动给大家甩脸色。但是，我带头了，多数同志做了，少数同志工作滞后、出工不出力、出力不出工，考勤的日积月累，也必须让他们感受到达摩克利斯的剑气。值班的同志到了，除了签到，我还备注了今天的工作去向，要求大家也要对当天的工作报备。

上午，和邓财银同志去上寨查看户间道硬化工程实施情况，实地查看非卡户王立贵家的情况。查看了单家独户、与周围群众关系僵化、硬化户间道的土地无法协商，刑满释放人员马兴华，父女俩享受了两个指标，原住房处不再硬化。

下午，草拟7月督导报告、梳理存在问题清单。回顾一个月来的工作，重点做了三件事。一是整合督导力量。把挂钩单位县级督导员、村监委统筹起来开展工作，增强了督导力量，通过对标对表市县督导员职责、任务，进一步压实县驻村工作队、镇包村工作组、村“三委”、一线挂联人员和结对帮扶干部责任，增强了督导时效。二是严肃工作纪律。转变作风、下沉一线、户户过关，借遍访扫尾之机逐社、逐户、逐人摸清全部农户的人口情况、就业情况、就医情况和就学情况。坚守底线、不越红线、严格政策，少做锦上添花的事情、下足雪中送炭的工夫，认真听每一户群众阐明自己的观点，耐心听取他们的怨气，真实倾听他们的心声，了解他们的最低诉求，找到群众真实的痛点，也就是精准帮扶的关键点。勇当第一组长、智当第一家长，对于建房能力不足的农户，要勇但责任，要帮助管理好资金、落实帮建措施，卡死时间节点、倒排工期，确保农危改任务如期完成。统筹推进国办系统数据更新和村档、户档建设，进一步增强紧迫感和责任意识、团结意识、互助意识、安全意识，不断提高帮扶成效。三是杜绝考勤漏洞。针对少数人员考勤弄虚作假，一次签一天甚至几天的考勤等问题，对涉事相关人员进行了集体约谈。责成总支副书记重新设计考勤表，相关人员签字时备注当天准备开展的工作。上午9点、下午3点后不再摆放签考勤表，未签字的由值班人员根据报备情况备注，由监委主任查明原因记录在案，在周例会上通报，与当期工作完成情况一并作为约谈、问责的依据。

背靠背躲最疯狂的狗

2019年8月15日　星期四　晴

早上，我和村副主任马华超一起去仓房、水井看户间道和农危改进展情况。这两个地方没什么大问题，但他包片的瓦厂由于历史的原因群众都出去打工了，社长也去昭通打工了，不采取果断措施肯定出问题。

下午，我和驻村工作队队长张涨一同把农危改滞后的村民组全部跑了个遍。在上青查看彭昌明家修缮加固、看汪顺民打地基；下青看汪顺清工程进展，走访杨德兴、杨世兴、杨世军户。在长海，第一次见到社长杨正秀，她去年眼睛受伤去昆明看病才回来，但一只眼睛无法看见什么了，只能戴眼镜。虽然如此，家里收拾得很干净。她带我们查看了几家农危改的建设情况，郑明银户还没有上白灰刷墙，唐顺奎买老梁支书家房子后在坝子里建新房，已经打完板，由于占了老路，群众意见比较大。

在冷米最边远的火石村民组，外来户王德才正在用石头打基础准备浇筑。只是这里狗太多了，社长家媳妇帮我们打狗，那些狗还不断从四面八方冲过来想咬我们，我和张涨许多时候要背靠背拿着棍子防着，直到上车，悬起的心才放下来，这里其他卡户都搬大坪子易迁点了，只有他一家外来户，我们来都心虚，不知道第三方检查时敢不敢来。

在都家，尹德华家在安门窗、陈洪元家已经打板 10 来天、陈洪久家屋里已经粉白、耿怀友家差院坝没修、梁开银家墙体基本完工。碉上吴知万在掌箱、扎钢筋，吴知味是李佳楠的一线挂联，差钱无法完工。长地，梁建华家施工方代建，质量较差，马上提出了整改建议。还去看了支书挂联的中鹏卡户由其妹代建的农危改房。

现在农危改任务重点集中在村上老陶、老王，镇上罗天荣和薛雪、工作队李佳楠几位同志身上，形势严峻。

又来看修猪圈

2019 年 10 月 21 日　星期一　阴转小雨

早上和支书交流了一下，贡椒基地昭永二级路沿线土地流转面积丈量工作已经结束，共流转了 1400 余亩，较好地完成了县委戈书记安排的任务。沙子、瓦厂、通源养牛基地等次适宜区，我曾建议由总支用村集体资金依托村博康合作社来干，但是有镇领导说，村上报的集体资金使用项目是用于建设蔬菜基地，不能改项目了。现在计划用于蔬菜基地的土地全部流转给了贡椒基地，村集体经济发展又没有着落了。

下午，县上派人来落实“爱心超市”地点等相关事宜，一切都是上面定了的，照办就行。地点落实在大坪子易迁点门口，与巫家一户卡户的小超市搭伙，在村委会的领导下，具体业务由他家来操作。忽然记起昨天发现的安全房标识牌子挂在老房子上的问题，我顺便又把大坪子易迁点的 107 套房子全部巡视了一遍，结果只有 10 户人家挂了安全房标识牌子。

大家各自有自己的工作要做，好几天没有去看大坪子易迁配套畜圈的建设了，我一个人去。工人们认得我，一个妇女对我打招呼：“老人，你又来看修猪圈了。”我听着这亲切的乡音，哭笑不得，我有那么老吗?

搬家的好心情

2019年12月18日　星期三　阴转小雨

早上还不到8点，第一批进城入镇搬迁户就陆续到村委会集中了。天空下起毛毛雨，装家具的货车在启动，我赶紧打电话让杜远超找一块雨布来盖上。

按计划，全部人员集中到大坪子易迁点的昭永二级路边上客车，清点人数却发现，先到的着急走，因为还要到文山集中，康家的有两户才到瓦厂的地盘，麻园的周应国家联系不上，只好安排一张车先走。支书说他去瓦厂接康家的两户，我马上叫赵睿抓紧联系麻园的，我和他开车去接。

到麻园社长家门口，看到两个女人背着孩子冲出来，赵睿说这就是周应国家。两个女人兴高采烈地坐进车来，一点没有迟到的内疚，我赶紧说注意孩子的头。这时，小赵风趣地说：“你们迟到还安逸了，督导亲自来接，给你们开车的都是副处级。”两个女人连声说：“不好意思哈，带孩子睡过头了。”

周应国家可谓“双喜临门”，今年又生双胞胎又得新房子。这两个孩子就是他家刚生不久的双胞胎，另一个女人是他妻子的妹妹，来帮他家带孩子的。周应国打工没有回来，她们俩就是带着孩子回来搬家的。两个女人一路叽叽喳喳说她们的打算，直到把她们和赵睿一起送上等着去靖安的专包客车，我还被她们搬新家的好心情感染着。

下午，去靖安帮助困难群众搬家的同志都没回来，村上就我和华超、财银3个人。闲下来，我在思考，进城入镇虽然只搬了13户，但开了一个好头，步入了正轨。现在真正应该把迎检工作列入重中之重来考虑了。因为按照脱贫攻坚的时间节点，后天，如果被抽中，检查组就要进村了。

别了，热情冷米

2020年2月29日 星期六 阴

长期在基层工作，养成了晚上不关手机随时待命的习惯，即使是休假也不例外。昨晚近12点的时候，接到了市委组织部干部科李科长的电话，3月1日前必须赶到镇雄自己所负责的深度贫困村报道开展脱贫攻坚督战。

上午，我收拾好东西后向罗廷华支书、驻村工作队张涨告知了组织的工作安排，大家和我一样意外，因为我们都以为我要等冷米脱贫出列接受第三方成效考核验收以后才会离开。同样的不舍情绪流淌在我们中间，300多天的朝夕相处，他们极力挽留我吃了晚饭才走，张涨更是表态，因为我要开车，只吃饭不喝酒，4点半就开饭。怕我不答应，他马上出门去买菜了。还能说什么呢，反正明天3月1日到镇雄花山大河坝也来得及，加之我也想和大家多待一会儿。

牵挂着冷米的脱贫与振兴，我和支书聊起了村博康种养殖合作社的事，冷米脱贫出列势在必行。只要补齐短板、强化弱项问题不大，目前最重要的是合作社要安排专人管理，把适宜的蔬菜种下去，不然今年就误了。要思考如何壮大集体经济，把服务冷米3700多群众的种养殖业的生意做强做大冷米才有希望。做好上述工作的同时，疫情防控也不能放松，尤其要防外输入，不然任何事情都会受影响。

下午4点半，在冷米一起战斗的战友们除财银、冬梅、薛雪、小赵、马琳等休假回不来外，大家一起吃了一顿“早”晚饭。我举起饮料感谢大家长期以来的理解、关心、支持和陪伴，近一年来工作的点点滴滴都在大家的祝福声中呈现，直到上车，祝福的话仍说不完。深深感到了大家的这份热情，我说：“等到冷米脱贫出列后，集体经济发展做大做强分红时，我会再来祝贺大家！”

回来的途中，直到晚上陆续有战友发信息、微信表达不舍之情，送上祝福，在外出差的书记、镇长听说我要提前走，也打电话挽留看能不能明天聚一下再走，我只能说："别了，热情冷米！"

晚上 10 点，罗廷华支书发在冷米村一线干部 QQ 群里的话，为我的冷米督导之行画了一个圆满句号。他说："工作激情充满信心，工作环境得到大改善，三委干部更加精气神，丰富工作经验得到吸取，思想观念得到大改变，村容村貌得到有效治理，困难和问题化整为零，群众衣食住行得大实惠。这一切收获感谢督导的辛勤汗水浇灌及付出，冷米人民永远不会忘记你曾经的足迹，辛苦了！祝事事顺心，工作顺利！"

我只做了力所能及的工作，想不到大家对我评价如此，在新的岗位上，我将继续努力前行。

（作者系昭通市纪委监委保留副处级待遇干部、时任昭通市委派驻永善县茂林镇冷米村脱贫摘帽督导员）

紧盯问题不放松　齐心协力补短板

马胜虹

农民出身的我受家庭熏陶和父辈扶贫济困思想影响，少年时期就开始热衷帮助别人。参加工作后，一直在关注农村贫困人口的温饱问题，并倾力倾情为贫困山区孤儿、失学儿童、患重病无钱医治等弱势群体送去温暖。昭通市扶贫工作开始“挂包帮”以后，我直接参与到帮扶工作中来，并以撰写调研报告、提案等形式向上级相关部门呼吁。2019 年 4 月 19 日，被组织选派任昭阳区小龙洞乡小米村督导员的我入住小米村。自驻村督导工作以来，我与驻村队员、乡村干部、帮扶干部一道，对照户脱贫 5 条、村出列 7 条标准，切实履行职责，心无旁骛查问题，脚踏实地补短板，竭尽全力解民忧，千方百计促发展。下面是我驻村一天的工作记录，也是昭通所有驻村干部的一天。

2020 年 1 月 9 日　星期四　农历腊月十五　晴

早晨 6 点半，起床。照例打开手机“学习强国”，一边收听新闻一边洗漱。早点是昨晚用保温杯泡熟的稀饭，和上两块绿豆糕，稀里哗啦搞定。

8 点，戴上太阳帽，背着一瓶水、一个笔记本，提着“打狗棒”出发。

今早入户的路线是龙井至塘房。出了村委会往左走，就是龙井。两公里范围内，对重点走访的几家农户情况十分熟悉，直接带着问题去。第一户：13组陈凤明家，新房门窗已安、地皮已打、水电已通，屋内没有入住痕迹。拿出笔记本，对着问题台账里“陈凤明家水电不通”处打了个“√”，并备注“未入住”。第二户：13组刘兴国家，已搬迁入住，家里没人。第三户：10组马才方家，新房已入住，其儿子儿媳正在新房旁建卫生厕所，没打扰他们，直接离开。第四户：10组刘永祥家，一家7口人，原来建有间砖房，但面积太小，大儿子结婚时住了进去，因太挤，两位老人就还住在破旧的土坯房里，且是人畜混居，经反复做思想工作，老人终于同意搬出危房，并新建砖房，看了他家新建房，我在“原住房面积不够，存在人畜混居”后备注上“新房已打板，人已搬出危房，人畜混居已解决”。第五户：10组马肖家，已搬迁入住，所有问题已清零，家里没大人，只有2个小孩，我打了个“√”从他家出来，这时马肖60多岁的母亲从地里赶过来，拖着我要去她家坐坐，我谢绝了。第六户：虎二加家，门锁着的，踮起脚尖朝窗户看，已搬迁入住，打“√”。虎二加家住山包上，顺着这个山包往另一个山头走，就到了小尖山，再下坡就是塘房。顺路查看了农危改入住情况，刚搬进新家的几户农户见了我，都忙着说：“我们都搬来啦！”我笑着向他们伸出了大拇指。到了12组马绍玉家，门窗依旧没安装，皱着眉头的我在笔记本上“马绍玉，门窗未安，未入住”处打了个“×”……

从塘坊下来，遇到还在老房子门口转悠的陈凤明老人，我问她：“搬过去住没有？”她不说话，我继续说：“你家没有畜圈，原来是人畜混居，现在新房子建好了，水电也通了，人必须搬过去住，考虑到这群羊没有关处，所以老房子暂时留做生产用房，但人不能再住在里面。”我话说得有些重，老人忙答应说：“好。”“不能只是口头答应啊，我随时会过来检查的。”叮嘱几句，我又往下一家走了。

快中午12点了，我开始往回走，一辆摩托车在我身旁停下，“您要去哪里？”我不认识骑摩托车的老乡，村民大都认识我，我笑道：“回村委会哪！”“顺路顺路，我带您过去。”距村委会还有几里路，坐上老乡的摩托车，很快就到了。

村委会老办公楼门口的一台乒乓球桌是自助餐桌，上面摆着三菜一汤和碗筷，乡村干部、包保干部、驻村干部都排着队，交了饭票就顺着打饭菜，打好后在空地处或站或蹲开始用餐。我加入排队队伍，有干部不停地跟我反映他们解决不了的难题，能解答的我当场解答了，不能解答的我用心记着。

午饭后，我召集所有乡村干部、包保干部和驻村干部开了个短会，强调近几天的工作重点。会上没有一句空话套话，围绕“户脱贫、村出列”的短板弱项，一项项直接压实责任，并教给补短板的一些工作方法。会后，大部分乡村干部、包保干部和驻村干部都入户去了。我请支书、主任、副支书留下，我们开始想办法解决刚才同志们跟我反映的各种难题和我入户了解到的问题。“3 组虎电朝家门窗未安、地皮未打，虎电朝夫妇现在医院住着。”“我联系虎电朝的女婿，请他来安门窗、打地皮。”“好，马上落实。”“12 组马绍玉家门窗未安，我认识他家一个侄女，在昭阳城区开理发店，请她来帮忙说服帮助安门窗之事。”“好！”大家群策群力，你一言我一语，能想的办法都想了。还有几个坚刚的问题，16 组非卡户马本云老人还住在危房里，子女有安全住房，“走，干脆我们直接到他们家里去找人。”在马本云老人家里，我们七嘴八舌做通老人和她儿子的思想工作，儿子决定把老人接到城里养老。在 9 组马培绍家门口，大家好说歹说，马培绍母亲终于同意并拿房钥匙把要加固的房门打开，让工人进去施工。

啃完“硬骨头”，回到村委会，已是下午 5 点半。“请已经入户回来的乡村干部、包保干部和驻村干部开研判会了。先请包保干部说卡户的问题，再请包组干部说非卡户的问题。”我拿着笔记本，对着原来的问题台账，开始提问：“哪个组先说？”

因为问题基本清零，研判会从最初的需要几个小时到今天，只是短短的半个小时就完成了。

晚饭后，支书、主任、副支书去解决农户纠纷，驻村队员在档案室检查卡户档案是否规范完善。

为确保不带一个问题上考场，我和驻村队长商议，对着问题台账再去距村委会最远的1组入户核实。崔队长开着私车，20多分钟的车程，我们来到1组。刘竹银家的收入已达标；刘怀品已入住新房；刘明学已入住新房；刘学学已入住新房……天已黑得伸手不见五指，“陈朝学、陈朝宽家附近有几只大土狗，凶得很，找好棍子！”熟悉情况的我们都一只手打着手电筒，另一只手拿着长棍，高一脚低一脚在入户的路埂上走着。非卡户陈朝学、卡户陈朝宽原来住的是危房，做了很多次工作才同意加固。“汪汪汪……”那几只大土狗朝我们狂吠，并扑了过来。“瞎掉了！”我们大声呵斥着，并用棍子挥舞起来。一条狗扑了过来，崔队长挥起棍子用力打去，没站稳，一只脚踏进了路旁的泥淖中，鞋子陷了进去。听到狗叫声，陈朝学出来把狗赶走。在陈朝学屋内屋外看了看，已加固完毕。走进陈朝宽家，也加固得很好。

返程，回到村委会已是晚上10点过。整理村档的同志们也已准备休息，大家互道了声“早点休息”。

回到宿舍，我草草洗漱了一下，很累地坐在桌前写日志，心里却比任何时候都轻松，脑海里浮现出近一年来在小米“滚石上坡”的艰难：面对欠账太大、问题太多的村情，作为督导员的我一开始唱的就是“黑脸”，压实责任，亮出纪律红线，严把督导关。带领同志们作战期间，竭尽所能，用心用情用力推动责任落实、措施落实、任务落实。拆除危房几百间，从开始农户的吵闹、寻死觅活，到后来的支持、理解和配合；劝说辍学儿童返校，从开始家长冲我们的辱骂，到后来帮扶人员汇钱过去，家长购买车票并送孩子到校；对人畜混居和仍住在危房里的农户，一次次组织精锐人员，白天、晚上反复入户动员，大家想办法，有钱出钱，有力出力，有物出物，直至整改脱贫出列标准；从开始的10多个方面几百个问题涉及千人，到一个问题一个问题的限时整改销号，这场歼灭战打得异常艰难。但因为集中全部精力，汇聚一切力量，汗水、心血、苦干、实干、真干终于创造了减贫奇迹，交出了合格答卷！

写到这里，睡意袭来，明天继续！

（作者时任昭通市防震减灾局党组成员、副局长，昭通市委派驻昭阳区小龙洞乡小米村脱贫摘帽督导员）

鱼坝都记得

朱双龙

“脚下沾有多少泥土，心中就沉淀多少真情。扶贫干部要真正沉下去，扑下身子到村里干”，这是习近平总书记对扶贫干部的殷殷嘱托。2019 年 4 月 16 日，对我来说是一个有着特殊意义的日子，本来在市交通运输局上班的我被选派到昭阳区苏甲乡鱼坝村开展驻村督导工作。

昭通是云南脱贫攻坚的主战场，苏甲乡鱼坝村的脱贫攻坚任务同样不轻松。让鱼坝村的群众早日脱贫出列，过上幸福生活，带着这样的期许和信念，我于春寒料峭中踏上了到鱼坝脱贫攻坚督导之旅。近半年脱贫攻坚督导的日子里，我用双脚丈量了鱼坝每一寸崎岖不平的土地，为群众办实事、解难题，用真情赢得了群众的认可，用付出换来了群众的信任。

2019 年 10 月 15 日

今天是我驻鱼坝村脱贫攻坚督导第 183 天。

忙完一天的工作，借着晚饭后短暂的休息时间，我和驻村第一书记张荣相约去村级文化活动广场，了解那里群众的文化娱乐生活。

夕阳的余晖把远处的青山染得像一幅中国传统写意水墨画，身边茂密的核桃林，脚下干净整洁的水泥路，还有路边那一栋栋白墙红瓦的小洋楼，一直延伸到村子的尽头。

就在此时，一阵广场舞的音乐声打断了我的思绪，原来我们已经到广场了。见广场上人头攒动，鱼坝村的乡亲们正载歌载舞，脸上洋溢着满满的幸福。坐在广场边干净的长椅上，欣赏乡亲们激情澎湃的舞姿，感受优美的音乐旋律，思绪又蔓延开来，一幕幕往事浮上我心头。

还记得刚驻村时，也是在这样的傍晚时分，我看见村委会所在地的乡亲们，由于晚饭后没有好的去处，总爱在村子公路两旁三五成群聚在一起，拉家常、唠琐事，村里的小孩也爱在公路上追逐打闹，车辆疾驰而过，遍地烟尘，既不安全也不卫生。这里的群众似乎已经习惯了这样的生活，但这闹心的一幕却被我牢牢地记在了心里。

“脱贫不仅是物质生活的改善，更要有精神面貌、健康生活方式的改变！”于是，解决群众文化娱乐场所，就成了我驻村后第一个想帮助群众解决的问题。在与张荣书记商量后，我们俩做了分工，他负责带领村组干部协调落实地块，我负责协调落实建设资金。说干就干，村级活动广场建设筹备工作有条不紊地向前推动。为了尽快落实建设资金，我多次跑到宜昭高速公路监管办“化缘”，促成了宜昭高速公路监管办与鱼坝村结对共建党支部，争取到了 10 多万元广场主材建设资金。因为建设资金还有缺口，我又想办法多方协调爱心企业，无偿提供压路机、水泥混凝土运输罐车、捐助资金等给予广场建设支持。功夫不负有心人，通过大家的共同努力，鱼坝村活动广场顺利建成并投入使用。

“谢谢你们为我们建起了一个安全干净的广场，让我们有了活动的好去处！”广场建好后，村里的王大妈牵着孙女给我们送来了一篮子核桃。其实这些事情并不大，但是能够得到老百姓真心实意地感谢，我的眼眶湿润了。脱贫攻坚就是要把每一件好事实事做到群众的心里，这样，我们的付出才有意义，才无悔于每一个奔波忙碌的脚印，才无怨于数次加班加点的不眠不休。

2019 年 10 月 17 日

在老百姓心里，扶贫干部做得好不好，那是看得见，摸得着的。因为，检验脱贫攻坚工作的成效，最终都要看群众是否真正得到了实惠，生活是否真正得到了改善。

说实在的，虽然在鱼坝村的督导工作取得了不错的成效，但一开始，我单纯地把驻村督导当成一项光荣而艰巨的政治任务，随着走访次数越来越多、随着脱贫攻坚工作的不断深入、随着验收考核越来越近，这项工作掺杂的许多小情绪也逐渐显露。这些情绪不是烦躁、不是疲惫、不是推脱，而是对贫困户发自内心的关心关怀，确实想力所能及地帮他们做一些事情。于是，我带着这样的信心和干劲去走访、慰问、拍照、讲政策。一路走下来，都不及和他们吃上一顿饭、喝上一杯茶、一起聊聊天来得贴心。从单方面关心他们变成相互体谅包容，我才明白，有温度的帮扶才是最暖心的帮扶。

经过 6 个多月夜以继日的走村入户，我遍访了全村 9 个村民组 412 户群众，全面翔实掌握了第一手信息，找准了鱼坝村脱贫出列还存在的 29 项短板问题，建立了问题销号清单，带头和大家一项一项地去推动，一个一个地去落实。通过对贫困户家庭成员信息、住房保障、饮水安全、教育医疗、家庭主要收入来源、致贫原因、生活中面临的重大困难等基本情况的了解，我才真切体会到脱贫攻坚这项工程是何等重要和伟大。更可喜的是，通过用心用情用力地帮扶，我们与老百姓之间的那些“隔阂”消除了，取而代之的是信任、理解和感动。

干群齐发力，村庄换新颜。通过不懈奋斗，鱼坝村贫困发生率已由 2018 年年底的 5.2% 下降至 0.7%，176 户 711 人建档立卡贫困户“两不愁、三保障”短板全面补齐，家庭人均纯收入超过 5000 元以上，人民群众生活水平得到很大提高，全村群众坚定了“感党恩、听党话、跟党走”的信心。

2019 年 10 月 21 日

只有把老百姓的大事小情装进心间，才能真正进驻老百姓的心里。

在鱼坝村督导时，我了解到这样一件事情：该村 7 组蒋开清是一名远近闻名的懒汉，成天不是喝酒就是睡觉，妻子李奎英患有癫痫病，他们家里有 4 个孩子，在村里上小学，家庭生活主要靠李奎英偶尔打零工和低保维持，家里收入并不理想。6 月 21 日，我走访他家，看到满地摆满了锅碗瓢盆、酒瓶、烟头以及大人孩子的鞋子，一片狼藉。于是，我严厉地批评了蒋开清：“在明白卡上，你家致贫原因是‘因病’，但在我看来，还有一条，那就是‘懒’！”批评完之后，我又耐心地给他讲解党的一些好政策，告诉他幸福是靠双手换来的，勤劳致富最光荣，只有大家共同努力，才能过上美好日子。

也许是一语点醒了“梦中人”。后来，每次扶贫队员到他们家，蒋开清都会问我来没来，说最怕“朱督导”。一听说我在村上，立即开始“家庭大扫除”。更让我欣慰的是，在后来修建村级活动广场时，蒋开清和李奎英都来参加劳动了，只是每次见到我时，他们都低着头匆匆走过。蒋开清也不喝酒了，家里也收拾得整齐干净了。

10 月 21 日，我再次到他家走访时，本来不喝酒的我，与蒋开清一起小喝了一口。开心处，我们敞开心扉，一起商量养殖、商量外出务工、商量孩子的培养以及帮助他妻子李奎英看病的事情。蒋开清很是感动，离开时，他紧紧地攥着我的手说：“朱督导，感谢了，你帮我们做的事情，我们一家子永远会记在心上的。”望着这夫妻俩，我看到了他们眼神里闪烁着对未来生活的憧憬和笃定。

“一步一步踩在田间地头，一家一户为民分忧解愁，哪管烈日风雪、黑夜白昼，足迹过后是果满园尽丰收……”我不禁想起了这首扶贫歌曲。我知道，我的力量有限，只是力所能及地帮助老百姓做了一些事情，但没想到他们却深深地铭记在了心中。

也许岁月能改变山河，但有一种为民的情怀永远都不会失落；也许时光真的健忘，但鱼坝村的山水和百姓会记住每一个来过这里的人。

（作者系昭通市交通运输局总工程师、时任昭通市委派驻昭阳区苏甲乡鱼坝村脱贫摘帽督导员）

驻岩头村督导脱贫攻坚琐记

艾祖斌

入驻岩头，初访村情

得知被派往鲁甸县水磨镇岩头村担任脱贫攻坚督导员，我不觉得意外，因为，今年脱贫攻坚形势严峻，昭通10个贫困县区，去年有威信、绥江两个县成功摘帽，今年要实现除镇雄县外的昭阳区和鲁甸、巧家、彝良、盐津、大关、永善7个县区摘帽，任务十分艰巨。按市委组织部文件要求，市政协将派出10余名干部担任脱贫攻坚督导员，我欣然接受组织和单位的安排。4月16日，在昭通会展中心千人会议室参加昭通市2019年脱贫摘帽督导员下派动员会暨业务专题培训会，聆听市委书记杨亚林同志作动员讲话。17日，参加市委办组织的参观团到昭阳区永丰镇海升苹果基地、靖安镇马铃薯种植示范基地、靖安易地扶贫搬迁安置区规划建设及产业基地参观学习。19日，偕单位同事黄彩群（经济建设委办公室主任）、龚昌伟（环境资源委办公室主任）一起到鲁甸县水磨镇报到，开展驻村督导工作。22日，我到岩头村开展工作，受到村总支书记代昌坤、副支书杨家国、监委主任孙天伟、村委副主任代昌文等的热情接待。中午饭后，代昌坤开着他的私家车领着我走访岩头村姚家坪子、水井湾、大箐、纸厂、大坨、春天树6个村民小组，查看易地搬迁、灾后重建、危房改造、危旧房拆除情况。在姚家坪子饮用水蓄水池施工现场查看，与代昌坤一起做群众的思想工作，工程建设顺利进行。其中一位妇女，因她家前几年修的小蓄水池就在将要修建的大蓄水池旁边，她要求保证不损坏她家的蓄水池才准许挖土，我们费了半天口舌才说服她同意施工。

23 日，与代昌坤一起走访岩头村沙树堡、海子、谢家梁子村民小组，查看公路和村民活动广场等建设情况。这 3 个村民小组的道路已经全部打起了水泥路，一直到达邻近的乐红镇红布村边界，只是修在悬崖边的公路没有防护栏，有部分路段路基被雨水淘空，存在严重安全隐患。建在沙树堡的村民活动场所完工了，但是缺少防护栏。我决定将此事在督导报告中向上级反映。

25 日早上，与鲁甸县卫健局卫生监督所驻村工作队队员向正莲、罗兴莲一起走访梁子村民小组 6 户建档立卡户和 4 户非卡户。下午参加村委会召开的安全生产会议、脱贫攻坚调度会议及扫黑除恶宣讲活动。通过几天走访，初步熟悉了村里的情况。

疏通水源，为民引水

入住岩头村后，发现这个村子因长期干旱缺水，村委会驻地梁子村民小组水管没有来水，连做饭的水都找不到了。我想，村委会都没有水吃，怎么保证群众有饮用水呢？但是我发现，后山的溪沟里是有水流淌下来的。询问村干部，他们说可能是上面蓄水池进水管道堵塞了。我便表示要与他们一起去看看。4 月 24 日早，我与鲁甸县红十字会副会长、驻岩头村第一书记罗廷军，岩头村总支书记代昌坤、副书记杨家贵等带上铲子经寨子村民小组沿溪而行上山查看，发现真的是进水管被泥浆堵塞了。于是我们一起动手，花了半个多小时疏通了水源，引水入管，保证了正常供水。

思想疏导，拆危除旧

按易地搬迁有关政策规定，农户享受易地搬迁住房后，要将原来的旧房拆除恢复耕地。享受农村危房改造项目并已建成新房入住的农户，也要将原有的危房拆除。

这是一件很费力的事。驻村工作队和村委会早在4月前按县、镇会议精神，到相关农户家宣传政策，做群众的思想工作，并在拟拆除的危旧房上用红油漆写下大大的“拆”字。但自觉拆除的很少，后来村委会和驻村工作队的同志多次深入相关农户，反复疏导，专门请来一台挖机帮助农户拆除危旧房。自9月18日起，到9月27日止，相继拆除纸厂、大坨、水井湾、姚家坪子、岩脚、沙树堡、海子、谢家梁子65户83间危房。剩余的根据农户生产实际需要，作为生产用房暂时保留。

艰辛曲折，辍控保学

劝说辍学生复学，难于上青天！

一劝复学，一次反悔！最先确知王兴巧辍学，是2019年8月28日。这天，挂钩鲁甸县水磨镇、紧盯岩头脱贫攻坚工作的市政协常务副主席保明康到岩头村驻村两天。我与村总支书记杨家国陪同他到纸厂村民小组王家才户走访，发现王家一个10多岁的女孩似乎没有上学，那天是星期三。杨家国介绍这个女孩子叫王兴巧，还没读完小学就辍学了。保明康同志就问王兴巧怎么不去上学？王兴巧双目失明的母亲就说她的眼睛看不见，王家才年纪大，脚又不好，只好让孩子辍学回家帮衬着做些事。经了解，王家才48岁才结婚，娶了双目失明的20岁女子为妻，先后生了4个孩子。

大儿子今年21岁，只读到小学三年级就没读了，现在海南打工；王兴巧今年16岁，到岩头小学读书要走3个小时的路程，9岁才读一年级，去年五年级没读完就回家了；还有两个年纪尚小的弟弟。保同志就劝王兴巧应该去复学，并劝说她的父母亲支持，王家才和他的妻子答应了。保同志就掏出500元钱给王家才，让他支持孩子在9月初学校开学时复学，去从六年级读起，并要求杨家国帮助联系学校的老师接收。

可是到了开学后，有一天，保同志询问王兴巧有没有到学校读书？杨家国却说："王兴巧的妈妈不让她读，怕别人拐起跑掉。"王兴巧去年读五年级时被乐红的一个青年带起跑掉，惊动了水磨镇派出所，幸亏民警帮助才找回。不难理解，现如今70岁的父亲、40多岁双目失明的母亲、一个7岁和一个3岁的弟弟，面对这样的家庭境况，16岁花季女孩王兴巧无疑是家里的劳动力，更是母亲出行的"拐杖"和弟弟们的依靠。

二劝复学，二次反悔！国庆节后，保明康同志再次来到岩头村调查王兴巧复学情况。11月1日，水磨镇脱贫攻坚"奋战60天摘掉贫困帽"动员大会上讲话时特别谈到这件事,要求我注意督导杨家国同志继续去做王兴巧复学工作。会后，我把保同志的讲话精神传达给家国同志，并与罗廷军、代昌坤一同商量如何解决此事。11月6日，鲁甸县红十字会副会长、驻村工作队队员王聂同志与鲁甸县最近专门针对初中辍学生开办的集中学习学校的校长联系，准备将王兴巧送到该校就读，王聂和罗廷军、杨家国一起到王家才家，经耐心劝说，王家才夫妇再一次答应让女儿复学。10月8日是星期五，王聂和罗廷军怕有什么"变卦"，又约我和杨家国到王家才家走一趟。

果然，王兴巧的母亲有些反悔了，说家中的年猪没有宰，等过几天请人宰了猪才让她去学校。王聂说："已经跟学校的老师联系好下个星期一去，去迟了怕没有名额。"王兴巧的母亲诉苦说："请人宰猪要买两条烟。"王聂和罗廷军就爽快地说："烟，我们给你家买。"

于是，每人就掏出100元钱给她买烟，让他家星期六、星期天请人把猪宰了，这事才算消停了。

三劝复学，三次反悔！星期一早上，我和罗廷军按原计划中午饭后和杨家国一起赶到王家才家中接王兴巧到学校读书。去之前，杨家国打电话与王家才联系，讲了几十分钟，令人最担忧的事果然又一次发生，王兴巧的母亲又反悔了！我们难免有些生气，想不去了，但又觉得如果这件事都办不好，其他事情怎么办？到了王家，王兴巧的母亲真反悔了，说哥哥打电话来骂妹妹，不让她去读。我们又耐心劝说，话家常、摆道理、善引导，还是行不通。

四劝复学，找到"症结"所在！面对复学的重重困难，我们未曾放弃希望，终于找到了新的突破口。村总支书记杨家国和王家才有点亲戚关系，让孩子称呼他舅舅。我对王家才说："听党的话就没有错的，你看你听党的话，前几年抓住灾后重建的机会，把房子修起来了，得了 5 万元的补助吧？"王家才解释道前前后后得了 6 万多元。我说："你当时还说不想修，你如果错过机会，这房子怎么能建起来呢？你的大儿子靠打工要存六七万元也不容易！"他点头称是。我又劝他："现在有这个机会，送王兴巧去学校多学点文化、技术，将来外出打工都要好找工作些，不是很好吗？"

我们来之前，罗廷军动员单位的女同志捐助了一些衣物，带来给王兴巧。她换好了衣服，准备出发时，她的母亲又蹲在火塘边嘤嘤哭泣，显然是万分舍不得放女儿走。我们劝她总不能永远把她留在身边吧？以前孩子小时，你们为人父母更困难，不是照样过来了吗？现在女儿上学两个月，就放寒假了，暂时克服点困难，是为了将来过上好日子，她听后才勉强同意。

王兴巧的母亲一边哭，一边讲她家的困难。一件是饮用水还缺少胶管，她说："老表，你答应我的胶管要给我买哈！"杨家国答应给她解决。

她又说："老表，王兴巧去读书了，你要给我买苞米哈。"杨家国说："只要王兴巧去读书，给你买，每个月 1 包，3 个月 3 包。"

"老表，我的手机打不出电话，只能接电话，你要给我买个盲人手机哈。"杨家国一一答应下来。

她又说："王兴巧去学校读书要给我打电话来，但是我的电话快没有电话费了。”

我连忙说我给他交，我不能让只有1000多元工资，还要抚养3个孩子上大学的杨家国交，就立即用微信给她交了50元话费。

她又说：“老表，王兴巧去读书，没有人给我洗衣服，我洗不起，你要帮我买个洗衣机哈。”杨家国考虑到将会有一笔款项解决特殊贫困户的困难问题，当即就答应了。

女儿即将上车了，母亲又提出要求说：“哎呀，老表，我要跟你们一起去王兴巧读书的学校我才放心。”

我当即严肃地对她说：“你这个要求我们就难办了，不能答应你了！我们还有别的工作，总不能整天为你一家人忙吧？”

将出发时，她又对王兴巧说：“王兴巧，那天他们拿的200元买烟的钱，还剩几十元，我拿给你带起去买点东西。”

罗廷军便说：“算了，莫拿了，我们会给她买的。”

磨蹭了3个多小时，好说歹说终于让王兴巧上了车，一路上给她讲多学点文化的好处。她还是比较懂事的，主要是想到妈妈眼睛不好，不忍心离开她。我们就告诉她总不能一辈子守着妈妈吧，如果不趁现在学点文化将来怎么办？将来更加难以报答和照顾妈妈。她似懂非懂地听着，似乎也认可了用“读书”来回报父母这条道路！

到达鲁甸县城时已经下午五点半，王聂在县城接应。学校的校长、老师们和罗廷军、王聂都是熟悉的，很热情，招呼我们先在食堂吃了晚饭，再给王兴巧注册、办学籍。之后带她去找到了宿舍，把村委会帮助解决的被子、垫绵、枕头等帮她铺好，记下了老师的联系电话，王聂又买了些必需的生活用品。我们被王兴巧的母亲几次三番的反悔折腾，差点失去耐心，但好不容易办成一件事情，大家心里都感到舒心自在。

同样一件事，劝说徐正满复学要顺利得多。

11月25日，与罗廷军、高开华（县卫生监督所长）、杨家贵、吴庆昌（县卫生监督所职工）及镇干部谢升平等人到沙树堡组成功劝说15岁的辍学生徐正满到县集中控辍保学点学习。

到徐正满家时，先找到他父亲。其父说孩子放羊去了，并且颇有不想送他上学的意思。我们费了点口舌劝他，他才勉强同意去找孩子。等了一会，其父打电话来，说孩子不愿复学，要我们去公路边他放羊的地方劝。我们赶到那里，看到孩子和他父亲站在路边。我们开始劝他，可无论怎么说，这个15岁的孩子眼睛向上直视天空，就是不吭声。其实他长得很帅气，鼻梁挺直，五官端正。我想起自己的童年，足够幸运，很顺利地读完小学、初中、高中，直至读完大学，参加工作。我见这样一个不错的孩子小学都没读完，在这山上当“小羊倌”，同情之心油然而生，更加苦口婆心地劝说。同行的同志们甚至拿政策吓唬他说：“你如果不去，就要到法院起诉你的父亲，让你的父亲吃官司！”徐正满终于被说得流泪了，说得动心了，果不其然，他答应去上学。我们又宽慰他说：“男子汉，不要怕，老师不会布置你做数学作业，也不会要你写作文，就是教你学点技术，将来打工也用得着。”他父亲跑回家帮他拿两件换洗的衣服，他就爽快地坐上罗廷军所开的车进县城集中控辍保学点学习了。第二天我听罗廷军说，徐正满很高兴，到县城时由于错过了吃饭时间，廷军就请他进馆子，其中一盘牛蛙，他吃得很开心。送进学校，他选学开挖机，我听了觉得十分慰藉，这孩子要是学了点技术，将来有点出息，他应该会感激政府和我们这些工作人员的一番苦心。

申请补助，安装门窗

10月10日，挂钩帮扶单位干部职工、镇工作组到岩头各挂钩户家中督促环境卫生整治。下午，与镇干部方坤、吴满聪等到沙树堡、海子、谢家梁子督促环境卫生整治。发现谢家梁子农户张荣宝新建的30平方米房子还没有门窗，只有一张床在里面，冬天将至，寒风凛冽，他怎么抵挡严寒呢？

村里给他安排了一个打扫卫生的公益性岗位，但他仍然很穷，与老母相依为命，很可怜。方坤打算通过民政争取点补助帮他安装门窗。20多天后，此事获得解决，通过镇村干部向镇政府反映，张荣宝和另外几户同类型农户的门窗安装完备，并置办了必要的家具，搬迁入住。

兜底政策，温暖民心

5月28日，在梁子村民小组走访，遇一十分困难人家。户主叫杨富聪，1974年生，45岁，其母1936年生，83岁。杨富聪未坐家（成家），但是带4个孩子，这4个孩子是兄弟家的，兄弟已去世，弟媳早在兄弟在世时就已经跑掉。孩子中老大、老二读初二年级，老三读小学四年级，最小的女孩读小学三年级。他的兄弟杨富军在世时，因妻子跑掉，一个人带几个孩子精神压力大，就把4个孩子扔在鲁甸县城后，一个人跑到东莞打工。几个小孩流落鲁甸县城，相依为命，靠在垃圾堆里捡东西吃，晚上露宿荒野，捡废旧塑料纸靠着城郊的松树搭棚栖身。

有人向派出所反映，孩子们被鲁甸城关派出所发现后，与岩头村委会联系上，村委又通知杨富聪把孩子领回来。后来，杨富军在东莞病死了。杨富军的大哥杨富会和大嫂不愿管这事，杨富聪一个人跑去东莞把弟弟的骨灰带回来安葬。杨富聪的善行十分感人。村委会将他家的困难反映给镇政府，政府除原已给杨富聪和他的老母亲解决B类低保外，还给4个孩子解决A类低保。这样他们全家就由社会保障兜底，再加上杨富聪种庄稼、养猪牛和在本地打点零工，可以达到脱贫标准。

大力宣传，美化环境

按政策规定，须给灾后重建、农村危房改造或者加固房贴安全标识牌，这都是每个包保干部的事情。有好几天，县红十字会、县卫生监督所、水磨镇政府各站所包保干部都赶来岩头到各村民小组农户家，忙着贴安全标识牌。

8 月 30 日早上，我与王聂、罗廷军等到放马坪给农户家张贴安全住房标识，并做改善人居环境的宣传工作。向正莲、李鑫、罗兴莲等则到水井湾、纸厂张贴安全住房标识，并做改善人居环境的宣传工作。

美满中秋，阖家团圆

9 月 3 日早上，与驻村工作队队员王聂、向正莲、罗兴莲等到纸厂走访农户，向正莲给她挂钩帮扶的 9 户农户每家送一盒月饼过中秋节。农户肖天华热情招待我们吃中午饭。肖天华负责做饭，邻居肖兴碧负责做菜，午饭有腊肉、炒鸡蛋和煮洋芋，饭菜的味道都很好。

12 月 3 日中午饭后，与鲁甸县卫生监督所所长高开华、干部赵俊、吴庆昌一起到纸厂、大坨村民小组走访，督促人居环境整治。到纸厂村民小组长杨启高家，他忙着倒药酒，其妻煮洋芋招待我们。后又到通村主公路与连户路交叉处王家文家做客，他家宰年猪，村里的一些人在那里帮忙，我发现王家才也在那里。按当地风俗，哪家宰猪，村里的人去帮忙，就煮肉、倒酒招待。每到一户人家，主人会热情地拿出烟发给客人，或是泡茶、倒酒给客人喝，很是热情。王家文家有 3 个孩子，大儿子外出务工，二儿子在铁厂九年一贯制学校读初中，小女儿在岩头小学读五年级。我们鼓励王兴文一定要让两个孩子好好读书。

席间，一个叫杨某的似乎对当村民小组长的堂弟杨启高有些不满意，说没有人管（照顾）他。我问他家打水泥院坝吗？他说打了。我问他得到补助？他说只得了 24 包水泥，有的人比他家得的多。我就给他解释：这次补助农户打水泥坝子，那是根据坝子大小给予补助，每两个平方米一包，有得十几包的，有得二十几包的，最多每家补助 25 包。我又问：“你家建房得到什么项目补助吗？”杨启高从旁说：“得过灾后重建，补助 5 万元。”我就说：“你明明得过这个项目补助，怎么说没有呢？做人要讲良心，说良心话。”他这才默默无声。

整治环境，打扫卫生

县红十字会包保放马坪、岩脚两个村民小组，岩脚村民小组文明程度比较高，环境卫生好。这与此地交通方便，距离小学近，人们受教育程度较高有关系。从这个村走出好几位干部。有掩麻村总支书记兼村主任的代昌和；有在县里面工作、挂职水磨镇党委副书记、驻嵩屏村第一书记的代昌鼎；岩头村总支书记、村委会主任代昌坤；水磨村总支副书记杨贵邦；岩头村委会副主任代昌文。还有两位在外打工成功，当了小老板的，所以房子修得不错，院坝多已打了水泥板，人居环境整治工作基础好，不用费大力气。

但是放马坪就相对差一些。此地虽然处在水磨到梭山主公路旁边，交通更加方便，但是一些农户生活习惯不好，乱倒乱排污水，整治起来还是要费不少力气。县红十字会两位副会长王聂（不久前会长张汉忠病逝后主持红十字会工作）、罗廷军（驻村第一书记和工作队队长）亲自动手帮农户打扫卫生，屋里屋外都搞，把垃圾集中起来焚烧，苦干了一个下午，把两家人的环境卫生整干净清爽了。最近政府补助水泥，让群众打水泥院坝，大大有利于环境卫生整治。放马坪孙天跃家两夫妇很勤劳，在外务工回来打了水泥坝子，还种上一排小树，加上房子装修和家具陈设都不错，还建有专门的洗澡间，厕所也较先进，可算是模范的人居环境整治成功的例子，达到乡村振兴的水平了！

事实证明，只要包保干部坚持不懈地努力，没有什么坚固的堡垒不能攻破。放马坪经驻村工作队不断督促整治，人居环境大有改观。

夜以继日，填写档案

自12月初以来，又像2018年1月一样，繁重的填表工作开始了。县委会议作出严格的安排部署后，各包保单位领导和干部职工全体下沉。鲁甸县红十字会、卫健局卫生监督所在岩头村委会旁边租了农户的房子让包保干部职工住。加上镇驻村工作队和镇上包保干部，每天二楼的会议室也占用了。40多人吃饭，像开了一个不小的食堂。可苦了做饭的杨发才，看他小小的个子要准备这40多人的饭菜，真够忙的。三四十人在岩头村委会进进出出，一楼大办公室不够用，二楼的会议室也用上了。开饭的时候，大家还算是有序地拿碗盛饭，可转眼之间，几大盆菜就一扫而光了。

同志们放弃周末休息，夜以继日地干，干得昏天黑地，腰酸背疼，有好几个颈椎出了问题。填写明白卡、动态调查表、贫困户申请退出表等名目繁多的表册，计算贫困人口收入，给贫困户身份证、户口簿照相、复印，请贫困户在双认定表上签字、盖章，还要修改问题数据，整理归类的档案积如小山。村委会还专门腾出一间屋子和几个大柜子存档。

倾力协调，解决纠纷

12 月 17 日，与代昌文一起到姚家坪子协调解决范某与串户路施工方纠纷。原来是村民范某认为施工的机器震动他家房屋，把他的房屋震开裂了，他因此阻挠施工。经察看，他家房屋里面墙壁粉刷面有一条不易发现的横纹，像一段稍弯的细线。我看他这种要求明显不合理。他开口索要 5 万元的赔偿，太离谱了！后经代昌文与他协商，他答应把索赔金降到 15000 元。下午，镇上包保他家的干部陆越又做他的工作，他愿意降到 14000 元。晚上，村总支书记代昌坤去做他的工作，他好不容易降到了 1 万元，便说不能再让了。

12 月 16 日下午，与代昌坤、杨家国、代昌文、孙天伟，陪同水磨镇镇长蒋开谋到姚家坪子协调解决范某与串户路施工方纠纷。经蒋镇长耐心做范某的工作，他终于不要求 1 万元的赔偿了，只要求施工方把损坏的路边挡墙修复。施工方答应认真修复，并把连接他家院坝到小组公路的几米路打成水泥路。此事终于成功解决，保证施工正常进行。

新冠病毒，严防严控

2020 年 1 月底及 2 月以来，由于新冠肺炎疫情四处蔓延，形势万分严峻。与鲁甸县红十字会和卫生监督所驻村工作队队员、水磨镇驻岩头村工作组及岩头村委干部、村卫生室工作人员一起，认真贯彻落实习近平总书记有关防控新型冠状病毒肺炎的要求和中央、省、市、县有关防控新型冠状病毒肺炎文件精神，全面落实“早发现、早报告、早排查、早隔离、早治疗”网格化管理要求，到有外省务工和放假返乡人员家中发放《居家观察告知书》、签订《居家观察承诺书》，填写《观察情况登记表》，建立相应的居家观察档案，在行政村入口处设卡点检查往来人员和车辆，严格控制疫情传播。

检查点设在已经停工一年多的采石厂，其简易厂房用来给工作人员轮换休息，不过大家仍宁愿待在车里。自 2 月 8 日设卡点检查来往人员和车辆以来，天晴的日子多，所以在那里值勤也不太难受。遇阴天，天气比较冷，大家就捡些柴火取暖，买来洋芋烧着吃，颇有情趣。有时镇政府又派人送来一些超市老板捐助的饮料和糕点，为值勤人员提供了温暖的后勤保障。

转眼 10 个月过去，我一边学习领会习近平总书记有关脱贫攻坚的重要指示精神和中央、省、市、县各级脱贫攻坚会议和文件精神，一边督促并指导鲁甸县红十字会、卫健局卫生监督所住村工作队、水磨镇驻岩头村工作队及岩头村干部，认真开展脱贫攻坚项目实施，动态管理，完善扶贫档案、人居环境整治、促进劳动力转移就业、劝返辍学生复学等各项工作。平时，注意协调驻村工作队和村干部的关系，团结带领同志们共同努力，使岩头村脱贫攻坚工作扎实推进。入村道路防护栏建设、危房改造、加固及危旧房拆除、动态管理、档案表册填写等工作按时完成，全村贫困发生率降到 1%，基本达到了“村出列、户脱贫”目标。2 月 28 日夜，接市委组织部通知，我将于 3 月 1 日转战镇雄县坡头镇坡头村督导脱贫攻坚工作。当夜，回想近一年来在岩头村的督导工作历程，想着新的任务、新的挑战，望着窗外峡谷上空闪烁的星星，久久难以入眠……

（作者时任昭通市政协文化文史和学习委副主任、昭通市委派驻鲁甸县水磨镇岩头村脱贫攻坚督导员）

村里来了督导员

陈　豪

以集中攻坚的形式来解决一个困扰中国几千年的绝对贫困问题，这场战役波澜壮阔，史无前例。在这场战役中，昭通属于最难攻克又必须如期攻克的堡垒，在全市吹响决战决胜冲锋号的关键时刻，有幸被组织选派到贫困村开展驻村督导，参与一线作战，真是无上光荣。

驻村督导快满 3 年，先后转战盐津、永善、镇雄 3 县，从第一批的首战告捷到即将的完美收官，经历了决战决胜的始终。其间，督促整改了一个又一个问题，参与完成了一个又一个任务，现场见证了一个又一个感人事迹，分别夺取了一个又一个攻坚胜利，身心更是经历了一次又一次家国情感洗礼，我以 50 余篇日记，记载了这段激情燃烧的岁月。其中，《督导员必须技高一筹》《吹响全力冲刺号角》《王秋婷精神在牛寨》《党的优良传统又回来了》《“保姆”支书张德贵，防控一线“守初心》《群众工作新挑战》等篇章，为 3 县 3 个贫困村所看、所践、所思、所悟的部分日记。

相信所有参与督导的同志都会记住这段激情岁月，于是为 50 余篇日记取名《村里来了督导员》，是为记。

督导员必须技高一筹

2018年11月8日　星期四　天气阴

到盐津县牛寨村驻村督导的第3天，村上召开脱贫攻坚督导工作座谈会，乡党委唐开云书记参加了这次会议，请我作指导发言。在发言之前，我请各位帮扶干部对照户脱贫标准，谈一下自己帮扶的农户还存在哪些短板弱项。大家介绍情况时都说没有问题，部分帮扶干部情绪低落，埋怨脱贫攻坚督查多、检查多、指导多、指示多，省、市、县各级领导来，一个人一个说法，一个人一个套路，听也不是，不听又不好，基层真是无所适从。听得出来，大家对驻村督导似乎不抱太大的期望。

驻村督导的第一天，支书陈小雷带我跑了全村18个村民小组，在路上向我介绍了每个村民组的大概位置，第二天和第三天，我独自开展入户核查，走访了10户卡户、5户非卡户，调查研究虽然还不充分，但也发现了不少问题。从初步走访和入户核查情况看，牛寨村虽然18个村民小组已实现水、电、路、通信等基础设施全覆盖，其中15个村民组已通水泥硬化路，3个村民组已通达砂石路，但至少存在村组道路和农户家庭环境卫生较差，部分已脱贫户、未脱贫户及非卡户住房安全不达标，部分农户存在稳定就业不充分、佐证资料不足等问题，这些短板不补齐，考核评估时就可能被定性为脱贫质量不高，甚至是漏评、错退，总的来看，成绩不能高估，困难不能低估，问题不能回避。听到我将入户核查走访的各户存在问题进行剖析后，各帮扶干部在惊讶的同时，纷纷点头认可，并主动请我先去核查他们所帮扶的农户，帮助他们找问题、提对策。我很庆幸在扶贫办工作的两年，包括在纪委工作的这段时间，一直在学习研究脱贫攻坚政策业务，也很感谢组织的培养，多年的基层工作练就了做农村工作的方法本领，总算没给组织丢脸。

督导工作虽然初步获得了大家的认同支持，但我总是高兴不起来，反而有些忧虑。我忧虑的不是问题本身，而是大家对于问题的态度和判断。我仅仅是沿路看了一天，入户核查走访了两天，就发现这么多的短板弱项，但各帮扶干部为什么都说没问题呢？略感欣慰的是，这次入户核查走访的大石包村民组，是村支书记陈小雷让我先去的，他说感觉这个村民组的问题最大，而且我通报核查走访发现的问题后，陈支书根据各类问题现象，举一反三，对全村 103 户建档立卡户的情况进行了分析，每家的情况都如数家珍，清楚得很。

听完陈小雷支书毫无保留地晒出了问题，虽然还不全面，有的也还需要核查研判，但我深切感受到，基层干部真的不容易，也不简单，要让他们佩服，督导员必须技高一筹啊！

吹响全力冲刺号角

2018 年 11 月 14 日　星期四　天气阴

参加盐津县领导干部大会后，我加入了回程的车流。盐津县因易地扶贫搬迁项目建设滞后，市委在派出督导员的基础上，又派出专门的工作组进驻盐津，参会的同志们心情都很沉重，初冬的盐津县城，云遮雾锁下一切显得那么郁闷，江风偶尔拂过脸庞，让人有些刺痛，离我不远的上方，一块横跨街道的电子显示屏正在滚动播放着“距离盐津县脱贫摘帽还有 48 天”。冲刺 48 天，夺取全面胜利，既要提高问题整改单兵作战能力，更要全员参与形成合力，但有一点，必须对总体形势作出一个实事求是的判断，此时，信心比黄金更重要。

回村后，我对最近一周入户核查走访发现的问题进行了梳理分析。总的来看，牛寨村脱贫攻坚工作短板弱项虽然较多，但脱贫也是充满希望的，关键要落实好今天会议上市委王忠副书记的讲话精神，既要积极稳妥、全力推进，更要态度坚决、实事求是。牛寨村脱贫出列的短板主要是住房保障问题，由于全村石木结构的串架房比较多，其是否属于危房，帮扶干部和乡村干部因专业知识欠缺，研判不准确，特别是修建时间长、居住时间久、住房较陈旧的住房，虽经过修缮加固，但1万元资金基本只够换瓦角木料和瓦顶，维修檐口空洞，墙壁、地皮看上去仍然较破败，加之部分农户室内外环境卫生差、人的精神面貌差，贫困迹象仍较明显。其他弱项问题，疑似漏评的主要补好佐证资料，疑似错退的要全力补短，健康扶贫、教育扶贫和收入方面主要补好支撑依据，产业方面已建立“集体公司+企业+农户”的发展机制，环境卫生方面已全面发动农户并跟踪督促整改。总体来看，牛寨村2018年脱贫出列是有希望的，目前存在的短板弱项，有政策理解不准确、研究不系统的原因，有工作不深不细、绣花功夫下得不够的原因，也有工作疲惫、视觉疲劳、厌战松懈的原因，都是能整改而且能够在考核评估前整改完毕的，但如果每户问题都靠督导员去发现并督促帮扶干部整改，时间肯定不允许。如何让帮扶干部主动发现短板弱项并提出可行的整改措施呢？我想，必须尽快召开一次问题分析研判会及业务培训会，既要举一反三查找问题，更要提出措施主动整改，既要严肃纪律督促整改，更要科学指导提振信心，确保整改一个，销号一个，确保问题整改不折腾、不反复，同时应建立“督导情况当天反馈、问题整改签字认领、整改情况逐日报告”机制，进一步落实干部联系支部、支委联系党员、党员联系群众责任，组织发动广大群众全员参与、全程参与，推进各项扶贫措施落实，确保问题如期整改销号。

已是凌晨，却无一丝睡意，村委会楼顶的国旗在猎猎作响，似乎已吹响全力冲刺、合力攻坚的号角！

王秋婷精神在牛寨

2018年11月21日　星期三　天气阴有小雨

这几天，微信朋友圈不断转发着王秋婷的扶贫故事，扶贫路上，我们失去了一位可爱的战友，面对这场没有退路的战役，生的伟大，死的光荣！

大家在惋惜，在感慨，但没有退却，而是互相关心、互相鼓励，白天进村入户补短板，晚上举一反三查问题，看见一个个问题不断解决，一块块短板不断补上，全体扶贫干部信心满满，愈战愈勇。

“打瓦村的美眉，来自纪委监委……”11月21日晚，我正沉浸在王秋婷的悲壮诗行，牛寨村扶贫群发出了一条信息：今天下午，县政协的严主席在去牛寨村大石包组王自高家的路上，摔了一跤，左手肘粉碎性骨折。是啊，王秋婷的扶贫故事未完待续，牛寨村的扶贫干部同样演绎着一个个感人的故事。昨天，乡党委书记唐开云告诉我，他父亲80多岁了，已经两个多月未陪老人吃顿饭了，前几天父亲来电说生病快不行了，希望回去见个面，可回去发现父亲并未生病，老人是因为想儿心切才向儿子撒了谎，父亲的无奈谎言，让人又气又心酸啊！村党总支书记陈小雷，岳父住院一个星期还未去看一眼，父亲又生病住院了，可是村上这么多事情，一刻也不能耽搁，没有办法，只得与兄妹们商量，“这次就请你们照顾了，下次我来。”“这种事情还希望有下次啊？”面对兄妹们的指责，小雷书记无语了！还有帮扶干部莫开俊、刘兴才，在加班加点兼顾部门业务工作的同时，白天入户工作，晚上召开群众会后还得摸黑赶回家，去看一眼年迈体弱的父母。面对扶贫工作的艰辛和困难，也许我们都在小爱与大爱之间、责任与使命之间反复斗争过，但是，谁家没有困难呢？

使命催生动力，榜样点燃激情，王秋婷精神感动着牛寨村的每个人！

党的优良传统又回来了

2019年6月10日　星期一　天气晴

今天，我以一名普通党员身份参加了柏林村党支部第二季度组织生活会。这次组织生活会是我将组织关系从市纪委机关党委转到柏林村党支部后，为增强党支部在脱贫攻坚中的号召力、组织力、凝聚力和战斗力，促进党员带头脱贫、带领致富，专门提请村党支部召开的。会前，我就督导工作中发现的问题以及对问题的看法和整改建议，与支书及支委班子的同志进行了充分的沟通交流，为组织生活会的召开做了充分的准备。会议还特别邀请了墨翰乡纪委书记张家惠同志到会指导。

会上，村党支部书记张德贵同志明确了这次组织生活会的主题，要求参会党员围绕柏林村脱贫攻坚怎么看和怎么干，进行思想交流，总结经验教训，开展批评与自我批评，并代表党支部开响了“第一炮”。从各位党员的神色和表情看，似乎这次会议与以往不同，是要真刀真枪了，但似乎又有些顾虑，发言出现了暂时的冷场。为了消除大家的顾虑，我开响了“第二炮”：“村党支部缺乏吸引力、凝聚力和战斗力，对党员尤其是老党员的关心不够，对年轻党员的培养不够，支委班子的自我监督、自我管理不严，党员干部自我监督、自我管理不严，党的政治优势、组织优势没有发挥好，党员带头脱贫、带领致富的先锋模范作用没有发挥好。”看见我一下子给党支部提了6条批评意见，并见人见事的分别给每位党员提出了批评意见，参会同志均积极踊跃发言：“前期栽种的花椒，节令不对，死亡较多，应在8至9月栽种，在这件事情上，支书不敢担当。”“我作为一名党员，履职村民小组长职责不力，没有组织群众宣传脱贫攻坚政策，有事就在电话上通知农户了，我在此作检讨。”“在马铃薯改良品种发放上，不能搞平均主义，在家的建档立卡户应多发点，没有在家的应该少发点或者就不发了，发下去也是堆在屋里，这是严重浪费国家的资财。”

会议从中午12点一直进行到下午6点才结束，各位党员的批评很尖锐，火药味很浓，自我批评也很深刻，效果比预期还好。乡纪委张家惠书记对这次组织生活会进行了点评，要求党支部要认真梳理与会同志提出的批评及自我批评意见，形成清单，逐一研究，分别提出整改措施，明确整改责任人和整改时间，并在村务公开栏向群众公开，接受监督，确保在第三季度组织生活会上条条有回应、有结果。虽然会议时间较长，但散会后大部分党员并没有立即离开，纷纷围着我，都说好多年没有开过这样严肃认真的组织生活会了，回去后，一定带头管护好核桃、花椒，带头整治好环境卫生，带头拆除危旧房，带头宣传好脱贫攻坚的各项政策，其中老党员姚永英说，“今天这次组织生活会，我感到党的优良传统又回来了！”

“保姆”支书张德贵，防控一线“守初心”

2020 年 2 月 9 日　星期日　天气阴

因为疫情，村上的食堂不敢开火，正月初五到柏林村以来，我一直在支书家蹭饭吃。今天正月十六，入户回来已快 9 点钟，正在吃晚饭的张支书不断接着电话。

“张支书，明天请帮我买一包稻花香米、30 斤糯米、两板鸡蛋、一罐飞鹤奶粉、一提卷纸……麻烦帮我送来啊。”已是晚上 10 点过，张德贵支书登记完毕，挂了村民孔令菊的电话，合上笔记本，妻子在一旁唠叨，“简直成了他们的保姆，又要买又要送的，家里都没得米了，你明天去的时候顺便带起一袋来。”

其实，在张支书家吃饭，我还是有些担心的，因为正月初一以来，他就患感冒，一直有些咳嗽，疑似新冠肺炎症状。我和乡上包村的张家慧书记已下过几次命令，让他在家休息观察，但他每次都说自己是共产党员，而且是支书，如果不在疫情防控一线，就不好喊其他党员同志上“火线”了。

面对这个身患感冒却把人民群众生命安全和身体健康举在头顶的支书，我只有和同志们商量，把少得可怜的医用口罩留给张支书，并监督他每天一换。正月初五以来，老乡们准备的年货已逐渐用完，但又不能上街，他除了组织“三支”队伍开展返村人员排查、重点人员监测、卡点值班查验、巡逻宣传检查等疫情防控工作外，还不断记录着老乡们需要采购的生产生活用品，每天都要开着自己的微型车去墨翰街上帮村民采购并逐一送到农户家中，有时候一天跑几趟，笔记本已登记了 20 多页 150 多户，记录着各家各户拉拉杂杂的生产生活用品。当然，我除了担心他的身体吃不消，更担心疫情防控。回村睡觉前，我跟他说："明天你要去墨翰街上给老乡买东西，必须去卫生院做一个核酸检测，同时去打几针吊针，否则，我再也不来你家吃饭了，因为我怕你感染我，至于给老乡运送东西，安排其他同志去完成。"张支书听我这么说，愣了一下，也许他真的担心我不再来他家吃饭了，终于同意了我的这次命令。

看着这位每天总是身先士卒，在防控一线践行着一名共产党人的初心和使命的基层党支部书记，我坚信，抗疫必胜！

群众工作新挑战

2020 年 5 月 1 日　星期五　天气晴

"爱"有丰富的内涵，对脱贫攻坚而言，"爱"是一种自己努力活得好也希望别人活得好的健康心态。因"爱"匮乏而致贫，给群众工作提出了新挑战！

5 月 1 日，云遮雾锁的群山变得明朗起来，天空亦如水洗过般干净清澈，满山的翠绿与蓝天浑然一色，何斌告诉我，这种好天气是他驻村 5 年来的第一次，我们决定去大保村最偏远、最难走的老顶湾、花秋坪组核查走访。

只顾自己的小组长

听说我们是市委派下来的同志，老顶湾和花秋坪的老乡一直热情地跟着我们，并反复向我们摆谈着他们当年集资投劳修建进村公路的艰辛，恳请帮助他们硬化进村的公路。

当年修建的进村公路，现在根本不是公路，就算今天这种天气，连四驱越野车也是开不上来的。我们今天进村，是从油路边请两位老乡用摩托车送我们进山，沿着山沟里凹凸不平的泥石路，一路颠簸近1小时才爬到山腰，再从山腰走小路，左边上老顶湾，右边上花秋坪。我们先走访老顶湾6户危房改造农户和6户搬迁农户。“在老顶湾建房，运费比买本要翻一番，特别是娃娃读书啊，早上6点钟就要出发，要走2小时才到学校，娃娃太小，一天都在担心。”老乡易仁友说。易仁友家不是贫困户，6口人，2人享受低保，虽然得到5万元的危房改造补助资金，但基本上被昂贵的运费抵消了，新建住房从动工到现在已半年多，因建材运输不方便，还未竣工。易仁友狠狠地抽了一口烟，目光望着远方的山外，感叹道：“即使房子建好了，今后的日子也很难啊，还是搬迁进城的安逸。”老乡孙思平接过易仁友的话，“是啊，这个地方住怕了，我家就是搬迁县城泥鲁坪的，房子分在A01幢2单元18楼1号，这次回来拆旧房子，搬迁进城后真的安逸得很，3个娃娃一个读4年级，一个读5年级，一个读8年级，就在九棵树九年一贯学校，离住的地方才几百米远。我在狮子山煤矿上班，骑车20多分钟就到了，媳妇是保洁员，还在饭店帮人洗碗，每月1500元，政府还把我们的农村低保调为城镇低保，2个低保每月有800元。老家20多亩土地全部栽上了竹子，5年后就可以打笋子卖了。感谢共产党，感谢各级政府，感谢你们这些同志啊！”孙思平一连说了几个感谢。我问易仁友及其他老乡：“那你们为什么不搬迁呢？你们这个村民组山高坡陡，土地贫瘠，交通条件落后，典型的易地扶贫搬迁‘六类区域’，完全符合整村搬迁，你们老顶湾村民组总的才14户人家，已经搬迁了9户，就剩5户人住在这个地方，国家给了搬迁政策但你们又不搬迁，就你们几户人，政府不会再投资几百万元来修建和硬化公路了。”易仁友愤愤地说：“想搬迁啊，当时镇上的、村上的干部来开了好几次会议，动员我们搬迁，但是，我们这个小组长陈明富就是不搬迁，说是要照顾他家几十亩的山林，在他的影响下，孙思荣家是贫困户，原本想搬迁的也不搬迁了，我们不是贫困户，他们不搬迁，我们就享受不到整村搬迁的政策了，他算是害死我们了！”听说政府不会再为他们几户人来修建和硬化公路了，随同的其他老乡也纷纷骂起了村民组长陈明富。我赶紧安慰他们：“也许，下一步的乡村振兴，你们还是有机会的。”

乡村振兴真有机会吗？看着老乡们充满希望的眼神，我也不敢肯定，但是，如果再遇上陈明富这种只顾自己不顾他人、只顾私利不顾大局的小组长，肯定是没有机会的。

情感匮乏的阳应九

下午，我们来到花秋坪组。

花秋坪其实与“坪”毫不沾边，抬眼望去，弯弯曲曲的小路悬挂在山坡脊梁上，把24户农户串在一起，20多间住房犹如钉在山坡上一座座风化斑驳的碉堡，大多属于实施易地搬迁和危房改造后还未拆除的危旧房，真正还住在本村的只有12户农户，其中11户已实施危房改造，另1户就是阳应九家。阳应九家是贫困户，随行的老乡阳应荣说：“阳应九这个人怪得很，乡村干部、结对帮扶干部来他家做了多次工作，给他3.5万元的修缮加固补助资金，但他就是油盐不进，不但自己不建房，还不允许村上给他帮建。”我请老乡打阳应九电话，让阳应九在他家房子门口等着我们。

来到阳应九家住的房子，一个50来岁、面无表情、衣着邋遢的男人蹲在门口，感觉没有一点生机与活力。这是一幢两层的石混瓦房，共2间，其中堂屋间无大门、无板壁；正屋卧室无床铺，窗户无玻璃；生活间无锅碗瓢盆，无桌椅板凳，无厨具灶具，室内外物件摆放凌乱，卫生较差；地基安全，主体安全，无圈梁结构柱，瓦顶有些漏水，属于标准的C级危房。在查看住房的同时，我向阳应九了解他家的基本情况，基本上是我问一句，他就回答一句，没有多余的话。从情况了解中得知，阳应九家是2016年识别认定的建档立卡户，家有 4 口人，其妻李声彩外出务工 10 多年，虽然未离婚但早已没有联系，女儿在浙江嘉兴务工，儿子在杉树读 7 年级。我问阳应九他家平时住在哪里，在哪里吃饭睡觉，为啥子不把自家的房子收拾出来居住？阳应九说：“我平时和兄弟家一起吃住，反正媳妇又不在，姑娘打工又没有回来，儿子读书就是假期回来一下，没得心肠去整房子。”“你既然没得心肠整房子，村上可以帮你整啊，你为啥子又不让帮你整呢？”我继续问他。阳应九似乎有些愤怒地说：“他们村上只给我 3.5 万元的建房补助，其他家有得 4 万元、5 万元补助的，凭啥子只给我 3.5 万元？还有低保，其他家有全家都吃低保的，我媳妇都跑了，原来有 2 个低保的，今年都被村上取消了，还有……”阳应九似乎还有许多抱怨，我打断他，向村支书电话了解阳应九低保被取消的原因。支书告诉我，在今年 3 月份低保动态调整的时候，上面反馈阳应九有 9 万多元的存款，不符合政策规定，而且调出他家的低保是召开群众会议通过的。我和支书的通话是免提的，阳应九听见后，说他家的存款是他女儿打工的钱，其他家也有人打工，为啥子可以享受低保呢？他说这是村上的干部，还有小组长和其他村民在整他。我说：“阳应九你听好，其他家有人打工，但是没有大额存款，你有 9 万多元的存款，按低保评定政策，就应该取消，你家的房子经过住建部门鉴定，属于 C 级危房，只能修缮加固。至于补助资金，是据实计算，就是用去多少就补助多少，其他农户的补助比你的高，那是拆除重建，而且人口不一样，补助也不一样的。你要赶紧收拾房子，搬进自己的房子去居住，你家兄弟供养老人，还要供养你，你好意思吗？”阳应九沉默不语，他父亲阳本林对我说：“陈同志，我会让他赶快整，这个阳应九啊，本来就有点懒惰，对媳妇又不好，自从他媳妇出去打工后，性情就变得古怪得很，好像个个都欠他的，啥子都不顺眼，哪样都不对头。”我看着这位 70 多岁的老人，向他郑重地说了声“谢谢”，真是知子莫若父啊！

回程的路上，我一直回味着阳本林老人的话，再联系我们已经走访的 200 多户人，像阳应九这样被媳妇跑掉的至少有 10 来个，但这些人基本上都有一个共同的特点，那就是生活懒散、内心贫乏，一味索取、不懂感恩，心态不阳光，或都存在一种“情感匮乏”综合征。看来，强化感恩教育还得与心理疏导相结合，引导他们建立“阳光心态”，才能激发内生动力啊！

（作者系昭通市纪委监委干部、时任市委派驻盐津县牛寨村、镇雄县杉树乡大保村脱贫摘帽督战小分队队长）

坚持问题导向锁定措施对策
全面完成脱贫出列目标任务

龚昌伟

“银厂村的变化是翻天覆地的，彻底改变落后贫穷面貌，路也修好了，产业也发展起来了，收入也增加了，特别是人的思想变化更大”，这是杨良举发出的感慨。今天的银厂村已经成为镇雄县脱贫攻坚的亮点，不但面貌改变了，而且群众的致富意识和能力提高了，对赤水河源头的生态环境保护意识也增强了。

2020 年 3 月 1 日，我被市委下派到镇雄县赤水源镇银厂村担任作战小分队队长，工作中，严格按照党中央、各级党委关于脱贫攻坚挂牌督战部署，守初心担使命，守纪律转作风，以踏石留印抓铁有痕的劲头开展走访接访遍访，全面了解村情户情，坚持问题导向，深入分析研判，锁定措施对策，合理调度，为脱贫出列倾心倾情作战。

一、坚持问题导向，抓大不放小，统筹兼顾

坚持把做实群众工作作为脱贫攻坚战的重要平台，深入 22 个村民小组贫困户和非贫困户家中进行走访，掌握全村贫困特点，对存在的主要问题了

然于胸，坚持既督又战，杜绝舍本逐末，反对缘木求鱼，坚持授人以渔，根据镇雄县委提出的“六加一”行动方案、“一收入四保障三提升四卡上墙”要求，践行“绿水青山就是金山银山”，加快推进赤水河源头生态保护治理，培育生态产业，找出少数贫困户持续增收乏力、农危改、控辍保学、人居环境提升、群众认可度等方面的主要问题，与工作队、村两委、挂联单位对标对表，抓大不放小，因户施策，统筹兼顾，随时走访、随时研判、随时解决，精准到户，精准到策，缺什么补什么，有计划、有步骤分阶段抓整改。如饮水方面存在的问题，对还没有完全实现安全饮水的赵家湾、岳家湾、银厂湾、大山 4 个村民小组，安派两名村干部到点协助工作，我和工作队队长、支书督促指导，4 月底实现通水。老党员周太业说“如果不是县政协挂钩帮扶，积极争取资金投入，我们现在还不能喝上这么干净的水”。

二、培育生态产业，缩小不平衡，激发活力

抓住生态产业培育这个重点，解开群众心结，有效开展工作。全村共有卡户 588 户 2999 人，2019 年末已脱贫 292 户 1612 人，贫困发生率为 21.2%，2020 年要脱贫 296 户 1387 人，任务艰巨。紧盯“农业产业大发展、基础设施大推动、补缺巩固大提升”存在的主要问题，抓生态育产业，不断缩小差距，增强持续发展能力。银厂村沿赤水河岸两边的 9 个村民小组发展方竹产业，有的群众不愿意种竹子，想种玉米等作物，我与工作组、村两委干部，深入赤水源头的长槽村民小组的 5 户有影响的群众家中，帮助他们测算竹子和玉米之间差价，耐心讲解政策，使得他们改变观念，接受种方竹的致富思路，主动不种玉米、马铃薯等农作物。既密切了党群干群关系，又增强党在基层的战斗堡垒作用。最后，赤水河源头第一村——银厂村共种植 8000 亩方竹，加强管护培训，长势喜人，明年可望有收益。

村农业合作社采用“党支部＋基地＋能人＋农户”模式，种植2013亩中药材（黄精、榛子、吴茱萸）、1500亩蔬菜、600桶蜜蜂，农户以土地和生态补偿金入股分红，合作社按照保护价格收回中药材，实现双赢，2020年年底，实现收益9.8万元。8月初，为了解决蔬菜灌溉的问题，协调农业农村局到银厂坪找水源，架通800多米的水管，解决灌溉问题。11月8日，饶德菊到村公所，要求村委帮助协调群众，想再扩大蔬菜种植面积1000亩。

三、抓扶贫助发展，重心向下移，内外发力

余晖发自内心地说“幸福生活只能靠自力更生，靠什么都不如靠党的政策好，要一辈子都感谢党的恩情”，这就是新时代广大人民群众的心声。余晖是长槽村民小组的贫困户，因为盖不起新房屋，导致妻子抛夫弃女，外出两年多。通过“三讲三评”，让其享受农危改补助政策和一个公益性岗位，家庭条件发生质的飞跃。

我们始终坚持工作重心下移，通过召开群众会、院坝会、“三讲三评”等形式，向广大群众宣讲脱贫政策，持续帮扶，增强动力，点面结合，内外发力，同心同向，激发每个贫困细胞的潜能，聚集“两不愁、三保障”，精准施策，督促参与落实，增强脱贫实效。针对人居环境脏乱差现象，积极开展“讲文明、除陋习、树新风”活动，通过村规民约、文明实践超市、典型示范等形式，带领群众操家理物，拆除危旧房，提升人居环境质量。我们深入群众家中加强政策宣传，特别是在危房拆除中有难度，但是我们坚持把做好群众思想政治工作放在第一位。6月15日上午，我们冒着烈日，沿山路爬到大约3公里长1500米高的岩头上村民小组，对3户应该拆除危旧房的群众进行耐心的思想教育工作后，他们都愿意拆除旧房，大家都很高兴，没有累的感觉，反而觉得在农村工作，就是要与群众打成一片，进

行心与心的交流沟通才能推动脱贫攻坚。

通过义务教育政策宣传，让群众深刻认识教育的重要性，增强持续发展内生动力，劝返17名辍学生返校。4月3日，我与工作队和镇村干部多次到辍学生家中做工作，如在红板壁龚声禄家中，对其多次进行思想教育，宣传党的义务教育政策，终使其15岁的孩子又返回学校继续就学。我很有成就感，有回到了当教师时的感觉。

四、问计求智于民，防风险矛盾，维护稳定

充分反映社情民意和合理诉求，不定期综合分析信息情况，深入农户家中走访，全面掌握情况，问计求智于民，促使各类矛盾问题得到解决，有效防止矛盾激化。做好风险防范和矛盾化解，确保矛盾不出村不上交，把矛盾消除在萌芽状态，有效调解各类矛盾纠纷，促进银厂村的和谐稳定，提升社会治理效能。我们也十分关心非卡户的情况，9月17日晚7：50，接到镇扶贫办通知，沙咪哆村民小组的非卡户晋方银反映，自己没有住房，县脱贫攻坚指挥部要求我们核实。9：00左右，我和挂村领导、工作队队长、支书连夜赶到县城，到晋家银家中宣传政策，并了解到他家是有安全住房。回到村上时已经是凌晨2点过了。

在整个脱贫攻坚战中，我始终坚持群众路线，着力做到“六实”：情感真实、政策落实、作风务实、责任压实、措施切实、成效扎实，夯实改革发展基础，努力实现高质量脱贫，为全面建成小康社会作出积极努力。

（作者时任市政协一级主任科员、提案委办公室主任、市委派驻镇雄县赤水源镇银厂村作战小分队队长）

第四编　铁纪护航

民政所所长为何与民争“利”

蔡荣祥

“老王利用手中的权力，大肆贪污惠农款、扶贫款……”2018年1月，昭阳区纪委收到省委第三巡视组交办的关于反映昭阳区炎山镇干部的问题线索，信中的老王便是炎山镇民政所所长王某。举报信中提到“花椒、核桃产业扶持款，地震房屋修复加固资金，村组道路修建，救灾大米”，桩桩件件均涉及群众的民生问题，究竟是否真如举报信中所述，王某等人存在顶风违纪，侵害群众的利益问题？昭阳区纪委高度重视，立即安排纪检人员组成核查组开展核查。

“谁动群众的奶酪，纪委就动谁”，本着这个理念，纪检干部通过对反映的问题线索进行梳理，线索反映的问题多达20余人，且较为复杂，反映内容较为具体，并且部分问题涉及扶贫领域，关系民生问题，具有较强的可查性。核查组通过研判后迅速开展工作。

一月的昭阳正值寒冬，大雪纷飞、天寒地冻，山区道路结冰湿滑，两个多小时车程，重重考验压在纪检干部身上。为及时查清问题，坚决打击群众身边“微腐败”行为，切实维护群众切身利益，核查组多次冒着道路结冰湿滑的风险驱车前往炎山镇调查取证。为掌握工作的主动，核查组决定深入群众当中，直接向群众了解情况，由于炎山镇四面环山，部分村民小组还未通公路，核查组本着不影响群众生产生活的原则下，兵分三路，每天徒步上下山数10公里，直接登门走访群众核实了解相关问题。

“我们是昭阳区纪委的工作人员，有些情况向你了解一下。”

“你家有没有申请享受到危房改造指标？”

“你家有没有领到大米？”

在走村串户过程中，每遇到一户，这是办案人员问得最多的话。

“我家也受灾了，但是没有得到大米，政府的人想发给哪个就发给哪个，请你们纪委得狠劲地查查！”

“我家的房子没有得到指标抿糊。”

“会不会有人损公私肥，把钱贪污了呀？”

这是个别群众说出的心声，也是办案人员揪心的问题。面对群众的疑问，核查组马上作出回应：“请相信我们，相信组织，核查组一定会弄清楚，尽快查清事实的真相。”

通过艰苦不懈的努力，最终查明王某作为炎山镇民政所所长，在脱贫攻坚期间，党纪法规意识淡薄，明知不符合条件，仍然以权谋私，将手中的权力变为个人谋取私利的工具，全家违规申请享受8·3地震恢复重建修复加固指标，严重侵害群众利益。在民政救灾大米发放过程中，不正确履行职责，乱作为，违规将救灾大米安排给一名村民进行随意发放，造成严重影响。2018年7月，王某受到党内严重警告处分，并被免去民政所所长职务，违规享受的1.5万元资金收缴财政，对所涉及的相关责任领导进行了立案查处，给予了相应的处理。

“自己认识不到位，为贪图小便宜，办事情怕麻烦，导致没有把握好方向，作出了错误的行为，损害了群众的利益，造成了不良的影响，我接受组织的处理。”王某在党支部会上说道。

就是这些个别基层党员的违纪案件，虽然职务不高，案值不大，却严重侵犯了群众利益，降低了群众的获得感，影响了党群干群关系，群众对此深恶痛绝，对这些“小腐败”侵害群众利益“最后一公里”问题，纪检监察机关绝不手软，一查到底，坚决维护好群众利益。

（作者时任昭通市纪委市监委第二监督检查室副主任）

是谁辜负了农户的信任

肖国山

家里有两个孩子，一个念高中，一个念大学，经济捉襟见肘，作为村干部的他计上心来、利令智昏，没有思考怎样勤劳致富，却把“黑手”伸向了农户的房屋修缮款。

大寨子乡是昭阳区偏远贫困的乡镇，大寨子村贫困户陈某乾一家3口长期外出在江苏省辛勤打工，一般只有年底才回家过春节，而村上办理农村合作医疗和养老保险等相关手续，需要经常使用农户在农村信用社开设的“一折通”存折，于是陈某乾把“一折通”、身份证复印件等资料坦然交给了一个叫余朝文的好朋友，而且还毫不忌讳地把存折密码也告诉了此人，也不怕存折上的扶贫补助等款项被取走。这个余朝文是何许人呢？为什么值得陈某乾不加防范地托付，难道他真的是“老铁”？原来他是村上监督委员会的主任，陈某乾觉得余朝文既是党员又是村干部应该是值得信赖的，而且从江苏回来办这些手续不仅烦琐还耽误工时，非常感谢有余朝文这样的“好干部”为老百姓办实事，殊不知陈某乾这次却所托非人，余朝文深深辜负了这份信任……

2014年8月，昭通发生了“8·3”地震，各县区民房不同程度的受损，位于昭阳区大寨子乡大寨子村11组的陈某乾家土墙房，墙体开裂较为严重，当时陈家人在外省打工并未在家，村务监督委员会主任余朝文和乡政府的工作人员经实地核灾，然后上报表册、受损照片、户主身份证复印件、“一折通”卡号给乡政府，乡政府确定应给予陈某乾家修缮加固补助费，待房屋实际加固修缮后拨付。手里拿着陈某乾“一折通”、身份证复印件等资料的余朝文，想想自己家经济拮据的情况，不禁动起了歪心思，陈某乾长期在外打工，根本没有时间回来加固修缮房屋，如果能“钻空子”，把这个补助资金套取来用，岂不划算，反正“神不知，鬼不觉”。于是，“聪明”的余朝文“李代桃僵”，用陈某乾哥哥陈某银的房子拍照作为陈某乾家修缮加固后的房子上报，他利用村监督委员会主任的职务便利掩人耳目，轻而易举地申办成功。2014 年 12 月，乡政府将“8·3”地震农户受损房屋修缮加固补助款每户 5000 元存入“一折通”，保管陈某乾“一折通”的余朝文暗自兴奋，觉得自己的计划天衣无缝，补助款快得手了。3 个多月的时间过去了，乡政府无人提出异议，农户无人知晓。2015 年 3 月，余朝文觉得安全了，就私自用陈某乾的身份证复印件和密码从让其帮助保管的“一折通”里取出了 5000 元。那一刻他沾沾自喜，感觉自己生财有道。

终究世上没有不透风的墙。2016 年春节，陈某乾回家过年，邻居过来串门无意间说起，“8·3”地震恢复重建房屋受损的农户是有补助的，陈家的土墙房开裂了，村上和乡政府的工作人员来核过灾，估计能够得到修缮补助款。陈某乾听了十分高兴，满怀希望地跑到村公所找到村支书，村支书说：“这个事情属于村监督委员会主任余朝文负责。”陈某乾随后理所当然找到“老铁”余朝文说明来意，余朝文面不改色地拿出陈某乾的“一折通”，存折上反映 2014 年年底乡政府打了两次钱给陈某乾，一次 3000 元，一次 2000 元，而这共计 5000 元于 2015 年被人一次性取走。余朝文对此云淡风轻地说明：“这 5000 元是别人的钱借你的存折转的”，陈某乾对“老铁”的话深信不疑，好朋友嘛，怎么会骗人呢？何况又是村干部。过完春节，陈某乾急匆匆忙着赶回江苏继续打工，没有把这件事放在心上，这一去就是两年。

2019 年年底，陈某乾再次回到家中过春节，因为这次待的时间比较长，他多次听闻村民们议论有村干部扣留老百姓的扶贫补助，陈某乾不禁联想到自己“一折通”上的5000元钱到底是怎么一回事？于是他觉得还是要打电话询问一下“老铁”余朝文才清楚，余朝文在电话里信誓旦旦地说：“外出打工的没有‘8·3’地震的补助款。”陈某乾虽然半信半疑，没有办法，却只能相信余朝文的话。可是事情过了不久就峰回路转，有老百姓匿名向上级党政部门举报，反映大寨子村村干部侵占农户房屋修缮款的情况，区纪委区监委收到举报，主管领导高度重视，很快抽调成立由业务骨干组成的初核工作组，要求务必尽快查清这起扶贫领域发生的腐败和作风问题，给老百姓一个实实在在、明明白白的说法。余朝文知道这些信息后，如坐针毡，他慌忙打电话给陈某乾说：“如果区纪委找你调查，你不要乱说什么，我私自转5000元给你。”陈某乾感到奇怪了：“余朝文莫名其妙地转钱给我做什么？他又没借我的钱，如果不说明原因，这钱不能要！”陈某乾从来是一个老实本分的农民，即使外出打工多年，也比较憨厚淳朴，面对余朝文微信上转来的5000元钱分文不动。而区纪委区监委调查组的同志趁着春节前大多数打工群众回家过年的时机，走村串户，不断深入调查，余朝文看在眼里，急得像热锅上的蚂蚁，他感觉照这样下去，事情迟早要败露，他想赶快向陈某乾承认算了，把钱还给人家，希望他不要把事情说出去。经过余朝文反复地解释，说明他保管的陈某乾“一折通”上的5000元是8·03地震的房屋加固修缮款，陈某乾才恍然大悟，他的“老铁”之前一直在骗他，虽然他收下了本就属于他家的补助款，但他想不通的是作为党员、村干部的余朝文怎么能辜负群众的信任，怎么能胆大妄为欺骗农户，这不是给党和政府的形象抹黑吗？

善恶终有报，贪欲终害己。区纪委区监委核查组经过缜密的调查核实，对大寨子村监督委员会主任余朝文侵占农户房屋修缮款的问题作党纪立案审查，最终余朝文因违反廉洁纪律，根据相关规定被处以撤销党内职务的处分。收到处分决定的时候，余朝文羞愧难当，他深刻忏悔反思道：“因为自己法纪意识淡薄，没有群众观念，导致抱着侥幸心理，铤而走险侵占了农户的补助款，我对不起老百姓的信任，我玷污了村干部的形象，我犯了严重的错误。”余朝文怀着深深的愧疚，无脸再面对群众，也许农户再也不相信他了，在老百姓的一片惋惜声中，他选择辞去了村监督委员会主任的职务……

（作者时任昭通市纪委市监委驻市住建局纪检监察组副组长）

法不容情　法外有情

吴　宏　朱兴创　陈　立

2018年11月26日，昭通市纪委监委微信公众号发布一则消息，昭阳区大寨子乡车德村党总支委员、村民委员会副主任吴某某涉嫌严重违纪违法，目前正接受昭阳区纪委监委纪律审查、监察调查。这是昭通市监察委员会成立以来的全市纪检监察机关办理的首例村干部留置案件，这名最基层的村干部，为了一己私欲，贪污地震救灾款，最终走向违法犯罪的道路，这值得所有基层干部引以为戒，警醒反思，但是案件背后的故事，同样值得我们深思。

“霹雳手段”斩断侵害群众利益黑手。2014年8月3日，鲁甸发生6.5级地震，造成617人死亡，112人失踪，3143人受伤，108.84万人受灾，8.09万间房屋倒塌，地震引发昭阳区大寨子乡车德村10至14村民小组山体滑坡，车德村部分农户房屋不同程度受损，经有关部门核实受灾情况后，将受损房屋纳入灾后恢复重建。

2017年11月30日，经过3年奋战，“8·3”鲁甸地震灾后恢复重建全面完成，但2018年11月14日，昭阳区纪委却收到十几封中央第12巡视组移交的群众反映昭阳区大寨子乡车德村委会干部在地震恢复重建中优亲厚友的举报信，“这样一个偏远的小山村，竟然会突然有这样密集又详细的举报？”区纪委监委领导疑惑不已，“敢置灾区人民利益不顾，敢在地震灾后恢复重建资金上动歪心，这是严重损害党和人民群众血肉联系的恶劣行径，一定要查个水落石出！”区纪委监委立即成立专案组开展初核。

大寨子乡位于昭阳区西北部，距城区近90公里，辖8个行政村，有汉、彝、苗族等23000多人，车德村距乡政府所在地有近20公里的土路。当天，专案组驱车3个多小时才到达了大寨子乡车德村，随即便会同乡纪委的干部先后查阅了车德村地震灾后恢复重建的档案资料，并仔细甄别了上报的重建房屋人员名单。同时，走村串户，深入开展实地调查，用灾后恢复重建表册，与涉及的每一农户了解情况、核对数据。

“这个名字是吴某某母亲的名字。”

“这个是吴某某的父亲嘛！”

吴某某家及其父母、兄弟均居住在车德村6组集镇上，“8·3”地震时房屋没有受损，不属于灾后恢复重建范围，怎么会有吴某某父亲、母亲的名字呢？专案组的同志们疑惑了。

专案组仅用2天时间就调查了解到车德村村民委员会副主任吴某某的父亲、母亲、妻子的名字都出现在车德村地震灾后恢复重建补助的花名册当中，吴某某的女儿、兄弟的名字也出现在车德村地震维修加固补助花名册中。吴某某的行为可能涉嫌违纪违法，专案组作出了初步判断。

在得知区纪委监委的同志在车德村走访的时候，吴某某如坐针毡。原来，2015年的时候，吴某某的老同事，时任车德村民委员会主任李某某因贪污地震救灾资金，曾经被昭阳区纪委查处。李某某被昭阳区纪委查处后，吴某某就对自己虚报冒领地震救灾款的行为忐忑不安，也有过去纪委自首的念头，但因为心存侥幸，始终没有迈出这一步。

2018年年初，国家监察体制改革，促进了反腐败工作规范化法治化建设，更有力地推动反腐败斗争深入开展，形成巨大的震慑效果，吴某某更加惶惶不可终日。

为迅速查清吴某某的违法犯罪事实，2018年11月16日，昭阳区监委果断对吴某某采取留置措施。留置后，吴某某泪流满面，悔恨不已，很快就向专案组如实交代了其利用担任车德村民委员会副主任职务的便利，借2014年“8·3”鲁甸地震恢复重建之机，私自以其妻子、父亲、母亲的名义申报了3个恢复重建名额，以其女儿、三弟的名义申报了2个修复加固名额，套取恢复重建补助资金和修复加固补助资金15.52万元占为己有的违纪违法事实。同年12月12日，该案审查调查终结，因吴某某的行为已严重违纪并涉嫌职务违法犯罪，昭阳区纪委监委根据相关规定，给予吴某某开除党籍的处分，并责令其辞去车德村民委员会副主任职务，将吴某某以涉嫌贪污罪移送昭阳区人民检察院依法审查起诉。2019年4月23日，吴某某因犯贪污罪被昭阳区人民法院判处有期徒刑3年，缓刑5年。

“菩萨心肠”挽救困难家庭。2019年春，3月的阳光特别和煦，星期六这天，风和日丽，朝阳微笑着，办案人员朱某某、许某某满心喜悦开着私车，接上吴某某妻子胡某，将胡某送到城区的一个加油站上班，临别时，胡某紧紧握着朱某某的手，久久没有松开，脸上流着泪水，声音哽咽着说：“吴某某的犯罪行为让我们家庭蒙羞，我都快活不下去了，是你们挽救了我丈夫，挽救了我们这个家庭，谢谢你们，谢谢你们……”

事情还得回到在审查调查期间，专案组通过耐心细致的工作，吴某某认识到了自己的违纪违法行为对国家及群众带来的危害，后悔不已，他表示愿意积极主动全额退赃，但吴某某的家庭经济情况非常困难，当村干部每月工资只有1200元，妻子胡某在城里打临工，无稳定收入，家庭没有其他经济来源，女儿在昆明读大学，学费都是靠助学贷款，儿子又在读小学，日子过得紧巴巴的，家庭生活十分拮据，吴某某无力退赃。吴某某诚心悔过、愿意退赃的态度和家里拮据的生活状况让专案组的同志产生了困惑，这赃款到底怎么办？要不要追缴，如果不追缴国家损失如何挽回？如果追缴，吴某某的家人将来如何生活？

经过反复的思考，专案组最终认为吴某某的行为已经违纪违法，侵害了群众的利益，其违纪违法所得必须依纪依法予以追缴。专案组根据案件的实际情况，制订了详细可行的追赃方案，耐心地做吴某某妻子胡某的工作。在同志们的感化下，胡某表示她和吴某某结婚多年，平时也很恩爱，组建一个家庭不容易，一定要帮助吴某某重新做人，一定会想尽一切办法退缴赃款，弥补其对国家和群众造成的损失。最终吴某某妻子胡某经多方筹措，全额退缴了违纪违法所得 15.52 万元。

胡某的表态也深深地感动了办案人员朱某某、许某某……

案子虽然办结了，但专案组的工作并没有结束。2019 年元旦刚过没几天，此时的车德村寒意正浓，朱某某、许某某驱车来到了吴某某家进行回访，吴某某的家庭因其违纪违法问题感到羞愧，对不起父老乡亲，积极主动退缴了赃款，却欠下了巨额债务，家庭经济状况陷入困境，为此，女儿寒假没有回家过年，没有和父母见上一面，而是留在昆明勤工俭学帮助家里还债，小儿子也面临辍学的危险。

朱某某、许某某陷入了沉思……

查处公职人员违纪违法行为是党和人民赋予纪委监委的神圣使命，作为纪检干部义不容辞，吴某某触犯了党纪国法，应该受到法律制裁，但吴某某的家庭困难该怎么办?

区纪委监委领导听取回访情况汇报后，明确提出要坚持工作下沉，深入做好审查调查的后半篇文章，在充分履行职能职责的基础上，向基层延伸工作触角，积极参与社会建设、创新社会管理，不引发新的社会问题，必须帮助吴某某家解决经济困难问题，但胡某年龄已 40 多岁，又没有多少文化，要找一个稳定的工作是多么不容易，在区纪委监委领导和同志们的努力下，经多方联系，终于帮吴某某的妻子胡某在昭阳区城区的一个加油站找到了一份月工资 3500 元相对稳定的工作。至此，才出现了在加油站的感人一幕……

另外，区纪委监委领导和专案组的同志还多次与吴某某的女儿沟通交流，让她放下思想负担，努力读书，早日回报社会、回报家庭。

吴某某在社区矫正期间，也多次向专案组的同志表达感谢之情，表示一定要积极改造，重新做人，弥补自己对国家和家庭造成的伤害。

变群众“上访”为干部“下访”，及时化解矛盾。车德村因村务不公开透明、部分村干部违纪违法等原因，一度信访举报比较突出，车德村党总支也被认定为软弱涣散党组织。区纪委监委领导以该案为切入点，多次带领工作人员到车德村组织群众召开会议，倾听群众心声，深入了解信访问题症结，帮助群众解决实际困难和问题。时值昭阳区脱贫攻坚关键时期，大寨子乡党委政府在区纪委监委的指导下以案促改，加强组织领导，选拔年轻优秀的干部补充到车德村三委班子，切实把握党的建设工作与脱贫攻坚的内在联系，坚持问题导向、抓住关键、聚焦重点，通过支部会、党员会、群众院坝会等形式，积极宣传政策，强化村务公开，争取群众支持、理解与信任，真正把党建优势转化为脱贫优势，以“党支部 + 公司 + 合作社”的模式发动群众成立了养殖、脐橙种植等合作社发展产业，深入挖掘车德村发展自身动力，把党建活力转化为攻坚动力，充分发挥基层组织战斗堡垒作用和基层党员先锋模范作用，2019 年车德村党总支摘掉了软弱涣散党组织的帽子。

“举一反三”强化监督警示。党的十九大以来，昭阳区委主动扛起全面从严治党主体责任，利用多种形式及时通报扶贫领域查处的典型案件，深挖问题根源，从中汲取教训，明确整改措施。市委常委、区委书记江先奎强调要充分运用吴某某案等反面典型，以案示警、以案释纪，促进全区上下坚决防止和反对扶贫领域的作风及腐败问题，确保以严明纪律、过硬作风夺取脱贫攻坚战全面胜利。昭阳区各级纪检监察机关紧紧围绕脱贫攻坚，强化“两不愁、三保障”等扶贫政策落实，在精准监督、精准问责上下足功夫，成立脱贫攻坚追责问责专班，紧盯扶贫项目实施、扶贫款物发放关键环节，及时高效查处扶贫领域突出问题，共查处扶贫领域作风及腐败问题 100 件，问责处分 143 人，对 38 起典型案例进行了公开通报，实现了查办案件政治效果、纪法效果、社会效果的有机统一，为昭阳区决战决胜脱贫攻坚提供了坚强的政治保障和纪律保障。

2020 年 3 月，昭阳区正式退出贫困县序列。

执纪者说："管党治党，全面从严治党永远在路上，尺度不松、力度不减、节奏不变。"作为执纪执法者，我们手握纪法"两把尺子"，要实现查办案件政治效果、纪法效果、社会效果的有机统一，要坚持"宽严相济"原则，既要敢于亮剑，打通监督执纪问责"最后一公里"，直抵基层党组织的"神经末梢"，让广大党员干部感受到纪律的严肃性和法律的权威性，心存敬畏，让监督执纪这一"霹雳手段"威慑常在、成效常在，又要善于亮剑，做好案件查办的"后半篇"文章，在审查调查工作中用医者仁心的"菩萨心肠"感化教育，体现人文关怀、体现灵魂救赎，使其悬崖勒马，达到最佳警示教育效果，实现情与法的和谐统一，切实增强人民群众的获得感、幸福感和安全感。

（作者吴宏，时任昭通市纪委市监委第八审查调查室副主任；朱兴创，时任昭阳区纪委监委案管室副主任；陈立，时任昭阳区大寨子乡纪委书记）

冲锋号角下的不协之音

郭　枫

2019 年，脱贫摘帽的总攻号角已经吹响，不获全胜决不收兵的军令状已经签订。就在全市上下众志成城，以咬定目标不放松，整治问题不松劲，立下“愚公志”，打出“组合拳”，形成“合围势”发起总攻之时，却有少数干部思想松懈，思想觉悟严重滑坡，“厌战”“畏难”“懈怠”“急躁”等情绪在少数干部身上滋生蔓延，这些干部把扶贫任务当“负担”，工作不在状态，牢骚满腹，没有把心思用在扶贫工作上。

2019 年 7 月 8 日，鲁甸县脱贫攻坚住房安全专项督查第八督查组向鲁甸县纪委监委领导反映，龙头山镇翠屏村的帮扶责任人鲁甸县综合执法局工作人员阮殿维与帮扶对象户的照片不能反映对方的住房情况，被要求整改，之后阮殿维、李才文在“翠屏村农村人口基本信息精准摸底”工作群中发表不当言论，出现不协之音。鲁甸县纪委监委收到情况后，当日召开书记专题（扩大）会议，安排相关人员对该问题进行调查核实。

2019 年 7 月 6 日，鲁甸县综合执法局驻龙头山镇翠屏村第一书记崔鹏程通知，县综合执法局部分干部职工包保贫困户入户核实卡户住房安全情况的照片信息反映不清晰，要求重新采集照片上传，县综合执法局副局长李才文当时提出星期六难得休息，希望星期一再去采集照片，但崔鹏程回复说时间紧不能拖。7 月 6 日，鲁甸县综合执法局分管扶贫的副局长罗泽雄带领综合执法局干部职工再一次入户走访采集卡户照片，当晚大家将采集的照片上传，但经审核，阮殿维的照片字迹不清再次被要求重新补照，当天晚上阮殿维就打电话给鲁甸县脱贫攻坚住房安全专项督查第八督查组组长陈杰发牢骚：“这个相片也不对，我重新照了也不行，给可以，请你们哪位同志配合我们入户去采集了照来。”陈杰当时回复阮殿维说为了更精准地做好农村危房改造工作，确保老百姓能如期住上安全住房，请克服一下困难，务必按要求在规定时间内把相关资料收集齐全上交。陈杰让阮殿维加他微信把他现在照的照片发给他看看，看还需要完善什么内容，阮殿维说既然不行么发来也还是不行，他说他一定不拖后腿，明天早上 7 点半就下村去照了重新提交上去。7 月 7 日早上阮殿维约了单位一位同事和他一起下村到其包保户家重新采集照片，并把重新采集的照片发在工作群里，经审核后通过。

虽然经督查组的同志和驻村第一书记对相关工作要求解释说明后，阮殿维和李才文如期完成了工作任务，可心中的不满情绪并未化解，2019 年 7 月 6 日 22：55 分至 7 月 7 日 12:28，微信名为“蓝天”的县城市管理综合执法局副局长李才文与微信名为“风轻云淡”的县城管综合执法局工作人员阮殿维在有鲁甸县住建局、鲁甸县综合执法局、龙头山镇人民政府、翠屏村“两委”等 76 名群成员的“翠屏村农村人口基本信息精准摸底”工作微信群，以对话方式陆续发表 8 条文字言论和 9 条语音言论，如“这种工作实在干不起了，这个典型的形式主义，如果再要不得我照不起了，哪个说要不得，他自己来照，我手机像素不好，是不是要请领导考虑发相机给我们，一家一家去照相”，“今天鬼火死了，一天都高兴不起来，这种形式没有见过，一路骂着纪委去”，“巡视他二大爷”等抵触工作、发泄不满情绪、谩骂他人的言论，随后两人在该工作微信群所发表的这些负面言论在群外扩散，给鲁甸县脱贫攻坚工作造成不良影响。

“我因 2019 年 7 月 6 日到龙头山翠屏村开展扶贫工作过程中，在翠屏工作群中语言过激，存在谩骂口吻，给群里的同志和脱贫一线工作的同志造成一定的负面影响，本人真心认错，一定痛改前非，真诚向大家道歉……”

“由于自己自控情绪能力差，工作中出现了严重错误，经组织和领导的批评教育，自己深刻认识到错误的严重性，在今后工作中，我将引以为戒，汲取教训……”

这是李才文和阮殿维在向核查组自我检讨时对自己的不当言行进行的深刻反思和检讨。鲁甸县纪委监委核查组同志与李才文、阮殿维谈话了解情况的过程中，通过组织批评教育，二人深刻认识到自己在工作群中发表不当言论的错误，并知错悔错，态度诚恳，愿意接受组织的处理，二人分别受到党内严重警告处分。李才文、阮殿维对此事深刻反思，认真剖析自己的不足，究其根源是自己党性不强，思想觉悟滑坡，为民务实的理想信念不坚定，纪律和规矩意识淡薄等原因造成的。

2019 年是昭通市决战脱贫的决胜之年，7 个贫困县实现脱贫摘帽，这是精准扶贫战役的喜人战果，这一伟大成就的背后是广大党员干部为实现精准扶贫、精准脱贫付出的汗水和心血，为了“全面小康路上一个也不能少”的郑重承诺，广大一线扶贫干部舍小家忘我地战斗在扶贫一线，以崇高理想信念践行着为人民服务的初心使命，以巨大人格力量激荡着脱贫攻坚的担当情怀。但李文才、阮殿维的言行却体现了少数干部理想信念缺失，把扶贫工作当作负担，牢骚满腹，在工作中不能有效管控自己的情绪，不守政治纪律和政治规矩，给脱贫攻坚工作带来了一定的负面影响，应引起我们的高度重视。

行百里者半九十。脱贫攻坚是一场必须打赢的持久战，对参战者的生理、心理都是巨大的挑战和考验，干部作风是工作成效的晴雨表，脱贫攻坚任务能否高质量完成，关键在人，关键在干部队伍作风。坚定的理想信念是共产党人精神上的“钙”，没有理想信念，精神上就会“缺钙”，就会得“软骨病”。在决战脱贫攻坚冲锋号吹响之际，干部职工更要加强思想教育，自觉抵制不良思想的侵蚀，统一思想，常拿纪律的尺子丈量自己的行为，拿道德的标准对照自己的言论，时刻绷紧纪律之弦，坚定理想信念这个“压舱石”，当前，脱贫攻坚到了最吃劲的关键阶段，我们要时刻警惕厌战情绪、麻痹思想，继续保持头脑清醒、顽强作战，坚持力度不减、尺度不松、焦点不散，始终做到不忘初心、牢记使命，增强对脱贫攻坚工作的政治认同、思想认同、情感认同。

（作者时任昭通市纪委市监委党风政风监督室副主任）

初心动摇　犯错开始

刘仁松

2019年1月以来，巧家县纪委监委从不同渠道陆续收到多份举报材料，反映该县药山镇小村村党总支副书记周刚金优亲厚友、失职失责、侵占惠农补贴。由于问题线索属于脱贫攻坚领域，且内容集中、反应强烈，巧家县纪委监委高度重视，成立由副书记挂案，4名乡镇纪委书记为成员的初核组，对问题线索展开初核，并由市纪委市监委第九审查调查室督促指导。

磨刀不误砍柴工，不打无准备的仗。开展核查前，初核组对问题线索进行再排查、再分析。确认反映周刚金的问题线索共计15条，涉及退耕还林、异地安置、低保、种粮补贴等领域，涉嫌优亲厚友、失职渎职、侵占补贴款等。“根据反映的内容、问题性质，综合判断线索的可查性和可能性，初核组确定了先易后难、先外后内的工作思路”，核查组相关负责人说。

按照既定工作思路，核查组成员兵分三路，对外围证据进行收集、固定。一是与林业部门、扶贫办等单位对接，调取2014年至2016年期间小村村相关人员退耕还林面积、补贴金额、易地扶贫搬迁的政策、文件，委托药山镇林业站对退耕还林面积重新进行丈量，查清退耕还林补贴的申报及发放程序，明确省、市、县关于享受异地安置政策条件，收集周刚金及其亲属退耕还林、异地安置的书证材料。二是开展外围走访调查，通过做群众思想工作，打消群众顾虑，让群众敢于说真话、实话，一方面获取周刚金违纪违法的言辞证据，另一方面深挖其他问题线索。三是到组织部门、公安机关、金融单位查询，调取周刚金入党、任职、奖惩等个人信息及其房屋、车辆、银行交易记录、交易凭证及家庭成员信息等书证资料。

“案件查办是一个动态过程，调查的切入点、方向、重点需要随着案件进度不断调整。”核查组挂案副书记如是说道。在开展外围调查的40余天里，核查组不定期地召开案情分析会，各小组相互通报证据收集情况、存在的问题、下步工作计划，让核查组成员对案件进展、现状等了然于胸，然后群策群力、查缺补漏，确保在与周刚金及其重要关联人正面交锋前，做到“手里有证据，心中有底气”。

再狡猾的狐狸，也斗不过优秀的猎人。周刚金从1996年1月至今，在长达24年时间里历任小村副村长、计生宣传员、支部书记、村主任、总支副书记等职务，其在小村村的关系盘根错节。虽然外围调查工作都是秘密进行，但还是惊动了周刚金这只狡猾的狐狸。

2019年4月12日，核查组正式进驻药山镇，准备与周刚金展开正面交锋。周刚金也在紧急“备战”，先是将其妻子违规享受的易地扶贫搬迁资金25600元上交药山镇人民政府，规避核查组调查；其后，向赵某某退还被其侵占的种粮补贴款，并要求赵某某编造虚假证言向核查组陈述。

“周刚金虽然文化程度不高，但十分狡猾，从2015年至今多次接受县检察院、县纪委的调查，具备很强的反调查能力，时常为审查调查工作设置障碍。”初核组工作人员介绍道。

在前两次的谈话过程中，周刚金与初核组画圈圈、绕弯弯，谈到违纪违法事实要么避重就轻，要么避而不谈，说到工作业绩又夸夸其谈。但再狡猾的狐狸，也斗不过优秀的猎人。随着谈话工作的渐渐深入，初核组逐步出示了其于2013年至2016年从银行取走赵某某种粮补贴4900元的银行凭证及以其妻子名义违规领取异地安置补贴资金2.56万元的相关书证材料。在全面、扎实的外围证据和真心、真情的思想政治工作面前，周刚金“认栽”了，对其违纪违法事实作了交代。

人生没有回头路，莫让利益冲昏了头。经过4个月的初核，巧家县纪委县监委查明，周刚金任小村村党总支书记兼村委会主任期间，利用职务便利，以其妻子名义虚报退耕还林面积，违规领取退耕还林补助4460元；违规申报异地扶贫安置项目，获取补贴款2.56万元；侵占赵某某种粮补贴4900元。工作失职失责，导致陈某某等人虚报退耕还林面积，违规领取补贴资金6770元，造成刘某某等人违规享受农村危房改造项目，扶贫资金流失20.8万元。

2019年8月7日，巧家县纪委对周刚金违纪违法问题党纪立案调查。12月19日，以周刚金违反廉洁纪律、工作纪律及国家法律法规予以开除党籍，其违纪款予以收缴。

自己犯下的错，不论隐藏得有多深，终究是要暴露在阳光下。其实，早在2016年1月29日，周刚金因优亲厚友、滥用职权，就被巧家县纪委给予党内严重警告处分。但严重警告却没有挡住周刚金违纪违法的步伐，一方面周刚金窃喜于自己的违纪违法事实没有全部暴露；另一方面继续顶风违纪，终于酿下今日苦果。

翻开周刚金的履历，从1996年起任村干部，1997年入党，为小村村的发展也曾用过心、流过汗，也曾许下承诺要尽职尽责、两袖清风，但最终落得个开除党籍，不免让人嘘唏。梳理周刚金的违纪违法事实，主要发生在2011年至2017年，正值大量脱贫攻坚项目和资金涌入村社时期。“面对金钱诱惑，面对权力便利，周刚金守了15年的初心动摇了，开始为自己、为亲友开方便之门，开始对身份、对职责弃之于脑后。”巧家纪委监委的同志在案情剖析会上说道。

近3年来，巧家县纪委监委查处的案例中，类似周刚金的问题屡见不鲜，有的私而忘公，有的假公济私，有的损公肥私，严重侵害了群众切身利益，严重阻碍了脱贫攻坚工作推进，严重败坏了党的形象。巧家县纪委监委始终站在践行“两个维护”的高度和立场，聚焦主责主业，以坚定的初心使命、扎实的工作作风、严厉的执纪标尺，不断巩固扶贫领域和作风问题专项治理成果，为全县脱贫攻坚全力保驾护航。

（作者时任昭通市纪委市监委第九审查调查室副主任）

“爱心水窖”为何让群众寒了心

郭华文

“实在对不起，我因2015年10月收取‘爱心水窖’保证金未及时退还，严重违反了相关政策规定和纪律要求，给单位和个人带来了严重影响，在此，本人真诚作出深刻检讨。长期以来，因为个人政治意识淡薄，做事我行我素，没有树立正确的人生观和世界观，作出这样的违规违纪行为，辜负了组织多年的培养，严重损害和影响了全乡干部职工在群众心中的形象。今后，我一定加强学习，提升政治意识和纪法意识，决不重蹈覆辙。同时，我将认真总结教训，深入检讨，弥补自身不足……”陈建斌向核查组自我检讨时，对自己的违纪问题进行了深刻反思和检讨。

上述情况，还得从1名群众的举报信开始说起。“同志，我们要反映问题……”2018年5月28日，巧家县中寨乡纪委办来了1名群众，称是下寨村干田村民小组沙某某，要反映中寨乡2015年实施“爱心水窖”项目过程中，乡政府农业综合服务中心职工陈建斌和村干部向农户宣传水窖和沼气项目实施政策，收取押金后迟迟未退还，每个水窖项目给予1500元补助也未得到。中寨乡纪委负责同志听后感到无比愤怒，“爱心水窖”项目咋会变成了干部捞取好处的工具了，接访同志认真记录下群众反映的问题后，并及时按程序向巧家县纪委报告了情况。

针对沙某某反映的问题，巧家县纪委监委高度重视，抽调精干力量迅速成立专案组，对沙某某反映的问题展开核查。“这件事情影响太坏了，爱心工程没有爱，倒使群众寒心、扎心，严重损坏党委政府的良好形象，必须严肃查处，给群众一个交代。”在问题线索研判会上，巧家县纪委监委相关负责同志对核查组人员提出工作要求，立即成立以巧家县第五纪检监察室牵头，中寨乡纪委负责初步核实，经过找被反映人谈话，走访干部群众，提取相关证据材料等，陈建斌违规收取群众费用问题属实，巧家县监委决定对陈建斌政务立案调查。

经核查，就职于中寨乡农业综合服务中心工作的陈建斌，在2015年“爱心水窖”项目实施过程中，私自向实施农户收取每口水窖100元或200元保证金，承诺水窖验收不合格就退还，验收合格就作其劳务费不再退还，共计收取18200元。2015年11月，陈建斌主动退还农户4000元。2018年4月，陈建斌在中寨乡政府主要领导的责令下退还农户12500元，剩余1700元，在中寨乡纪委初核过程中，陈建斌交由乡政府退还农户。2018年11月，陈建斌受到政务记过处分。

近年来，省委、省政府采取“政府补助、部门帮扶、社会参与”等措施，加快“爱心水窖”建设，昭通市每年投入几千万元新建上万口“爱心水窖”，这一民生工程，有效解决了“偏远山区群众长期到山脚背水吃”的历史问题，搭起了干群“连心桥”。但项目实施过程中，一些干部起了歪心思，钻监管“漏洞”，巧立名目收取“好处费”，背离初心，致使项目效果大打折扣。陈建斌就是其中的典型人物，他作为一名科技辅导员，本应该发挥自身专长，为群众生产生活当好“科技服务员”，但他没有践行好为人民服务的宗旨，反而放松了自我要求，违反纪律规定，违规收取群众费用占为己有，增加群众负担，引起民愤，伤害了党群干群关系，损害了党委政府的良好形象。

人心向背是决定一个政党、一个政权兴衰的根本因素。马克思主义执政党的根基在于人民群众，离开人民群众的支持便不可能长期执政。脱离群众，是最严重、最可怕的危险，作为长期执政的党，要使执政地位坚如磐石，就必须正确处理好党和人民群众的关系，赢得人民群众的拥护和支持。“爱心水窖”本是党委政府的好政策，是社会人士的一片爱心，发生在巧家县中寨乡的陈建斌案件，成了人民群众的害群之马，把一本好好的经念歪掉，把全心全意为人民服务的根本宗旨和立党为公、执政为民的执政理念抛之脑后，借机敛财，捞取好处，这样的问题不及时纠正，严肃查处，长此以往，中国共产党的执政基础就会受到侵蚀，党和政府的形象就会遭受重创。陈建斌案告诫人们，“手莫伸，伸手必被捉”的道理。党和人民在监督，万目睽睽之下难以逃脱纪律的约束，任何人、任何时候都不能抱有侥幸心理，不要误以为自己做得天衣无缝，人民群众的眼睛是雪亮的，人民群众的监督也是最有力的武器，纪律的红线坚决不能触碰，敢碰红线，最终不会有好下场，终遭人民唾弃，落下骂名，成为历史和人民群众的罪人。

案件查结后，昭通市纪委监委将此案作为典型案例在全市范围内进行公开通报曝光，引起各级党员干部强烈反响，形成震慑，起到了很好的警示教育作用。

“喂，你好，请问是中寨乡下寨村干田村民小组的沙某某吗？”

“是的，你们是？”

“我们是中寨乡纪委的办案人员，你于今年5月向我们反映了关于中寨乡政府农业综合服务中心职工陈建斌违规收取保证金占为己有的问题现在已查结，巧家县监委对他已进行了严肃处理，决定给予他政务记过处分，违规收取的费用已责成陈建斌如数全部退还群众，你对这样的处理结果是否满意？”

“太好了，谢谢你们，该退的钱退我们老百姓了，他已受到了处理，纪委的同志为我们主持公道……”

中寨乡纪委相关人员电话反馈举报人查处结果后，举报人表示对该处理结果很满意，连声道谢，得知自己的诉求得到了回应，感到非常欣慰。

基层干部违法乱纪，根子出在思想防线松懈、制度机制缺陷、日常教育管理不严、基层党组织管党治党主体责任压得不实等，陈建斌案例也不例外。通过总结类似“微腐败”案例，昭通市纪委监委近年持续开展扶贫领域腐败和作风问题专项治理，开展明察暗访和季度重点抽查，注重在完善制度、堵塞漏洞、一案一整治警示教育上下功夫，开展党务问询、政务质询试点工作，积极探索乡村治理新模式，着力打通全面从严治党“最后一公里”，让党和政府的民心工程不再使群众寒心，推动党风政风持续好转，不断增强群众的获得感和幸福感。

（作者时任昭通市纪委市监委党风政风监督室副主任）

危房改造指标给了谁　房屋未建资金却飞了

陈昇华

“药峰村一个叫袁明春的享受了一个农危改指标，可是我们村没有这个人……” 2019 年 4 月，一封信访举报信引起了省委第一巡视组的注意。接到省委第一巡视组交办问题线索后，2019 年 5 月，巧家县纪委县监委第三纪检监察室成立核查小组，到大寨镇药峰村了解农村危房改造项目落实情况。

“两年的农村危房改造指标，都没有经过村民小组会议评议，具体怎么评出来的我们也不知道。”在实地了解核实中，药峰村村民陆某和陈某均表示，大寨镇药峰村 2014 年和 2015 年危房改造指标，未经村民小组会议民主评议，便申报了农危改项目。

“没有袁明春这个人！”村民纷纷表示。

农危改指标究竟给了谁？怎么决定？核查组找到村“两委”成员对该问题进行了核实，核查小组发现，2014 年和 2015 年，药峰村“两委”经过开会研究便申报了农危改指标。2016 年，时任药峰村党支部书记、村委会主任廖恒发，未经民主评议，以自己的名义违规申报了 1 户农村危房改造项目，享受补助资金 21000 元。

“有两家都是重复享受农危改指标。”村民杨某提供了一个重要的线索。

核查组经过查阅台账资料、走访核实了解到，农户陈某重复申报享受 1 户农村危房改造指标；村民袁某 2014 年享受的农危改项目，并未修建任何房屋，次年其子享受农危改项目后才合并修建一栋房屋，农村危房改造指标中特困户标准评定也存在违规的情况。

“除农危改指标评定不符合规定外，验收工作也没有严格落实到位，这应该涉及村干部不正确履职的问题。”经过反复研究，核查组决定扩大走访对象，把重点放在农村危房改造、低保资金发放等群众关注的热点问题上来，做好谈话记录、拍照取证等工作。

初核的种种情况表明，药峰村党支部书记、村委会主任廖恒发在农村危房改造和低保资金发放过程中，确实存在不正确履职的情况。

5 月 17 日，巧家县纪委常委会研究决定，对廖恒发予以党纪立案审查。

调查发现，2014 年至 2015 年，在实施农村危房改造项目中，廖恒发不正确履职，未经村民会议民主评议，村干部集体违规套取农村危房改造补助资金，造成国家扶贫资金流失 10.33 万元。2011 年至 2016 年，组织召开村委班子会议、村民小组长会议、党支部书记会议，违规决定将修村公路占地农户、村民小组长和修村委会占地农户纳入农村低保保障范围，改变低保资金用途，造成低保资金流失 27.41 万元。

“你知道自己的行为是违反工作纪律，要受到纪律处分的吗？”“我对农危改和低保政策学得不深不透，没有严格执行政策规定，辜负了党和群众的信任，我愿意积极配合调查，接受处理。”审查期间，廖恒发进行了深刻的反思和忏悔。

群众利益无小事，凡动贫困群众“奶酪”的行为，必须严肃查处。2019 年 8 月，巧家县纪委常委会研究决定，给予廖恒发开除党籍处分，违纪款予以收缴，其他相关人员受到不同程度处理。

“群众的救命钱容不得半点马虎，坚决以‘零容忍’态度惩治发生在群众身边的优亲厚友、弄虚作假、截留挪用等‘微腐败’行为，确保各项扶贫政策落到实处，进一步提升群众满意度和获得感。”巧家县纪委县监委第三纪检监察室负责人表示。

（作者时任巧家县纪委监委干部）

60余万元葡萄苗缘何打了水漂

刘如芳　梁　娟

“听说老店镇田坝村种了10多万株葡萄，发展了几百亩葡萄产业，走，我们去看看。”2018年上半年，市纪委扶贫领域工作督查组在老店镇督查时，准备实地去看看田坝村的葡萄产业发展情况。

“老乡，请问你们这里的葡萄园在哪里？”

“葡萄树都死得差不多了，哪有啥子葡萄园哦……”

老乡的一席话，让督查组的同志感到很惊讶。葡萄苗为何都“死得差不多了”？带着这一疑问，督查组决定深入实地走访了解相关情况。

果然，跑了好几个村民小组，都没有看到成片的葡萄林，只是在村委会周边发现零星散落着一些葡萄，且长势都不好。

“你们家当时种了多少？为何现在都没了？”

“政府发放葡萄苗让我们种，我们也想靠这个增加点收入，但没有技术，又缺水，葡萄很难成活。”

“发苗的时候是有人来教过，后来遇到8·3地震，大家都忙，疏于管理，又没人指导。”

“我们这里海拔高，葡萄苗经不住冷，干的干，死的死，就这样没了，太可惜了！”

走访中，谈起种葡萄的事，群众你一言我一语，句句直指要害。

“当时群众种植葡萄的意愿怎么样？大家积极性高吗？”

“当时没有征求我们的意见，直接把苗发下来叫我们种。”

随着走访的深入，10余万株葡萄苗为何所剩无几的原因越来越清晰。了解得知，2013年7月，昭通市扶贫开发办公室、昭通市财政局下发了《关于下达2013年度行政村整村推进指标及资金安排的通知》，巧家县扶贫办转发该通知，要求各乡镇严格执行并上报项目规划。

时任巧家县老店镇副镇长陈华刚与该镇田坝村村支书冉龙洲多次电话沟通确定了整村推进项目规划内容，并由镇扶贫专干编写项目实施方案，向县扶贫办申报实施652亩葡萄种植项目。项目获批后，陈华刚等人通过询价最终确定昭阳区葡萄种植专业合作社为供货方，以每株3元至3.5元的价格采购10万株葡萄苗，供货商因无苗出售实际交付90260株。由于实际采购单价低于项目规划单价，葡萄种植面积相应增加，陈华刚又联系到昆明市东川区的供应商，以每株4元的价格补购葡萄苗87300株。两次共计采购葡萄苗177560株，支出采购资金65.2万元。

葡萄苗到位后，镇村两级组织了验收，明确各村挂片人员负责监督落实，并协调供货方安排技术人员在种植户冉龙林家开展了种植技术指导和示范。17万余株葡萄苗很快发放到田坝村农户手中，每一个村民小组几乎都种上了葡萄。但由于田坝村天气干旱、气候不适宜、种植积极性不高，忙于地震自救疏于管理等原因，轰轰烈烈种下的葡萄苗几乎死光，群众致富梦化成泡影。

发展产业本来是好事，政府组织带动也是好办法，但问题的关键在于产业是否合适，群众是否支持。自己的土地上种什么最适宜，群众最有发言权，不充分征求意见，不实地调研论证，怎么能做到因地制宜？怎么能调动积极性？岂能凭镇村干部简单电话沟通就拍板决定？搞清了事情的来龙去脉，市纪委市监委督查组向市纪委监委进行了汇报。2018年8月，该问题线索作为扶贫领域直查直办件交由第一纪检监察审查室进行初核处置，初核结束后作立案审查。

经查，2013年至2014年，巧家县老店镇实施田坝村整村推进项目，投入省级扶贫补助资金100万元。时任老店镇副镇长陈华刚和时任田坝村支书冉龙洲未经调查研究，仅凭电话沟通便确定将种植葡萄作为项目内容之一。镇扶贫办据此制定项目实施方案，既未按要求公示公开，广泛征求群众意见，也未组织对项目规划进行评审。时任镇党委书记张勇、镇长高兴斌未严格审核把关，便同意报请市县扶贫部门批准实施。项目实施过程中，由于田坝村属半山干旱河谷地区，实际情况与葡萄种植所需自然条件不符，加之8·3地震损坏沟渠导致生产用水中断，葡萄苗因缺水大部分死亡，造成扶贫资金损失。

“产业发展关乎群众切身利益，扶贫资金必须用在刀刃上，扶贫工作更是容不得半点马虎。”2020年2月27日，市纪委市监委主要负责人批示要求调查组限期处理案件涉及相关人员，并举一反三抓好相关问题整改。4月25日，陈华刚受到党内警告处分，老店镇扶贫工作站原站长张荣恒受到政务警告处分，时任镇党委书记张勇、镇长高兴斌受到诫勉（书面）问责，时任县农业局副局长朱万才、谢勇和农业股股长李正林被诫勉谈话。

10多万株葡萄苗败落枯死，近百万元扶贫投入打了水漂。针对该案暴露出来的基层政府拍脑袋决策，产业发展一哄而上，盲目上项目、铺摊子，调查研究不充分、项目立项不科学、审核把关不严格、跟进监管不到位等问题，巧家县按照“一案一整治”要求，到案发单位开展警示教育，以案促改，以身边事警示身边人，并建立完善县乡（镇）村三级项目审核制度，确保扶贫项目和资金真正惠及群众。

扶贫产业发展之殇，损害的是群众利益，浪费的是国家资财，消耗的是群众对基层政权的信任。作为纪检监察机关，必须扎紧制度笼子，着眼群众切身利益，紧盯扶贫政策落实，把监督工作落实到最末端，确保扶贫资金发挥效应，扶贫政策落实到底。

（作者刘如芳，时任昭通市纪委市监委驻市委政法委纪检监察组综合科科长；梁娟，时任巧家县纪委监委宣传部部长）

斩断伸向扶贫项目资金的“黑手”

魏　超

千瀑小草坝，神奇野天麻。作为世界天麻原产地，彝良县小草坝镇的千峰万仞、深谷溪涧、瀑布叠水、云雾弥漫，将这里勾勒成一幅原始生态的绿色优美画卷，再点缀上驰名中外、助力群众脱贫致富的小草坝天麻，这里就是“绿水青山就是金山银山”的成功实践。在这一片祥和的生机盎然之下，原小草坝镇林业站站长唐庆义却将“黑手”一次次地伸向惠及群众助力脱贫的扶贫项目资金。

胆大妄为，“黑手”伸向扶贫项目资金。本该是为老百姓谋利的权力，唐庆义却将其作为自己谋取私利的“摇钱树”和“取款机”！

2013 年 12 月，小草坝镇实施 2013 年度沪滇帮扶项目中的天麻菌材林项目，项目资金 100 万元。面对这块“奶酪”，唐庆义动起了歪心思。他利用担任小草坝镇林业站站长并受镇党委政府安排协助组织实施天麻菌材林项目的职务之便，暗度陈仓，以其注册的“彝良县森美园林绿化有限责任公司”与小草坝镇人民政府签订供苗合同。在明知不需要建设样板的情况下，唐庆义在合同中虚列样板工程管理费、运输费、卸车费等费用，套出 20 万元扶贫款装入私人腰包，实际上他也未按合同开展样板建设。初步尝到了“甜头”之后，2015 年 6 月 30 日，唐庆义以同样的方式将 2014 年度沪滇帮扶项目中的天麻菌材林项目资金 20 万元套出。

贪欲的闸门一旦打开，便如洪水猛兽。2014 年，彝良县实施整村推进天麻菌材林项目，项目资金 18 万元。2015 年 2 月 20 日，唐庆义明知 2013 年度沪滇帮扶项目已实施过 100 万元的天麻菌材林项目，依然以身试法，把“黑手”伸向扶贫项目资金，指使村干部根据 2013 年度沪滇帮扶天麻菌材林项目发放苗木情况，为其制作虚假苗木发放花名册及苗木收条等套取国家扶贫资金 18 万元。

无视法纪，“黑手”主动索取来者不拒。热衷于利用手中权力“移花接木”，承诺“私下”帮忙解决，唐庆义在扶贫项目资金安排上走起了“小道”、念起了“歪经”，打着业务需要的“幌子”，无视法纪主动索取和收受贿赂。

“唐站长，请你帮我整点森林抚育那些项目工程来给我做嘛，工程整完了少不了你的好处。”2012 年的一天，时任彝良县小草坝镇金竹村的副支书袁某将唐庆义单独拉到一边悄声对他说。

“工程款已经打了 50 万元给你了，剩下的就是税钱和我的辛苦费了。”2013 年 8 月 19 日，唐庆义将所报款项打款 50 万元给袁某后，除掉自己垫付的税钱外，获得袁某给的好处费 54411.5 元。2013 年年初，唐庆义利用职务便利帮助袁某获得小草坝镇 2012 年度森林抚育项目 6770 亩，其在该项目完成后帮助袁某报账获得 58.707 万元项目款。

“你这个项目顺利实施，县林业局和小草坝镇林业站的一些工作人员需要打点一下。”同年 10 月的一天，在彝良县城福海旅社内，唐庆义向袁某索要 2 万元，后将此款用于自己开支。

“唐站长，感谢你的帮助，这点小意思，请你笑纳！”2013 年 8 月 19 日，在年度低效林改造项目完工报账后，田某来到唐庆义家中，送给唐庆义好处费 1 万元。

“这些你一定要收着，唐站长，以后有这种项目请你多多帮忙。”2013 年 11 月的一天，在彝良县城雅洁旅社内，唐庆义收到李某送给的好处费 4 万元。其缘由是时任小草坝镇道三村党总支书记李某得到唐庆义的关照获得了一个 30 万元的天麻种植基地两菌补助项目。

“都在一个单位，唐站长有这类项目多多关照，有钱大家一起挣。”2013年11月的一天，小草坝镇政府合同工人余某得到唐庆义的关照，获得了一个30万元的天麻种植基地两菌补助项目，得到补助款后，余某在彝良县“圆房子”附近送给唐庆义好处费2万元。

“我帮助你们得到这个项目后，每亩我要提成30元。”2014年8月7日，唐庆义帮助杨某等二人获得小草坝镇小草坝村2013年度低效林改造项目1155亩，项目完成后，唐庆义以提成的方式提取项目款36673.49元作为好处费用于生活开支。

“感谢唐站长帮助我获得三道村2013年度低效林改造项目，今天项目实施完毕，报账出来了，这是给你的好处费，请你收着。”2013年9月的一天，李某在唐庆义办公室递给唐庆义一个黑色包裹，里面装着2万元现金。

机关算尽，“黑手”拉拢权力，沆瀣一气。

为顺利开辟谋取私利的“绿色通道”，唐庆义机关算尽，拿钱拿物送“糖衣炮弹”，一个个党员干部接连落入唐庆义精心编织的“跟着钱走”腐败圈内。

“毛副，这是给你的一点小意思，感谢你在项目上对我的关照。”

2014年8月的一天，唐庆义来回奔波于小草坝镇和彝良县城，在彝良县城狮子桥附近，唐庆义送给时任小草坝镇副镇长毛某0.5万元。

“陈主任，这是给你的辛苦费，感谢你在项目上的帮助，你一定要收着。”回到小草坝镇政府，唐庆义小跑到时任小草坝镇扶贫办主任陈某的办公室，满头大汗地将陈某叫到偏僻处，塞给陈某1万元。同年年底的一天，唐庆义又以借款给陈某的名义送给陈某3万元。

“余镇长，你的辛苦费我已经转账给你了，项目报账上请你多关照，账报下来了再给你好处费。”2016年12月3日，唐庆义转账1万元给时任小草坝镇主持政府工作的余某作为辛苦费。2017年3月19日，唐庆义报账后再次通过银行转款的方式转账2万元给余某作为好处费。

“感谢林主任这几年来在森林抚育和低效林改造项目中多次给我提供

帮助和便利，这点小意思请你收下。”2014 年 1 月的一天，唐庆义在彝良县公安局附近送给时任彝良县林业局天然林保护与退耕还林办公室主任林某 2 万元感谢费。

无所遁形，“黑手”终被纪法之剑斩断。2018 年 9 月，彝良县纪委监委在对省委巡视组交办案件进行初核过程中，发现唐庆义案件线索，随即抽调精干力量组成专案组对此案进行审查调查，并于 2018 年 10 月 16 日对唐庆义采取留置措施。为迅速查清案件真相，追缴违纪违法所得，专案组决定安排唐庆义重温入党誓词、学习《党章》，重新唤醒他的党性和责任感。

“由于理想信念丧失，我的宗旨意识被欲望冲垮，为满足贪欲无视党纪国法，铤而走险、不择手段，向不该伸手的扶贫项目资金伸出罪恶之手，严重侵害群众利益，我辜负了组织多年来的培养，愧对群众对我的信任。”重温入党誓词、学习《党章》后，唐庆义在检讨书中追悔莫及，据实交代了其贪污 58 万元、受贿 20 余万元和行贿的事实，并主动上交部分涉案款 16.335 万元人民币。

“向扶贫项目资金伸‘黑手’，影响恶劣、贻害无穷，唐庆义案是典型的扶贫项目资金腐败案件，我们将举一反三，加大扶贫领域监督执纪问责力度，坚决斩断伸向扶贫项目资金的‘黑手’。”彝良县纪委监委负责人说。

天网恢恢，疏而不漏，无视党纪国法的人终将自食恶果。2018 年 12 月 17 日，彝良县纪委监委给予唐庆义开除党籍、开除公职处分，将其涉嫌犯罪问题及所涉款物移送司法机关处理。

2019 年 12 月 23 日，唐庆义犯贪污罪、受贿罪和行贿罪被彝良县人民法院判处有期徒刑 8 年，并处罚金人民币 25 万元。其余涉案的相关人员已依法依规给予相应的党纪政务处分、移送司法机关处理。

至此，伸向小草坝镇扶贫项目资金的“黑手”终被纪法的正义之剑斩断，老百姓拍手称快，冬天的小草坝镇愈发显得洁白和宁静。

（作者时任昭通市委政研室经济科副科长）

敛财有“道”的贫困村总支书记栽了

张孟杰

习近平总书记在十九届中纪委四次全会上强调，要继续坚持“老虎”“苍蝇”一起打，重点查处不收敛、不收手的违纪违法问题。要清醒认识腐败和反腐败斗争的严峻性、复杂性，认识反腐败斗争的长期性、艰巨性，切实增强防范风险意识，提高治理腐败效能。从习近平总书记的讲话中我们可以看到，反腐败斗争的形势依然严峻复杂，党的十八大后不收敛、不收手的各种腐败分子依然存在，各种与民争利、贪污侵占、虚报冒领的基层“微腐败”问题依然不断发生，查处群众身边的腐败问题依然任重道远。

2018 年 4 月，昭通市纪委市监委收到一份举报材料，有群众实名反映彝良县荞山镇海坝村党总支书记李廷聪贪污受贿、侵占扶贫款物、损害群众利益等诸多违规违纪问题。由于问题线索集中，反映内容清楚明晰，市纪委市监委决定按干管权限转彝良县纪委监委初步核实。彝良县纪委监委收到该举报材料后，立即成立初核工作组对李廷聪有关问题进行初核。

调查组走访当地群众，很多人反映李廷聪为人很好，平时对待群众也很和气，没有发现其违规违纪问题，调查工作一度陷入僵局。

为了打开案件的突破口，调查组成员多次找举报人了解情况，走访了村委会其他干部。功夫不负有心人，调查组了解到李廷聪向海坝村柳湾组村民黄成敏承包有一片种植天麻的林地。李廷聪户籍不在海坝村，家庭承包地也不在海坝村，这其中会不会有猫腻？一个疑问在调查组心中产生。问题不查清决不放过，这是调查工作的首要原则。调查组决定继续开展调查，随着调查工作的不断深入，李廷聪虚报冒领惠农补助资金、索要授受好处费等违规违纪违法问题逐步浮出水面，一个基层表面光明磊落，暗地里与民争利的腐败分子呈现在群众面前。

经调查，2014 年，彝良县荞山镇海坝村实施整村推进大竹种植项目，大竹种植 770 亩，每亩补助 0.013 万元，共计补助资金 10.01 万元。作为时任海坝村党总支书记，李廷聪本应该积极按照上级要求，结合当地实际，积极组织村民实施好项目，为当地群众谋福利。然而李廷聪却在组织实施该项目过程中产生了贪念，动了贪占大竹种植补助资金的念头。开始，李廷聪打算用自己向柳湾组村民黄成敏承包的林地种植大竹，获取补助资金。经了解政策，获取补助资金必须是海坝村村民，李廷聪本人户籍不属于海坝村村民，按规定不能享受大竹种植补助资金。

贪念一旦产生，就像是魔鬼撒旦播种下邪魔的种子，会在心底生根发芽，不断壮大，直到遮住了自己心底所有的阳光。知道自己不符合补助政策要求后，心有不甘的李廷聪并没有就此罢手，看着大竹补助资金他欲罢不能。于是，李廷聪利用其职务之便，与该村柳湾组村民刘某明、赵某文、黄某敏和沟头组村民潘某勇、潘某荣、冯某贵、冯某友商量，用该 7 人名义申报大竹种植面积，获得补助资金后，由这 7 户村民将资金转交给李廷聪。7 人同意后，李廷聪以刘某明、赵某文名义各申报 30 亩，以黄某敏名义申报 25 亩，以潘某荣、潘某勇名义各申报 35 亩，以冯某贵、冯某友名义各申报 40 亩。通过虚假的手段，李廷聪共计以他人名义申报大竹种植面积 235 亩，共计获得补助资金 3.055 万元。

潘多拉的魔盒一旦打开，就很难再有关上的时候。李廷聪的贪欲已经产生，党赋予的权力就成了他谋取私利的工具，惠农项目和惠农资金就成了他眼中的“唐僧肉”。

调查组发现，2014 年，海坝村实施整村推进养猪项目，养猪 285 头，其中公猪 10 头，每头补助 0.5 万元，母猪 275 头，每头补助 0.2 万元。李廷聪在组织实施养猪项目过程中，认为自己不能放弃这个捞钱的好机会。在采购过程中，李廷聪与猪贩廖永奎（小草坝镇小雄村人）达成口头协议，由廖永奎采购后，以每市斤 13 元的价格卖给群众，每销售 1 市斤猪，廖永奎负责提取 1 元的好处费给李廷聪。协议达成之后，廖永奎到四川省筠连县一带，以每市斤 9 元的价格收购仔猪运到荞山镇海坝村，以每市斤 13 元的价格卖给群众。2014 年的一天，廖永奎按约定，来到海坝村委会李廷聪办公室，当面送给李廷聪好处费 1.1 万元。

在海坝村实施整村推进养猪项目过程中，李廷聪明知该村岩湾组村民王胜琼和覃仁芬两户分别各饲养一头母猪（每头补助 0.2 万元）的情况下，采取弄虚作假手段，将该两户饲养的母猪变更为公猪（每头补助 0.5 万元），上报后，李廷聪分别要求王胜琼、覃仁芬将多领取的补助 0.3 万元拿给他。2016 年 10 月的一天，王胜琼在双河木龙安置点拿给李廷聪 0.1 万元，覃仁芬拿给李廷聪 0.3 万元。

2020 年 3 月 12 日，彝良县纪委常委会议研究决定，给予李廷聪开除党籍处分；由彝良县人大、荞山镇人大主席团根据有关规定对李廷聪的彝良县第十六届人大代表、荞山镇第二届人大代表职务作出相应处理；由荞山镇党委按照程序终止其党代会代表资格；违纪款 4.555 万元收缴上交国库。

“小”“多”“惑”“近”是李廷聪这类“微腐败”案件的鲜明特点，这些案件看似微不足道、司空见惯、合情合理的“微腐败”现象，会让我们缺乏警觉、存在侥幸、不知不觉中违反了党纪党规，甚至走上违法犯罪的道路。同时，这类案件直接伤害群众感情，损害群众利益，严重影响党在人民群众心中的形象，影响党群干群关系，进而影响党的执政根基。因此，其危害不容小觑。广大党员干部要坚定廉洁从政的执政理念、廉洁高效的工作理念、廉洁奉公的为民理念、廉洁守法的法制理念，筑牢廉洁自律思想防线，强化担当作为的责任意识，敲响防微杜渐的思想警钟，从源头上抑制腐败现象，全面唤醒党章党纪党规意识。

广大党员干部要树立正确的名利观，以平和之心对“名”，以知足之心对“利”，自觉坚持洁心、洁身、洁行，以廉为荣，以俭立身，耐得住艰苦，守得住清贫，抵得住诱惑，始终保持拒腐防变的能力。要从小事做起，始终严于律己，时时自省、自律、自重、自警，慎言、慎行、慎微、慎初，在日常生活中严格要求自己。“莫以善小而不为，莫以恶小而为之”，不该自己得到的，一丝一毫也不沾。

（作者时任昭通市纪委市监委党风政风监督室主任）

清除“蚁穴” 守护大堤

钟露霞

从2017年8月起，云南省纪委、昭通市纪委和彝良县纪委陆续接到多份举报材料，反映彝良县洛旺乡联合村代理主任刘定武在脱贫攻坚工作中存在违纪违法行为。其中一份举报材料上赫然有8个注明身份证号码、盖上红手印的签名。材料中提到，刘定武利用手中职权，将其子刘某某列入建档立卡贫困户名单，并享受相关补助；在彝良县“9·7”地震灾后恢复重建过程中收受农户好处费；违规享受低保。线索与基层老百姓息息相关，是各级纪检监察机关最为关注的扶贫领域违纪违法问题，因此彝良县纪委当即决定对相关问题严查到底！

随着调查的展开，性格狡黠的刘定武有所警觉。因其担任过10年的村治安员，有一定的反侦查能力，初核组决定先从外围入手，获取关键证据后再与其交锋。初核人员先后深入洛旺乡扶贫工作站、财政所、城建所、人大办、组织办、党政办、派出所、信用社等单位，查阅和提取了大量证据资料，将2014年以来的从中央到镇、村的所有扶贫政策一一收集整理，并对联合村在家农户进行了逐户核查。

建档立卡贫困户的确定需要经过“三评四定”，刘定武儿子是怎么评议通过的？符不符合规定？带着这些问题，调查人员开始了走访。联合村交通落后，农户居住分散，有的农户家还不通路，有的户与户之间需要步行两个小时以上才能到达，调查进度缓慢，调查人员经常早上 8 点左右出发，下午才能吃上午饭。受访村民均表示没有在相关评审会上见过其子刘某某的名字，也没有对其投票，从相关会议记录中，也没有提到刘某某的名字。刘某某是怎么凭空出现在上报名单里的呢？最终审核的工作人员又是怎么让其通过的呢？在走访了近两百户农户后，刘某某进入卡户名单的真相渐渐浮出水面，调查组决定接触刘定武。

生于 1964 年的刘定武身材适中，眼中透着一股精明，看起来比实际年龄小一些。第一次谈话，他一来便笑着向办案人员问好，当提到关键问题时便以不记得、没有发生过等理由搪塞，对调查人员的问题一概不置可否。

经过认真准备，核查组开展第二次谈话，调查人员单刀直入，询问刘某某为什么会是建档立卡贫困户人员。刘定武避重就轻，表现出积极认错的姿态，称与孩子已经分户，是自己对政策解读不明，才造成这样的局面，且孩子身患疾病，符合建档立卡条件。

经过对刘定武的两次接触后，分管此案的县纪委副书记提出一个思路，让刘定武说清楚家庭资产资金来源，从而反证其子不符合建档立卡户标准。思路确定后，很快对刘定武进行了第三次谈话。面对调查人员问到其房屋价值 70 余万时，自作聪明的刘定武开始“自证清白”，告诉办案人员他家开了罗马柱厂，孩子们还开了手机店，加上其他生意，收益不少，建房资金完全没问题，甚至目前银行还有 6 万元存款。听到这里，调查人员知道，妥了！在刘定武滔滔不绝地介绍其财产来源时，负责询问的办案人员冷不丁问道：“以你家这样的条件，在村里算是富裕的了吧。”刘定武说出“是的”两个字后，办案人员紧跟着问道：“那你觉得你儿子符不符合建档立卡贫困户标准？”至此，一直自诩聪明的刘定武才意识到“糟了”。他经过反复的思想斗争，终于开始交代自己如何利用村代理主任身份，在上报表册途中私自加上儿子刘某某的名字，并剔除自己的信息，摇身一变，变为其子的挂钩联系干部，瞒过了洛旺乡干部的审核，成功获得建档立卡贫困户身份，以期享受国家各项扶贫政策。

2016年，国家扶贫力度不断加大，考虑到联合村交通极为不变，群众居住又分散，洛旺乡给了联合村20个易地搬迁名额，每户补助6万元，并提供6万元无息贷款。刘定武之子刘某某居然作为贫困户出现在了易地搬迁户名单中。2018年，国家提出不能让贫困户负债脱贫，彝良县就将易地搬迁户享受的无息贷款变为补助，这样刘定武之子便享受了12万元的建房补贴。针对这个问题，调查人员按图索骥，找到关键书证，又查实了刘定武利用职务之便，采取弄虚作假的手段，骗取国家扶贫开发优惠待遇并获得经济利益的违纪违法事实。

值得一提的是，在调查人员走访农户过程中，许多农户对调查组的到来拍手欢迎，纷纷提供线索，其中一条线索引起了调查人员的重视。村民陶某某，因其子生育了三孩，属超生不能落户，便找到刘定武请其帮忙办理缴纳社会抚养费和落户的事情。刘定武向其索要了3万元作为办理费用，后退回5000元，此后，陶某某孙子顺利落户并收到一张5000元缴纳社会抚养费收据。还有2万元去了哪里，陶某某不敢问，刘定武也没说。

针对这一线索，调查人员决定，先走访当事人陶某某。谁知一去竟碰了个软钉子，陶某某对此事矢口否认，表示自己早就记不得落户是谁办理的，也没有给过刘定武3万元。难道是提供线索的群众胡乱说的？调查人员再次向群众核实，证明是陶某某亲口告诉他的。第二次，当面对调查人员耐心询问后，陶某某松口说有这件事情，但是收据上的具体金额是多少记不得了，而且收据也找不到了。看来还是有顾虑。通过两次接触，调查人员发现陶某某有些胆小怕事，决定从做思想工作、普及党纪国法上来打消他的顾虑。2019年1月11日，调查人员第三次去陶某某家，就在还剩最后一公里的地方，由于道路陡峭、路面坑洼不断、泥泞不堪，调查组的车在一个打滑后抛锚了，下车一看，连轮胎都已掉落，只剩下一个光光的轮毂，长长的滑痕已经连到路牙边，往下就是悬崖，一车人惊出一身冷汗，却只能互相安慰“大难不死，必有后福”。前不挨村后不着店，唯一可以求助的就是证人陶某某，踩着没过脚背的泥泞，调查人员出现在陶某某眼前时，把这个胆小的庄稼汉也感动了，他把家里的木棒、砖头背上，和调查人员一起去修车。50多岁的驾驶员老王有着30年以上驾龄，面对着坏在陡坡打滑路面的车辆，他心里也在打鼓，车上的千斤顶要钻到车底去操作，一旦出现打滑，自己就可能被车碾过，但他还是用木棒和砖头卡死了车轮后，让其余人员全部在两边扶住车身，预防车辆打滑，随后钻进了车底。经过两个小时的努力，终于将车修好，此时的他已经全身是泥，满脸油污。看着这一情景，陶某某再也控制不住，搓着双手，喃喃地请调查人员到他家清洗吃饭，并自己找出了那张5千元的收据，把事情的原委告诉了调查人员。

经过前面几次的交锋，调查人员一直耐心地对被调查人刘定武进行党纪国法教育，刘定武受到感化，在思想上逐渐有所转变，面对调查人员的提问，开始积极配合回答。很快，举报线索中提到的收受两家农户关于恢复重建指标好处费的事情和索要陶某某落户好处费的事情也一一查明，刘定武共收受好处费3.5万元的事实，根据相关规定，应按受贿论处。

此案从接到举报到移送司法机关，74份笔录，48名被询问对象，走访近200户农户，涉及20多家单位调查取证，调查人员历经艰辛，终于将刘定武违反党纪国法的事实查清。

2019年8月24日，彝良县纪委对刘定武作出了开除党籍处分的决定。同时，洛旺乡村两级也按相关程序将其子整户清退出建档立卡贫困户，并勒令退回其违规享受的相关补助。2019年11月29日，随着彝良县人民法院的一纸判决，刘定武犯贪污罪、受贿罪数罪并罚，决定执行有期徒刑两年零六个月，并处罚金20万元，没收违法所得16.113万元。

岳其林是刘定武案中的主要办案人员，接手线索的时候，妻子怀着二胎，大孩才一岁多，母亲也刚查出肺癌卧病在床。在洛旺乡调查期间，岳其林很少回县城家中，又要带孩子又要上班的妻子长期一个人在家，压力倍增。2018年7月25日，岳其林接到妻子的来电，说感到肚子很疼，估计要早产，让其赶紧回家。当时案件正在关键时候，证人赵某某刚刚有所松动，正要说出行贿刘定武事实的细节，此时换人，可能对证人情绪有所影响，岳其林下意识对妻子说出："我这实在走不开，你再坚持两三天再生。"第二通电话，是妻子同事打来的，告诉他妻子自己签了字已经进产房了；第三通电话，是孩子嘹亮的哭声。半年后，母亲去世……提起这些，岳其林习惯微笑的嘴角微微有些抽动，眼眶也泛红，他说："以前在书上看到忠孝难两全这句话时，还很难理解，当发生在自己身上后，才深深感受到其中的五味杂陈和对亲人无法弥补的遗憾……"

刘定武案件判决后，彝良县纪委在全县进行了通报，组织扶贫干部进行了警示教育。同时也加大了对扶贫资金安全的监督力度，小案办出了大影响，实现了政治效果、纪法效果、社会效果相统一。

国家低保、农危改、生态补助等各种惠民政策，体现了党和国家对农村低收入家庭、农民群体的关怀和爱护。基层党员干部代表着基层党和政府的形象，与老百姓直接接触，"千里之堤，毁于蚁穴"，若基层干部以权谋私、目无法纪、滥用职权，往往会使得党和国家的政策在"最后一公里"走偏。群众身边的"微腐败"是多发和高发的，但往往不易被人发现和关注，查办起来也有困难。"但得官清吏不横，即是村中歌舞时"。纪检监察干部通过加强资金监管，对惠民工程的每一次资金进出进行严格把关，不让唯利是图的小人有"可趁之机"，成为清除蚁穴的护堤人，让脱贫攻坚"最后一公里"畅通无阻！

（作者时任昭通市广播电视台人力资源部主任）

被贪念腐蚀的民政所长

胡　江

事从低保起。2008 年 4 月的一天，威信县双河乡民政所所长张廷泽接到通知，需对乡里符合农村低保保障的对象进行排查筛选。“你们快点报来，嫂子他们不是符合条件嘛，我给你们两家多整几个低保，就可以领钱了”，张廷泽立即把这个消息告诉给了居住在双河乡半河村的大哥张廷栋和二哥张廷良。经过张廷泽的“招呼”和“操作”，半河村“两委”讨论将其大哥张廷栋和二哥张廷良的妻子高志妃二人纳入享受农村低保的范围，并报送双河乡民政所。张廷泽将上述二人纳入享受农村低保的同时，为两户又各违规增加一个农村低保，最终张廷栋和张廷良两户人分别从 2008 年至 2016 年年底一直享受 4 个农村低保。

伸手补助金。在办理农村低保的同时，因地震影响，下发的安居补助款也由张廷泽具体负责发放，此项资金主要用于发放给受灾影响的贫困户。张廷泽伪造了相关资料，违规领取农村民居地震安居工程项目补助资金，共计 2000 元。

低保果然有“甜头”。在办完哥嫂的农村低保之后，张廷泽没有收手，又开始打着城镇低保的主意。张廷泽的父母、妻子及两个女儿均生活在农村，户口均为农村户口，2008 年根据县政府农村城镇化相关要求，部分农村居民户口划转为城镇户口，张廷泽为让家人违规享受城市低保，他单独办理了一个城镇户口，让妻子赵世萍为户主，另行为家人办理了一个城镇户口。在张廷泽的“操纵”下，违规为自己的家人办理了 3 个城市低保，2008 年 4 月至 2010 年 12 月领取城市低保资金及配套的慰问金和临时救助共计 23730 元；2011 年，张廷泽再次违规为自己的家人增加 2 个城市低保，此时，张廷泽父亲张现普、母亲陶成英、妻子赵世萍、长女张成敏、次女张成琴 5 人均享受城市低保。2013 年 8 月，张廷泽家人从双河乡半河村搬迁到扎西镇龙井社区之后，该 5 个人继续享受城市低保持续到 2016 年 6 月。2011 年 1 月至 2016 年 6 月，张廷泽的家人领取城市低保及配套的慰问资金共计 91215.00 元。

一念贪欲终成空。2018 年 12 月 24 日，威信县纪委监委信访室收到群众匿名反映“双河乡原民政所所长张廷泽利用职务之便，违规办理低保、侵占扶贫资金”等问题；2019 年 2—5 月，威信县纪委监委先后收到省纪委、市纪委、威信县委转办关于反映张廷泽同样的问题线索。接到问题线索后，威信县纪委监委立即根据反映情况，成立调查组开展调查。

在接受调查之初，张廷泽为自己的行为辩解道：“我哥嫂生活也是困难得很，你看，他家也没得打工的，就是种种地啊啥子的，没得啥子经济来源。我们家也是这种情况，就靠我一个人的工资，锅都揭不开了，我还不是想让他们日子好过一点，才想用低保金去帮助他们，并且给我哥嫂的低保金也是经过村党委同意的。”

面对如此解释，调查组哭笑不得，“低保是有明确的发放范围和标准的，作为基层干部，你更要吃透政策，依规依纪依法开展相关工作，严于律己。”经过多次对其开展政治关爱式谈话和纪法教育后，张廷泽幡然醒悟，对自己的所作所为十分后悔，并表示愿意主动配合组织调查，上交违法所得 11.6945 万元。鉴于其态度良好，威信县纪委监委依据《事业单位工作人员处分暂行规定》相关规定，给予张廷泽降低岗位等级处分。

低保资金是群众的“救命钱”，更是精准扶贫、精准脱贫的重要保障。只有保护好群众的每一分“救命钱”，扶贫工作才能真正地落到实处，才能取得脱贫攻坚最后的伟大胜利。党员干部只有将思想的“第一粒扣子”扣正、扣好，才能确保脱贫攻坚伟大丰碑永远屹立。一念天堂，一念地狱，优亲厚友、吃拿卡要，终将受到党纪、国法的严肃处理。

（作者时任昭通市纪委市监委干部）

弄虚作假敷衍巡察整改？不行！

马　铨

“老朱、老罗，这次你们的房子整好了吧？”“整好了，这次真的整好了，你们说话算数的，太谢谢你们啦！”2019 年 8 月，大关县纪委县监委调查组再一次来到大关县木杆镇银吉村朱良贵和罗坤碧家中查看危房加固漏雨问题的整改情况，老朱和老罗的感激之情溢于言表。原来，修补老朱和老罗家房子还有一点“曲折”。

2019 年 3 月，大关县委开展了对 9 个乡镇 76 个村的脱贫攻坚和扫黑除恶专项巡察，县委第七巡察组在木杆镇银吉村走访时发现朱良贵、罗坤碧两户村民在经由施工队统一进行农危改加固后，房屋依然存在漏雨问题，巡察组随即要求银吉村立行立改，并将问题反馈至木杆镇党委，要求按时按质完成整改并上报整改落实情况报告。

7 月，专项巡察结束后，大关县委将巡察组转为巡察反馈问题整改督导组，跟踪督查反馈问题整改落实情况。督导组又一次来到朱良贵家中。

“老朱，这次我们是来看看你家房子修补好没有？”“没有，几个月了，都没见人来整过。”老朱闷闷地说：“你们说的是不是不算啊？”督导组随即到罗坤碧家中查看，发现房屋漏雨没有整改完成。原来，银吉村上报的整改情况报告中这两户均显示“已整改”，实际上截至督导组入户时仍未有施工队上门，该问题并未整改。督导组马上将不如实上报巡察反馈问题整改情况的问题形成专题报告进行上报，并按照程序将问题移交县纪委监委。县委和县委巡察工作领导小组高度重视，召开专题会议，要求成立调查组将该问题作为问题线索展开初核，彻底整改。

经调查，2019 年 2 月至 4 月，县委第七巡察组在对木杆镇开展脱贫攻坚和扫黑除恶专项巡察工作中，于 3 月 28 日将银吉村边巡边改问题清单移交木杆镇党委政府，其中要求对朱良贵、罗坤碧两户房屋农危改加固后漏雨问题立行立改；5 月 21 日，县委巡察办向木杆镇党委发出书面反馈意见，要求两个月内上报农危改加固后漏雨等问题整改情况。7 月 11 日，银吉村总支书记荣兴兵自行将朱良贵、罗坤碧两户整改情况报告和问题清单中“整改中”修改成“已整改”上报镇纪委，被督查组发现未如实上报巡察反馈问题的整改落实情况。

2019 年 8 月，朱良贵和罗坤碧户房屋完成了施工，调查组再次来到他们家中核查，这才有了开头那一幕。荣兴兵因不如实报告巡察整改情况，造成不良影响，受到党内警告处分。

开展脱贫攻坚专项巡察着力发现和推动解决侵害群众利益问题，是贯彻打赢脱贫攻坚战决策部署的有效举措，是回应人民群众殷切期盼的有力抓手，对巡察反馈的问题不整改甚至虚假整改，既影响了脱贫攻坚成效，又损害了党委政府形象，必须依纪依法严肃查处，为高质量打赢脱贫攻坚提供坚强保障。

（作者时任昭通市委巡察办巡视联络科副科长）

严管厚爱并重　担当作为脱贫

吴　敏

“刘书记，刘书记，刚刚收到县委常委会的会议纪要，我们乡因为2017年、2018年连续两年扶贫开发成效被考核为一般，即将被启动问责程序！”刘正凤刚进办公室，乡党委办公室主任就急匆匆地跑来汇报。

“我看看！”刘正凤几乎是从办公室主任手中抢过文件，双手慌乱地翻看着这份会议纪要。

“终于，该来的还是来了！”刘正凤低声叹了口气，说道。她似乎等这个“结果”已经很久了，看到县委的决定，似乎心里面悬着的石头落地了，轻松了一些。自看到县扶贫开发工作领导小组通报2018年脱贫攻坚考核文件，细沙乡继2017年被考核为“一般”之后，再一次被考核为“一般”，刘正凤就已经意识到问题的严重性了。

大约过了一个星期，县纪委县监委的调查组就先后通知乡长、分管扶贫的副乡长到县纪委接受谈话。紧接着，自己也被通知谈话，凉水村的包村领导袁某艳、蒋信友户帮扶干部曾某琴也被通知到纪委谈话。谈完话后，各自都似乎对接下来自己可能面临的处理结果有了八成的把握。特别是刘正凤，她觉得全乡扶贫工作拖了全县的后腿，这次自己至少也得挨个重处分。

心里有了这样的最坏打算，等待处理结果的过程对刘正凤来说，似乎已经不太重要了，以至于都快被这久忙碌的日子淡褪了。直到半年后的一天，刘正凤才正式收到县纪委的处分文件，结果比自己想象的要轻，仅仅是党内警告处分。

2016年3月，刘正凤任细沙乡党委书记。自全国吹响脱贫攻坚号角起，刘正凤认为，自己在乡镇干了这么多年，扶贫工作也干了这么多年，虽然自己刚刚请产假耽搁了半年，但大家都知道扶贫工作是怎么一回事，于是就这样按部就班地开会安排部署，督促报表填表……

其担任党委书记的细沙乡位于永善县东北部，距离县城39公里，全乡总面积161.16平方公里。全乡辖7个村（社区），153个村民小组，居住着汉、彝、苗等7种民族。全乡7个村均是贫困村，其中有5个属深度贫困村，2013年全乡有建档立卡贫困人口2271户8952人，贫困发生率达46.25%。2014年至2019年通过多轮动态调整，国办系统仍然还有建档立卡贫困人口2335户10164人。

2017年10月，党的十九大进一步明确了我们党对如期全面建成小康社会的承诺。决胜脱贫攻坚，为全面建成小康社会圆满收官，是各级党委政府当前和今后一个时期的首要政治任务。“十三五”期间脱贫攻坚的目标是，到2020年稳定实现农村贫困人口不愁吃、不愁穿，农村贫困人口义务教育、基本医疗、住房安全有保障；同时实现贫困地区农民人均可支配收入增长幅度高于全国平均水平、基本公共服务主要领域指标接近全国平均水平。为此，县委、县政府早早就将脱贫攻坚作为各项工作的重中之重，构筑全社会扶贫强大合力，扎实做好产业扶贫、易地扶贫搬迁、就业扶贫、危房改造、教育扶贫、健康扶贫、生态扶贫等精准扶贫重点工作。

2017年4月下旬，县扶贫开发工作考核组到细沙乡开展实地考核。考核组来到三堡村沙包嘴二组李和江家，经了解李和江为吸毒被抓人员，却被新纳入建档立卡户，这是典型的对象不精准。

从李和江家出来，考核组又来到不远处的李仕尧家，户主李仕尧72岁高龄，与老伴一起生活，儿子在15年前去世，儿媳改嫁后仍然赡养两位老人。李仕尧身患带状疙瘩，每月都要花费不少的医药费。儿媳妇再婚后还带着2

个子女，住房为多年前修建，有些许裂缝。家中劳动力短缺，负担较重。可就是这样远远未达到脱贫标准的家庭，却被纳入了2017年的预脱贫户。考核组还发现，在全国扶贫开发子系统的数据录入工作中，细沙乡数据录入工作人员对政策理解有误，将“一般病”患者的致贫原因在系统内填为“因病致贫”，导致全国扶贫开发子系统中的数据显示细沙乡“因病致贫”发生率极高。

由于在考核中存在李和江户错评、李仕尧户错退、数据录入错误导致“因病致贫”发生率极高等典型问题，细沙乡在2017年度扶贫成效考核中被评定为“一般”。

针对第三方评估及省、市、县督查多次反馈存在的问题，乡党委政府出台了《整改工作方案》，对存在的问题明确了整改措施、整改时限、整改责任人，加大督查整改力度。

“老乡，你家是2018年预脱贫户，咋个现在还在建房？”在永善县细沙乡冷水村蒋信友家，省级脱贫攻坚成效考核组对照台账看着还未建完的房屋户主开始询问。

“今年雨水多，公路湿软，修房子用的材料都拉不进来，所以一直都没修完。”

但是在国办系统中，显示的是蒋信友家有安全住房并已入住。

在对细沙乡随机抽查中，省级成效考核组发现，像蒋信友户一样在国办系统显示有安全住房并已入住，但在实际房屋未建设完成的有7户，还有1户漏评等问题。

2018年12月，市脱贫攻坚成效考核组到细沙乡开展督查，发现三堡村刘光清、舒致敏、徐仁军、刘飞等4户对象不精准、致贫原因不精准、明白卡不明白、身体健康人员被录为长期慢性病、行业扶贫有差距、关键档案资料缺失、群众满意度低、徐贵平等特殊户未及时研究解决等8个方面的突出问题。

县扶贫开发领导小组对2018年已脱贫户安全住房进行核查后，统计得知全县安全住房未完工共34户，而细沙乡就占了19户，占比高达56%，开工率更是在全县 15 个乡镇中排名倒数第一位。易迁安置点建设方面，截至 2018 年 12 月 24 日，全县 11 个乡镇 27 个安置点主体均已全面完工，唯独还有细沙乡桦槁埂安置点 2 户主体未完工，严重影响到易迁安置群众的居住利益。村档户档方面，县委要求 2018 年 11 月底前完成村档、户档工作，但直至省级考核时，细沙乡仍然未完成。上述问题，对全县扶贫开发成效考核工作造成了不良影响。

基于各级考核中存在的种种问题，在 2018 年度永善县扶贫开发成效考核中，细沙乡再次被评定为“一般”等次。

在县委政府举全县之力大力推进脱贫攻坚工作时，细沙乡在 2017 年、2018 年全县脱贫攻坚工作考核中，两年考核为“一般”等次。对此，在 2019 年 2 月 16 日召开的县委常委会议上，会议同意对连续两年被评为“一般”的细沙乡启动问责程序。

2019 年 3 月，县纪委县监委立即成立核查组对该问题线索进行核查，在核查方式上，有人提出了疑问，现在正处在脱贫攻坚的关键时期，如果核查工作不恰当，便会引起基层同志的逆反心理，对脱贫攻坚工作没有促进作用，反而导致基层同志消极懈怠。为此，核查组打算先从外围掌握实际情况。通过多方调查取证，发现细沙乡在脱贫攻坚考核中存在精准扶贫不精准、致贫原因不精准、明白卡不明白、信息录入不准确等 16 个方面的问题，在省市扶贫开发成效考核反馈 49 个问题，有 40 个问题在细沙乡都有不同程度体现。

刘正凤身为细沙乡党委书记，在脱贫攻坚工作中未认真履行好第一责任人责任，工作不细不实，责任压实不够，落实打折扣，检查督促问效不到位，对细沙乡脱贫攻坚工作中存在问题和不足，以及连续两年考核为“一般”等次，应负主要领导责任。

“作为乡镇党委书记，按照‘五级书记抓脱贫’的工作机制，出现以上的问题，是我没有抓好班子带好队伍，对脱贫攻坚工作研判不深不细，对班子成员的责任压得不实。我作为班长有不可推卸的责任，无论组织对我作出如何处理，我都接受。无论调整在任何的岗位，我都一如既往地踏实工作。”在县纪委监委核查组同志的谈话现场，刘正凤坦言道。

其实，在刘正凤得知县委将对细沙乡启动问责程序的当天晚上，她彻夜未眠。她深知脱贫攻坚已经到了啃硬骨头、攻坚拔寨的冲刺阶段，必须以更大的决心、更明确的思路、更精准的举措、超常规的力度，众志成城实现脱贫攻坚目标，决不能落下一个贫困村、一个贫困户、一个贫困群众。

为此，她痛定思痛，认真反思，正视自己在过去工作中的不足和差距，放下思想包袱，以“起步就是冲刺、开局就是决战”的责任感和紧迫感，紧紧围绕“5个村出列、脱贫790户3222人、贫困发生率控制在1.5%以内、实现全乡整体脱贫出列”的总目标，通过强组织、压责任、重统筹、强担当、铁纪律、严作风等六套组合拳，细沙乡于2020年4月顺利通过脱贫攻坚第三方评估，8月顺利通过国家脱贫攻坚普查验收，贫困发生率降至1.24%，实现了5个村790户3222名贫困群众全部脱贫的目标，全乡脱贫攻坚战取得了决定性胜利。

“虽然全乡实现了整体脱贫出列，但我们仍然不能松懈，还要持之以恒抓好7个已出列村、2259户9957名脱贫群众巩固提升工作，不断健全和完善稳定长效脱贫和防止返贫的机制，打赢打好脱贫攻坚收官战，有序衔接乡村振兴，为确保细沙乡如期同步全面建成小康社会而努力工作。”在获悉细沙乡顺利通过国家脱贫攻坚普查验收后不久，刘正凤却又在全乡干部职工大会上激动而响亮地号召大家继续奋战，久久为功。

在细沙乡脱贫攻坚工作成效连年不力之时，县纪委、县监委巧妙地运用监督执纪的“第二种”形态，结合刘正凤能够认识到自己工作中的不足、深刻汲取教训、主动承担责任、积极推动脱贫攻坚工作等情形，决定给予其党内警告。如此恰到好处的处理决定，体现了纪检监察机关对干部的严管厚爱，既避免了干部的消极懈怠，又推动了全乡脱贫攻坚工作与全县、全市整齐划一，共同出列。

（作者时任昭通市纪委市监委第五监督检查室副主任）

群众的补助款　一分也不能少

杨　玲　郑其文

“我们的补助款哪儿去了……”2018年10月30日，一件反映“永善县黄华镇黑铁村‘两委’侵害群众利益不落实政策，导致31户群众不能享受农危改政策”的信访事项倒查件，由中央第十二巡视组交办，经昭通市纪委市监委转交到了永善县纪委监委。

“群众利益无小事！”永善县纪委监委接到线索后，高度重视，立即研究部署，抽调业务骨干组成核查组及时开展线索核查工作。

“在全国上下一盘棋，决战决胜脱贫攻坚冲刺的关键阶段，黑铁村还会有多达31户的群众农危改政策未落实、补助款未兑现的事情发生？到底是谁侵害了群众利益？到底是咋个回事？必须查个水落石出，给群众一个交代！”负责对该信访反映问题线索进行初核的永善县纪委监委第四纪检监察室主任陈玉雄同志对核查组的同志说。在其他6个纪检监察室和黄华镇纪委的支持配合下，初核组迅速展开初核工作。

“从哪里入手？”是核查组首先要面对和解决的问题，只有找到问题线索的突破口，才能顺藤摸瓜、厘清事情的来龙去脉。由于信访反映问题涉及人数较多，核查组在认真分析研判群众反映问题的基础上，决定分“三步走”展开初核工作。第一步，先从学习上级关于农危改政策规定入手，吃透文件精神，精准把握工作原则，调取相关文件、会议记录等书证材料；第二步，遵循“从群众中来，到群众中去”的工作方法，实地走访信访反映线索中提到的31户农户，了解群众信访原因和诉求，掌握第一手信息；第三步，与镇村相关人员谈话，询问了解情况，获取相关证人证言及当事人陈述。厘清了“三步走”的思路，核查组兵分两路，一个小组加班加点收集调取相关材料、找人谈话了解情况；另一个小组走村入户，与黑铁村31户农户家家见面、拉家常了解情况，同时走访本村周边其他群众进一步了解农危改项目实施和补助款兑现情况。很快，群众举报反映的问题逐渐明朗起来。

原来，出现群众信访的原因在于：黄华镇和黑铁村相关工作人员未吃透精准扶贫政策精神和要求，执行政策过程中失职失责，工作作风不实，生硬执行政策文件规定等问题，致使黑铁村符合领取农危改政策补助资金的部分群众未享受到农危改项目补助资金，才出现了文首那一幕。

事情的来龙去脉还得从一年半前说起……

2017年4月27日，永善县农村危房改造和抗震安居工程建设改造领导小组下发了《关于预下达2017年农村危房改造和抗震安居工程指标任务的通知》，明确要求各乡镇于2017年4月30日12时前上报2016年提前实施农村危房改造农户花名册。4月28日，黄华镇分管扶贫和项目建设工作的时任副镇长王荣凯在文件上签署了意见并作了具体工作安排。当日，黄华镇党委政府及时组织召开镇村干部会议传达学习文件精神，安排部署统计上报工作，再强调要求各村认真统计上报2016年提前实施农村危房改造建设农户的花名册，镇项目办将文件转发给各村并电话通知各村支书。黄华镇黑铁村包村领导王世超安排村“两委”按文件和会议要求，按时统计上报相关农户花名册。而时任黑铁村党委书记张高汉却认为“2017年的指标有限，上报了也无法分得指标”，于是与时任村主任陈美松商量后，决定先将2016年已建设完工并搬迁入住的袁某琴等7户农户统计上报，把正在建设的夏某祥等21户农户作为下一步解决的对象。黑铁村“两委”两名主要负责人的这一错误决定直接导致了这21户农户在县上要求预报农危改建房指标时被漏报。

本来，黑铁村漏报了这 21 户农危改建房指标，在随后开展的精准扶贫摸底调查和动态调整期间还有机会弥补，只要相关同志准确把握好精准扶贫的政策要求，吃透文件精神，本着实事求是为群众办实事办好事的责任心就能及时得以解决。然而，接下来的情况不但未能弥补因漏报给群众造成的伤害，反而把事情推向了更糟糕的局面。

2017 年精准扶贫摸底调查和动态调整期间，摸底调查工作组对政策和文件规定理解有误，认为该 21 户农户已有安全住房，在未经了解核实该 21 户是否属于提前实施但没有享受政策补助的情况下，将房屋照片录入了国办系统。其间，有农户向工作组反映，包村领导、驻村干部、一线挂联干部以及村“两委”也进行了研究，片面机械地理解政策规定，认为系统中已反映出有安全住房，不能再安排指标覆盖，既未研究提出解决问题的措施办法，也未作为个案及时向镇党委政府和向上级有关部门报告请示解决。直至 2018 年 10 月 16 日，县委、县政府责令黄华镇调查核实上级反馈夏某祥信访反映情况后，镇党委政府主要领导才知晓情况，随即才及时抽人组成调查工作组深入村、组、户，对建房农户进行逐户核实。通过调查核实，县委政府研究认为该 21 户符合农村危房改造建设补助条件，并立即安排相关部门及时调整指标，按照 2017 年户均 2.4 万元补助标准于 2018 年 10 月 29 日 12 时前兑付到位。后经县农危改办下达指标给黄华镇后，黄华镇才按要求全部兑现完毕。

本来是党和政府为群众办好事办实事的一项精准扶贫惠民政策，在途经黑铁村时却被村“两委”的领导拦路截留，再经相关干部误读误解政策精神，工作上失职失责、作风不实，就造成了上述既伤害群众感情，又破坏党和政府公信力的扶贫领域作风问题的一个典型案例。

后经永善县纪委监委倒查件核查组进一步调查核实，黄华镇黑铁村 2016 年提前实施农危改项目 31 户中，7 户已上报并享受补助资金，未享受补助资金的实为 24 户，其中 2016 年正在建设 21 户。卢某浪、蒋某章 2 户未按要求建设，不符合农村危房改造补助标准的政策，不能列为农村危房改造建设补助对象。向某忠建设的是畜圈，现住房仍为不安全住房，已安排指标建设，待实施后按规定程序兑付补助资金。夏某祥等21户是在农村危房改造指标未下达前修建房屋的建档立卡户，符合农危改政策规定应当享受相应的项目资金补助。

永善县纪委监委认为，黄华镇和黑铁村相关扶贫工作干部在执行政策过程中失职失责，对政策不熟悉，不按要求统计上报数据；工作作风不实，对政策规定理解有偏差，生硬执行政策文件规定，将本该用2017年指标覆盖解决2016年提前实施农危改建房项目的建档立卡户确定为已有安全住房的农户；责任压实不到位，个别干部缺乏责任担当，发现问题后不研究解决，也不及时报告请示解决，导致该21户农户未能及时享受扶贫政策。黄华镇黑铁村在全县要求统计上报2016年提前实施农危改项目农户名单时未按要求全面统计上报，漏报21户已提前实施的农户，而在动态调整过程中未根据具体情况研究解决，也未及时向党委政府和上级部门汇报请求解决。根据《中国共产党纪律处分条例》《中国共产党问责条例》及相关规定，应当追究有关责任人责任。2018年11月4日，永善县纪委研究决定对负有直接责任和主要领导责任的黄华镇黑铁村党委书记陈美松、黑铁村包村领导王世超、时任黑铁村党委书记张高汉、时任第一书记赵少松、第一书记王代林、黄华镇时任分管副镇长王荣凯、黑铁村治安员张松、黑铁村计生宣传员夏仁桃等8位同志进行党纪立案审查，对其他一线挂联人员、包保人员，镇党委政府主要领导、挂钩部门分管领导和黄华镇党委政府进行追责问责处理。11月9日，永善县纪委监委报经县委研究决定，分别给予陈美松等8名同志纪律处分，对黄华镇党委，政府书面检查问责并全县通报；给予王擎等14名同志问责处理；对黄勇、任再学等5名同志免予责任追究，对黄勇、吴波2名同志谈话提醒。

群众信访举报反映“我们的补助款哪儿去了……”的问题虽然得以查实，21户群众的农危改建房补助款也得以落实，事件始末也已查清，相关干部在工作中的失职失责和作风不实等问题也得到相应的责任追究和纪律处分。但是，从这个案例中，我们不难看出，在决战决胜脱贫攻坚这个战场上，各级干部尤其是基层干部一旦责任心不强、宗旨意识树得不牢、工作作风不实、履行职责不到位，将会直接侵害到群众的利益，直接影响党和政府各项工作部署的落实，甚至影响脱贫攻坚战略的实施和决战决胜。因此，要求广大党员干部，深刻吸取该案教训，进一步提高政治站位，坚决扛起脱贫攻坚政治责任，把市委“133”工作思路贯穿于整个脱贫攻坚工作，把群众利益放在心上，把群众工作抓在手上，树牢宗旨意识，增强纪法观念，知敬畏、存戒惧、守底线。要强化政策理论学习，准确把握政策要义，吃透政策精神实质，把责任心落实在工作上，真心实意为群众办实事、办好事、解难题，增强群众认同感。要强化责任担当，强化政治敏锐性，以务实的工作作风，在工作中及时发现问题，能现场研究解决的及时解决，现场不能解决的及时向上级请示报告，请求帮助解决。

各级纪检监察机关要严格履行全面从严治党和脱贫攻坚监督责任，对扶贫领域问题要抓早抓小，动辄则咎，以脱贫攻坚作风建设年为契机，加大扶贫领域腐败和作风问题专项治理力度，严肃查处扶贫领域形式主义、官僚主义问题，为决战决胜脱贫攻坚提供坚强纪律保障。

（作者杨玲，时任昭通市纪委市监委第十一审查调查室副主任；郑其文，时任昭通市纪委市监委第十一审查调查室副主任）

“民心工程”为何蜕变成“敛财工程”

陈安文

2017年7月，威信县纪委在查办案件时发现农村饮水工程存在严重违纪违法问题，随即组织力量进行深挖彻查，历经一年时间的鏖战，这起蛰伏了7年之久的水务系统腐败窝案的真相最终浮出了水面。

2008年，威信县经批准实施农村安全饮水工程项目，总投资1.29亿元。本是群众拍手叫好的一项“民心工程”，却让少数人犯起了“红眼病”，心里嘀咕着“这么大的‘香馍馍’，无论如何也要分一杯羹”。之后的7年时间里，威信县水务系统多名公职人员利用手中职权，相互勾结，大肆套取私分项目工程款高达887万元，把一个解决群众“吃水难”的“民心工程”搞成了个人随意捞取“油水”的“敛财工程”，致使工程修起来，96名干部倒下去。

掉进“钱眼里”，动起“歪心思”。谈到这起案件，不得不说说王华。案发前，王华担任威信县水务局农田水利管理站站长，在全县大力实施农村安全饮水工程大好时机，本应抓住机遇，苦干实干，彻底解决群众“吃水难”问题。但王华却忘了初心，丢了使命，在其位不履其职，认为“自己与‘水’打了一辈子交道，工资也不高，也没发什么财，周围很多不如我的人都发了财，过起了潇洒日子，现在快要退下来了，不抓住这个千载难逢的‘发财’机会，这辈子恐怕也翻不身了。”他私底下还给自己打气，“这么大个工程，如果把这水搅浑了，把摊子铺大些，只要手脚干净利索，就算‘雁过拔毛’，也很难被发现。”在私欲和侥幸心理的支配下，他游说10个乡镇水管站站长，订立攻守同盟，结成“利益共同体”，把“黑手”伸向了农村安全饮水工程项目资金。

清除“拦路石”，织密“贪腐网”。为确保贪腐之路“绿灯”大开，王华等人大肆输送利益，清除“障碍”。2009年至2016年，时任麟凤镇水管站站长潘为林将套取的农村安全饮水工程项目资金，多次以“奖金”名义向时任威信县水务局副局长王涛、麟凤镇镇长杨静、麟凤镇财政所所长白友文等多人送去礼金，如愿以偿得到“关照”。三桃乡水管站原站长张书杰取得“真经”后，依葫芦画瓢，多次向乡党委书记李克江送礼金，李克江收受礼金后对其“关爱”有加，甚至还主动张罗套取项目资金用于公务接待。还有水田镇党政负责人江旺明明知镇水管站站长余应财违规套取项目资金，不仅不反对不制止，反而安排其将42余万元用于其他工程开支，19余万元存入时任财政所所长余彩勋个人银行账户挪作他用……在“糖衣炮弹”的狂轰滥炸下，这些领导干部很快迷失了方向，忘记了党纪国法，有的对工程建设、报账程序等“睁一只眼闭一只眼”，不审核、不把关，随意签字，监督形同虚设；有的沆瀣一气，同流合污，共同实施违纪违法行为，沦为王华等人贪腐的“帮凶”和“棋子”。

与此同时，为确保项目资金掌控在自己手中，王华等人利用职务之便，在工程实施和报账程序上动起了“歪脑筋”，经过包装，县水务局农田水利管理站摇身一变，成了工程实施主体，变成了“包工头”，直接安排乡镇水管站站长采购材料、组织工程实施并对工程资金进行报账。

为“顺理成章”拿到报账资金，他们还私自改变报账程序，所有报账资料必须经“自己人”之手，报账资料由农田水利管理站负责制作，交由乡镇水管站站长代开发票，乡镇人民政府只需在发票上签字证明即可，之后再将发票交由农田水利管理站，农田水利管理站在无任何原始支付凭证，只有总金额发票和自行编制的工程支付明细的情况下，大肆报销资金，严重违反财经纪律。以至于案发后，部分涉嫌职务犯罪人员还认为“他们是‘合法’承包工程，贪占的钱也是‘合法’所得”。至此，这出上下联手、多人合谋、共同演绎的腐败案越陷越深，滑向了犯罪的深渊。

责任“丢了魂”，监督“断了线”。“该案之所以大行其道7年之久，无人察觉，主体责任长期缺位、监督责任全面失守、监管职能全线溃败是根本原因。这么长时间，只要有一个单位监督跟上、提醒一下，这个案子也不至于滑得这么深，发现得这么晚，很多同志也不至于走到今天这个地步”，该县纪委监委一名负责同志惋惜地说道。

由此可见，失去监督的权力，犹如洪水猛兽，既伤己更伤人。

经调查核实，2007年至2015年，威信县财政局党组书记、局长刘华宇有职不担当，怠于行使监督职责，将《农村饮水安全项目建设资金管理办法》当“摆设”，未对农村饮水安全项目建设资金安全使用进行监督，致使1126余万元资金被蠹虫蚕食侵吞。威信县发改局对工程项目一批了之，长期未履行“对工程的实施情况特别是实施形式、报账流程和资金使用等情况进行监督”的职责。威信县审计局局长杨聪视纪法如儿戏，在未开展审计的情形下，居然私自授意副局长杨云碧先后7次为威信县农村饮水安全项目出具虚假审计报告，为该工程顺利通过验收提供支撑，严重违反了《审计法》《审计法实施条例》等相关法律法规。昭通市财政局经建科科长左顺余在验收工作中“搞形式”“走过场”，不仅对项目资金是否被套用、被截留不闻不问，对虚假的项目审计报告也是跑马观花“瞄一眼”，致使“瑕疵工程”顺利通过验收。

更令人唏嘘的是，7年间，威信县人民政府历任分管领导同样把监督职责丢在一旁，不履职、不尽责，对农村安全饮水工程项目不过问，以信任代替监督，致使下属铤而走险，最终导致96名公职人员陷入违纪违法“泥潭”，其中11人涉嫌贪污罪被移送检察机关，等待他们的将是纪法的严惩。

“塌方式”腐败发生的原因是多方面的，既有领导干部自身的原因，也有工作制度机制方面的问题。威信县水务系统腐败案之所以萌发、成长、壮大，作为管党治党主体责任的县水务局党组织长期缺位，相关人员推卸责任，本应相互监督，却结成了“利益共同体”，这才是导致“民心工程”蜕变成“敛财工程”的根本原因，值得我们借鉴反思。

抓住“关键少数”，把贯彻执行《党委（党组）落实全面从严治党主体责任规定》摆在更加突出位置。各级党委（党组）要充分发挥党组织的领导核心和政治核心作用，切实防止党的领导弱化、淡化、虚化、边缘化问题发生。“党要管党、从严治党”绝不是一句空口号，主体责任必须扛在肩上、抓在手上、落实到行动上。要从抓领导班子自身建设入手，加强对“一把手”的监督，既要重视外部监督，也要重视内部监督，充分发挥好纪律监督、组织监督、舆论监督、群众监督的作用。要严格管权治吏，高度重视防范领导班子成员和下属单位领导干部可能出现的廉政风险，抓早抓小，防微杜渐，在问题处于萌芽阶段就及时处置。要进一步完善党组会议、班子会议等各项议事规则，构筑有效的制约和防范机制，切实贯彻落实民主集中制，认真落实党务、政务公开公示制度，让权力在“阳光下运行”。

管住“活水源头”，把理想信念和廉政教育作为一项长期性的日常工作抓紧抓实。威信县水务系统窝案跨度时间久、涉及资金大、波及人员多，并不是一朝一夕演变而成，而是逐步演变放大。究其原因，主要是“总开关”出了问题，一些党员干部背离了初心使命，弱化了党性修养，置纪法于不顾，身陷囹圄是必然。各级党委（党组）要结合职能职责和工作实际，把干部职工的理想信念教育抓在日常、教在经常，把底线红线讲深讲透，筑牢干部职工的思想防线。要用活典型案例，发挥身边人身边事的警示教育作用，进一步强化“不想腐”自觉。要利用警示教育基地、主题党日活动、廉政谈话等方式，开展形式多样的教育活动，把清正廉洁的理念渗透到干部职工的灵魂深处，使之内化于心、外践于行，成为自觉。

补齐“链条短板”，把构建廉政风险防控网作为一项基础性工程抓紧抓实。“失去监督的权力，必然导致腐败。”各级各部门应加紧修改完善规章制度，健全规范财经纪律和财务审计等系列制度，加大对下属站所人员、财务的管理力度，强化风险岗位的制度管理，变“事后追究”为“事前防范”，形成用制度管人、管事、管权的工作格局。对一些权力比较集中、资金比较密集敏感的业务站所，要按照“事权分立、权力分解、相互制约、规范程序、公开透明”的原则，科学地进行内部权力分解和职能划分，不断加强对权力的制约和监督，确保各项制度的有效执行。对重点部门、重点岗位实行定期轮岗，并采取不定期重点检查、突击检查和全面检查相结合的方式，监督相关人员按规章办事，防止出现个别人在重大资金、项目等决策事项上“个人说了算”的现象。要加大对站所负责人的监督检查力度，充分利用年度考核、业务检查、财务审计等手段，及时全面了解站所负责人的权力运行情况。要严格申报审批程序，增强项目经费使用的透明度，加强对专项资金申报、审批、使用程序的监管，防止和杜绝个别人暗箱操作，确保项目资金安全使用，确保国家政策措施和项目落地见效。

（作者时任昭通市纪委市监委四级主任科员）

为了群众的安居房

成　勇

“马店村修村级公路，投入了大量的资金，但镇党委书记冯某为捞取个人好处，将此民心工程发包给私人老板陈某某，在施工中大肆偷工减料，使该工程成为豆腐渣工程。”

“易地搬迁建筑工程没有按照规定进行招投标就承包给私人老板，冯书记和私人老板为了捞取利益，修建过程中偷工减料，导致安居房出现安全隐患，人无法居住。”

2018年11月，一封反映时任昭通市盐津县副县长冯某在任镇雄县赤水源镇党委书记期间相关问题的举报信送到了中央第二十巡视组工作人员手中，举报内容引起了巡视组的高度重视。

“不把群众的事当作自己的事，置人民群众安全和生活于不顾，这简直就是社会的蛀虫！”巡视组工作人员对此问题愤懑不平，“反映的问题很集中、很具体，特别是涉及易地扶贫搬迁的问题，必须予以严惩”。

凡是群众反映强烈的问题都要严肃认真对待，凡是损害群众利益的问题都要坚决纠正。巡视组将此问题线索转给昭通市委、昭通市纪委市监委，昭通市纪委市监委立即召集相关部门对反映问题进行了研究，抽调骨干人员组建了30余人的工作专班对反映的问题立即开展核查。

“该工程是依法依规，严格按照程序实施的。”调查之初，冯某只谈其在担任赤水源镇党委书记期间的工作如何辛苦、取得的成绩如何突出，对其存在的问题避而不谈，自以为只要自己不说，老板也不会说。

“冯某是一个受党教育多年的干部，也在自己的岗位上兢兢业业地为党和群众做了不少工作，我们如果换一种方式进行说服教育，帮助他认识错误，唤起他的党性和良知，案件应该会有突破。”核查组在仔细分析了冯某的人生经历后，精心为他量身制定了一套以摆事实、讲道理、说经历为主的谈话方案。

随着调查的深入，发现了时任镇雄县赤水源镇党委书记冯某与建筑工程承建商陈某为隔壁邻居，陈某平时承包一些建筑类的工程来做，日常生活中两家处成了朋友关系。交往过程中，冯某妻子（非公职人员）以按月收取 2% 利息的方式三次共借款 84 万元给陈某使用，之后，陈某陆续偿还了部分借款及支付利息，截至 2014 年 4 月 6 日，共收取陈某利息 18 万元，尚有 30 万元本金未归还。

2015 年 11 月，镇雄县赤水源镇计划开展高滩至马店建制村公路路面硬化工程项目，陈某得知此消息后，找冯某帮忙将这条路交给其实施，冯某想到妻子借给陈某的借款还有 30 万元本息未还，将此工程拿给陈某干可以收回自家的借款本息。

“路可以给你修，但必须保证工程质量。”冯某考虑到该工程可以按照“一事一议”的程序实施，在要求确保工程质量的前提下，同意了陈某的请求，将高滩至马店的村组公路硬化工程确定给没有任何建设资质的陈某实施，后该公路工程修建好顺利通过验收。

2016 年 3 月，赤水源镇政府拟实施倮倘村大坡、螳螂村银厂坪、铁厂村刘家坪 3 个易地扶贫搬迁项目，陈某知道消息后，再次找冯某帮忙，请求安排 1 个易地搬迁项目给其实施。

“我知道项目投资大，质量要求高，扶贫资金是高压线，且陈某并不具备相关建筑资质，内心很纠结，是否给陈某实施，我也犹豫过、彷徨过。”但冯某最终考虑到妻子在 2014 年 4 月 6 日前借给陈某的借款 30 万元仍然本息未还，将此工程拿给陈某干后可以收回自家的借款本息，便同意将倮倘村大坡易地扶贫搬迁项目交给陈某实施。之后，在冯某的安排下，赤水源党委政府与项目施工无地勘、无设计、无施工资质的陈某签订了大坡易地搬迁房屋修建协议和基础设施建设工程承包合同。

2017 年 3 月，倮倘村易地搬迁项目施工完毕，为了应付国家发改委的检查，赤水源镇镇长陈某安排相关人员制作了“一事一议”工程建设项目立项、开工批复、成立指挥部、成立联建委员会、比选施工单位等虚假程序资料。但假的真不了，未把人民群众的利益放在首位，未真正为人民群众谋幸福的行为终究会露出马脚。人民群众的眼睛是雪亮的，项目施工过程中多次出现质量问题，村委会和搬迁农户与施工方多次产生争议。

从 2017 年 4 月起搬迁农户陆续对分配的房屋进行装修入住后，发现房屋板面存在开裂、漏水等房屋质量问题，多次向赤水源党委政府反映，镇党委政府也督促陈某对房屋进行整改，但整改没有彻底解决问题。

“我的行为，损害了我在两个子女心目中的父亲形象，如果能给我一次机会，今后我将通过我余生的不懈工作，来重塑一个父亲、一个共产党员的光辉伟岸形象，不辜负组织对我的培养。”在对冯某开展调查过程中，他提到很对不起将要参加工作的子女，反复问对他的处理会不会对子女有影响。

“你只有如实地说清问题，争取组织从宽从轻处理，才能最大程度地减少对家庭的不良影响。”为了打消他的顾虑，谈话人员结合一些违纪违法案例耐心地为其讲党章、讲纪律、讲规矩，帮助其找回“初心”，回到“本源”。

“都是一己私利害了我，苦了我们的群众，我愧对他们，愧对组织对我多年的培养。”冯某回想起自己从一名农民的儿子，进入村委会工作，并在党的关心下，逐步走上乡镇党委书记的岗位，是脚踏实地走过来的。冯某在走上乡镇党委书记的岗位后，自己却满足于过去取得的成绩，不注重党性修养和世界观改造，世界观、人生观、价值观偏离了航线，背离了党的理想信念、宗旨要求，真诚地流下了悔恨的眼泪。

真相大白，冯某在赤水源镇实施易地搬迁等项目工程中，为谋取私利，违反有关规定干预和插手建设工程项目承包，授意将该项目承包给无任何建设资质的利害关系人陈某组织实施，之后，弄虚作假完善“一事一议”项目实施程序资料，企图蒙混过关。工作不接地气，浮于表面，对项目施工过程监管不力，发现问题未及时督促整改到位，导致项目完工后出现安全质量问题，造成了严重的不良社会影响。

2018年12月，昭通市委免去冯某盐津县人民政府副县长职务。2019年4月，给予冯某留党察看2年、政务撤职处分，重新确定为科员。其他相关责任人也同时受到了相应的处理。镇雄县委政府、县纪委责成赤水源镇对倮倘大坡易地扶贫搬迁安置点存在的房屋质量问题进行整改。

“以后的工作中，你要深刻汲取教训，放下思想包袱，时刻心系人民群众，牢记全心全意为人民服务的宗旨。”调查组向冯某宣布处分决定时细心地与其交心谈心。

“感谢组织对我的谆谆教诲，给我改过自新的机会，我已深刻认识到自己的错误。”他再次流下了悔恨的泪水。

如今，大坡易地扶贫搬迁安置点群山环绕，一排排干净整齐的安置房错落有致，配套设施齐全，鸡犬之声相闻，搬迁群众住进了小洋楼。

“我们有今天这样好的生活环境，要感谢党、感谢政府，现在生活条件改善了，特别是娃儿上学非常方便。”搬迁群众介绍着搬前与搬后的生活对比，脸上洋溢着幸福和喜悦。

（作者时任昭通市纪委市监委四级主任科员）

扶贫工程岂容成为“摇钱树”

赵家华

“二婶，有个安居工程，你们修得起不，修得起就给你们修，修不起就给别人，如果要修就要给我 4000 元。”

“四叔，如果不给好处费，我就把建房名额给别人，到时候你一分都得不到！”

“大娃，想修房子不，想的话就给点烟钱，我替你想办法搞个指标……”

如此明目张胆！盐津县普洱镇柏杨村党总支书记兼主任徐某在任普洱镇柏杨村文书期间，利用扶贫项目指标分配权当作“摇钱树”收受索取好处费。在时隔 6 年后被查处，徐某受到党内严重警告处分。

柏杨村距离县城 20 余公里，坐落在半山腰，山高坡陡，交通闭塞，原来主要靠种植玉米和洋芋生活，经济来源差，绝大多数房屋为土坯或石混结构，抗震强度低，且很多已经是危房，是盐津县内典型的贫困村落。

盐津县与四川省相邻，2008 年“5·12”汶川地震导致该村房屋不同程度受损，更多房屋成为危房。为解决村民危房问题，国家实施安居工程和农村危房改造工程，在该县，每个指标补助建房农户 1 万—2.2 万元不等，由于指标的具体分配多由当地村干部报送，分配指标的权力就集中到了村干部手中，一些村干部就将贪腐之爪伸向了这一民生工程，利用指标分配权做“文章”——要得指标就得给好处费。

徐某严重缺乏法纪观念，行事胆大霸道，其看到安居工程等扶贫项目后，将指标的分配权当作其本人给予村民的好处，自觉是帮助了村民应得的好处费，明目张胆向村民索要。徐某与一村民谈好若该户得到指标就给4000元的好处费，之后该户村民得到了指标，但因建房后资金紧张，才给了徐某3500元，为此，徐某极不满意，当时就向此农户表示以后再也不会给这户农户任何指标。

2018年8月，盐津县纪委监委收到关于徐某利用地震恢复重建与农危改工程收受群众“感谢费”的线索。由于正值脱贫攻坚关键时期，该县纪委监委高度重视，要求对有关扶贫领域的案件及时查处，为脱贫攻坚顺利推进提供纪律保障。该县纪委监委立即成立了以一名监委委员为组长的领导组对该线索进行仔细核查。核查组及时提取的有关安居工程与农危改相关工程的“一户一档”资料等书证，经过认真统计分析后，详细制定外出核查方案，冒着近40℃的高温酷暑，跋山涉水，深入该村，逐户走访农户进行核查。但初期所走访的农户却总是吞吞吐吐、支支吾吾，没有得到什么有力的证言。核查组人员都觉得很奇怪，组长小声地问一农户：“为什么你们提起徐支书来总是支支吾吾的？”这户农户看周围没有人才小声地给核查组一行人讲到：“我们不敢得罪他，如果得罪他，我们以后到村上就不好办事了，我们也不可能再得什么项目了。”

核查组一行听后才明白缘由，改变谈话方式，采取更隐秘的方式谈话，同时对每个谈话的村民讲事实、说道理，保证严格保密村民所讲，核查组再次走访农户。通过改变方式方法，几户农户终于敢如实反映徐某索要好处费的问题。

“现在想起以前那个事情就一肚子的火，那个时候住的是土胚房，由于年久失修，加之地震影响，不重建便面临着随时倒塌的危险，严重危及了家庭生命财产安全，那时候家庭也比较贫困，一天他来到我家中给我说争取指标的事，说要我给4000元才行，想着实在没办法，有总比没有的好，没有指标还是得自己出钱建，告也不敢告，真怕有人和他一伙的，最终吃亏的还是自己，于是就答应了他的条件。从那个时候起，没有什么特殊的事情，都不想去村上办事，不想招惹他们。现在全党大力反腐，你们纪检监察干部对这么久的事也要查，真心感受到了国家对腐败分子零容忍的态度，我们老百姓的心里也踏实了。”

“有一年我家房屋因为地震影响而重建，一天他到我家给我说借 1000 元，想着他借钱可能有急用，我便借给了他，后来过了几年，在一餐馆遇到他，我问他向我借钱的事，他却给我说，你那时建房的时候，我去跑关系，请领导吃了饭，最终才给了你建房指标。想到他这样说是不想再还钱了，我也得不到了，干脆就做了一个顺水人情，叫他不用还了，就当我请了。”

在掌握了相关证据后，县纪委对其问题及时进行立案。立案后，审查组制定缜密的谈话方案，争取徐某能够主动交代自己的违纪事实。在前三次的谈话中徐某只是避重就轻地谈了谈农村安居工程及危房改造的审批、讨论流程，对检查组询问是否还有补充却只字不提，丝毫没有意识到自己的违纪行为已被掌握。但大量证据面前，在审查人员严肃的教育及思想工作下，徐某不得不低下了头，承认了自己索要三户得到扶贫项目指标农户的好处费共计 8500 元问题，认识到了自己的错误。他回忆说：“由于当初法纪意识淡薄，不懂自律，作出了对不起百姓、对不起组织的愚蠢事情。感谢组织对我的帮助，纠正了我的思想，拯救了我，让我真正领会到了该如何当好一名共产党员，我将把组织给我的机会当成人生的第二次生命，以实际行动回报组织的培养以及人民的信任。”

2019 年 11 月，盐津县纪委根据徐某的违纪事实性质、情节及其认识态度，给予其党内严重警告处分，徐某也因受到处分无颜再担任该村党支部书记及村主任，随后主动辞去了相应职务。

“其身正，不令而行；其身不正，虽令不从。”作为党员干部，要做到牢记廉洁奉公的思想，以廉为荣，以贪为耻，要严格要求自己，在思想上筑起拒腐防变的坚固堤坝，使廉洁奉公的思想和行为渗透到日常工作中去。“千里之堤，毁于蚁穴”，徐某违纪案足以引起重视和警醒，广大党员尤其是干部党员不仅是单位的“核心”，还是老百姓的“主心骨”，我们不仅要做好“指挥官”，还要当好“战斗员”，做到“权大不忘责任重，位高不移公仆心”。要让群众看得见反腐的成果，要用“身边事”教育“身边人”，从而达到查处一案教育一片，威慑腐败分子、教育广大党员干部的目的，从根本上维护农村社会稳定，促进农村和谐发展，营造一个风清气正的美丽新农村。

近年来，盐津县纪委监委严肃查处了一系列涉及扶贫领域的腐败案件，拍打了一些危害群众、利用权力贪污受贿的腐败分子，杜绝了更多村干部利用扶贫项目“捞钱”的问题，维护了广大群众的利益，得到了广大群众的好评和支持，为保障盐津县顺利脱贫提供了有力的保障。

（作者时任昭通市彝良县纪委监委第一纪检监察室副主任）

群众相信我们了

蒋德美　龙兴强

在镇雄县泼机镇老包寨村的会议室里，桌椅摆放整齐干净，正面墙上挂着“为民、务实、清廉”几个大字，把整个会议室装点得温馨而庄重。“自从邹兴涛家吃的低保被全部清退，其在县民政局的亲戚被查处后，我们在群众中进行了广泛宣传教育，对低保进行了彻底的清理整顿，规范了低保评审发放程序，真正的困难群众领到了低保金，关系保、人情保被清退，现在，群众相信我们了！”年轻的村支书自豪地说。

事情还得从头说起。2018 年 9 月 9 日，一则消息悄然出现在微信公众号“镇雄微天地”里：“泼机镇老包寨村村医邹某有固定工作，有车有房，其父还是教师，一家五人违规享受低保，是其在民政局工作的亲戚违规办理！利用职权优亲厚友办理低保，群众不举报才怪！日前，邹某违规享受的低保待遇已经被取消。”字里行间，没有举报的痕迹，只流露出对违规低保被取消的快感。

然而，敏锐的纪检监察干部却发现了隐藏其间的腐败。接着，县委主要领导也作了批示，“民政局到底是谁为此人办低保的，如属实往高处处理！”有案必查，违纪必究。“民政局的人近水楼台先得月，这是监守自盗，一定要查个水落石出，给群众一个明明白白的交代！”镇雄县纪委监委主要领导高度重视，立即作出安排布置。

核查工作有序铺开。不怕道路颠簸、不畏脚下泥泞，抽丝剥茧、顺藤摸瓜，既要深入细致，又要避免打草惊蛇；既要深挖细查，又要严防安全隐患，只为呈现事实真相，清除腐败病垢，保护党的肌体，维护人民的利益。

紧锣密鼓，历时十天，至9月20日，事情全部查清。核查发现，镇雄县泼机镇老包寨村邹兴涛为当地村医，家里开着商铺，住房约600平方米，在当地可谓是“豪宅”，经济条件较好。另外，邹兴涛还有着良好的社会关系，其父为退休教师，其堂哥邹斌在当地村上任职多年，曾担任过村支书，其舅子陈绍军当兵转业，分配到镇雄县民政局，自2013年起担任农村低保股副股长，参与全县低保申请材料的审核审批工作。邹兴涛全家先后有5人享受低保，之前的2个指标为堂哥邹斌担任村支书期间，伪造资料办理。另外3个，系舅子陈绍军利用职务之便私自安排指标给泼机镇，指使泼机镇民政所所长陈旭东违规办理。同时，陈绍军还以同样的方法为其父母也办理了低保。

正如群众爆料所称：“利用职权优亲厚友办理低保，群众不举报才怪！”邹兴涛有着良好的生活条件，坐拥“豪宅”，还有车辆，全家5人享受低保，造成严重的负面影响，引发了群众的举报。2018年8月，经镇民政所查实，邹某违规享受的低保被全部取消，群众拍手称快，抑制不住内心的激动，遂有了“镇雄微天地”那段爆料。

事情查清了，相关责任人员均受到了应有的处理：村医邹兴涛被开除村医职务，缴纳了违规建房处罚金，全额退还了违规享受的低保金共计54000余元；县民政局低保股副股长陈某受到党内严重警告处分，并降低岗位等级，调离低保工作岗位，其父母违规享受的低保金7000余元全额退还；镇民政所所长陈某受到党内警告处分；县民政局低保股股长郑某也被责令作深刻书面检查；原村支书邹斌因已病故，其违纪问题不再追究。

为教育警醒全县广大干部职工，及时堵塞低保办理漏洞，镇雄县开展了大规模的低保领域专项整治行动，县纪委、县监委将该案在全县范围内进行了通报，强化对干部队伍的教育警示。通过政治引领，政策宣传，教育感化多管齐下，健全制度机制，规范程序，做到阳光透明，各方反响良好。

“我从小家庭困难，在读书和入伍期间，父母和姐姐为我付出了很多，内心觉得亏欠。参加工作后，看见姐夫家子女过多，其母亲瘫痪在床，我父母身体也不好，于是在父母和姐姐的要求下，当低保名额出现空缺时，就起了私心违规为他们办理了低保，自以为做得天衣无缝，其实只是我一厢情愿，自欺欺人。我政治站位不高，纪律意识不强，群众观念淡薄，给党和政府的形象带来了严重的负面影响，实在惭愧！”在向组织交代了自己的违纪事实后，陈绍军懊悔不已，眼里泛起了泪花。

“作为一名民政工作人员，在低保工作中违反纪律优亲厚友，我严重损害了贫困群众的切身利益，损害了党和政府在人民群众心中的形象，辜负了党和组织对我多年的培养和教育，给单位和同事们抹黑了，希望大家吸取我的教训，严格遵守纪律规定，不要再做这种糊涂事……”在县民政局机关党支部会议上，面对几十名同事，陈绍军很惭愧，表示一定以此为戒，认真悔过，用实际行动报答组织的关心和挽救。

此后，陈绍军把自己的微信名改为“擦不掉的眼泪”，个性签名为“等不是办法，干才是希望”，决心在今后的岗位上努力工作，干出实效，报答组织。

“我们代表着党和政府的形象，在扶贫工作中更要增强党员意识、纪律意识，公道做事，正派做人，保持同人民群众的血肉联系，树立起可亲、可敬、可信的党员形象。”现在镇雄县花山乡大火地村担任驻村扶贫工作队队长的陈绍军在工作日志中这样写道。

“这件事情给我带来了强烈的冲击和震慑，我告诫自己，一定要深刻吸取教训，提高政治站位，牢固树立纪律和规矩意识，不忘初心使命，不断增强拒腐防变的思想认识和能力，清正廉洁，踏实工作。”受到处分后的泼机镇民政所所长陈旭东悔恨地说。

县民政局农村低保股股长郑绍云的心情也很沉重，他在检查中写道：“作为低保股股长，负责全县低保办理的审核把关，低保领域出了这样的事情，破坏了国家的扶贫成效，影响了群众对党和政府满意度，我有责任，我对不起领导的关心和信任，今后一定吸取教训，努力工作。”

知错能改善莫大焉，以案为鉴警钟长鸣。“经过这个事情，陈绍军变了！陈旭东变了！郑绍云变了！全县民政人都变了！”县民政局副局长吴荣飞说：“身边的典型案例最具教育影响力，他们经常用这个案例来警醒自己，教育身边的人，现在全局上下不仅工作做得扎实，原则性也很强，在扶贫政策、扶贫资金落实中做到了公开公平公正，未再发现有优亲厚友的事情。”

“群众利益无小事，凡是涉及群众利益的工作都容不得半点懈怠、容不得半点私心。我们将严肃查处那些发生在群众身边的不正之风和腐败问题，守护好贫困群众的‘奶酪’，确保党的惠民政策落到实处。”县纪委监委相关负责人表示。

查处一例，震慑一方，教育一片。违规享受的低保被清退，违规办理低保的人员被查处，经全县通报、各级抓学习警示过后，干部受到了警示，群众的满意度得到大大提升。有部分群众甚至跑来村上，主动要求不再享受低保，要将有限的资源真正用在困难群众身上。

“看了通报，我在心中暗暗告诫自己，一定要深刻吸取教训，严守纪律规矩，保持廉洁自律，提振工作激情，做好本职工作。”县民政局核对中心负责人林安国表示。

本村一户生活特别困难的群众，因为在当地人单力薄，无社会关系，受人歧视，民主评议时无人为其投票。长期以来，未能得到党和政府的关爱，对党和政府失去信心，从而连申请都不愿意递交。村委得知后，深入群众家中走访调研，摸清情况后，帮助这户群众申领了低保，这位群众向工作人员竖起了大拇指，感激地说：“原来共产党的确是为咱老百姓办事的！”

通过教育感化，邹某夫妇也认识到自己的行为给社会造成了危害，调整了心态，诚恳接受了批评。今年其母亲去世时，正处于新冠肺炎疫情期间，村委向其讲清相关防疫政策后，邹某很是配合，从简办理了丧事。

居民最低生活保障是国家对家庭收入较低，达不到基本生活需要的困难群众的一种救济补助，关系到困难群众的切身利益，体现了党和政府的温暖关怀。但是一些党员干部却把党和政府的政策当成了人情和谋取私利的机会，优亲厚友，损公肥私，严重损害了人民群众的切身利益，极大地削弱了党和政府的公信力，必须严肃查处、予以纠正。

但处理人从来都不是目的，镇雄县纪委县监委将这起案件在全县通报，同时配合开展低保领域专项整治行动，让这起小案件掀起大波浪，让全县干部职工、甚至让老百姓都受到教育警示，党和政府的形象得到重塑，最终做到了上级领导满意、当事人接受、干部职工认同、群众称赞，从而达到政治效果、法纪效果、社会效果的统一，促进了干部清正、政府清廉、政治清明，这个案件值了。

（作者蒋德美，时任昭通市纪委市监委驻市扶贫办纪检监察组副组长；龙兴强，时任昭通市纪委市监委干部）

《昭通市脱贫攻坚大决战实录》后记

经过半年的筹划，历时一年的编撰，《昭通市脱贫攻坚大决战实录》〔全套书共 19 卷，其中市级 8 卷、县（市、区）11 卷〕终于在党的百年华诞之际与广大读者见面了。这既是政协昭通市第四届委员会文史工作的成果展示，又是对我市脱贫攻坚工作客观真实的记录，更是用真实的故事展示历史资料的大胆尝试。

反贫困是世界性难题，也是现代国家面临的迫切任务。党的十八大以来，以习近平同志为核心的党中央把扶贫开发摆到治国理政的重要位置，提升到事关全面建成小康社会、实现第一个百年奋斗目标的新高度，纳入“五位一体”总体布局和“四个全面”战略布局进行决策部署，加大扶贫投入，创新扶贫方式，出台系列重大政策措施，扶贫开发取得巨大成就。

昭通作为全国、全省脱贫攻坚的主战场，是最难啃的“硬骨头”。2015 年习近平总书记首次离京考察就到昭通，对昭通脱贫攻坚工作提出了“三个更加”的重要指示要求。昭通全市上下牢记习近平总书记的殷切嘱托，坚持把脱贫攻坚作为全市工作的主题主线，坚持“双统领”“双保障”“双推进”，践行“133”工作思路，汇聚中央和省定点单位、东西部扶贫协作、社会扶贫和各族干部群众磅礴力量，在昭通脱贫攻坚主战场上打响了一场史无前例的脱贫攻坚大决战，长期困扰昭通发展的主要“瓶颈”得以突破，实现根本性跨越，全市 185.07 万贫困人口全部脱贫、1235 个贫困村全部出列、10 个贫困县（区）全部摘帽，昭通大地发生了翻天覆地的变化，困扰昭通千百年的绝对贫困得到历史性解决。

为充分发挥政协文史资料“存史、资政、团结、育人”功能，客观、真实地记录昭通市在脱贫攻坚中各项建设和群众生活发生的变化，记述各级干部群众在脱贫攻坚工作中可歌可泣的感人故事，市政协党组拟组织相关部门、专家对 2015—2020 年我市开展脱贫攻坚的重大事件、典型故事进行搜集整理，编撰《昭通市脱贫攻坚大决战实录》丛书。

在市政协成联远主席亲自关心和指导下，编委会拟订了编撰工作的初步方案和《昭通市脱贫攻坚大决战实录》的整体框架，并于 2019 年 8 月 7 日向市委报送了关于编撰《昭通市脱贫攻坚大决战实录》的请示，市委杨亚林书记批示“此项工作很有意义，同意组织编写，请联远主席牵头负责”。按照市委的批示，市政协党组迅速行动，成联远主席亲自安排、统一部署，及时组织专家拟出了《昭通市脱贫攻坚大决战实录》编撰任务分解方案，经反复讨论、多次修改后，于 2020 年 3 月 30 日上报市委，市委杨亚林书记批示“同意所报方案，客观精准务实地做好工作”。

2020 年 4 月 14 日，市政协组织召开了《昭通市脱贫攻坚大决战实录》专题会议，市委副书记朱家伟出席会议并作动员讲话，编撰工作在全市正式启动，会议统一了认识、明确了要求。为进一步细化任务、落实责任，编委会于 2020 年 4 月 23 日印发了《昭通市脱贫攻坚大决战实录》编撰任务分解方案的通知，加强对市级单位和县区市编撰工作的指导。随后，市政协副主席陶仁带领专家对 11 个县（市、区）的编撰工作进行了调研、培训、指导、督促，推动各县（市、区）编撰工作有效开展。针对全市编撰工作存在的问题，编委会经反复研究，统一思想，召开了由 40 多个市级部门参加的征求意见协商座谈会，在此基础上，进一步完善了编撰任务细化量化分解方案，印发到各县市区加强指导，并于 2020 年 7 月 16 日召开了《昭通市脱贫攻坚大决战实录》编撰工作推进暨培训会议，推进编撰进度，提升编撰水平。

为把《昭通市脱贫攻坚大决战实录》打造成“建党一百周年特别献礼工程”“昭通脱贫攻坚工作特别纪念”，市政协抢抓时间，及时出台系列配套文件，明确了市政协机关各委室联系各单位、部门及市政协委员，专门负责催稿工作，2020 年 10 月底稿件收集基本结束。为使编辑审稿工作有序推进，落到实处，市政协从昭通学院和市委党史研究室聘请专家对编辑工作进行审稿（其中，昭通学院教授唐靖负责市级篇章《综合卷》和《巧家卷》，市政协原经农委主任王华国负责市级篇章《产业就业扶贫卷》和《鲁甸卷》，昭通学院教授傅奠基负责市级篇章《基础设施建设卷》和《盐津卷》《大关卷》，昭通学院教授陈玥负责市级篇章《易地搬迁扶贫卷》和《永善卷》，昭通学院教授王琼负责《民生扶贫卷》和《镇雄卷》，昭通学院教授任继敏负责市级篇章《挂钩帮扶及社会扶贫卷》和《水富卷》，昭通学院教授周玲负责市级篇章《扶贫协作卷》和《彝良卷》《威信卷》，市委党史研究室副主任翟昭明负责市级篇章《组织保障卷》和《昭阳卷》《绥江卷》）。2020 年 11 月 18 日，市政协陶仁副主席主持召开《昭通市脱贫攻坚大决战实录》统稿工作会，统一了丛书形式和内容、结构和逻辑框架。

在市政协党组的坚强领导下，在各位编撰专家、市直各单位、市政协机关各委室、各县市区政协以及编撰办公室成员的大力支持和共同努力下，经夏历冬，数易其稿，2021 年 3 月初，《昭通市脱贫攻坚大决战实录》样书基本成型。2021 年 3 月 17 日，市政协副主席陶仁主持召开《昭通市脱贫攻坚大决战实录》样稿讨论会，进一步推动《昭通市脱贫攻坚大决战实录》编辑出版工作。

首先，本丛书的编撰出版得益于各级领导的正确领导，特别是市委杨亚林书记、市政府郭大进市长、市委朱家伟副书记的指导和支持。其次，本丛书的编撰出版得益于市政协党组的坚强领导，特别是成联远主席亲自指挥，亲自督战，亲自修订纲要，并亲自撰写总序和文章。第三，本丛书的编撰出版得益于全市 200 余家单位和部门的积极参与，全市领导干部，基层工作人员，脱贫攻坚督导员、驻村工作队员，政协委员，他们不仅是脱贫攻坚一线指战员，同时还撰写亲身经历脱贫攻坚工作的真实故事。据统计，全市共有 1700 余人参与《昭通市脱贫攻坚大决战实录》撰稿工作中，收到初稿 2526 篇。应该说，本丛书的编撰工作是我市脱贫攻坚工作的有机组成部分，同样也凝聚着全市干部群众的智慧和心血，是集体智慧的结晶。最后，特别要提的是昭通学院对本丛书编撰工作的支持和帮助。昭通学院党委大力支持《昭通市脱贫攻坚大决战实录》的编撰工作，在师资紧缺的情况下，委派出周玲、傅奠基、唐靖、陈玥、任继敏、王琼等六位教授参与编撰工作中，为编撰工作注入了智慧和力量。

在编撰《昭通市脱贫攻坚大决战实录》时，编撰专家精心筛选、整理、提炼，力求将那些散落于基层的珍珠捡拾起来，洗尽铅华，还原本真，形成真实的历史故事。这套书注重文史资料“亲历、亲见、亲闻”原则，以第一人称行文，部分新闻通讯、消息类稿件，在公开媒体上发表过，体现新闻的真实性，也作为资料收录，补充《昭通市脱贫攻坚大决战实录》内容。编者旨在通过真实、感人的故事让脱贫攻坚工作在时代的聚光灯下接受检阅，给过往和经历者以心灵的依稀穿越，获取一种灵魂的战栗和反思。同时，给不曾经历，甚至不曾听闻过的后人以另一种历史的演绎，告诉他们当年自己的祖先那段荡气回肠、可歌可泣的脱贫史。

虽说《昭通市脱贫攻坚大决战实录》丛书已呈现在读者面前，但由于编撰时间紧迫、人手不够、水平有限，不免存在内容欠全面、认知不到位、归类难把握等问题和瑕疵，恳请各位方家在阅读过程中批评指正，不吝赐教，我们定当虚心接受意见建议，进一步加以修改完善，以遗后人，真正达到“存史、资政、团结、育人”之目的。

编委会办公室